~~22.80~~
17.50

D1854818

Franz Prinz zu Sayn-Wittgenstein

Am Neckar und am Rhein

FRANZ PRINZ ZU SAYN-
WITTGENSTEIN

Am Neckar
und
am Rhein

PRESTEL VERLAG
MÜNCHEN

Die Karte auf S. 14/15 zeichnete Alfred Beron, München

ISBN 3 7913 0301 5
Passavia Druckerei AG Passau 1970

Udo Fürst zu Löwenstein
und Hans Melchers
zum Gedächtnis

EINFÜHRUNG

Am Neckar und am Rhein – hinter diesem Titel verbirgt sich eine Vielfalt von Landschaften, von ehemaligen Herrschaftsgebieten, die sich im Lauf einer langen Geschichte entwickelten, wieder verschwanden und heute Teile der Bundesländer Baden-Württemberg und Rheinland-Pfalz bilden.

So mannigfaltig die Landschaften dieser Gebiete sind, so verschiedenartig sind auch ihre Bewohner nach Charakter und Sprache: Alemannen und Franken.

Sehr hübsch hat August Lämmle den Unterschied fränkischen und schwäbischen Wesens definiert:

»Der Franke lächelt, der Schwabe lacht.
Der Franke ist heiß, der Schwabe hitzig.
Der Franke ist witzig, der Schwabe ist weise.
Der Franke ist stät, der Schwabe ist langsam.
Der Franke ist spitzig, der Schwabe ist scharf.
Der Franke achtet die Kirche, der Schwabe die Religion.
Der Franke ist den Menschen ein Rätsel, dem Schwaben sind die Menschen ein Rätsel.
Der Franke ›uzt‹, der Schwabe spottet.
In Franken sagt man ›schöppeln‹, in Schwaben sagt man ›saufen‹.
In Franken ›schaut einer um Brot‹, in Schwaben heißt man's ›betteln‹.«

Ebenso hübsch hat Wilhelm Riehl den Pfälzer charakterisiert: »Die Pfälzer gehören zu den fleißigsten Landwirten Europas, ein gesegneter Boden begünstigt diesen Fleiß. Doch genügt dies nicht, die glänzenden Resultate der pfälzischen Wirtschaft zu erklären. Es kommt noch die fränkische glückliche Hand dazu, die Beweglichkeit, der Fortschrittstrieb, der Rationalismus des Franken. Der schwäbische Bauer ist vielleicht noch zäher in seinem Fleiß wie der Pfälzer, aber er ist nicht so flink, nicht so gewürfelt, er hat jenen schlagfertigen fränkischen Mutterwitz nicht, für welchen der Pfälzer ein ganz eigenes Wort besitzt: er ist nicht so ›schlitzöhrig‹. Wer so praktisch pfiffig ist, wie einer, dem der Büttel schon einmal die Ohren geschlitzt hat, ist schlitzöhrig, ein ›durchtriebener‹ Schlaukopf. Kraft dieser angestammten Lebensklugheit hat sich der Franke in der Pfalz, am Mittelrhein und Untermain den Boden dienstbar gemacht wie kein anderer deutscher Stamm. ›Dem Pfälzer kalbt selbst der Ochs‹. Wenn sich die Pfalz überhaupt nach so vielen und furchtbaren Kriegsnöten immer so fabelhaft rasch wieder erholt hat, so liegt das gewiß nicht bloß an der Üppigkeit des Bodens, sondern mehr noch in der unvertilgbaren Frische, Raschheit und Schnellkraft der Bewohner. Denn auch in der Pfalz wachsen nur Dornen und Disteln von selber und nicht Brot und Wein.«

Es sind das württembergische Unterland, Nordbaden und die Rheinpfalz, die wir bereisen wollen. Welche Fülle von Landschaftsbildern treffen wir auf unserer Reise an: Waldgebirge und Stromebene, kleinräumiges Tal- und Hügelland, große und kleine Städte, Dörfer, Klöster und Schlösser. Das alles wird sich allmählich zu einem Bild zusammenschließen, beherrscht von den beiden Flüssen Neckar und Rhein, vom Zauber historischer und dichterischer Reminiszenzen, aber auch geprägt von den gewaltigen Veränderungen, welche die Industrie bewirkt hat. Auch das vielgestaltige Bild der Reichsgeschichte stellt sich in diesen Landschaften eindrucksvoll dar; an ihm haben der Deutsche Orden, die Kurfürsten von der Pfalz, die Herzöge von Württemberg und Markgrafen von Baden, Reichsritterschaft, Bistümer, Klöster, reichsunmittelbare Grafen und Städte gleichermaßen gewirkt. Vor allem aber sind diese Gebiete kaiserliches Herzland gewesen.

Wem die folgenden, zum Verständnis notwendigen historischen Ausführungen zu langweilig sind, der überspringe sie und halte sich an das landschaftliche Bild, das ich in den folgenden Kapiteln zu zeichnen versuchen will und das genug des Schönen bietet.

Durch den Reichsdeputationshauptschluß zu Regensburg von 1803 wurden die neuen Kurstaaten Württemberg und Baden gegründet, die dann unter Napoelon I. Königreich Württemberg und Großherzogtum Baden geworden sind. Die alte Kurpfalz ging in ihnen und Hessen auf. Der größte Teil Nordbadens war einst kurpfälzisch, ebenso ein Teil des württembergischen Unterlandes. Wenn in diesem Buch von der Pfalz die Rede ist, so ist nicht das heutige Bundesland Rheinland-Pfalz gemeint, sondern die alte Kurpfalz.

Betrachten wir eine Karte des Kurstaates aus jener Zeit, so sehen wir, daß auf der westlichen Rheinseite das kurpfälzische Gebiet aus der Grafschaft Sponheim bestand, die an Trier grenzte und aufgeteilt war in die Ämter Kirchberg und Kreuznach; aus den Ämtern Birkenfeld und Simmern, dem Herzogtum Zweibrücken, das an Nassau-Saarbrücken stieß; aus den Ämtern Alzey, Kaiserslautern, Oppenheim und Germersheim mit Landau und Bergzabern an das Elsaß grenzend. Östlich des Rheins gehörten ihm die Ämter Heidelberg, Ladenburg, Mannheim, Bretten und Mosbach an. Über die Entwicklung Württembergs und Badens soll in einem eigenen Bande berichtet werden.

Ernst Moritz Arndt hat im vorigen Jahrhundert gesagt:

Der Rhein und seine umliegenden Lande sind der Kern und das Herz des deutschen Volkes, auch anderswo ist Deutschland; es ist in Flensburg und Königsberg, in Breslau und Stralsund. Aber Schwaben und Franken und die rheinischen Lande muß derjenige besuchen, der den Schlüssel zur Geschichte des deutschen Volkes, zur Erkenntnis der Gesetze seiner Bildung finden will.

In jenen linksrheinischen Landschaften, die man gemeinhin Pfalz nennt, bestand in römischer Zeit kein geordnetes Staatswesen und keine Einheit der Besiedlung. Im Westen, der zur PROVINCIA BELGICA gehörte, saßen die keltischen Mediomatriker; im Osten, also in der Vorderpfalz und im Pfälzerwald, die germanischen Nementer; im Norden die Treverer und auf dem rechten Rheinufer Kelten, später Alemannen und Franken. Speyer, Rheinzabern, Worms, Heidelberg, Altrip und andere Orte waren römische Kastelle und Siedlungen. Der Grabstein eines ›Försterehepaares‹ von der Heidelburg im Pfälzerwald (heute im Speyerischen Heimatmuseum) ist eines der wichtigsten Denkmäler aus dieser vormittelalterlichen Zeit; es stammt aus dem dritten Jahrhundert nach Christi.

Später lebten die Alemannen im pfälzischen Gebiet; sie wurden 496 vom fränkischen König Chlodwig bei Zülpich besiegt. Die Pfalz ist dann vorwiegend fränkisch besiedelt worden, das Elsaß blieb weitgehend alemannisch, im Badischen haben sich die beiden Stämme jedoch stärker vermischt.

Eine fränkische Gaueinteilung schufen bereits die Merowinger. Dabei entstanden auf der rechten Rheinseite der Lobdengau um Ladenburg-Mannheim, der Gartachgau um Wimpfen, der Kraichgau um Bruchsal, links des Rheines der Speyer-, der Worms- und der Nahegau, weiter westlich der Bliesgau. Diese Gaueinteilung blieb lange Zeit bestimmend; auch unter den Karolingern wurde sie beibehalten. Neben den Gauen finden wir die Bistümer Worms und Speyer mit ihren Sprengeln und reichem Landbesitz sowie die Klöster, unter anderem etwa Lorsch, bis über den Rhein hin und bis zum unteren Neckar Einfluß ausüben. Gaue und Bistümer waren gleichermaßen wichtig für die wirtschaftliche und kulturelle Entwicklung des Frankenreiches.

Durch die Teilung dieses Reiches in Verdun 843 wurde eine neue politische Situation geschaffen. Jetzt begannen Deutschland und Frankreich sich zu trennen und unabhängig voneinander weiterzuentwickeln. 962 wurde dann erstmals ein deutscher König in Rom zum Kaiser gekrönt: Otto I. wurde durch diese Zeremonie zum Stifter des ›Heiligen Römischen Reiches Deutscher Nation‹.

Schon im neunten Jahrhundert hatten sich aus dem Saar- und Bliesgau die Salier nach Osten vorgeschoben und Nahe-, Worms- und Speyergau zu Grafschaften vereinigt. Als im elften Jahrhundert die Ottonen sie ablösten und mit Konrad II. selbst zur Königswürde aufstiegen, gewannen die pfälzischen Lande als Teil ihrer Hausmacht erneut an Bedeutung.

Das Gebiet der späteren Kurpfalz und der Titel des Pfalzgrafen bei Rhein waren nicht immer miteinander verbunden. Die Pfalz als politische Einheit hat sich allmählich aus dem Amt des lothringischen Pfalzgrafen, des Grafen der Königspfalz Aachen, entwickelt.

Was bedeutet der Titel Pfalzgraf? Während der Karolingerzeit nannte man die kaiserlichen Burgen Pfalzen; einer solchen Pfalz war jeweils ein Beamter, ein Graf, der für den Kaiser fiskalische und richterliche Rechte wahrnahm, vorgesetzt. Im hohen Mittelalter hatten auch die Stammesherzöge, nämlich Franken, Schwaben, Bayern und Sachsen, ihre Pfalzgrafen, von denen sie sich vor allem juristisch beraten ließen. Die beiden vornehmsten Pfalzgrafen des Reiches waren die von Sachsen und bei Rhein: in diesen beiden Herren verkörperte sich die in sächsisches und salisches (fränkisches) Recht aufgespaltene Gerichtsbarkeit des Reiches. Im Falle der Abwesenheit des Kaisers oder während eines Interregnums übten Pfalz und Sachsen das Reichsvikariat aus, das heißt, sie übernahmen die Stellvertretung des Kaisers. Den höchsten Rang bekleidete der Pfalzgraf bei Rhein, er hatte das Privileg, seine richterliche Gewalt selbst gegen den Kaiser geltend zu machen, nur vor ihm durfte gegen das Oberhaupt des Reiches Klage erhoben werden. Andrerseits konnte der Kaiser die Fürsten bei Rechtsverletzungen vor den Richterstuhl des Pfalzgrafen laden, ein Recht, das dann und wann ausgeübt worden ist. Das Amt des Pfalzgrafen bei Rhein war mit einigen Gütern um Aachen und bei Bacharach ausgestattet. Die salischen Kaiser hinderten die Pfalzgrafen, ihren Besitz abzurunden oder gar mit den niederrheinischen Ländern ihrer Linie zu vereinigen, um sie nicht zu mächtig werden zu lassen.

Das Gebiet der späteren Kurpfalz befand sich um diese Zeit noch weitgehend im Besitz der Salier, er stellte den Kern ihrer Hausmacht dar. Worms, Lorsch und Speyer gehörten zum Kirchengut. Die Neuordnung brachte erst das zwölfte Jahrhundert.

Im zwölften Jahrhundert bereitete sich der Aufstieg eines

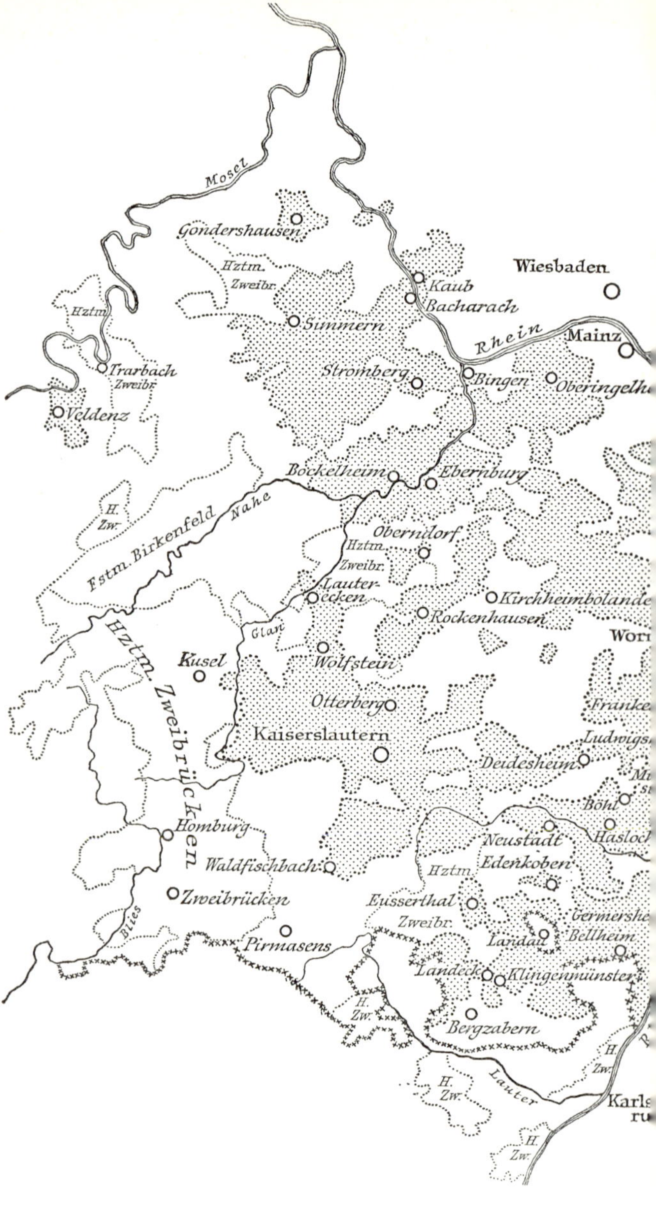

Mosel
Gondershausen
Hztm. Zweibr.
Hztm
Trarbach
Zweibr.
Veldenz
Kaub
Bacharach
Simmern
Stromberg
Wiesbaden
Rhein
Mainz
Bingen
Oberingelh
Bockelheim
Ebernburg
H. Zw.
Nahe
Fstm. Birkenfeld
Oberndorf
Hztm. Zweibr.
Lauter-ecken
Kirchheimbolande
Rockenhausen
Glan
Wor
Hztm. Zweibrücken
Kusel
Wolfstein
Otterberg
Franke
Kaiserslautern
Ludwigs
Deidesheim
Böhl
Homburg
Neustadt
Hasloch
Waldfischbach
Hztm.
Edenkoben
Zweibrücken
Eusserthal
Zweibr.
Blies
Pirmasens
Landau
Germershe
Bellheim
Landeck
Klingenmünster
H. Zw.
Bergzabern
H. Zw.
H. Zw.
Lauter
Karls ru
H. Zw.

Die Kurpfalz am Ende des 18. Jh.

bis dahin fast unbekannten Geschlechts, der Hohenstaufen, zur Königswürde vor. Friedrich von Staufen hatte während des Investiturstreites und der Auseinandersetzungen Kaiser Heinrichs IV. mit den Welfen dem Salier gute Dienste geleistet. Heinrich belohnte ihn mit dem Herzogtum Schwaben, welches durch die Niederwerfung der Welfen lediges Lehen geworden war, und verheiratete ihn mit seiner Tochter Agnes. Als mit Kaiser Heinrich V. das salische Haus erlosch, fiel das ungeheure Erbe an die Söhne der Herzogin Agnes, Friedrich II. von Schwaben und Konrad. So gelangten die Staufer an den Rhein. Bischof Otto von Freising berichtet in seiner Staufer-Chronik, daß der Herzog auf seinem Zug von Basel nach Mainz auf jedem Bergvorsprung eine Burg bauen ließ, um sein Land in Besitz zu nehmen: DUX FRIDERICUS CAUDA EQUI SEMPER TRAHIT CASTRUM – Herzog Friedrich zieht am Schwanz seines Pferdes immer eine Burg mit sich.

Das salische Erbe wurde den schwäbischen Herzögen weder von dem neugewählten Kaiser, Lothar von Sachsen, noch von den anderen Fürsten des Reiches gegönnt. Der Streit zwischen Herzog Friedrich II. und Lothar dauerte über zehn Jahre. Friedrich blieb fest, er ertrug lieber die Acht, als auf seinen Anspruch zu verzichten. Wie richtig diese Politik gewesen ist, zeigte sich, als nach dem Tode Lothars Konrad von Staufen, Friedrichs Bruder, zum neuen deutschen König gewählt wurde. Konrads Regierungszeit war von kriegerischen Auseinandersetzungen aller Art erfüllt, und so schlug er wohl aus Sorge um das Reich nicht seinen minderjährigen Sohn, sondern seinen Neffen, Herzog Friedrich III., als Nachfolger vor. Es gelang Friedrich, als König Friedrich I. Barbarossa genannt, die Stellung des Kaisers im Reich zu befestigen.

Auf der Grundlage des salischen Erbes konnten die Staufer Weltpolitik treiben. Denn hier lag, wie schon der Chronist Otto von Freising festgestellt hatte, die größte Kraft des Reiches. Die staufische Macht war durch jene Burgensysteme gesichert, an denen bereits die Salier gebaut hatten und die durch die schwäbischen Herzöge so eifrig erweitert worden waren: neben den Königspfalzen von Hagenau, Kaiserslautern, Wimpfen, Ingelheim die Burgen der linksrheinischen Gebiete, des Elsaß, und vor allem der Trifels. Der Trifels hatte als die uneinnehmbare Feste, auf der das ›Reich‹ (die Reichsinsignien) aufbewahrt wurde, legendären Ruf.

Zur Regierungszeit Friedrich Barbarossas war Graf Hermann von Stahleck, dessen Burg Stahleck bei Bacharach lag, Pfalzgraf bei Rhein. Der Kaiser nahm dem Grafen diese vornehmste Würde des Reiches und verlieh sie seinem Bruder, Konrad von Staufen. Dadurch waren jetzt erstmals ein Großteil der salischen Erbschaft – weitgestreuter Besitz um Alzey und Güter zwischen Haardt und Odenwald waren an Konrad gefallen – und die Würde des Pfalzgrafen bei Rhein in einer Hand vereinigt. Unter Konrad von Staufen erfolgte die Konsolidierung der Pfalz; 1264 wurden seine Besitzungen unter dem Namen ›Palatium‹ = ›Pfalz‹ zusammengefaßt. Er erwarb vieles hinzu, so die Vogteirechte über Kirchengut von Lorsch, Worms und Speyer. Sein ›Palatium‹ bildet den Kern der späteren Kurpfalz.

Kaiser Friedrich I. erstrebte eine Aussöhnung mit den Welfen; so verheiratete Konrad von Staufen in Verfolgung dieser Politik seine Tochter mit einem Sohn Herzog Heinrichs des Löwen. Diese Linie starb aber schon nach 1214 aus. Das freigewordene Lehen übertrug Kaiser Friedrich II. an Herzog Ludwig I. von Bayern, einen Wittelsbacher, der seinen Sohn mit der Tochter des Pfalzgrafen, Agnes, verheiratet hatte. Gleichzeitig mit der Pfalz erheiratete er auch Agnes' welfische Erbschaft. Von nun an hat das Haus Wittelsbach bis zum Jahre 1803 in der Pfalz regiert. Die Wittelsbacher bauten das ›Palatium‹ gebietsmäßig ständig aus, aber durch die Zersplitterung des Hauses in zahlreiche Linien unterlag die Pfalz immer wieder einer unseligen Teilungspolitik.

Die deutschen Könige waren anfangs von allen Fürsten gemeinsam gewählt worden. Seit der Mitte des zwölften Jahrhunderts wählte nur noch ein Fürstenausschuß, der sich Anfang des dreizehnten Jahrhunderts im Kurfürstenkollegium konstituierte. Ursprünglich gab es sieben Kurfürsten, nämlich die drei geistlichen Würdenträger Mainz, Trier und Köln, und die weltlichen Herren der Pfalz, Brandenburgs, Sachsens und Böhmens. Mit einigen Veränderungen bestand dieses Gremium bis zur Auflösung des Heiligen Römischen Reiches 1806 fort, und ebenso lange blieb die zweite Kurstimme bei der Pfalz, abgesehen von einer vorübergehenden Entziehung. Durch die Übertragung einer Kurstimme an die Pfalz hatte die Grafschaft den Status eines Fürstentums erhalten, sie hieß jetzt ›Kurpfalz‹.

Das dreizehnte Jahrhundert brachte den Niedergang des Staufischen Hauses und eine Zeit der Wirren für das Reich. Gegen Ende des Jahrhunderts wurde die Pfalz in die Nachfolgekämpfe innerhalb des Reiches hineingezogen. Die Söhne Herzog Ludwigs I. hatten anfangs das gesamte ererbte Gebiet gemeinsam regiert; 1255 teilten sie das Land, und Ludwig II. behielt Pfalz und Oberbayern. Die Wittelsbacher waren ihren österreichischen Nachbarn, den Habsburgern, in mancher Hinsicht verbunden, sie hatten die Wahl Rudolfs I. zum deutschen Kaiser 1269 unterstützt, und Ludwig war in dritter Ehe mit der ältesten Tochter des Kaisers, Mathilde, vermählt, und hielt auch nach dem Tod des Kaisers am habsburgischen Hause fest. Er hatte jedoch seinen Sohn Rudolf, den späteren Pfalzgrafen Rudolf I., mit Mechthild, der Tochter König Adolfs von Nassau (1992–1289), vermählt, und daraus ergaben sich für die Pfalz schwere Konflikte. Schon vor der Krönung Adolfs 1292 kam es zu einem schweren Zwischenfall. Als der König auf dem Wege nach Aachen rheinabwärts reiste, forderte die pfälzische Besetzung von Bacharach den üblichen Rheinzoll. Man scheint Adolf von Nassau nicht erkannt zu haben, jedenfalls wurde sein Schiff angegriffen, als er die Zahlung verweigerte. Sofort hieß es, Ludwig habe den König ermorden lassen wollen.

Die Katastrophe brachte das Jahr 1298, als Adolf von den Kurfürsten abgesetzt wurde und mit dem neugewählten Herrscher, Albrecht, Herzog von Österreich, dem Sohn Kaiser Rudolfs I., um das Reich kämpfte. Pfalzgraf Rudolf I. blieb keine andere Wahl, als seinen Schwiegervater zu verteidigen, obwohl er eigentlich auf seiten Habsburgs stand, als es zwischen Adolf von Nassau und Albrecht von Österreich bei Göllheim zur Schlacht kam. Adolf verlor in dieser Schlacht das Leben.

Die Spannungen im Reich verschärften sich von einer Kaiserwahl zur anderen, und nach dem Tode Kaiser Heinrichs VII. von Luxemburg griffen sie auch auf das Kurkollegium über. Da man sich nicht auf einen Kandidaten einigen konnte, kam es zur Doppelwahl: sowohl dem Habsburger Friedrich von Österreich (1314–1330), Sohn Kaiser Albrechts, als auch Ludwig von Wittelsbach (1314–1347) wurde die Königswürde zugesprochen. Dieses Mal stand Pfalzgraf Rudolf gegen seinen eigenen Bruder, König Ludwig mit dem Beinamen »der Bayer«, zum Habsburger. Als Ludwig sich durchsetzte, verlor Rudolf sein Land an Bayern. Erst zehn Jahre später entschloß sich der Kaiser in Pavia, den Söhnen seines Bruders, Rudolf II. und Ruprecht I., das Erbe vertraglich zurückzugeben. Sie erhielten den ganzen rheinischen Besitz, dazu Teile altbayerischen Gebietes, die seitdem ›Oberpfalz‹ heißen. Durch diese Teilung sind die beiden wittelsbachischen Hauptlinien Bayern und Pfalz entstanden.

Kurfürst Ruprecht I. ist der eigentliche Gründer des kurpfälzischen Staates, in dessen Gebiet allerdings viele reichsunmittelbare Herrschaften lagen, wie die der Grafen von Hanau-Lichtenberg, Sayn-Wittgenstein, Löwenstein, der Bistümer Speyer und Worms, der Grafen von Erbach, der Reichsritterschaft. Ruprecht erhielt zudem durch die Goldene Bulle Kaiser Karls IV. von 1356 die Bestätigung der Kurwürde, die bisher zwischen Bayern und Pfalz gewechselt hatte. Er erwarb 1375 als Reichspfandschaften Kaiserslautern, Oppenheim, Nierstein, Ingelheim und anderes Reichsgut. All dies blieb in pfälzischer Hand und wurde nicht wieder eingelöst. Auch kaufte er Bergzabern, die Grafschaft Zweibrücken und Gebiet im heutigen württembergischen Unterland.

König Wenzel (1378–1400), Sohn und Nachfolger Kaiser Karls IV., war bereits 1376 zu Lebzeiten seines Vaters zum deutschen Kaiser gewählt worden. Seine Schwäche und offensichtliche Unfähigkeit bewogen die Kurfürsten jedoch, seine Thronenthebung durchzusetzen. Fünf der Kurfürsten und andere Reichsmitglieder schlossen im Februar 1400 zu Frankfurt einen Vertrag, der die Wahl eines neuen Königs festlegte und die Dynastien bestimmte, die für dieses Amt in Frage kamen: Sachsen, Meißen, Hessen, Hohenzollern und Württemberg. Am 20. August des Jahres wurde Wenzel abgesetzt und einen Tag später überraschend und gegen die Frankfurter Beschlüsse Ruprecht III. von der Pfalz zum König gewählt, und zwar auf dem Königstuhl zu Rhense, wo 1338 der erste Kurverein gegründet worden war.

Die Hausmacht des Pfälzers war jedoch nicht so stark, daß er sich im Reich hätte durchsetzen können. Nur mit Mühe konnte er den äußeren Anspruch des hohen Titels wahren.

Nach Ruprechts Tod wurde die Pfalz unter seine vier Söhne geteilt. Kurfürst Ludwig III. erhielt den größten Teil altpfälzischen Gebiets sowie die Reichspfandschaften; zwei seiner Brüder übernahmen die Oberpfalz und Mosbach, doch starben diese Linien wieder aus und ihre Länder fielen an die Kurpfalz zurück. Stephan schließlich bekam die Grafschaft Zweibrücken mit Bergzabern, die Grafschaft Simmern auf dem Hunsrück, außerdem erheiratete er die Grafschaft Veldenz an der Mosel und den größten Teil der Grafschaft Sponheim, deren Herren möglicherweise mit den Saliern stammverwandt waren. Stephan gründete die Linie Pfalz-Zweibrücken.

1504 geriet die Pfalz in eine höchst schwierige Lage durch den Landshuter Erbfolgekrieg (1503–1507), hervorgerufen durch die Erbstreitigkeiten um das niederbayerische Teil-Herzogtum Landshut. Da Kurfürst Philipp für seine Söhne auf Grund eines Testaments Landshut verlangte, kam es zum Krieg mit den Vettern in München, die vertragliche Ansprüche auf Landshut hatten und denen Kaiser Maximilian I.

beistand. Der mit größter Erbitterung geführte Krieg forderte schwere finanzielle Opfer von Kurpfalz und die Preisgabe mancher Außenpositionen. Durch den kaiserlichen ›Kölner Spruch‹ von 1504 wurde als Ausgleich das Fürstentum Neuburg an der Donau, die ›Junge Pfalz‹, gebildet, dessen Herr Ottheinrich später auch die Pfälzer Kur antrat. Mit ihm erlosch 1559 die alte Heidelberger Kurlinie; es folgte die Linie Pfalz-Simmern in Neuburg und Heidelberg. Es würde zu weit führen und nur verwirren, von den zahlreichen pfälzischen Nebenlinien zu sprechen, die einander ablösten, ausstarben, sich neu bildeten. »Die neuen Regenten greifen«, schreibt Ludwig Häusser, »mit ihrer Bedeutung über die Gränzen des pfälzischen Lebens weit hinaus. Von Friedrich III. bis auf Karl Ludwigs Tod ist kein Kurfürst, der nicht für seine Zeit ein noch größeres Gewicht hätte, als irgendein Pfalzgraf bei Rhein jemals zuvor. Eine Zeitlang vermißt sich die neue Dynastie, mit Habsburg um das Primat in den germanischen Ländern zu ringen, die pfälzischen Kurfürsten scheinen sich in die Reihe der großen Mächte Europas eindrängen zu wollen, und im Innern blüht alles, was Kunst, Poesie und Bildung jener Zeit zu erreichen vermochten; die Zierlichkeit der süd-

Ruprecht und Ludwig der Bärtige mit ihren Frauen

Der Winterkönig Friedrich v. von der Pfalz

lichen Länder, die Eleganz des französischen Lebens schlägt in der Pfalz ihren Wohnsitz auf.«

Vor Beginn des Dreißigjährigen Krieges kam es zwischen Kurpfalz und Brandenburg zu einem großen Streit um die reiche Erbschaft des Herzogs von Jülich-Berg am Niederrhein. 1609 erhielt dann Philipp Ludwig von Pfalz-Simmern, aus der Zweibrücker Nebenlinie, Jülich und Berg mit Düsseldorf. Seine Linie starb 1685 aus. Unter ihr hat sich die Personalunion der niederrheinischen Lande mit Kurpfalz vollzogen.

Im Dreißigjährigen Krieg verlor Kurfürst Friedrich V. (1610–1632), der »Winterkönig« von Böhmen, sein Land samt der kurfürstlichen Würde an Bayern. Bis zum Westfälischen Frieden wurde die Pfalz von Bayern wie erobertes Land behandelt. Friedrichs Sohn, Karl Ludwig, der bis 1680 regierte, mußte sich viele Jahre um die Rückgabe seines Erbes bemühen. Er protestierte 1637 gegen die Wahl Ferdinands III. zum deutschen König, weil ihr die pfälzische Kurstimme gefehlt hatte. Im Januar dieses Jahres erschien in seinem Auftrag ein umfassendes, gründliches und gut geschriebenes Manifest. »Darin«, lesen wir bei Häusser, »war alles zusammengestellt, was sich nach Satzung und Herkommen für die Rechtmäßigkeit der Kurwürde sagen ließ, es waren alle Unterhandlungen und Vermittlungsversuche, die seit 1621 vergeblich am kaiserlichen Hofe waren angeknüpft worden, berichtet und nachgewiesen, daß Friedrichs V. Schuld, selbst wenn man sie zugab, nimmermehr dem unschuldigen Nachkommen könne verderblich werden.« Die Proklamation erschien in deutscher, lateinischer, englischer und französischer Sprache. »Für elegante Ausstattung, in der Elzevirischen Buchhandlung, sorgte der pfälzische Diplomat Rudsdorf.« Zwar wurde die Kurpfalz im Westfälischen Frieden wiederhergestellt, bekam auch 1654 die 8. Kur mit dem Reichserzschatzmeisteramt, verlor aber gleichzeitig die Oberpfalz an Bayern und das Gebiet an der Bergstraße zwischen Bensheim und Heppenheim an Mainz, wozu es schon früher einmal gehört hatte.

1685 erlosch mit Karl Ludwigs Sohn Karl die Linie Simmern. Die Kur und zugehörige Lande fielen testamentarisch an die Linie Zweibrücken-Neuburg. Schon 1680, nach dem Tode Karl Ludwigs, hatte Ludwig XIV. von Frankreich jedoch Erbansprüche für Liselotte von der Pfalz, die Gemahlin seines Bruders, des Herzogs von Orléans, angemeldet. Er setzte sich über den Widerspruch Liselottes und die Tatsache, daß sie bei ihrer Heirat auf alle Ansprüche auf die Pfalz verzichtet hatte, hinweg, denn ihm ging es weniger um ihr Recht als um eine günstige strategische Stellung am Rhein. Frankreichs nach zwei Seiten gegen Habsburg ungesicherte Grenzen machen seine Taktik verständlich. 1681 ließ er ohne Kriegserklärung Straßburg besetzen und brachte das ganze Elsaß unter seine Souveränität. Er fühlte sich in der Rolle eines »Protektors der Rheinlande«. 1688 beklagte er sich, daß Kaiser Leopold gegen Frankreich rüste; er verlangte Anerkennung seiner Eroberungen westlich des Rheins durch das Reich, wie auch der Ansprüche der Herzogin von Orléans auf die Allodialverlassenschaft ihres Vaters. Da ihm beides verweigert werde, erklärte er, so sähe er sich gezwungen, die Waffen zu ergreifen. Der Zeitpunkt für einen Präventivkrieg war gut gewählt, da die kaiserlichen Heere durch die Türken in Ungarn gebunden waren. Trier und Mainz fielen, Speyer und Worms. Frankreich beschloß, die ganze Kurpfalz in ein Glacis zu verwandeln, und ging an eine Zerstörung, die ihresgleichen nicht hatte. Marschall Duras befahl dem General Mélac, die badischen Lande und die rechtsrheinische Pfalz zu verwüsten, was mit Gründlichkeit durchgeführt wurde. Am 18. Januar 1689 begann das Zerstörungswerk. Weinberge wurden vernichtet, alle Obstbäume niedergehauen, Dörfer und Städte in Brand gesteckt. Von Heilbronn bis Heidelberg, von Baden-Baden bis Mainz und auf dem westlichen Rheinufer loderten die Brände. Am 16. Februar erfolgten die Sprengung des Heidelberger Schlosses und der Brand der Stadt. Ein Ort nach dem anderen ging in Flammen auf: Mannheim, Pforzheim, Durlach, Rastatt, Baden-Baden, Speyer, Worms.

Die Verwüstung griff sogar in die trierischen und kölnischen Lande über. Seit damals liegen die Burgen an Mosel, Rhein und in der Pfalz zum größten Teil in Trümmern. England und Holland griffen in den Kampf ein, und als sie im Seesieg von La Hogue gemeinsam die französische Flotte

Liselotte von der Pfalz

vor Cherbourg geschlagen hatten, ließ London eine Denkmünze mit dem Vers prägen:

> Also rächte England der Städte Worms und Speyer Brand!
> Lerne, Ludwig, daraus, wie sich das Kriegsglück gewandt!

Aber noch einmal während des Pfälzischen Erbfolgekrieges, 1693, wurde Heidelberg zerstört, diesmal vollständig. – Die Pfalz ist erst 1697 im Frieden von Ryswijck wiederhergestellt worden: ein ausgeblutetes, verbranntes, verödetes Land. Am 31. Dezember 1792 starb der letzte Fürst der Linie Zweibrükken-Neuburg ohne männlichen Erben. Auf Grund des Hausvertrags trat Carl Theodor aus der herzoglichen Nebenlinie Pfalz-Sulzbach die Regierung an. Als Carl Theodor 1797 auch Kurbayern erbte, fielen infolge der Bestimmungen des Westfälischen Friedens seine alte Stimme im Kurkollegium und das Erztruchseßamt wieder von Bayern an die Pfalz zurück. Den dadurch erledigten achten Platz unter den Kurfürsten, ebenso wie das Erzschatzmeisteramt, nahm Hannover ein.

Im Revolutionskrieg ging 1797 die linkrheinische Pfalz erneut an Frankreich verloren; sie wurde in die Départments Donnersberg, Saar und Niederrhein aufgeteilt. Dieser Abtretung mußte der Nachfolger Carl Theodors, Maximilian Joseph aus der Nebenlinie Zweibrücken-Birkenfeld, 1802 infolge des Lunéviller Friedens zustimmen. 1803 verlor Maximilian Joseph durch den Reichsdeputationshauptschluß die Ämter Heidelberg, Mannheim, Ladenburg und Bretten an Baden, andere Teile der Pfalz fielen an Hessen. Erst nach dem Wiener Kongreß sollte Bayern 1816 den größten Teil der linksrheinischen Pfalz zurückerhalten; die niederrheinischen Gebiete wurden Preußen zugesprochen, das übrige fiel an Hessen. Seit 1945 gehört die linksrheinische Pfalz zum Bundesland Rheinland-Pfalz.

So ist also der alte Kurstaat ganz verschwunden; aus ihm sind die Bundesländer entstanden, die wir bereisen wollen. Wir können Städte, Klöster, Schlösser schildern und versuchen, uns Begebenheiten, die uns wichtig erscheinen, ins Gedächtnis zurückzurufen, um das Bild einer Landschaft entstehen zu lassen. Es wird aber immer ein subjektives Bild sein, das da zur Anschauung gebracht wird, und es ist durchaus möglich, daß sich verschiedenen Betrachtern die gleichen Landschaften ganz anders darstellen. Erst durch den Zusammenhang, in den wir sie stellen, verweben sich einzelne Ereignisse zu geschichtlichen Abläufen. Jedes Stück Vergangenheit steht in engster Verbindung mit unserem Leben. Da aber ein jeder die Vergangenheit nach seinem Sinn auszulegen geneigt ist, bleibt seine Interpretation etwas ganz Persönliches. Sie mag das Bild der Geschichte bereichern, wird aber nicht den Anspruch auf Allgemeingültigkeit erheben.

IN DER ALTEN LINKSRHEINISCHEN PFALZ

Worms

Vor mir aufgeschlagen liegt Merians »Topographia Palatinatus Rheni et vicinarum regionum« – »Es ist die Pfaltz ...« – in der Ausgabe von 1645 und zeigt den schönen Stich von Worms.

Von dem jenseitigen Rheinufer schauen wir auf das türmereiche Bild der Stadt. Vielleicht hat Matthäus Merian die Ansicht in der Gegend von Biblis anfertigen lassen. Biblis – dieser Name ist mir durch eine Anekdote aus dem Leben eines alten jüdischen Herrn aus diesem Ort, Don Mauricio Hochschild, in Erinnerung geblieben. Er kam, so erzählte er, als junger Kaufmann vor dem Ersten Weltkrieg nach New York und fragte einen Passanten nach der Fifth Avenue. »Was! Die kennen Sie nicht?« staunte der Mann. »Ei, wisse Sie, wo Biblis liegt?« antwortete schlagfertig Don Mauricio.

Auf Merians Ansicht geht es bei Worms recht gemütlich zu. Auf dem Uferstreifen im Vordergrund zieht ein Bauernpaar mit seinem Hund des Weges, reitet ein Offizier mit zwei Mann auf eine Gruppe lagernder Soldaten zu, bei denen gerade die Fähre mit einer Reisekutsche anlegt. Aus den Fenstern der Kutsche schaut eine Dame, während eine zweite Fähre, ebenfalls mit einem Reisewagen, mitten im Strom treibt, auf dem auch Fischerboote und Schiffe dahingleiten.

Am anderen Stromufer, hinter der turmbewehrten Stadtmauer, steigen über Giebeln und Dächern die Türme der Tore und Kirchen auf: St. Paul, St. Magnus, Predigerkloster, die gewaltige Masse St. Peters, St. Martin, Spitalkirche, St. Amandus, Kapuzinerkloster, der starke Neuturm und Liebfrauen. Wir lesen im Text:

... diese in dem Oberen Teutschland gelegene, weltberühmte Reichs Stadt, weichet an Alter und herrlichen Thaten nicht leichtlich einer Teutschen Stadt.

Wir erfahren, daß sich ihr Name von den Würmern herleiten soll, die im Gemäuer der alten zerstörten Stadt gehaust haben, oder von dem Lindwurm, den sie als Wappentier führt, werden dann aber belehrt, daß sie doch *albereits vor Zeiten Wormizmagen* und *Lateinisch Bormitomagus genant* worden. Ihr lateinischer Name lautet BORBETOMAGUS und bedeutet ›Hain der Borbes‹. Borbes war eine der drei keltischen Muttergottheiten, die hier vor allem verehrt wurden.

1233 wurde Worms Reichsstadt; 1689 im Pfälzischen Erbfolgekrieg fiel es der Zerstörung anheim. Die Neuordnung der deutschen Staaten nach 1803 beraubte Worms seines Hinterlandes. Es verlor an Bedeutung, sank zum Landstädtchen herab und hatte schließlich nur noch fünftausend Einwohner.

1838 hat Victor Hugo auf einer Rheinreise Worms besucht. Er fand die berühmte, einst blühende Stadt im Zustand des Verfalls und der trostlosesten Verlassenheit. Hugo kam mit dem Schiff von Mainz und stieg in Worms aus, fand hier jedoch zu seinem Erstaunen nur ein kleines Gasthaus an der Lände. Von der Stadt war nichts zu sehen. Auf seine Frage, wie er nach Worms kommen könne, antwortete ihm nur ungläubiges Staunen.

Wer sollte auch nach Worms gehen, wer weiß überhaupt, daß es eine Stadt Worms gibt?

Ist die Stadt so vergessen gewesen? Es scheint so, wenn man den Bericht liest. Hugo machte sich endlich nicht ohne Skepsis auf den Weg, begleitet vom Hausknecht des Hotels ›Zum Fasanen‹, der seinen Mantelsack auf einem Handkarren schob, glücklich, einen Gast gefunden zu haben.

Inzwischen waren wir über Weiden, Wiesen und Kleefelder an einen kleinen Rheinarm gelangt, den wir – ich weiß nicht auf welch altem, unmöglichen Pfahlwerk und über welch wackelige Balken und Bretterstege, durch die man das gurgelnde Wasser sah – überschritten. Kaum zwei Jahrhunderte sind es her, daß hier die stolz überdachte Holzbrücke Maximilians I., des letzten Ritters, die auf den hohen, mächtigen, erkergeschmückten Torturm zuführte, den Rheinarm überspannte. Der Mond hatte die Nebel zerstreut, die sich in weißen Wölkchen im Zenith auflösten, die Landschaft war wie reingewaschen, und das wunderbare Profil des Domes mit seinen Türmen, seinen Giebeln, Lagern und

Worms in der 1. Hälfte des 17. Jahrhunderts

Widerlagern erschien am Horizont, der sich dunkel von dem hell gewordenen, von Sternbildern übersäten Himmel abhob. Wie ein großes Schiff der Nacht, das inmitten der Sterne vor Anker gegangen ist, lag der Wunderbau vor uns.

Aber welch düsteren, elenden Eindruck hat die Stadt auf Hugo gemacht, als er sie durchwanderte! Er fährt fort:

Wir erreichten die Stadt; keine Kette rasselte, keine Zugbrücke wurde herabgelassen, kein Fallgitter wurde hochgezogen. Wir betraten die alte feudale Stadt der Gaugrafen und Fürstbischöfe durch eine Öffnung, wo ursprünglich ein Torturm sich befand und der jetzt nur noch ein Loch war ... Wir wandten uns nach rechts, mein Begleiter pfeifend und fröhlich seinen Handkarren vor sich herschiebend, ich nachdenklich. Wir folgten eine Zeitlang der alten Stadtmauer und verloren uns dann in einem Gewirr von verlassenen kleinen Gassen. Der Anblick der Stadt: immer der gleiche, eher eine Grabstätte als eine Stadt, kein Licht an einem Fenster, keine Menschen in den Gassen. Es war ungefähr 8 Uhr abends.

Aber Hugo ist doch beeindruckt von ihrer architektonischen Schönheit und berichtet:

Am nächsten Tag machte ich einen Gang durch die Stadt. Ihr Pariser, in diesem geradezu schrecklich lebendigen Paris, das die große Stadt war und jetzt die Riesenstadt wird, habt keine Ahnung davon, daß es andere Städte gibt, die dahinsinken und sterben. Worms ist eine dieser Städte ...

Kupferstich nach Merian

Überall auf den verlassenen Plätzen, auf den Gesichtern der verdrießlichen und gelangweilten Passanten, auf den eingestürzten Mauerresten, auf den still gewordenen und seltenen niedrigen Häusern glaubte mein geistiges Auge die letzten melancholischen Strahlen einer untergehenden Sonne zu gewahren. Trotz alledem, vielleicht gerade deshalb ist Worms, umschlossen von dem doppelten Horizont der Vogesen und des Taunus, umspült von dem wunderbaren Fluß mit seinen Inseln, umgeben von dem eingefallenen Mauerkranz und dem frischen Grün seiner Umwallung, eine wunderschöne, merkwürdige und sehenswerte Stadt…

Beginnen wir also hier in Worms unsere Reise. Nicht ohne Grund rühmt es sich, die älteste Stadt auf deutschem Boden zu sein. Es war nicht nur eine Stätte vorgeschichtlicher Siedlungen, es war eine keltische, dann römische Stadt, etwa 50 vor Christus der Hauptort der germanischen Vangionen und seit dem vierten Jahrhundert Bischofssitz. Kurze Zeit schlugen auch die Burgunderkönige ihre Residenz hier auf. Kaiser Honorius hatte 413 die Burgunder als Hilfstruppe ins Land geholt, ihr Reich zerbrach aber schon 437 wieder; sie fanden dann 443 eine neue Heimat im heutigen Burgund.

Heute kennen wir Worms vor allem als sagenhafte Stadt aus dem Nibelungenepos, ja, am Dom zeigt man das Portal, vor dem sich die Königinnen Brunhild und Kriemhild um den Vortritt gestritten haben. Der Unbekannte, der um 1200 dem uralten Gedicht, dem Nibelungenlied, die endgültige Form gab, kannte sicher das heute noch vorhandene Südportal des Doms.

Sagen basieren oft auf geschichtlichen Tatsachen, historischen Katastrophen. Ein die westliche Welt erschütterndes Ereignis war 437 die Vernichtung der Burgunder unter König Gunther durch die Hunnen gewesen. Noch einschneidender wirkte 453 der Tod des großen Hunnenkönigs Attila, genannt ›Gottesgeißel‹. König Etzel, wie er im Volksmund auch hieß, hatte sich mit der germanischen Fürstin Hildiko vermählt. Nach der Hochzeitsnacht fand man ihn tot an ihrer Seite ruhend. Jordanes, der Geschichtsschreiber der Goten um 550, berichtet, Etzel sei einem Blutsturz erlegen; andere Quellen erzählen, er sei von Hildiko ermordet worden. Jedenfalls wurde er zu einer Zentralfigur in dem Nibelungenlied, aus Hildiko wurde Kriemhild, ihre historisch als Burgunderfürsten belegbaren Brüder waren Gunther, Gernot und Giselher. Das Vorbild zu Siegfried war möglicherweise der Merowinger Siegebert, König der ripuarischen Franken, den der Merowingerkönig Chlodwig auf der Jagd ermorden ließ. Unter den merowingischen Königinnen gab es eine Brunhild, gab es auch einen Streit der Königinnen. So ist das Epos im Laufe von Jahrhunderten aus historischen Fakten und verschiedenen Sagenkreisen zusammengewachsen. Um 800 etwa muß das Epos vom Nibelungenhort und Siegfried bei den Franken am Niederrhein schon ausgebildet gewesen sein. Im neunten Jahrhundert brachten die Normannen es nach Norden. In Deutschland wurde die Sage später erneut verändert; der Untergang der Burgunder wurde an Etzels Hof verlegt, damit Kriemhild Rache für Siegfrieds Tod nehmen konnte. Im zehnten Jahrhundert, zur Zeit der sächsischen Kaiser, wurde das Epos dann noch mit der Dietrichsage verbunden. Wer war der Dichter? Walter Frey nimmt an, daß dem zweiten Teil des Liedes ein Spielmannsepos des zwölften Jahrhunderts zugrunde liegt. Um 1200 etwa entstand dann wohl die Handschrift, in der das Lied in seiner heute bekanntesten

Form festgehalten ist; der Verfasser war wahrscheinlich ein österreichischer Dichter aus dem Adel. Wie dem auch sei:

Zu Worms am Rheine wohnten die Herren in ihrer Kraft.
Von ihrem Lande diente viel stolze Ritterschaft
Mit rühmlichen Ehren all ihres Lebens Zeit,
Bis jämmerlich sie starben durch zweier edler Frauen Streit.

Worms war im Mittelalter eine politisch bedeutende Stadt, sie ist heute vor allem ein Industriezentrum. Seit dem vorigen Jahrhundert strahlt sie aber auch wieder auf das kulturelle Leben am Rhein aus, wofür besonders die Freiherren von Heyl zu Herrnsheim sehr viel getan haben. 1805 kaufte der Rheinschiffahrtsunternehmer Cornelius Heyl, schon zu Lebzeiten eine legendäre Figur, die Trümmer des alten ›Bischofshofs‹ und den dazugehörigen Garten; er ließ die Ruine abbrechen und den Park herrichten. Sein Sohn Cornelius Wilhelm, der erste Freiherr von Heyl, setzte das Werk des Vaters fort; er kaufte Domherrenhäuser und ein Domherrnschlößchen im benachbarten Heidenheim, das er abbrechen und neben dem Königsportal des Doms wieder aufbauen ließ – damals noch ein außergewöhnliches Unterfangen. Die Familie wurde reicher und reicher; die vom alten Heyl 1838 gegründete Lacklederfabrik florierte. Bald waren die Heyl die führenden Männer der Stadt geworden, tätig in Politik und Wirtschaft, aber sie übernahmen auch das geistige Erbe des ehemaligen Stiftsadels als Mäzene von hohen Graden. Sie bauten ein Palais und über den Fundamenten der bischöflichen Residenz den prächtigen Heylshof in neubarockem Stil. Cornelius Wilhelm sammelte alte Urkunden und Akten der Stadt und ließ sie sachgemäß bearbeiten und unterbringen; sein Bruder Maximilian schuf das Museum und eine Bibliothek. Heylshof und Schloßgarten schenkte er als ›Stiftung Kunsthaus Heylshof‹ seiner Vaterstadt; das Museum ist durchaus eines Besuches wert.

Die merowingischen, karolingischen, salischen und staufischen Herrscher haben Worms in besonderem Maße ihre

Gunst angedeihen lassen. Unter den Saliern hat die Stadt ihren romanischen Charakter erhalten, der noch heute, trotz späterer Bauten, vorherrscht. Das liegt zum Teil daran, daß der nachromanische Häuserbestand der Altstadt durch die Zerstörungen von 1689, 1795 und 1945 erheblich dezimiert worden ist. Die romanische Grundanlage aus dem elften Jahrhundert konnte daher wieder deutlich und bestimmend inmitten der modernen Bebauung in Erscheinung treten. Sie stellt sich dar im Dom, in den Kirchen St. Paul, St. Martin, St. Andreas (Museum) und der Synagoge, die in der Kristallnacht zerstört wurde, aber 1961 genau nach dem alten Vorbild wiederaufgebaut worden ist.

Bischof Burkard gewann mit Hilfe Kaiser Heinrichs II. die volle Stadtherrschaft für Worms. Er schuf das älteste Stadtrecht, erneuerte den ersten Mauerring und ließ die Kirchen St. Paul und St. Andreas bauen. Worms erlebte seine höchste Blüte unter den Staufern, als ein Zentrum kaiserlicher Macht. 1184 wurde es Reichsstadt und erhielt den zweiten Mauerring.

Viele und wichtige Reichstage sind hier gehalten worden, auch jener schicksalshafte von 1521, auf dem durch Luthers Weigerung, seine Schriften zu widerrufen, die geistige Spaltung des Reichs besiegelt wurde.

Dieser Reichstag war voller Hoffnung von den Ständen einberufen worden. Als wichtigster Punkt stand die Schaffung eines Reichsregiments auf der Tagesordnung. Man wollte unbedingt einen verfassungsmäßigen Ausgleich zwischen Kaiser und Ständen herstellen. Da aber Karl V. sich ständischer Bevormundung nicht geneigt zeigte, kam es nur zu einem Kompromiß: Lediglich für die Dauer der Abwesenheit des Kaisers aus Deutschland sollte ein Gremium gebildet werden können, dessen Vorsitzender dann der Statthalter des Kaisers war. Der heftigste Kampf um den Ausgleich zwischen kaiserlicher und fürstlicher Macht fällt in die Zeit vor und während der Reformation; er wurde erschwert durch die religiöse Zerrissenheit, die einmal die Fürsten hinderte, eine geschlossene Front gegen den Kaiser zu bilden, zum andern aber sie davor bewahrte, in Abhängigkeit vom Oberhaupt des Reichs zu geraten. Der Haß auf Rom hatte in Deutschland seine volle Stärke erreicht, und man wollte auch diese Fragen nun in Worms diskutieren. Daher hatte Karl V. zugestimmt, den vom Papst formell zum Ketzer erklärten und gebannten Reformator Luther vorzuladen, damit dieser sich rechtfertige. Zuvor war der kaiserliche Beichtvater zu Franz von Sickingen auf die Ebernburg geritten, wo sich Ulrich von Hutten und der Reformator Martin Butzer aufhielten; er diskutierte mit ihnen, und man beschloß, Luther auf die Ebernburg zu laden, damit dort die Angelegenheit in freundschaftlicher Unterredung beigelegt werden könne. Luther lehnte ab; er wollte auf dem Reichstag in Worms gehört werden:

Und wenn sie gleich ein Feuer machten zwischen Worms und Wittenberg, so wollt ich doch erscheinen im Namen meines Herrn und dem Bohemoth ins Maul zwischen die großen Zähn treten.

So erging die Vorladung, unterschrieben vom Kaiser und vom Reichserzkanzler Kurfürst-Erzbischof von Mainz, Kardinal Albrecht von Brandenburg, in höflichster Form:

Ehrsamer, Lieber, Andächtiger! Nachdem Wir und des Heiligen Reichs Stände, jetzt hier versammelt, fürgenommen und entschlossen, der Lehren und Bücher halber, so eine Zeit her von Dir ausgegangen sind, Erkundigungen von Dir zu empfangen, haben wir Dir herzukommen und von dannen wiederum an Dein sicher Gewahrsam Unser und des Reichs frei gestrack Sicherheit und Geleit gegeben, das wir Dir hieneben zusenden...

Luther hat später behauptet, man habe das freie Geleit nicht gehalten, was nicht zutrifft.

Seine Reise zum Reichstag glich einem Triumphzug; überall wurde er jubelnd begrüßt, während der päpstliche Legat, Kardinal Hieronymus Aleander, bei seiner Ankunft in Worms beinahe gesteinigt worden wäre und nur mit Mühe eine Unterkunft finden konnte.

Am 2. April war Luther von Wittenberg abgereist, am 16. April vormittags ist er in Worms eingetroffen. Das Gedränge auf den Straßen war ungeheuer, denn jeder wollte den seit dem Thesenanschlag zu Wittenberg berühmten Mann sehen. Als er am nächsten Tag vor der Reichsversammlung erscheinen mußte, war ihm wohl etwas beklommen zumute, und er bat nach der Disputation um Bedenkzeit. Am zweiten Tag aber kam es zu der berühmten Szene. Luther lehnte den Widerruf ab, erst in deutscher, dann in lateinischer Sprache, und schloß:

Es sei denn, daß ich durch Zeugnis der Schrift oder aber durch klare Vernunftgründe überwunden würde, so bleibe ich überwunden durch die von mir angeführten Schriftstellen und mein Gewissen im Worte Gottes gefangen, und weder kann noch will ich widerrufen, da gegen das Gewissen handeln beschwerlich, unheilsam und gefährlich ist! Gott helfe mir. Amen.

Kaiser Karl v. sagte nur: »Der soll mich nicht zum Ketzer machen.«

Am Tage darauf sprach der Kaiser in würdiger Form zu den Fürsten:

... es wäre eine Schande für Uns und für Euch, Ihr Glieder der edlen deutschen Nation, wenn in unserer Zeit durch unsere Nachlässigkeit auch nur ein Schein der Häresie und Beeinträchtigung der christlichen Religion in die Herzen der Menschen einzöge. Nachdem wir gestern die Rede Luthers gehört haben, sage ich Euch, daß ich bedauere, so lange gezögert zu haben, gegen ihn vorzugehen. Ich werde ihn nie wieder hören; er habe sein Geleit; aber ich werde ihn fortan als notorischen Ketzer betrachten und hoffe, daß Ihr als gute Christen gleichfalls das Eure tut.

Der Dom Sankt Peter zu Worms

»Das abenteuerlichste Gebäude in Deutschland« nannte Carl Friedrich Schinkel den Dom zu Worms in einem Brief. Nicht von Häusern umstellt wie der Mainzer, nicht abseits gelegen wie der Speyerer, sondern frei steht er auf der höchsten Erhebung der Stadt, vollkommen sichtbar, aus leuchtend roten, herrlich bearbeiteten Sandsteinquadern gefügt.

Schon als König Gunther in Worms Hof hielt, mag hier eine Kirche gewesen sein, denn 418 hatten die Burgunder das Christentum angenommen. Jedenfalls stand an der Stelle des heutigen Domes schon die römische Markt- und Gerichtsbasilika, später eine Bischofskirche, die zur Zeit der ostfränkischen Königin Brunichildis († 613) gebaut worden war. Dem Bau dieser Kirche folgte bald darauf auf dem römischen Forum der einer königlichen Pfalz der Merowinger, die gleichzeitig Bischofssitz war und heute verschwunden ist.

Um das Jahr 1000 ließ Bischof Burkard den Dom niederlegen und begann einen Neubau. Dieser wurde bereits 1018, lange vor seiner Vollendung, auf Wunsch Heinrichs II., der ihn bewunderte, geweiht. Aber von diesem Sankt-Peters-Dom sind nur noch die Fundamente und die Untergeschosse der beiden Westtürme vorhanden. Als Burkards Dom baufällig geworden war, schritt Bischof Konrad II. von Sternberg zu einem abermaligen Neubau, wiederum unter Benutzung der alten Fundamente. Die Ostteile konnten 1181 geweiht werden. In der 1906 aufgedeckten Krypta unter dem Ostchor stehen schwere römische Sarkophage. Aus einer Urkunde Kaiser Konrads II. von 1034 weiß man, daß mehrere Angehörige seiner Familie vor dem Kreuzaltar des Doms bestattet worden sind.

Der erste in der Krypta beigesetzte Salier ist Herzog Konrad der Rote von Worms, der in der Schlacht auf dem Lechfeld bei Augsburg gegen die Ungarn 955 gefallen war. Sein Schwiegervater, Kaiser Otto I., ließ ihn in Worms begraben. Dann liegen hier Konrads Großmutter, Herzogin Judith, die Mutter Papst Gregors V., Konrads Vater Graf Heinrich und andere Verwandte des salischen Hauses.

Das Langhaus des neuen Doms und der Westchor mit Türmen entstanden zwischen 1185 und 1230. Am Ende des dreizehnten Jahrhunderts kamen Kapellen hinzu. Im Pfälzischen Erbfolgekrieg litt der Dom stark, aber bereits 1734 konnte Bischof Franz Ludwig von Pfalz-Neuburg die Wiederherstellung des beschädigten Gotteshauses beenden lassen.

Der Dom ist ein Bau von außerordentlich festlicher Schönheit, hohem Ernst und steinerner Mächtigkeit, gestaltet als doppelchörige Pfeilerbasilika. Das fast Burgartige des Äußeren, die Feierlichkeit im Innern, Strenge, Klarheit und Vornehmheit sind den Bauten der salischen und staufischen Zeit in besonderem Maße eigen.

Der Baumeister, der auch in Maulbronn tätig gewesen sein soll, hat vermutlich im Elsaß gelernt, denn der flach geschlossene Ostchor, die Rippenkonstruktion, die Polsterkapitelle, die reiche Gliederung der Außenwände durch Lisenen und Rundbogenfriese, die Monstren auf den Fensterbänken und an den Säulenbasen sind elsässische Motive. Die einst gewaltige Mauermasse des Burkartbaus ist im Neubau durch das lebhafte Spiel der vor- und zurückspringenden Formen der Westseite aufgelöst worden. Aber noch entspricht der Westbau – in Frankreich entstanden gleichzeitig bereits die großen gotischen Kathedralen – dem Ostbau, nicht als Spiegelbild, sondern als Gegengewicht und Ausklang romanischer Architektur, sehr reich ausgebildet und geschmückt mit Zickzackfriesen, vier Rundfenstern und einer Säulengalerie.

Das Hauptportal am südlichen Seitenschiff ist im dreizehnten Jahrhundert dem romanischen Eingang vorgelegt worden. Von diesem ist auf der Innenseite noch das Bogenfeld mit dem thronenden Christus erhalten. Das Figurenprogramm des eigentlichen, bereits gotischen Portals beginnt in den Bogenläufen links unten mit Gottvater, der die Weltkugel segnet, und endet rechts unten mit dem Christus des Jüngsten Gerichts. Im Gewände stehen die Statuen der Evangelisten und Propheten, an den Strebepfeilern ein Bischof, vielleicht Burkard, sodann Ecclesia und Synagoge, sowie Frau Welt. Das Tympanon trägt die Ecclesia triumphans; sie reitet auf einem Tier, dessen Köpfe und Beine von den Evangelistensymbolen gebildet werden.

An einer Wand der gotischen Annenkapelle ist ein romanisches Relief eingelassen: Daniel in der Löwengrube. Die Löwen lecken dem betenden Propheten wie brave Hunde die

1741 war der nach einem Entwurf von Balthasar Neumann gebaute Hochaltar in Tabernakelform fertig geworden. Sein Figurenwerk schuf Johann Wolfgang van der Auwera. Der Altar ist ein zierliches, goldglänzendes Gebilde, das sich ebenso wie das schöne Rokokochorgestühl und die Seitenaltäre ausgezeichnet in die Strenge des Raums einfügt.

Die Menschen des Mittelalters, die weder Wolkenkratzer, riesige Kongreßhallen noch Fabrikanlagen kannten, mögen in den mächtigen, ernsten Räumen der Dome erschauert sein, da sie ihnen in ihrer Synthese von Körper und Raum, die sich gegenseitig ergänzen und steigern, unermeßlich groß und gewaltig erscheinen mußten. Im Gegensatz zur gotischen Kathedrale, wo alles nach oben strebt, alle Architekturteile im Dienst eines ungeheueren Bewegungsdranges stehen, ruhen die romanischen Dome in sich selbst. Jeder Bauteil führt sein Eigenleben, steht aber im Einklang mit dem Ganzen. Die sechs Türme, in denen jeder der mittelrheinischen Dome gipfelt, betonen diese Selbständigkeit der Bauteile im Gegensatz zur gotischen Unterordnung aller Einzelheiten unter ein Haupt. »Sie sind eine stolze Versammlung freier Einzelner, vergleichbar den Großen des mittelalterlichen Feudalstaates, der mächtigen Ritter, die aus der Heerschar der germanischen Freien aufgestiegen sind« (Weigert).

»Das Volk Gottes«

Nach der Eroberung und Zerstörung Jerusalems durch Titus im Jahre 70 nach Christus wurden die kriegsgefangenen Juden teils nach Rom, teils in entlegene Provinzen des römischen Reichs verbannt, nach Spanien und in die Rhein- und Donaulande.

Die Geschichte des Judentums in Frankreich und Deutschland beginnt also in römischer Zeit. Eine Verfügung Kaiser Konstantins vom Jahre 321, welche die Rechte der Juden in Köln aufhebt, nachdem das Christentum zur Staatsreligion erhoben worden war, erwähnt Juden in Deutschland zum erstenmal urkundlich und weist überdies auf das lange Bestehen der Kölner Judengemeinde hin. Im 5. Jahrhundert hatten die Juden im bürgerlichen Leben des fränkischen Reichs eine angesehene Stellung als Ärzte, Ackerbauern, Münzmeister, Zöllner, Richter und Träger des Orient- und Sklavenhandels. Sie waren lediglich durch ihr religiöses Leben von den christlichen Gemeinden abgesondert. Als die Rheinlande im gleichen Jahrhundert dem fränkischen Merowingerreich einverleibt wurden, ordneten zahlreiche Erlasse das Verhältnis der jüdischen Gemeinden zur christlichen Bevölkerung.

Das Erscheinen der Juden am Rhein ist mit Sagen verbunden. Mit dem Hinweis auf »das neue Jerusalem am Rhein« soll die Gemeinde von Worms nach der Wiederherstellung des Salomonischen Tempels durch Esra im fünften Jahrhundert vor Christus die Einladung zur Teilnahme an den Festlichkeiten in Jerusalem abgelehnt haben. In Trier soll zur Zeit des Prozesses Christi das Rabbinerkollegium, das von Jerusalem um seine Meinung befragt worden war, vor strengen Maßnahmen gewarnt haben.

Im Karolingerreich setzte die Epoche des Judenschutzes ein, den sich von da an viele Kaiser angelegen sein ließen. Karl der Große verlieh ihnen nicht das fränkische Bürgerrecht, aber einige Sonderrechte. Die Juden genossen damals hohe Achtung; außerhalb der Städte konnten sie gemeinsam mit Christen wohnen und Grundbesitz haben.

Kaiser Ludwig der Fromme setzte ›Judenmeister‹ ein, die über die Einhaltung der Privilegien zu wachen hatten, doch wurden die Juden in einem Atemzug mit den Heiden genannt. Im zehnten und elften Jahrhundert stieg das Interesse der Bischöfe an den »Juden und übrigen Kaufleuten« zum Wohle von Handel und Wirtschaft ihrer Städte und Sprengel. Kerngebiete des deutschen Judentums in jener Zeit waren Köln, Mainz, Worms, Speyer und Trier, wo sie in abgesonderten Vierteln, den Ghettos, lebten.

Den Nachrichten über die jüdische Gemeinde in Speyer geht ein legendärer Bericht über ein Gespräch des Rabbi

Kalonymos mit Kaiser Heinrich IV. voraus, das durchaus wahr sein könnte. Auf die Frage des Herrschers, ob der Speyerer Dom nicht den Salomonischen Tempel übertreffe, antwortete der Rabbi, nach Zusicherung von Straffreiheit, daß der Tempel zu Jerusalem höhere Würde und Erhabenheit besitze.

Bischof Rüdiger siedelte 1084 Juden in Speyer an. In Worms stammt die früheste Kunde vom Synagogenbau aus der Zeit zwischen 1014 und 1034, und kurz darauf wird das Judenviertel erwähnt. Der älteste Grabstein auf dem jüdischen Wormser Friedhof trägt das Datum von 1076. Worms und Mainz waren etwa seit 1050 die Zentren jüdischer Kultur und Wissenschaft in Deutschland; vor allem war Worms schon in der Frühzeit berühmt, weil der bedeutende Bibelexeget Rabbi Salomon Jizchaki aus Troyes in der Champagne zwischen 1055 und 1065 auf der rabbinischen Hohen Schule zu Worms studiert hatte.

Kaiser Heinrich IV. sicherte die jüdischen Gemeinden von Speyer und Worms durch besondere Schutzbriefe, Handelsprivilegien und volle Gleichberechtigung mit den Christen in der Rechtsprechung. Das Privileg Heinrichs IV. führt namentlich die Zulassung zum Gewerbe des Geldwechslers an, und im elften Jahrhundert hören wir von »Judenbischöfen« oder »Judenmeistern«, den Sprechern der Gemeinden. Es ist interessant, daß Juden im zwölften Jahrhundert anscheinend turnierfähig waren, vor allem in Spanien. »So seltsam es klingt«, schreibt Heinrich von Gagern in seinem Buch »Spindel und Schwerter«, »es tauchen in den Turnierbüchern unzweifelbar jüdische Namen auf, und ganz große Stecher, Sterne der Schranken sogar, haben mit diesen geharnischten Makkabäern Speere gebrochen. Selbst von einem urtümlichen öffentlichen Faustkampf zwischen einem hochangesehenen deutschen Edelmann und einem jüdischen Simson gibt es gesicherten Bericht.« Die Privilegien von Speyer und Worms waren die Grundlagen der mittelalterlichen kaiserlichen Judengesetzgebung, sie wurden von Kaiser Friedrich I.

erneuert und von Kaiser Friedrich II. 1236 auf das ganze Reich augedehnt. Es begann die Zeit des kaiserlichen Kammerschutzes der deutschen Juden, der »Kammerknechte«, dem sich die reichsständischen Gewalten immer widersetzt haben. Das Patriziat der Reichsstädte war am Fernhandel und an der Geldleihe interessiert und brauchte die Konkurrenz des jüdischen Handels weniger zu fürchten als die Zünfte, die den Fernhandel haßten. Daher kam es in den Städten mit zünftischem Regiment zu den ärgsten Ausschreitungen gegen die Juden.

Trotz der kaiserlichen Privilegien der Salier und Staufer gingen die Juden durch eine Zeit großer Leiden während des ersten Kreuzzuges, der 1096 begann, denn die Kreuzfahrer und die von ihnen fanatisierten Massen begannen auch den Kampf gegen die »Ungläubigen« im eigenen Land. Ein christlicher Chronist schreibt ganz unverblümt: »Gott hat die Juden reich werden lassen, damit die Armen sich ihren Reichtum aneignen können.« Als das Gros des Kreuzfahrerheeres im Mai 1096 durch das Rheinland zog, begannen die Ausschreitungen. In Speyer bewahrte das energische Eingreifen des Bischofs die jüdische Gemeinde vor der Ausrottung; er nahm sie in der bischöflichen Burg auf und ließ die Friedensstörer hart strafen. In Worms ging dem Pogrom die Anklage einer angeblichen Brunnenvergiftung voraus, die die Juden mit der geschändeten Leiche eines von ihnen ermordeten Christen begangen haben sollten. Die Gemeinde suchte Schutz in der bischöflichen Residenz, aber eine volle Woche dauerten Plünderung, Mord und Zwangstaufen an. Achthundert Menschen wurden erschlagen oder endeten durch Selbstmord. Der in Italien weilende Kaiser konnte erst nach seiner Rückkehr 1097 versuchen, die alte Ordnung wiederherzustellen. Aus der Feder des Lothringers Elieser ben Nathan gibt es eine Chronik über die Verfolgungen des Jahres 1096, darin heißt es:

Es war im Jahre 4856 nach Erschaffung der Welt (1096), da trafen uns viele und schwere Leiden, die in diesem Reiche, seitdem es ge-

gründet wurde, bis jetzt noch nicht vorgekommen waren ... Denn es erhoben sich freche Menschen fremdländisches Volk, eine grimmige, ungestüme Schar von Franzosen und Deutschen aus allen Ecken und Enden, die sich vorgenommen hatten, nach der Heiligen Stadt zu ziehen, um dort das Grab ihres Heilandes aufzusuchen, die Ismaeliten von dort auszutreiben und sich des Landes zu bemächtigen ... Als sie nun auf ihrem Zug durch die Städte kamen, in denen Juden wohnten, sprachen sie in ihrem Herzen: ›Sehet, wir ziehen dahin, das Heilige Grab aufzusuchen und Rache an den Ismaeliten zu üben; und hier sind die Juden, die ihn umgebracht und gekreuzigt haben ohne Grund. Lasset uns zuerst an ihnen Rache nehmen und sie austilgen, so daß sie kein Volk mehr bilden, daß der Name Israel nicht mehr erwähnt werde; oder sie sollen unseresgleichen werden und zu unserem Glauben sich bekennen ...‹ Am 23. Tage des Ijar überfielen die Wölfe der Wüste (Jeremia 5,6) die Gemeinde Worms. Die Gemeinde teilte sich in zwei Gruppen: einige blieben in ihren Häusern, andere hielten sich in den Gemächern des Bischofs auf. Da erhoben sich die Feinde und Dränger gegen die Juden, die in ihren Häusern waren, überfielen sie und brachten sie um, Männer, Frauen und Kinder, Jünglinge und Greise; sie rissen die Häuser nieder, stürzten die Treppen um, machten Beute und plünderten. Sie nahmen die heilige Thora, traten sie in den Schmutz, zerrissen und zerfetzten sie, schändeten sie und trieben Spott und Scherz mit ihr ...

Auch der zweite und dritte Kreuzzug zeitigten ähnliche Erscheinungen, doch hatte sich bis 1112 eine neue jüdische Gemeinde in Worms gebildet. Die große Pest von 1348/49 brachte erneut schwere Ausschreitungen, da man den Juden vorwarf, den ›Schwarzen Tod‹ eingeschleppt zu haben. Es gab nichts, was ihnen nicht vorgeworfen worden wäre. Alle kaiserlichen und päpstlichen Ermahnungen blieben ungehört, auch die der Magistrate von Straßburg, Köln und Basel. Die Juden wurden in Massen umgebracht, ihre Wohnungen verbrannt, ihre Synagogen zerstört: »...Willst du wissen, was den Juden das Verderbnis bracht? Es war die Habgier der Christen«, meldet ein Chronist. Sie wurden aus den Städten vertrieben. Aber schon 1353 erlaubten Worms und Speyer ihre Rückkehr, doch hatte sich jetzt die Rechtslage der jüdischen Gemeinden noch fühlbarer zu ihren Ungunsten gewandelt. Sie mußten ständig steigende Abgaben entrichten, vor allem in die stets leeren Kassen des Kaisers; sie wurden als Eigentum des Kaisers verpfändet, es erfolgten immer neue Austreibungen und 1390 erging zum Beispiel ein Erlaß zur Verbannung der Juden aus der gesamten Kurpfalz. Die Kaiser waren machtlos, zumal sie Teile der Judenregale an Fürsten und Städte vergeben hatten.

Die Juden unterlagen gewissen rechtlichen Satzungen, die durch weltliche und geistliche Hoheitsträger festgelegt wurden und sich immer wieder änderten. Dazu gehörten unter anderem auch die Kleiderordnungen, so die der Stadt Köln von 1404. Sie bestimmten, Juden müßten eine Gewandung tragen, an der »man sie als Juden erkennen kann«. Einst waren sie den Freien fast gleichgestellt; sie durften Grundbesitz haben, Waffen tragen und mußten am Kriegsdienst teilnehmen. In Worms hatten sie zeitweilig die gleichen Bürgerrechte wie die Christen, jedoch keine politischen Rechte. Aber bereits das Laterankonzil von 1215 hatte eine bestimmte Kleiderordnung festgelegt, um eine Gemeinschaft zwischen Juden und Christen zu verhindern, und ein Brief des Papstes Innozenz III. an den Bischof von Sens spricht von der beständigen Knechtschaft der Juden, begründet durch ihre Schuld am Tode Christi. Der tolerante Kaiser Friedrich II. dagegen stellte die Juden des Reiches unter seinen besonderen Schutz. In Worms hatten die Juden eine Ausnahmestellung, denn es war ihnen erlaubt, sich in Notfällen unmittelbar an den Kaiser zu wenden. Dieses Privileg wurde 1551 von Karl V. erneuert. Dennoch wurden sie 1615 auf Betreiben der Zünfte wieder einmal vertrieben, bis Kaiser Matthias ein Jahr später ihre Rückkehr erzwang. Für diese Hilfe forderte er allerdings eine erhebliche Kronsteuer. In Josel von Rosheim fand während der Regierung Karls V. die deutsche Judenschaft einen Sachwalter ihrer Rechte, wie es vielleicht vorher und nach-

F. Stroobant del. & lith | C. Muquardt, éditeur | Imp. Simonau & Toovey Bruxelles

LA CATHEDRALE DE WORMS

DER DOM ZU WORMS | WORMS CATHEDRAL

1 Der Dom zu Worms

Farbige Lithographie von Frans Stroobant
Heidelberg, Kurpfälzisches Museum

Hand. Über dieser Gruppe trägt ein Engel den Propheten Habakuk herbei, der Speise für Daniel bringt. Man kennt den Namen des Künstlers, denn einer der Löwen zwischen den beiden Reliefs trägt die Inschrift: ADALRICUS FECIT. Die Reliefs waren wohl ursprünglich für die Wände neben dem 1184 begonnenen Nordportal bestimmt. Das Thema des Danielreliefs, nämlich die symbolische Überwindung der Feinde Christi, ist in Worms mehrfach dargestellt worden. So an einer Lisene im Innern des Ostchors, wo sich unter den Füßen der heiligen Juliana Satan, dem ein Engel die Lanze in den Leib stößt, windet. Juliana hatte sich im Jahre 304 geweigert, die Gemahlin eines Heiden zu werden, und blieb trotz Marter und teuflischer Versuchungen in ihrem Entschluß standhaft. Links von dieser Gruppe finden wir die Inschrift: OTTO ME FECIT, rechts den Stifter Adelbracht Monetarius, der wohl ein hoher Finanzbeamter gewesen ist.

Der Dom birgt auch den ›Dreijungfrauenstein‹, entstanden etwa 1430, der früher einen Altaraufsatz im Bergkloster bei Worms bildete. Die heiligen drei Jungfrauen sind Embede, Worbede, Willebede, auch Einbeth, Wilbeth, Worbeth oder Ainbeth, Barbeth, Wilbeth genannt. Man verehrt sie auch in Meransen in Tirol, in Leutstetten bei Starnberg, im niederbayerischen Schildthurn und in Alt Sankt Peter zu Straßburg. Von den Wormer Damen heißt es, sie seien von den Hunnen ermordete Töchter eines Frankenkönigs gewesen, in Straßburg hält man sie für Gefährtinnen der heiligen Ursula, die dort zur Pflege der erkrankten heiligen Aurelia zurückblieben und daher dem Massaker in Köln entgingen. Sie werden in Worms aber auch mit dem keltischen Kultus in Verbindung gebracht, da hier noch in christlicher Zeit Muttergottheiten der Kelten, darunter die Borbes, woraus Worbede entstanden sein könnte, heimlich verehrt wurden. Noch Bischof Burkard hatte im elften Jahrhundert gegen diese heimliche Verehrung der Borbes zu kämpfen. Da sie nicht auszurotten war, soll man dann versucht haben, die heidnischen Göttinnen in christliche Jungfrauen umzudeuten.

her keinen mehr gegeben hat. Es war ihr »*Oberster*«, ihr »*Befehlshaber gemeiner Jüdischheit deutscher Nation*«.

Interessant ist es, daß schon früh der christliche Herrscher in Verbindung gebracht wird zum alttestamentarischen Königtum Davids und Salomons als den Vorbildern herrscherlicher Macht und Weisheit. Die Hinweise auf König David in den Gebeten zur Königskrönung im Pontificale bezeugen dies. Auch in den offiziellen Briefen des Papstes wird zum Beispiel König Pippin als ›David‹ bezeichnet. Nicht mehr vom Papst, sondern von seinem Hof wird Karl der Große als Neuer David oder Neuer Salomon gefeiert. Die Bezeichnung taucht seit der Frankfurter Synode von 794 auf und verrät die Konkurrenz der karolingischen Herrscher mit dem Kaiser von Ost-Rom. Aachen selbst wurde NOVA ROMA oder SEDES DAVIDICA genannt; die führenden Köpfe der kaiserlichen Umgebung erhielten alttestamentarische Beinamen.

Oft genug gab es im Verlauf der Geschichte der Juden in der Diaspora Ausbrüche eines irrationalen Hasses der Christen. Er richtete sich gegen das »Auserwählte Volk« und durchbrach immer wieder das Gebot der Humanität. Auch die Protestanten der Lutherzeit sahen in den Juden Ketzer und Sektierer, die Katholiken Ketzer und Schuldige an der Glaubensspaltung, und für beide Konfessionen standen sie mit dem Teufel im Bund. Luther, der sich maßlos über die jüdische Ablehnung der Taufe ärgerte, erklärte 1543, die Christen müßten »mit Gebet und Gottesfurcht eine scharfe Barmherzigkeit« an den Juden üben, »ob sie doch etliche aus den Flammen und Glut erretten könnten«. Er riet:

man soll ihre Synagogen mit Feuer anstecken, Schwefel und Pech dazuwerfen und was nicht brennen will, mit Erde überschütten, damit kein Stein mehr zu sehen sei ewiglich. Man soll ihre Häuser zerstören, sie in einem Stall wie Zigeuner zusammentreiben, damit sie einsähen, sie seien nicht die Herren im Lande, sondern Gefangene im Exil.

Solcher menschenfreundliche Ratschläge gab er noch viele mehr.

Den Kulminationspunkt erreichten die Verfolgungen zur Zeit des Dritten Reichs. In der ›Reichskristallnacht‹ schmählichen Angedenkens wurde auch die romanische Wormser Synagoge zerstört, die inzwischen nach dem alten Vorbild wiederaufgebaut worden ist. Dieses Volk, dessen Staat so oft, zuletzt unter den Römern, vernichtet worden war und das über die ganze Welt zerstreut wurde, verlor seiner Religion, seiner Sitten und Bräuche wegen auch in der Diaspora nie den festen Zusammenhalt. Zur Nation aber wurde es erst wieder mit der Gründung des Staates Israel. Palästina, besser: Jerusalem, bedeutete den Juden während des Exils sehr viel mehr als uns etwa Deutschland. Für sie war es eine spirituelle Heimat während der zweitausend Jahre währenden Geschichte der Vertreibung und der Verfolgungen und der Wunschtraum des »auserwählten Volkes« war es, dorthin zurückzukehren.

Martin Buber hat schöne Worte für das Verhältnis des Juden zum Nichtjuden gefunden – es sind die Schlußworte eines noch im Januar 1933 in Stuttgart gehaltenen öffentlichen Religionsgesprächs:

Ich habe da gestanden und habe alles selber erfahren, mir ist all der Tod widerfahren: all die Asche, all die Zerspelltheit, all der lautlose Jammer ist mein; aber der Bund ist mir nicht aufgekündigt worden.

Ich lebe nicht fern von der Stadt Worms, an die mich auch eine Tradition meiner Ahnen bindet; und ich fahre von Zeit zu Zeit hinüber. Wenn ich hinüberfahre, gehe ich immer zuerst zum Dom. Das ist eine sichtbar gewordene Harmonie der Glieder, eine Ganzheit, in der kein Teil aus der Vollkommenheit wankt. Ich umwandle schauend den Dom mit einer vollkommenen Freude. Dann gehe ich zum jüdischen Friedhof hinüber. Der besteht aus schiefen, zerspellten, formlosen und richtungslosen Steinen. Ich stelle mich darein, blicke von diesem Friedhofsgewirr zu der herrlichen Harmonie empor, und mir ist, als sähe ich von Israel zur Kirche auf. Da unten hat man nicht ein Quentchen Gestalt: man hat nur die Steine und die Asche unter den Steinen. Ich habe da gestanden, war verbunden mit der Asche und quer durch sie mit den Urvätern. Da ist Erinnerung an das Geschehen mit Gott, die allen Juden geblieben ist. Davon kann mich die Vollkommenheit des christlichen Gottesraumes nicht abbringen, nichts kann mich abbringen von der Gotteszeit Israels.

Abstecher nach Oppenheim

Nördlich von Worms liegt Oppenheim, dem wir einen Besuch abstatten wollen. Aus der eintönigen Rheinebene taucht die Stadt auf, erbaut auf den Ausläufern des Pfälzerwaldes. Das erste, was wir sehen, ist die Katharinenkirche, die ›Krone‹ der Stadt.

Ricarda Huch beschrieb Oppenheim in ihren »Lebensbildern deutscher Städte« so:

»Auf einer Anhöhe, mitten in Weingärten, liegt eine Kirche, überragt von einer Ruine, das breitergossene Tal darunter durchströmt der städtefreundliche Rhein. Der Ort, zu dem die Kirche gehört, scheint nur dazusein, um das Wunderwerk zu tragen, das wie der Tempel einer dionysischen Gottheit aus den Reben steigt. Vielleicht wirkte er einst anders, als Oppenheim noch eine befestigte Stadt war, von turmbewehrten Mauern umgürtet, die stattliche Häuser erfüllten; aber die mittelalterliche Stadt endete jäh im Jahre 1689 ...«

Oppenheim ist ein wichtiger Ort der mittelalterlichen Geschichte gewesen, und noch heute ist es bedeutend als Zentrum des Weinbaus. Hier stießen einst Siedlungen der Franken und Alemannen aufeinander, denn mitten durch die Stadt lief die Grenze zwischen Worms- und Nahegau. Der Name Oppenheim taucht zum ersten Mal in einer Urkunde von 764 im Schenkungsbuch der Abtei Lorsch, dem »Codex Laureshamensis«, auf. Kaiser Friedrich II. hat das 1225 zur Stadt erhobene Oppenheim zu einem festen Stützpunkt seiner Reichspolitik gemacht und die Stadtmauer bis zur Burg Landskron oberhalb der Stadt hinaufführen lassen. Die Burg, unter Kaiser Lothar erbaut, durch König Ruprecht von der Pfalz, der hier im Mai 1410 starb, hergestellt, war Reichsfeste. Dadurch ergab sich für Oppenheim eine schwierige Lage: obwohl es Reichsstadt war, saßen auf der Stadtburg kaiserliche Burgmannen. Deren Gegenwart führte natürlich immer wieder zu Streitigkeiten mit dem eifersüchtig über seine Rechte wachenden Magistrat. Die Stadt ist ihrer Reichsfreiheit auch sonst nie sonderlich froh geworden; immer wieder wurde sie von den Kaisern verpfändet, so 1315 an Kurmainz. Das hörte erst auf, als sie 1375 erblich an Kurpfalz fiel. Die Burg Landskron ist seit der Zerstörung der Stadt im Pfälzischen Erbfolgekrieg eine Ruine.

Matthäus Merian der Ältere ließ sich 1616 hier nieder. Er arbeitete in der Kupferstich-Offizin des Verlegers Johann Theodor de Bry, der 1609 von Frankfurt hierhergezogen war, und heiratete eine der Bry-Töchter. In oppenheimischem Privatbesitz befindet sich als Unikum eine Radierung des Meisters vom großen Stadtbrand von 1621, einst wohl Teil eines aktuellen Flugblattes.

In der Katharinenkirche, die wir bereits aus der Ferne gesehen hatten, verbinden sich die Traditionen der Kölner und Straßburger Bauhütten zu einem Werk von höchster Pracht. Sie ist, wie Paul Clemen sagt, ein Kompendium der rheinischen Baugeschichte durch drei Jahrhunderte, von großartiger Weiträumigkeit im Innern und unerhörter Pracht der Fassadengestaltung.

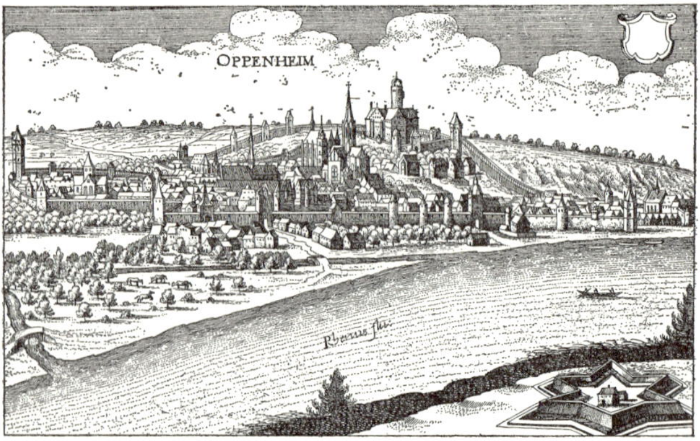

Erbaut aus schönem rotem Sandstein, dessen Farbe unaufhörlich wechselt, je nach dem Sonnenstand oder im Regen, scheint sie zu leuchten: sie errötet, glüht, verblaßt …

Steile Straßen und Treppen führen zur Kirche hinauf. Die Türme in der Mitte der Baugruppe, mit Ausnahme der Obergeschosse und der Helme, welche früher die Westfassade flankierten, sind romanisch. Um 1240 war das dreischiffige Langhaus vollendet; 1262 entstanden Chor, Querschiff und Vierungsturm. Fialen, Galerie und Querschiffsgiebel gehören dem vierzehnten Jahrhundert an. Bei Erhebung der Kirche zum Kollegiat-Stift 1317 ist ihr Schiff abgebrochen und der Bau des neuen breiteren Langhauses begonnen worden, das in den sechziger Jahren des vierzehnten Jahrhunderts vollendet wurde. Auf einem Strebepfeiler der Südseite ist unten neben einem kleinen Vorsprung, der die Form eines Brotes aus den damaligen Hungerjahren zeigt, die Inschrift angebracht:

do daz brod vir Haller galt, do wart diese Capell anegehaben, anno domini 1317.

Der neue Vierungsturm, der nach dem Entwurf des Erwin von Steinbach für das Straßburger Münster errichtet wurde, und die Querhausgiebel folgten sogleich. Zu Beginn des fünfzehnten Jahrhunderts war dann der Chor für den Gottesdienst der Chorherren zu klein geworden. Da das Gelände sich für eine Erweiterung nicht eignete, griff der Frankfurter Dombaumeister Madern Gerthner zu einer architektonisch ungewöhnlichen Lösung: Er errichtete zwischen 1415 und 1419 den gewaltigen, hohen Stiftschor im Westen, einen Bau von schönem, klarem Ebenmaß.

Von der Stadt her aufsteigend gelangen wir zur Südfassade der Kirche, die besonders reich und elegant ausgebildet worden ist. Welch großartige Schauseite ist das! Das Maßwerk der Fenster und Giebel ist von höchster Vollendung, eine wirklich geistreiche Schöpfung und ein Höhepunkt rheinischer Hochgotik.

Das Innere ist von behaglicher Breite, das Gewölbe wird

von hohen, schlanken Pfeilerbündeln getragen. Die alte Einrichtung allerdings ist bis auf geringe Reste farbiger Scheiben seit 1565 verschwunden: das Ergebnis des kurpfälzischen Erlasses zur Einführung der Reformation, dessen einer Artikel die Beseitigung der *bäbstlichen Abgötterei*, der Götzen, bestimmte. Gerade dieser Punkt des Befehls wurde auf das genaueste befolgt. Am Nachmittag des 15. Mai 1565 erschienen kurpfälzische Räte mit Arbeitern, die sich gemeinsam an das Zerstörungswerk machten:

... die Bilder alle, so darinnen, gestürmt und zerschlagen, die Altäre und alte bei den Papisten gebräuchliche Sakramentshäuslein abgerissen, die Meßgewändt, Chor-Kappen, Bücher und alles, so sie an der Wand noch funden, zu Stücken ... Insonderheit aber haben sie keinem Bildnis heftiger und mit mehrerem Eifer zugesetzt, dann den Kreuzen und Bildnissen Christi, welche sie und andere mit besonderem Fleiß und Unbescheidenheit zerschmettert.

Wie so oft, war es auch hier religiöse Unduldsamkeit, die zur Vernichtung einer sicherlich kostbaren Kirchenausstattung führte. Geblieben sind der Kirche eine Reihe von Grabmälern des fünfzehnten und sechzehnten Jahrhunderts, vor allem die der Herren von Dalberg, darunter das reizvolle Epitaph der 1410 verstorbenen Anna von Dalberg, eines ganz jungen Mädchens, graziös in betender Haltung dargestellt, das etwas spitzige, lächelnde Köpfchen kokett zur Seite geneigt.

In Oppenheim lebte einst viel Adel, so die Dalberg, Gemmingen, Frankenstein, Dienheim, Cronberg, Rodenstein, Wolfskehl und andere. Besonders die Dalbergs waren eng mit der Geschichte der Pfalz verbunden. Bereits 1239 hatten sie das Amt der Kämmerer von Worms erhalten. Im vierzehnten Jahrhundert nahmen sie wahrscheinlich den Namen Dalberg an, nach ihrer Burg gleichen Namens im Soonwald. Sicher gehörten sie zu den ältesten Familien des Reichs; sie selber bezeichneten sich als ›älteste Familie Europas‹ und rühmten sich ihrer Abstammung von den Römern und einer Verwandtschaft mit Christus. Einige ihrer Mitglieder gelangten in die höchsten Stellungen, so Johann von Dalberg (1455 bis 1503), der als erster Kanzler der Universität Heidelberg amtierte und 1482 Bischof von Worms wurde, oder Carl Theodor, Reichsfreiherr von Dalberg (1777–1817), der letzte Kurfürst-Erzbischof von Mainz und später Fürstprimas des Rheinbundes. Ein Freund Napoleons, erhielt er nach der Säkularisierung des Erzbistums reichliche Entschädigung, so unter anderem das neugebildete Großherzogtum Frankfurt. – 1342 war erstmals ein Dalberg pfälzischer Burgmann zu Oppenheim geworden; ihm folgten viele seines Namens und manche von ihnen bekleideten zudem das Bürgermeisteramt der Stadt. Der Dalberghof in Oppenheim lag östlich der Katharinenkirche, wie auch die Höfe der Frankenstein, Gemmingen und Wolfskehl. Er wurde 1689 zerstört. Der letzte des Namens Dalberg starb 1940 auf seinem böhmischen Besitz.

Hinter der Katharinenkirche steht die um 1350 begonnene Michaelskapelle über dem gotischen Karner, in dem Tausende von Gebeinen aufgestapelt liegen.

Wir steigen wieder hinab zum geräumigen Marktplatz mit dem gotischen Rathaus, dem vormaligen Münzhaus aus dem fünfzehnten Jahrhundert, das im achtzehnten und neunzehnten Jahrhundert verändert wurde. Hier steht manches charaktervolle Haus in der Runde; auch in den Gassen der Stadt können wir auf ansehnliche Bürgerhäuser stoßen, insbesondere im Zug der Mainzer, Wormser und Krämerstraße. Reste der Stadtmauer sind erhalten, und als einziger Torturm das Gautor, in dem sich heute das Stadtarchiv befindet. Die schlichte Franziskanerkirche, St. Bartholomäus, ist bei der Zerstörung Oppenheims durch General Mélac ausgebrannt. Während des achtzehnten Jahrhunderts wurde die Stadt wieder aufgebaut, in bescheidenem, doch angenehmem, wohnlichen Stil. Wir logierten uns im ›Pfälzer Hof‹ ein und bereuten es nicht, denn man setzte uns köstlichen Hecht aus den Altwassern des Rheins und einen frischen, angenehmen rheinhessischen Wein vor.

In der Pfalz

Von Oppenheim wenden wir uns südwärts und gelangen in die Pfalz, deren Name die Sage auf folgende Weise entstehen läßt: »Vor undenklicher Zeit war die Pfalz, all das weite schöne Land, ein weiter, unabsehbarer See. Das Wasser verlief sich nach und nach, aber der Geist des Wassers zog sich grollend zurück in das Innere der Westricher Berge und hauste dort mit seinen Gesellen – den Riesen. Diese traten, wie sie es überall taten, in unausgesetzten Kampf mit dem Geschlechte der Menschen. Die Sonne schien nun warm und schuf auf dem vom Wasser verlassenen Gebiete ein wahrhaftes Paradies … Da überkam eines Tages unseren Heiland die Lust, die schöne Pfalz zu durchwandern und der Böse, der ihn erblickte, trat zu ihm, nahm ihn an der Hand und führte ihn auf den Berg, auf dem heute das Hambacher Schloß steht, zeigte hin auf all das herrliche Land mit seiner reichen Pracht, und sprach zu ihm: ›Siehe, das alles will ich dir geben, wenn du niederfällst und mich anbetest.‹ Der Herr aber, den auch die schönste Pracht nicht von seinem gottgewiesenen Wege ablenken konnte, sprach ruhig: ›Behalt's.‹ Und dieses Wort hörten die Bewohner, die bewahrten das Wort und sprachen's nach ihrer Mundart: Palz – und es wurde der Name des Landes« (aus: ›Deutsches Land und Volk‹).

Den ›weiten und unabsehbaren See‹ der Sage hat es gegeben; es war die Überflutung Mitteleuropas durch das Meer in der Jurazeit. Im Tertiär begann sich die Erdkruste allmählich aufzuwölben, und auf diese Weise entstanden die Gebirge zwischen Schweizer Jura und Hessen. Damals bildete sich auch in langsamer Entwicklung das breite Rheintal, in das abermals, von Süden her, das Meer eindrang, sich bis in die Gegend um Frankfurt und Hanau ausdehnend. »Die Ablagerungen der tertiärzeitlichen Meeresteile und der mit ihnen wechselnden Süßwasserseen sind gerade an der ›pfälzischen Küste‹ besonders schön und lehrreich aufgeschlossen. Längs den Rebhügeln der Haardt ziehen sie sich hin, und soweit sie

1 Katharinenkirche in Oppenheim
Aquarellierte Zeichnung von Carl Philipp Fohr

2 Blick auf Oppenheim
Bleistiftzeichnung von Carl Georg Schütz d. Ä., 1768

4 Tafeldekoration: Liebespaar in der Laube
Frankenthaler Porzellan, um 1760

5 Iffland als Vater Dominique in ›Der Essighändler‹
Kolorierter Kupferstich von F. Weiß

Kloster Seebach 3
Lavierte Bleistiftzeichnung von Ch. Kiefer, 1843

6 Klosterruine Limburg, Innenansicht von Westen
Bleistiftzeichnung von Ch. Kiefer, 1844

7 Siegelstock Kaiser Konrads II. (1024–1039)
Bodenfund vom Kloster Limburg

8 Grabkrone Konrads II. im Dom zu Speyer

mit ihrem guten Kalk- und Tonmergelboden am Gebirgsrand anliegen, ist der Boden fruchtbar. Wo sie endigen, beginnt der triaszeitliche Buntsandstein der Berge, ein ganz steriler Boden. Bei Dürkheim ist eine Stelle, wo man das Anbranden des ehemaligen Tertiärmeeres sozusagen noch unmittelbar sehen kann. Da ist die alte Küste aus Triasgestein aufgeschlossen, aus großen und kleinen, vom Wasser bearbeiteten und bewegten Rollblöcken bestehend, die teilweise von bohrenden niederen Meerestieren zerfressen sind.« (Edgar Daqué)

»Pfalz-B'halt's«, Holzschnitt von O. Bangemann nach Zeichnung von Max Slevogt, 1924

Das eigentliche Haardtgebirge, das westliche Gegenstück zum Odenwald, war nicht vom Meer bedeckt, es wurde aber während der Eiszeit nochmals umgeformt und ist von neu entstandenen Flußtälern durchschnitten. Im Tertiär herrschte hier noch ein sehr mildes Klima; damals lebten in dieser Gegend Affen, Krokodile, Schildkröten und Dickhäuter. Sie verschwanden wieder, als die Eiszeit anbrach.

Auch die Entstehung des kurpfälzischen Wappens ist mit einer Sage verknüpft: Es war vor dem Beginn einer Schlacht. Hildegast, ein Priester, Wahrsager und Vertrauter des Frankenkönigs Childerich I., hatte nach dem Opfer vor dem Altar einer heidnischen Gottheit eine Vision. In zündenden Worten schilderte er den Sieg der Franken über die Römer jenseits des Rheins: er sah einen Löwen und die Schlange Klugheit als Sieger über den römischen Adler triumphieren. Nach seinem wirklich erfolgten Sieg tat Childerich die drei Frösche, die er bisher in seinem Schild geführt hatte, aus seinem Wappen und setzte den aufrecht stehenden Löwen mit offenem Rachen hinein; der Kopf des Tieres stand im blauen Feld und sah über den Rhein in die Ferne, sein Schweif war geteilt, die eine Hälfte endete in einer Schlange. Als aber dann Childerichs Sohn Chlodwig I. die fränkische Herrschaft befestigt hatte und zum Christentum übertrat, gab er das Sinnbild seines Vaters auf und wählte die Lilien, von welchen ein Priester sagte, sie seien vom Himmel gefallen. Herzog Johann I. von Pfalz-Zweibrücken (1550–1604) hat diese Sage besungen. Über dem Eingang seiner Burg Kirkel im Saarland steht, in Stein gehauen, zu lesen:

Chylderich der Frankenkönig war
Vor mehr denn Dreyzehnhundert Jar,
Der auf Rath ein's, der Hildegast hies,
Die drey Frösch in seinem Schild verlies.
Dafür ins Panier den Lewen gut
Nahm, das Hintertheil sich krümmen thut,
Gleich wie ein Schlang, um des Adlers Hals,
Damit anzuzeigen gleichen Falls,
Daß der Franken Lewenhertzen frey,
Manheit und rechte Klugheit darbey,
Nach Gottes Wille mit Krieges Macht
Sollten bezwingen der Römer Pracht,
Wie denn hernach geschehen ist.
Nachdem der Adler entflohen ist,
Frankreichs Lilien zum Wappen nam,
Der gegrönte Lew blieb der Pfalz Stamm.
Gott erhalt die Pfalz beim Lewen gut,
Und dieß Hauß in seiner Hut.
Anno Christi MDCVII

Die Haardt, der Osthang des Pfälzerwaldes, begleitet die Weinstraße ab Niefernheim westlich von Worms bis nach Schweigen an der elsässischen Grenze. Man unterscheidet

Unter-, Mittel- und Oberhaardt. Vor der Grenze geht sie in den Wasgau über.

Das Land an der Weinstraße hat in immer neu aufflammenden Kriegen Unsägliches gelitten. 1314, während des Konflikts zwischen Friedrich von Österreich und Ludwig IV., die gleichzeitig zu deutschen Königen gewählt worden waren, verwüstete das Heer von Friedrichs Bruder, Erzherzog Leopold, die speyerischen Besitzungen in der Pfalz; 1388, während des Süddeutschen Städtekrieges (1377–1389), plünderten und brannten die Truppen des Rheinischen Städtebundes die pfälzische Ebene; 1455 wurden während Erbauseinandersetzungen innerhalb der Pfalz Bergzabern und viele Dörfer des Herzogtums Zweibrücken niedergebrannt; auch im Bauernaufstand wurde das Land nicht glimpflich behandelt, und während des Dreißigjährigen Krieges wüteten Kaiserliche, Franzosen und Schweden gleichermaßen. Bei Abschluß des Westfälischen Friedens war die Bevölkerung auf einen Bruchteil ihrer Stärke vor dem Kriegsausbruch reduziert und völlig verelendet, das Land war zur Wüste geworden, viele Dörfer vom Erdboden vertilgt. Kaum sechs Jahre später, 1654, erschienen die Franzosen aufs neue, und im Pfälzischen Erbfolgekrieg (1688–1697) plünderten, brannten und mordeten sie munter weiter. Es ist staunenswert, wie sich die Pfalz all diesen Brandschatzungen zum Trotz immer wieder erholt hat.

Von der Gastfreundschaft und dem Stolz des Pfälzers auch in solchen schweren Zeiten soll folgende wahre Geschichte Zeugnis ablegen. Im Jahre 1945 befand sich ein französischer Major, Vetter meiner Frau, mit seiner Truppe auf dem Vormarsch durch die Pfalz. Auf der Suche nach einem Quartier kamen sie zu einer abgelegenen Mühle. Der Major trat ein und sagte der Hausfrau, er wünsche Unterkunft für die Nacht und ein Abendessen für sich und seine Offiziere. Er wurde hereingelassen und gebeten, etwas zu warten, sie werde alles vorbereiten. Es dauerte eine Weile, dann bat die Frau zu Tisch. Sie fanden zu ihrem Erstaunen, wie der Vetter erzählte, eine mit Silber, Glas und Porzellan hübsch gedeckte Tafel, an der die Hausfrau sie schweigend bediente. Man aß, trank und nahm kaum Notiz von den Besitzern. Der Müller trat wenig in Erscheinung; die Bestimmende schien die hochgewachsene, gut aussehende Frau zu sein, eine, wie der Vetter sagte, seltsam vornehm wirkende Person. Am nächsten Morgen bedankte er sich und verlangte die Rechnung, doch die Müllerin lehnte es ab, eine Bezahlung zu fordern. Der Offizier protestierte: ›Wir plündern nicht, wir nehmen nicht, was uns gerade paßt, wir zahlen.‹ – ›O nein‹, antwortete die Frau, ›Sie sind meine Gäste. Jeder, der mein Haus betritt, ist mein Gast. Wenn sich die Tür hinter Ihnen schließt, sind Sie es nicht mehr, denn noch ist der Krieg nicht zu Ende. Wenn Sie mein Haus verlassen haben, sind Sie mein Feind, wie bisher.‹ Der Major stand stumm, faßte sich schnell, küßte ihr die Hand und sagte: ›Erlauben Sie, Madame, daß ich mich auch im Namen meiner Kameraden sehr ergebenst bedanke.‹ Sie öffnete die Tür, ließ die Franzosen hinaus und verriegelte hinter ihnen. Wo mag diese Mühle liegen? Er wußte es nicht mehr.

An der Weinstraße

Bei Grünstadt sind wir bereits in der Rheinpfalz, an der Weinstraße. Die Pfalz ist das größte und ertragreichste deutsche Weingebiet; sie hieß einst ›des Reiches Weinkammer‹. Blickt man von der Höhe über das Land, so überschaut man ein Meer von Rebenterrassen und Obstbäumen.

Grünstadt ist uralt wie die meisten Orte an der Weinstraße. Es ist zusammengewachsen aus zwei Siedlungen, deren eine schon vor 900 der elsässischen Abtei Weißenburg gehörte. Weißenburg mußte 991 seinen Besitz den Saliern abtreten, auf die dann die Grafen von Leiningen folgten.

Beide Linien des Hauses Leiningen-Westerburg residierten hier in Grünstadt, in zwei Schlößchen: dem Unterhof, der 1698 als Schloß ausgebaut und von Friedrich Ludwig von Sckell mit einem heute verschwundenen englischen Park umgeben wurde, und dem 1716 erbauten Oberhof, heute Schulhaus, dessen prächtiges Einfahrtstor aus rotem Sandstein mit einer dreifach geschwungenen Balustrade auf Kopfkonsolen erhalten ist. Der Unterhof beherbergte seit 1700 die berühmte Frankenthaler Porzellan-Manufaktur, jetzt wird hier Steingut hergestellt.

In Grünstadt befinden wir uns in der ehemaligen Grafschaft Leiningen, die ein sehr ansehnliches, burgenreiches Gebiet umfaßt hat. Die Leiningen waren ein edelfreies Geschlecht des Saargaues, das bereits 1086 mit Siegbert, Grafen von Saarbrücken, urkundlich erscheint. Nach Heirat mit der Erbtochter des letzten Grafen von Leiningen nahm Graf Simon II. Namen und Wappen Leiningen an.

Die einst in Grünstadt residierenden, ausgestorbenen Leiningen entstammen dem Haus der Freiherren von Westerburg. Sie führten den Titel ›Semperfreie des heiligen römischen Reiches deutscher Nation‹. Reinhard III. von Westerburg heiratete Margarethe von Alt-Leiningen, sein Enkel Reinhard IV. erbte Gebietsteile Altleiningens und nannte sich Graf zu Leiningen-Westerburg, Landgraf im Elsaß. Es gab später zwei Linien: Alt- und Neu-Leiningen. Altleiningen-Westerburg erhielt 1803 als Entschädigung für das an Frankreich verlorene Gebiet die Abtei Ilbenstadt in der hessischen Wetterau; zudem besaß es die Herrschaft Westerburg.

Die Leiningen waren eine reiche Familie, bis sie durch die Franzosenkriege und die Zerstörungen der französischen Revolutionsarmeen in Schwierigkeiten gekommen waren. Graf Georg Hermann, der im achtzehnten Jahrhundert in Grünstadt residierte, war so verschuldet, »daß er von den Strafgeldern, die seine Untertanen zahlten, seine Wirthschaft bestritt. Wenn der Amtsschösser, der seine Regierung, sein Consistorium und seine Rentkammer vorstellte, solche Strafgelder verhängt hatte, ging bei der Eintreibung dem Gerichtsdiener die Magd der gräflichen Herrschaften nach, um sogleich Fleisch oder andere Bedürfnisse davon einzukaufen« (E. Vehse).

Das Verhältnis meiner Familie zu den Häusern Leiningen-Hardenburg – dies ist diese alte, von Saarbrücken abstammende Linie – und Leiningen-Westerburg war sehr eng. Sayn-Wittgenstein besaß westlich von Grünstadt die kleine Herrschaft Neuenhemsbach, die der regierende Herr in Berleburg um die Mitte des achtzehnten Jahrhunderts in sehr verschuldetem Zustand übernehmen mußte. Das war ein Grund zum Ärger, und er ärgerte sich noch mehr, als der letzte alte Graf zu Sayn-Wittgenstein-Homburg, dem Neuenhemsbach gehörte, noch einmal heiratete. Dieser Wittgenstein muß ein lustiger, von seinen Schulden unbekümmerter Herr gewesen sein. Er schrieb damals seinem Vetter:

Ob Du mir gleich auf die Notifikation meiner Hochzeit nicht geantwortet und ich daraus schließen muß, daß Du selbige auf das höchste mißbilligst, so sei ungeachtet versichert, daß, wie ich Dir geschrieben, doch meinerseits Dein aufrichtiger Freund zu sein gedenke und Dir des Schah Nadir jüngste Tochter, dabei ganz Arabien zum Heiratsgut, insonderheit aber das gleiche Vergnügen als ich vom Heiraten wünsche … P.S. Ich habe noch eine Bitte an Dich. Wenn Du jetzt recht bissig, faché und bös bist, so komme einmal her und schütt mündlich Deinen Zorn recht grimmig gegen mich aus, wollen denn zusammen überlegen, und ich will mir keine Mühe verdrießen lassen und will Dir sechs Reichsgräfliche Comtessen kuppeln, wenn Dir eine nicht genug ist, jung, alt, arm, reich, schön, häßlich, mittelmäßig, wie Du es haben willst. Der alte Wittgenstein.

Der Sohn des mit Neuenhemsbach geplagten Grafen aus Berleburg, mein Urgroßvater, heiratete 1775 eine Gräfin Leiningen-Westerburg in Grünstadt.

Alt- und Neuleiningen

Unweit von Grünstadt im Pfälzerwald liegt auf einem rings von weiten Wäldern umgebenen, von Weinterrassen besetzten Berg hoch über dem Tal Burg und Ort Neuleiningen, ein höchst malerischer Ort, noch von Mauern und Türmen des fünfzehnten und sechzehnten Jahrhunderts umzogen. Die

Burg selbst, die mit Altleiningen an Leiningen-Westerburg gefallen war, bildet ein fast regelmäßiges Viereck, und noch ihre geringen Reste lassen die einstige Stärke ahnen. Der Bau wurde 1238 begonnen; ihm folgte alsbald die Anlage des Dorfs, das 1354 Stadtrecht erhielt. Als im Bauernkrieg mord- und plünderungslustige Bauern heranrückten, ließ sich Gräfin Eva zu Leiningen-Westerburg keineswegs einschüchtern.

Neu-Leiningen

Sie befahl ihnen, die Waffen niederzulegen und zu Tisch zu kommen. Das taten sie auch; sie wurden ausgezeichnet bewirtet und waren schließlich so voll des Weines, daß sie darüber vergaßen, die Burg in Brand zu stecken.

1690 ist das Schloß dann zerstört und nicht wieder aufgebaut worden. Innerhalb der Vorburg lag die im dreizehnten Jahrhundert errichtete Kapelle, die als Schiff der Pfarrkirche erhalten geblieben ist. Chor und Turm sind im sechzehnten Jahrhundert hinzugefügt worden. Hier befindet sich eine Gruft der Leiningen, sowie schöne Epitaphien und Holzskulpturen der zwölf Apostel aus dem späten fünfzehnten Jahrhundert.

Weiter geht es durch das Waldtal über Höningen. Dort stand einst das 1120 gegründete Augustiner-Chorherrenstift, von dem nur noch geringe Reste zu sehen sind, unter anderem eine an pfälzische Hoftore erinnernde Klosterpforte. Bald erscheint der Ort Altleiningen, über dem hoch auf dem Taubenberg Burg Altleiningen, der Stammsitz der Leininger Grafen, liegt. Die mächtige Burg wurde zwischen 1110 und 1120 gebaut, aber im Bauernkrieg 1525 zerstört. Der Wiederaufbau zog sich bis ins siebzehnte Jahrhundert hin, es entstand eine glanzvolle, dreiflügelige Anlage, die mit 365 Fenstern ins Land blickte. Auch dieses Schloß wurde, wie Neuleiningen, ein Opfer des Pfälzischen Erbfolgekrieges. Seit der Zerstörung 1690 liegt die Burg in Trümmern und wurde als Steinbruch benutzt. Zur Zeit wird das Schloß recht häßlich als Landschulheim instand gesetzt.

Frankenthal

Zwischen Grünstadt und dem Rhein liegt Frankenthal, als Dorf bereits 772 erwähnt, 1577 zur Stadt erhoben, zwischen 1608 und 1620 ausgebaut zur stärksten pfälzischen Festung am Mittelrhein. Die Franzosen ließen die Befestigungen 1689, im Pfälzischen Erbfolgekrieg, schleifen. Neuen Aufstieg erlebte die Stadt dann im achtzehnten Jahrhundert, vor allem, als Kurfüst Carl Theodor (1742–1799) sie 1758 zur dritten Haupt- und Residenzstadt des Kurstaates erhob. – Während des Zweiten Weltkriegs ist Frankenthal weitgehend zerstört worden.

Frankenthal begann um die Mitte des achtzehnten Jahrhunderts, sich zu einer lebhaften Industriestadt zu entwickeln. Seidenmanufakturen, Webereien, später Spielzeug- und Maschinenindustrie, Druckereien und Gießereien trugen zum Wohlstand der Stadt bei. Höhepunkte dieser Entwicklung waren die Gründung der berühmten Porzellanmanufaktur 1755 durch Paul Hannong und der Guß der Kaiserglocke des Kölner Doms 1875. Aber auch als Sitz der Frankenthaler Malerschule erlangte die Stadt Bedeutung: diese beiden Entwicklungen, die industrielle und die künstlerische, waren in ihren Grundlagen eng miteinander verknüpft.

Kurfürst Friedrich III. von der Pfalz zog 1567 eine Gruppe von niederländischen Reformierten mit ihrem Pfarrer, die vor Herzog Alba geflohen war, ins Land und bot ihnen in Frankenthal Aufnahme. Diese niederländische Gemeinde, die ›flämische‹ genannt, bestand hier bis 1689. Der Kurfürst hat sich bei seinem Entschluß sicher nicht nur von seinen Gefühlen leiten lassen: er wußte, daß er in den Einwanderern fleißige, handwerksgeübte Untertanen für sein Land gewann. So konnten sich unter seinem Nachfolger, dem Administrator der Pfalz, Pfalzgraf Johann Casimir, noch eine zweite, ›französisch‹ oder ›wallonisch‹ genannte Calvinistengemeinde, und schließlich auch eine ›hochdeutsche-reformierte Gemeinde‹ in der kleinen Stadt ansiedeln. Diese zweite Welle der Einwanderung erfolgte, als Albas Nachfolger, der Herzog von Parma, Städte wie Brüssel, Antwerpen und Gent für Spanien zurückeroberte und auch in Deutschland sich die religiösen Spannungen verschärften. Die Einwanderer kamen freilich nicht nur, weil die Kurfürsten ihnen Glaubensfreiheit garantierten, sondern auch, weil Frankenthal mit seinen aufblühenden Textil-Manufakturen Arbeit bot. Da die Teppich- und Gobelin-Wirkereien ständig neue Entwürfe brauchten, bildeten sich ganze Malerkolonien, die sich vor allem mit der Herstellung der Gobelin-Kartons beschäftigten.

Als strenger Kalvinist hatte Kurfürst Friedrich III. wenig Sinn für die Kunst gezeigt, aber unter Pfalzgraf Johann Casimir erhielten die Künstler ab 1583 wieder Zugang bei Hof. In Heidelberg ist das sogenannte »Kurpfälzische Skizzenbuch« entstanden, das Ansichten von Schloß und Stadt und von linksrheinischen pfälzischen Orten zeigt, in denen sich Emigranten niedergelassen hatten. Frankenthal war der Hauptort für die wallonische Einwanderung; der wallonische Bezirk der Stadt bildete den sogenannten ›Kunstblock‹, und bald fanden die hier lebenden Einwanderer sogar Aufnahme im Rat. Etwa zwanzig Künstler lassen sich nachweisen, daneben noch etwa vierzig Gobelinwirker, die für den Heidelberger und den Münchner Hof arbeiteten. Der Frankenthaler Dietrich Wauters wurde 1603 nach München berufen, um dort die Gobelinmanufaktur in Betrieb zu setzen. Der bedeutendste Meister der ›Frankenthaler Malerschule‹ war der Antwerpener Gillis van Coninxloo (1544–1607), der viele Schüler an sich zog und als einer der beliebtesten Landschafter der niederländischen Malerei in seiner Zeit nach vielen Richtungen hin wirkte. 1585 war er als Einundvierzigjähriger aus Antwerpen nach Frankenthal geflohen, von wo er 1595 nach Holland übersiedelte. Er starb 1607 in Amsterdam. Bei ihm lernten unter anderen Adam Elsheimer aus Frankfurt und der ›Sammet- oder Blumenbrueghel‹, Jan Brueghel der Ältere. Sicherlich bestanden auch Beziehungen zwischen ihm und dem Meister des »Kurpfälzischen Skizzenbuches«, das man Roeland Savery zuschreibt. Savery, ein Landschafts- und Tiermaler, hat von 1605 bis 1613 auch für Kaiser Rudolf II. in Deutschland, Österreich und Prag gearbeitet.

Doch zurück zur Weinstraße und zum nahen Pfälzerwald.

Bad Dürkheim

Die nächste Stadt, die wir auf unserem Weg gen Süden berühren, ist Bad Dürkheim, das alte Thurincheim oder Thuringeheim, dessen Name 742 erstmals erscheint und auf eine frühe thüringische Siedlung zurückgehen soll. Bad Dürkheim war 946 im Besitz der Salier, fiel an die Herren von Dürkheim-Montmartin und war dann bis 1794 Besitz der Grafen und Fürsten von Leiningen.

Dürkheim liegt am Ausgang des Isenachtals, einem der schönsten, anmutigsten Täler der Haardt, am Rande der Rheinebene, eingebettet in fruchtbares Rebland. Sein mildes, angenehmes Klima hat seine Beliebtheit als Solbad mitbestimmt.

Nordwestlich der Stadt liegt der Kästenberg. Er wird von einem zwei Kilometer langen keltischen Ringwall, der Heidenmauer, umzogen, der großenteils erhalten ist. An einigen Stellen erreicht er noch die erstaunliche Höhe von elf Metern. Eine ähnliche Mauer findet sich auf dem Odilienberg im Elsaß. Unterhalb des östlichen Randes der Heidenmauer liegt der Kriemhildenstuhl, auch Brunihildisstuhl genannt. Die Nibelungensage ist nämlich nicht nur an den Odenwald gebunden. Man nimmt an, daß der Kriemhildenstuhl ein Steinbruch gewesen ist, den in römischer Zeit Mainzer Legionäre angelegt haben sollen. Seine Wände sind mit merkwürdigen Felszeichnungen bedeckt, die wahrscheinlich kultische Bedeutung hatten.

Dürkheim wurde 1360 Stadt, 1689 im Pfälzischen Erbfolgekrieg von den Franzosen niedergebrannt und dann mit Hilfe des Grafen Johann Friedrich zu Leiningen wieder aufgebaut. 1725 machten es die Leiningen, die bis dahin auf der Hardenburg gewohnt hatten, zur Residenz. Das weitläufige Schloß stand dort, wo sich heute das hübsche, zwischen 1822 und 1826 gebaute Kurhaus befindet. Die Leiningen hatten einst auch eine Burg in Dürkheim, und in der Pfarrkirche St. Johannes ließen sie im sechzehnten Jahrhundert eine Grabkapelle anlegen, die im siebzehnten Jahrhundert leicht verändert worden ist. Hier finden sich Grabdenkmäler der Familie.

Zu Beginn des achtzehnten Jahrhunderts herrschten die Leiningen noch über ein beträchtliches Gebiet, das sich südlich von Grünstadt bis Neustadt und westlich bis Kaiserslautern erstreckte. 1793 besetzten die französischen Revolutions-

Bad Dürkheim

truppen die Stadt, die Grafschaft wurde Frankreich einverleibt, das Schloß mit allen dazugehörigen Gebäuden verbrannt.

Im Schloß und im Sommerhaus Jägertal, wo auch ein Tempelchen für den Idyllendichter Salomon Gesner stand, und wo der Schauspieler August Wilhelm Iffland seine »Jäger« schrieb, hielt die Familie, die 1779 in den Reichsfürstenstand erhoben worden war, Hof. Hie und da wurden die

Kupferstich von J. Rieger

Vaterfreude.

Vorspiel von W. A. Iffland,

bey der

Vermählungsfeyer

Karls,

Erbprinzen zu Leiningen ꝛc. ꝛc.

mit

Sophie,

Gräfinn zu Reuß=Plauen ꝛc. ꝛc.

aufgeführt

auf der Fürstl. Leiningschen Gesellschafts-Bühne zu Dürkheim.

1787.

Heidelberg,

zu finden in der Pfählerischen Buchhandlung.

Regierungspflichten unterbrochen von Reisen oder Besuchen am Hofe zu Mannheim, wo Fürst Carl Friedrich Wilhelm Oberhofmarschall des Kurfürsten Carl Theodor war. Wie viele seiner Standesgenossen war der Fürst der Aufklärung zugetan und bemüht, den Wohlstand seines Landes zu heben. Er war an allen kulturellen Fragen interessiert und ließ seine Kinder sorgfältig erziehen. Sein Sohn Karl Emich schwärmte für die Dichter Klopstock, Gesner, Hagedorn, Haller, Gleim und Uz; er selbst war ein begabter Dramatiker. Zuerst Dürkheim, dann Amorbach waren regelrechte Musenhöfe.

1781 kam der Schauspieler Iffland nach Jägertal, eigentlich nur, um eine Liebhaberaufführung einzustudieren, doch seitdem war er hier ein häufiger Gast geworden und ein treuer Freund der Familie. Zur Aufführung des Ifflandschen Dramas »Verbrechen aus Eifersucht« reiste der Leiningensche Hof mit neun Kutschen nach Mannheim. Nachdem der Vorhang gefallen war, führte der Erbprinz Iffland in einer sechsspännigen Equipage, gefolgt von Husaren und Fackelträgern, im Triumph mit sich nach Dürkheim. 1783 wurde das Reithaus am Dürkheimer Schloßplatz nach dem Vorbild des Mannheimer Theaters umgebaut. Hier spielten, gemeinsam mit den Familienmitgliedern, Hofkavaliere und Beamte.

Der Gothaer Taschenkalender berichtet:

Das neue Haus wurde mit ›Serafine‹, Schauspiel in 3 Akten vom Erbprinzen Karl Emich, am 14. August 1784 eröffnet.

Damals schrieb der Fürst:

Ich möchte nicht nur Vergnügen, sondern auch Nutzen stiften und wenn der letzte zu hoffen ist, so will ich gerne alles Mögliche dazu beitragen ... Der Niedrigste kann seinen Zeitvertreib, welcher bei sorgfältiger Auswahl der Stücke gewiß einen vorteilhaften Einfluß auf die Sitten hat, unentgeltlich genießen, den kleine Städte fast ganz entbehren und große nur den Reichen und Vornehmen vorbehalten.

Goethe eröffnete 1791 die Bühne in Weimar mit Ifflands »Jägern«. Dieses Stück war dem Fürsten Leiningen gewidmet, und das Personenverzeichnis der Dürkheimer Aufführung nennt als Mitwirkende auch Angehörige der fürstlichen Familie.

Doch nicht nur das Theater, auch die Musik wurde gepflegt. Die Musiker des Leiningenschen Regiments in Dürkheim stellten die Hofkapelle, die öffentliche Konzerte im Schloß, auf der Gartenterrasse und im Park gab. So lebten die Leiningen allen kulturellen Strömungen der Zeit aufgeschlossen, während die französischen Armeen sich bereits anschickten, die Ideale der Revolution in das Reich hineinzutragen. Iffland erzählt, der alte Fürst habe 1789 auf einem Spaziergang in den Wäldern der Haardt, das friedliche, reiche Land überblickend, gesagt: »In drei Jahren liegt das alles in Schutt und Asche.« Die Prophezeiung ist wahr geworden, aber noch im August 1793 konnte der Fürst für König Friedrich Wilhelm II. von Preußen, welcher der Koalition gegen Frankreich angehörte und sein Hauptquartier in Dürkheim aufgeschlagen hatte, in den Räumen der 1780 restaurierten Hardenburg einen glänzenden Empfang geben. Kurz darauf, nach dem Fall der Festung Landau, mußten sich die Truppen der Koalitionsarmee über den Rhein zurückziehen. Die fürstliche Familie war gezwungen zu fliehen; die Franzosen besetzten Dürkheim im Dezember, steckten das Schloß mit Marstall und Theater, Jägertal und die Hardenburg in Brand und plünderten die Stadt. Die Grafschaft samt ihren reichen Einkünften war den Leiningen verloren; heimatlos reiste die fürstliche Familie jahrelang von einem verwandten Hof zum anderen und wartete auf Entschädigung durch das Reich. 1803 erhielt der Fürst die Abtei Amorbach im Odenwald, Mosbach und andere Ämter als neues Fürstentum, das 1806 mediatisiert wurde, also seine Reichsunmittelbarkeit verlor.

Nördlich von Dürkheim liegt der Michelsberg. Eine Kapelle, die vormals ein beliebter Wallfahrtsort war, steht nicht mehr, aber aus der Wallfahrt hat sich nach und nach der ›St. Michaelsmarkt‹ entwickelt. Dieser Markt läßt sich bis 1432 zurückverfolgen und ist heute als ›Dürkheimer Wurstmarkt‹ bekannt und berühmt. Er ist aber nicht nur ein Fest der Würste, sondern viel mehr noch ein Fest des Weins, das sieben Tage und Nächte das Land in bester Laune hält. Zweihunderttausend Liter Wein aus fünfzig verschiedenen Lagen finden dabei den Weg in durstige Kehlen, dazu werden ungeheure Mengen Wurst vertilgt. Der Pfarrer von Weißenheim am Berg, Johann Georg Lehmann, schreibt 1843 in einem Heft der ›Geschichtlichen Gemälde aus dem Rheinkreise Bayern‹:

... *Auf diese festlichen Tage strömen Landleute und Bürger zu Tausenden, so wie sonst Hoch und Nieder herbei, und jeder findet, was ihm Vergnügen macht. Auf den Wiesen sind Garküchen und Weinstände in hinlänglicher Anzahl aufgeschlagen, in denen man seine Eß- und Trinklust nach Wunsch befriedigen kann. Besonders werden da viele 1000 und aber 1000 Würste aller Gattungen mit dem größten Appetit verzehrt, daher auch in Nähe und Ferne der Name Michaelismarkt mit dem ›Wurstmarkt‹ gleichbedeutend ist. An allen möglichen Waren, Lebensbedürfnissen und Kaufgegenständen, vom bedeutenden Luxusartikel bis zum Zunder herab, so wie auch an harmonischem sowohl als unharmonischem Gesang, Geklimper und Geleier, an Menagerien und Kunstreitern, an einheimischen und fremden Wilden, so wie an andern rührenden Sehenswürdigkeiten usw. ist da kein Mangel. Auch die gebildete Welt hat ihren Sammelplatz, um diesem Gedränge und Getreibe ruhig zusehen und des Nachts sich anständig vergnügen zu können. Kurz, es ist, wie schon gesagt, ein wahres Volks- und Nationalfeste, und die Gegenstände sind so mannigfaltig, daß eine Feder zu schwach ist, alles genügend beschreiben und anschaulich zu machen, daher wir unsern Lesern den wohlgemeinten Rat geben, dieses Fest selbst anzusehen und mitzumachen.*

Wir können uns dem Rat des Pfarrherrn nur anschließen.

Ein Patriot

Eines bedeutenden Herrn aus dem Hause Leiningen sei hier gedacht, des Fürsten Karl. Fürst Karl Emich, jener Liebhaber des Theaters und der Dichtkunst, war in zweiter Ehe mit Prinzessin Viktoria von Sachsen-Coburg-Saalfeld vermählt, die ihrerseits in zweiter Ehe Eduard Herzog von Kent heiratete. Sie ist sowohl die Mutter des Fürsten Karl wie der späteren Königin Viktoria von England.

Ein alter österreichischer Staatssekretär, Sozialdemokrat, sagte einmal zu Carl J. Burckhardt in Wien: »Die einzigen Leute in Deutschland, die etwas von Außenpolitik verstehen, sind die Standesherren«, und er setzte hinzu: »Aber der einzelne Deutsche weiß nicht einmal, was das ist.«

Standesherren sind Angehörige ehemaliger reichsunmittelbarer Familien mit Sitz und Stimme im Reichstag. 1806, bei der Auflösung des Heiligen Römischen Reiches Deutscher Nation, wurden ihre Ländchen den großen Staaten eingegliedert. Obwohl ihnen manche Rechte zugestanden wurden, waren die Standesherren Süd- und Südwestdeutschlands über manche Maßnahmen der Bundesstaaten, vornehmlich aber über die innenpolitische Entwicklung Deutschlands, verärgert. Dennoch standen viele Angehörige standesherrlicher Häuser im Staatsdienst, und es sind nicht die schlechtesten gewesen.

Fürst Karl zu Leiningen, der 1814 die Nachfolge seines Vaters angetreten hatte, gehörte zu diesem Typus des politisch interessierten und tätigen Standesherrn. Er war ein lebhafter, leidenschaftlicher und willensstarker Mann. Den größten Teil seiner Jugend verlebte er in Bern und Genf, wo er das politische System der Eidgenossenschaft kennengelernt hat. Klare, nüchterne Erkenntnis vereinigte er mit ausgeprägtem Selbstgefühl. Politischer Instinkt, das Erbteil eines alten Hauses, lag ihm im Blut. Er war Patriot, Landesherr, Grandseigneur, geborener Regent, Liberaler und Parlamentarier in einer Person.

Wohlvertraut war ihm das geistige Leben der Nation, er pflegte Beziehungen zu den hervorragendsten Gelehrten und Dichtern, war vor allem eng befreundet mit Alexander von Humboldt. Unter den Standesherren seiner Zeit war er wohl der begabteste, ungewöhnlichste und modernste.

Er bemühte sich ehrlich, die wirtschaftliche Lage der Landbevölkerung im Odenwald zu bessern; er baute Straßen und verzichtete freiwillig auf Rechte, die eine Belastung der Bauern darstellten. Früh schon betätigte er sich auch außerhalb seiner Herrschaft.

Die Mitgliedschaft in den ersten Kammern in Hessen, Baden und Bayern schärfte Karl Leiningen den Blick für politische Fragen. Seit 1843 war er Präsident des Reichsrates in München; 1847 wandte er sich offen gegen die Zensur, ein ungewöhnlicher Schritt für damalige Verhältnisse und für einen Mann seines Herkommens:

Ich halte die Zensur für ein Unding, denn Gedanken, gesprochen oder gedruckt, lassen sich auf die Dauer nicht in Fesseln schlagen. Die Geschichte zeigt uns deutlich, daß es den Völkern zuweilen einfällt, gewisse Ideen zu ergreifen und diesen auch Folge zu geben. Die Geschichte zeigt ferner, daß, wenn sich solche Ideen einer Nation einmal bemächtigt haben, es fruchtlos ist, sich ihnen zu widersetzen.

Die Revolution von 1848 fand Fürst Karl in Amorbach. Sie zeigte sich in brutaler und zerstörender Form, und es ist erstaunlich, daß sich gerade dort zwölfhundert Bauern zusammenrotteten und in die Residenz zogen, wo der Fürst jahrelang an den Verbesserungen der bäuerlichen Verhältnisse gearbeitet hatte. Leiningen, dessen Ansehen dennoch unerschüttert blieb, forderte nun von der Bayerischen Regierung die Abschaffung der Feudallasten, ja er verzichtete aus Überzeugung auf alle Standesrechte. Damals schrieb er an König Maximilian II.:

Wenn die welterschütternden Ereignisse unserer Tage Deutschland eine kaum geahndete Größe versprechen, wenn wir hoffen dürfen, einer auf Freiheit und Gesetz begründeten glücklichen Zukunft entgegenzugehen, so ist doch auf der anderen Seite nicht zu verkennen, daß eine solche Umwälzung fast aller politischen und staatlichen Einrichtungen nicht ohne Gefahr für die soziale Ordnung vorübergehen kann. Zunächst ist es daher die Aufgabe aller Besitzenden, seien es große oder kleine, seien es Bürger, Adlige oder Bauern, die Regierungen in ihrem Streben, die Reformen auf gesetzlichem Wege durchzuführen, auf alle mögliche Weise zu unterstützen und den anarchischen Bestrebungen, in welches Gewand sie sich auch hüllen mögen, mit Festigkeit entgegenzutreten.

Er verlangte weitere Reformen, darunter Abänderung der standesherrlichen Hausgesetze. Nur die Chefs der Häuser sollten in Zukunft den Titel führen, nicht aber die Nachgeborenen. Titel ohne Mittel nennt Leiningen eine wahre Kalamität, da durch sie alle praktischen Berufe den Nachgeborenen verschlossen seien. Er verlangte Wahrung und Ausdehnung des Standschaftsrechtes, darin möglicherweise einen Ersatz für alles Verlorene suchend:

Es ist bekannt, daß die Mediatisierten infolge der Unfähigkeit des Bundestages, ihnen eine würdige, für Gesamtdeutschland gültige Stellung zu geben, der partikularen Willkür anheimgegeben worden waren.

Dagegen hatte schon der Freiherr vom Stein gewettert. In einer Denkschrift von 1846 beleuchtete Leiningen die Entstehung der standesherrlichen Institution. Er wünschte, daß die Standesherren zu Gliedern des modernen Staates würden; er verlangte die Einigung Deutschlands in einem modernen, konstitutionellen Staat, in dem die Standesherren kraft ihrer Standschaftsrechte das konservative Prinzip repräsentieren sollten. Das sind Ideen, die viele verantwortungsbewußte Herren aus mediatisierten Familien in jener Zeit bewegten, ohne daß man ihnen Gehör geschenkt hätte. Leiningens Kritik jedoch wirkte anregend. Es entwickelte sich unter den Standesherren eine lebhafte Diskussion des Für und Wider; vielfach wurde er auch scharf angegriffen. Seine Schwester, die Fürstin zu Hohenlohe-Langenburg, schrieb ihm zornig:

Du glaubst, Deinen Nutzen zu verfolgen, indem Du das schnelle Rad noch schneller gehen machst, das uns zermalmt, und hoffst und glaubst oben zu bleiben.

Albert, Prince-Consort Königin Viktorias von England, der Halbschwester Leiningens, mahnte zur Vorsicht und Besonnenheit. Leiningen war für ein enges Bündnis mit England und für die Vorherrschaft Preußens in Deutschland, denn Preußen, so schrieb er 1847 an Albert, werde bald die Führung übernehmen, sein Einfluß sei bereits riesengroß. Er verfaßte Denkschriften über deutsch-englische Wirtschaftspolitik, über die Bundesreform und die Hegemonie Preußens. In einem Begleitschreiben an den Diplomaten Fürst Adolf zu Sayn-Wittgenstein äußerte er bittere Worte:

Ich wünsche so sehnlich, daß die Herren aus ihren beklagenswerten Illusionen erwachen und zu entscheidenden Maßregeln greifen möchten, ehe es ganz zu spät ist. Ich sage, ganz zu spät, denn ich befürchte, daß es schon sehr spät ist, später als ich mir selbst gern eingestehe.

1848 wurde Leiningen das Präsidium des liberalen Reichsminsteriums in Frankfurt übertragen, wo sich am 18. Mai das erste deutsche Parlament, die ›Deutsche Nationalversammlung‹, konstituiert hatte. Die Zeitung bemerkte zu dieser Ernennung:

Der Name des Fürsten als Konseilpräsidenten hat den besten Klang. Die deutsche Sache hat in ihm einen Träger gefunden, der zunächst in Max von Gagern Stütze und Hilfe hat.

Als das in der Paulskirche tagende Parlament am 21. März 1849 zusammengebrochen war, mußte auch das Ministerium Leiningen zurücktreten. Der Fürst sah seine Politik gescheitert; die einzige Lösung des deutschen Problems lag für ihn in einem preußischen Reichsministerium. Darauf konnte der Reichsverweser Erzherzog Johann von Österreich (1848/49) begreiflicherweise nicht eingehen. 1849 wurde ein guter Freund des Fürsten, Prinz August Ludwig zu Sayn-Wittgenstein, Ministerpräsident des Reichsministeriums. Aber noch im gleichen Jahr stellte Leiningen enttäuscht fest:

Der Nationalwille ist gebrochen, zerflossen; das Geschäft der Rekonstruktion Deutschlands den Händen der Gesamtvertretung der Nation entfallen und in jene der europäischen Diplomatie der einzelnen größeren Regierungen und der großen Armeen übergegangen. Deutschland, wie es von den Patrioten erstrebt wurde, gehört jetzt in das Reich der Träume.

In schmerzlicher Resignation ist Leiningen 1856 gestorben. Vielleicht wäre er glücklich gewesen, wenn er 1871 den Sieg seiner Idee von der Einigung Deutschlands unter Preußens Führung, durch Bismarck herbeigeführt, hätte erleben können.

Konrad II.

Ehe wir von Dürkheim aus Limburg besuchen, seien mir einige Worte über den Gründer des Klosters, den Salier Konrad, gestattet.

Im Mittelalter hatte man sich ein stark idealisiertes Kaiserbild geschaffen, das in Sagen und Märchen ja noch bis in unsere Zeit ausstrahlt. Nach ihm sollte der König ein gerechter Richter sein, ein gütiger Herr, zugleich aber von unerbittlicher Strenge gegen große und kleine Friedensbrecher, ein gewaltiger Krieger – denn noch wurden militärische Auseinandersetzungen ja Mann gegen Mann entschieden –, und im ganzen Wesen eben königlich. Mochte ein Fürst auch alle diese Eigenschaften in reichem Maß besitzen: um einem solchen Bilde gerecht werden zu können, hätte es übermenschlicher Kräfte bedurft. Die Herrscher dieser Zeit entstammten zumeist einem Kreis Ebenbürtiger, die ihnen nicht lediglich um des Prinzips der Lehnstreue willen folgten, sondern häufig genug aus rein opportunistischen Überlegungen heraus sie in ihren Unternehmungen stützten oder sich gegen sie verschworen. Deshalb blieb auch die Herrschaft eines jeden Kaisers oder Königs eine höchst persönliche, abhängig von äußeren Umständen wie auch von seinen politischen Fähigkeiten und menschlichen Qualitäten. Der Kaiser mußte, wenn er alle Stände des Reichs in Gehorsam halten wollte, alle Künste der Diplomatie spielen lassen können, sich zu verstellen wissen, allen persönlichen Groll in sich verschließen und klug die Stunde der Abrechnung erwarten können. Dieses politische Ränkespiel, verbunden mit den Aufgaben der Außenpolitik, sicher zu beherrschen war die eigentliche Kunst. Nicht alle Herrscher waren ihrer mächtig. Heinrich IV. etwa, der über große diplomatische Fähigkeiten verfügte, verdankte die meisten seiner politischen Rückschläge seinen Charakterschwächen: überempfindlichem Stolz und Heftigkeit. Doch gerade an den hohen Anforderungen, die dieses Amt stellte, wuchsen viele seiner Träger über sich selbst hinaus. Wir sehen es an den Ottonen, wir sehen es auch an den Saliern, die vom ersten bis zum letzten Kaiser ihrer Dynastie überdurchschnittlich begabte Regenten gewesen sind.

Über die Wahl des Saliers Konrad, des Rheinfranken, zum deutschen König haben wir den Bericht seines Kaplans Wipo, der auch eine Vita des Kaisers geschrieben hat. Er erzählt, wie nach dem 1024 erfolgten Tode Kaiser Heinrichs II. des Heiligen das Reich sofort in Zwietracht gestürzt wurde:

Die Bischöfe, Herzöge und die übrigen Großen meinten, daß die drohende Gefahr nur durch ein Mittel vermieden werden könnte und wandten große Mühe und bemerkenswerte Sorgfalt an, daß das Gemeinwesen nicht länger ohne Herrscher schwankte ... Endlich wurde der Tag festgesetzt und der Ort bestimmt, und eine Versammlung des Landes kam zusammen, wie ich vorher nie gesehen hatte.

Man versammelte sich bei Kamba, einem Ort gegenüber von Oppenheim in der Rheinebene, *die eine sehr große Menschenmenge zu fassen vermag, sicher durch gesonderte Inseln,* ein idealer Verhandlungsort. Dort kamen alle Fürsten, sozusagen Kraft und Herz des Reichs, zusammen und schlugen ihr Lager beiderseits des Rheins auf. Auf dem rechten Ufer strömten die Sachsen und Slawen, die Ostfranken, Bayern und Schwaben zusammen, auf dem linken Ufer trafen sich Rheinfranken und Lothringer.

Sie erwogen das wichtige Werk, schwankten unsicher über die Wahl zwischen Furcht und Hoffnung. Gegenseitig erforschten die Verwandten und unter sich die Genossen lange Zeit einer des anderen Wünsche. Denn nicht geringe Sache war zu beschließen, sondern über eine große, welche den ganzen Körper des Reichs in das Verderben führen konnte, wenn sie nicht mit warmen Herzen sorgfältig erwogen wurde ... Endlich wurden aus vielen wenige auserwählt und von den wenigen nur zwei ausgesondert, auf denen endlich die letzte Prüfung einig stehen blieb, welche von den höchsten Männern mit höchstem Fleiß lange angestellt wurde. Es waren zwei Konrade, von denen der eine, weil er mehr Jahre zählte, Konrad der Ältere genannt wurde, der andere aber Konrad der Jüngere, beide die edelsten in Deutschfranken, Söhne zweier Brüder ... Zwischen diesen beiden war der übrige Adel lange unsicher ...

Zuletzt aber fügte die göttliche Vorsehung, daß sie selbst unter einander einen Vertrag schlossen, wie es in so zweifelhafter Sache ziemlich war, daß nämlich jeder ohne Verzug dem anderen nachstehen wollte, welchen etwa der größere Teil des Volkes forderte.

Man wählte Konrad den Älteren, nahe verwandt mit dem sächsischen Hause. Kaiserin Kunigunde, die Witwe Heinrichs II., überreichte mit Glückwunsch die Reichsinsignien, und Konrad zog nun nach Mainz, wo er im Dom gesalbt wurde.

›Alle Macht der vergänglichen Welt wird aus einem reinen Quell abgeleitet‹, sagte Erzbischof Aribo in seiner Ansprache. ›Der allmächtige Gott der Könige, Urheber und Anfang aller Ehren, gießt auf die Fürsten der Erde die Gnade hoher Würde aus, die nach dem Quell, aus dem sie stammt, rein und lauter ist. Wenn sie aber solchen zuteil wird, welche diese Würde unwürdig verwalten und mit Hochmut, Neid, Listen, Geiz, Ungeduld, Grausamkeit beflecken, so bereiten sie sich und allen Untertanen daraus einen gefährlichen Trank des Unrechts, wenn sie sich nicht durch Buße reinigen. Möge die ganze Gemeinde der Heiligen beten und bei Gott fürsprechen, daß die Würde, welche heute unserem Herrn und König, dem gegenwärtigen Konrad, rein von Gott verliehen wird, auch unversehrt, soweit Menschenkraft reicht, von ihm bewahrt werde. Zur höchsten Würde bist du gekommen, du bist auf Erden Stellvertreter Christi; nur wer ihm nachahmt, ist wahrer Herr. Auf diesem Thron des Reichs mußt du an die ewige Ehre denken. Ein großes Glück ist es, in der Welt zu herrschen, das größte aber, im Himmel zu triumphieren ...‹ Als das heilige Amt und die Königssalbung nach aller Gebühr vollendet war, trat der König hervor. Und wie vom König Saul gesagt wird, ging er von Schultern höher als alles Volk, gleichsam umgewandelt in vorher nicht erschauter Gestalt.

Limburg an der Haardt

Von Dürkheim gelangen wir durch das Isenachtal zum Stammsitz der Salier, nach Limburg. Er liegt auf einem Ausläufer der Haardt und ist schon vor der Zeitwende, wie Ausgrabungen erwiesen haben, ein befestigter Stützpunkt der

Kelten, Römer und Franken gewesen. Von hier schaut man ins Isenachtal hinab, an dessen Ende die Grafen zu Leiningen die Hardenburg bauten, und weit über die Rheinebene bis zum Odenwald und Schwarzwald. Hier oben saßen die Salier schon im zehnten Jahrhundert. Der Sage nach soll Konrad II. die Stiftung des Benediktinerklosters zur Rettung der Seele seines kleinen Sohnes gelobt haben, der infolge eines Sturzes gestorben war. Wahrscheinlicher ist, daß der Kaiser die Gründung des Klosters 1025 als Dank für seine Wahl beschloß. Das ist damals üblich gewesen, auch der erste Ottonenherrscher stiftete aus solchem Grund das Kloster zu Merseburg. Kaiser Konrad II. übertrug die Aufsicht über den Bau Bischof Walther von Speyer und dessen Nachfolgern. 1034 berief er Poppo, den Abt von Stablo, als Abt nach Limburg und 1038 sind die drei Altäre der Krypta in Anwesenheit des Kaisers durch den Erzbischof Pilgrim von Köln und die Bischöfe von Worms und Speyer geweiht worden. 1042 erfolgte dann die Weihe der Kirche selbst.

Limburg war mehr als eine fromme Stiftung des salischen Hauses. Das zeigte sich, als der 1027 in Rom zum Kaiser gekrönte Konrad II. die Reichskleinodien den Limburger Benediktinern in Verwahrung gab. Die Chronik des Philipp Simonis von 1608 berichtet, daß Bischof Einhard von Speyer, zugleich Abt von Limburg, im Jahre 1061 den Schatz nach Speyer bringen ließ, um ihn in der unruhigen Zeit nach dem Tode Kaiser Heinrichs III. besser sichern zu können. Simonis Bericht bringt ein umfangreiches, sicher auf einer Liste des elften Jahrhunderts beruhendes Verzeichnis der Gegenstände, das neben vierunddreißig Pfund »unverwerckts Golds«, eine »guldene königliche Kron, ein gulden Scepter«, Schreinen, Kelchen, Leuchtern, Gewändern, Elfenbeingerät auch »ein Psalterbüchl, so das Kaisers Caroli Magni gewesen« nennt, das nicht mehr vorhanden ist.

So wäre Limburg also der erste Aufbewahrungsort der Reichskleinodien gewesen. Von Speyer sind sie auf die Burg Hammerstein am Rhein, dann auf den pfälzischen Trifels gekommen. Die Sorge um die Insignien ist verständlich, wenn man bedenkt, daß die Krone ja ›das Reich‹ genannt wurde. Die Inschrift am Bügel der Krone stimmt im Wortlaut genau überein mit der auf einem 1935 bei Ausgrabungen in Limburg gefundenen Prägestock. Sie lautet: CHVONRADVS DEI GRATIA ROMANORVM IMPERATOR AVG. Es ist gesichert, daß der Bügel von Kaiser Konrad II. in Auftrag gegeben wurde, entweder als Ersatz für einen älteren oder infolge einer Umgestaltung der Krone. Auch das Kreuz an der Stirnseite ließ der Kaiser hinzufügen. Es ist ursprünglich ein Brustkreuz gewesen, wie sie damals auch weltliche Herrscher getragen haben. Die Krone selbst ist im zehnten Jahrhundert für die Krönung Kaiser Ottos I. als Teil eines neuen Kaiserornats gefertigt worden; die Fassungen und der Dekor entsprechen einem von der Äbtissin Mathilde, Enkelin Ottos I., dem Essener Frauenstift geschenkten Kreuz. Über die Symbolik der Kaiserkrone kann man sehr interessante Aufschlüsse in dem Aufsatz »Die Reichskrone« von Hansmartin Decker-Hauff erhalten.

1204 erhielten die Grafen von Leiningen die Schirmvogtei über Limburg, was zu fortwährenden Streitigkeiten zwischen ihnen und den Äbten führte. Graf Friedrich I. baute zu Beginn des dreizehnten Jahrhunderts in unmittelbarer Nähe auf Klostergrund die starke Hardenburg. Im Landshuter Erbfolgekrieg – als der Kurfürst von der Pfalz in sehr bedrängter Lage war – benutzten die Leiningen 1504 die Gelegenheit, Abtei und Kirche vollständig zu zerstören. Wohnbauten und Refektorium wurden zwischen 1540 und 1554 wieder aufgebaut, dann begann man mit der Instandsetzung des Chors, aber alle weiteren Arbeiten kamen mit der Aufhebung des Klosters 1574 zum Erliegen. So stehen Kirche und Kloster heute als Ruinen vor uns, aber als Ruinen von großer Wirkung und riesigen Ausmaßen, die denen des Doms von Speyer nicht nachstehen. Beide Bauwerke hat vermutlich Gumbert, späterer Abt von Limburg, entworfen; beide Bauten begleiteten das Schicksal des großen Kaisers Konrad II.

Ruinen des Schlosses Hardenberg

Wie in Speyer herrscht in Limburg die klare, festgefügte Form, die schwere Körperlichkeit. Es ist eine dreischiffige Basilika mit geräumigem Querschiff, flachgeschlossenem Chor und Nebenapsiden. Im sechzehnten Jahrhundert ist der Chorbogen zugemauert worden; drei Portale öffnen den Chor zum Langschiff. Die Krypta liegt offen, ihrer Gewölbe beraubt, darüber durchbrechen die spätgotisch veränderten

Ostfenster die schweren Mauermassen. Am Westbau steht der hohe schlanke Südwestturm aus dem vierzehnten Jahrhundert, das weithin sichtbare Wahrzeichen der Kirche.

Die gewaltig aufstrebenden Mauerflächen sind außen von zarten Bogenfriesen und Lisenen gerahmt, innen gliedern Pilaster die Wände. Für die Ewigkeit gebaut schien die Kirche, wie ein Sinnbild kaiserlichen Wesens und kaiserlicher Herrschaft ›von Gottes Gnaden‹. Als ich in den Trümmern umherging, mußte ich an das Schicksal der Kaisergräber in Speyer denken, die im siebzehnten Jahrhundert von den Franzosen aufgebrochen worden sind.

Nichts ist geblieben von der einstigen Macht des Klosters, zu dessen Besitz Orte wie Dürkheim und Wachenheim zählten. Limburg war ein geistliches Zentrum, dessen Kraft sich dem Land mitgeteilt hat, bis es den Mächten der Zerstörung zum Opfer fiel und schließlich als Steinbruch endete.

Deidesheim

Das Weinland hört nicht auf: Weinberge und -gärten, wohin man sieht, dazwischen Städtchen und Dörfer, alt, hell, sauber, gemütlich und von ländlichem Reiz. Als wir, der Weinstraße folgend, auf Deidesheim zufuhren, waren die Weinberge noch hellbraun, dazwischen leuchteten grüne Grasbänder. Grau und rötlichbraun standen die Weinstöcke im Boden, aber schon begannen sich die ersten Knospen zu öffnen, und die Obstbäume standen in voller Blüte. Droben der lichtgrüne Frühjahrswald, von Regenschleiern eingehüllt, ein wenig schwermütig über den fruchtbaren, wohlbestellten Hängen.

Das Rebgebiet am Rande der Haardt ist eine Landschaft uralter Verfeinerung, einer Verfeinerung, deren Ursprünge bereits in der Römerzeit zu finden sind. Die Orte, durch die wir fahren, sind einander sehr ähnlich; überall finden wir noch gotisches Fenster- und Türgewände, Bauten der Renaissance, des Barock und Klassizismus, dazwischen Fachwerk; überall aber auch häßliche Siedlungen und Vororte. Die Dörfer zeigen ein fast städtisches Gepräge. Dicht stehen die Häuser nebeneinander, aber fast jedes hat, wie im Elsaß, ein großes Tor zur Seite. Zur Zeit der Lese werden durch diese steinernen Bögen die traubengefüllten Butten eingefahren.

Deidesheim taucht auf. Vor der Mittelhaardt liegt die Stadt, umschlossen von berühmten Rebgärten. Zwar goß es in Strömen, als wir das erste Mal dorthin kamen, und am Rhein war alles in nebligen Dunst gehüllt, aber das Behagen an der heiteren, kleinen Stadt konnte uns das Wetter nicht trüben. Wir fanden sehr gute Unterkunft im ›Deidesheimer Hof‹ am Marktplatz.

Deidesheim ist uralt. Zunächst gab es nur das nahe gelegene Dorf Niederkirchen, 699 zum ersten Mal erwähnt, dessen Martinskirche noch einen romanischen Turm und einen Chor aus dem frühen dreizehnten Jahrhundert zeigt. Dieser Ort hieß damals Niederdeidesheim. Dann entstand als Oberdeidesheim das heutige Deidesheim. Es war von 1100 bis 1801 Besitz des Fürstbistums Speyer, wurde 1395 zur Stadt erhoben und als fürstbischöflicher Amtssitz stark befestigt. Deidesheim wurde 1689 zerstört, samt der Burg in der Südwestecke des Berings. Die Burg wurde im achtzehnten Jahrhundert wieder aufgebaut und erhielt zwischen 1806 und 1817 ihre heutige Gestalt. Erhalten sind Reste der Mauer, die einst zwölf Türme mit teilweise pittoresken Namen zeigte: das Wormser Tor im Norden, das Landauer Tor im Süden, dazwischen Judenpforte, Geiersnest, Schlempelsturm, In der Multen, Rotenturm, Bortenturm, Ebersnest, Dieptalpforte, Mühle und Marstall.

Westlich von Deidesheim liegen auf dem Kirchberg die ›Heidenlöcher‹, eine befestigte Bergsiedlung aus dem achten Jahrhundert, die noch bis ins zehnte Jahrhundert der Bevölkerung als Zufluchtsort diente. Teile von Häusern, Mauern und Gräben sind freigelegt worden.

Deidesheim ist eine freundliche Stadt, ein richtiger Weinort, mit seinem schönen Rathaus von 1532, dem 1724 eine Freitreppe und ein nördlicher Anbau zugefügt wurden, mit prächtigen Wohnhäusern und Höfen des achtzehnten Jahrhunderts, darunter das ausgezeichnete Restaurant ›Kanne‹ mit alter Tradition. Alle diese Bauten sprechen vom Reichtum des einstigen Speyerer Amtssitzes, aber auch heute ist Wohlhabenheit in der Weinstadt zu Hause.

Zum Bild des Marktes gehört die Stadtpfarrkirche St. Ulrich, deren Chor mit hohem Dach und hohen Spitzbogenfenstern das Mittelalter repräsentiert. Im Innern der basilikalen Anlage spüren wir die Vornehmheit gotischer Form. 1450 wurde die Pfarrei von Niederkirchen nach Deidesheim verlegt, und zwischen 1440 bis 1480 ließen die Fürstbischöfe Johann von Hoheneck und Ludwig von Helmstädt, dessen Wappen über dem südlichen Turmeingang angebracht ist, die Kirche bauen. Zuerst entstand der Chor, es folgten die Seitenschiffe, danach wurde das Mittelschiff der alten Liebfrauenkapelle erhöht. Die Fenster der Seitenschiffe tragen gute Glasgemälde und an der maßwerkgeschmückten Westempore, deren unterer Teil der Spätgotik, deren Oberteil der Renaissance angehört, sind Apostel und Propheten des ehemaligen Chorgestühls angebracht. Das Kruzifix im Chor gehört in die Zeit des frühen sechzehnten Jahrhunderts.

Es gibt manches zu sehen, und sitzt man müde gelaufen im ›Deidesheimer Hof‹, so sollte man sich erfreuen an dem schmackhaften heißen Zwiebelkuchen oder einem nicht minder guten Flammkuchen und einem ebenso köstlichen Wein, den man aus der endlos langen Weinkarte mit Bedacht auswähle.

Der Wein

Wir wissen von der Symbolik des Weins im alten Griechenland, von der Wein-Blut-Symbolik des christlichen Mysteriums. »So sind«, schreibt Karl Christoffel in seinem Wein-Lese-Buch, »bei aller Vergeistigung, die der dionysischen vom Zauber antiker Sinnlichkeit durchtränkten Lebensbetrachtung widerfahren ist, bei aller Erhebung in die übersinnliche Sphäre christlicher Weltauffassung, dennoch der Weinmystik ihre, wenn auch mit der Zeit verblaßten, Grundelemente geblieben: der Rausch, die Liebe und das Blut.«

Nahe der Deidesheimer Pfarrkirche St. Ulrich liegt ein behäbiges altes Haus mit Wirtschaftsgebäuden um einen großen Hof. Es ist Besitztum der Familie von Bassermann-Jordan, die zu den ›drei großen B‹ der Pfalz gehört: Bassermann-Jordan, Reichsrat von Buhl, jetzt Freiherr von Guttenberg, und Bürklin-Wolf in Wachenheim.

1708 kam Pierre Jordan (Jourdan) aus Frankreich in die Pfalz und kaufte sich in Deidesheim an. Sein Enkel Andreas gründete das Haus Jordan, das in der Familie von Bassermann-Jordan ruhmvoll fortlebt. Der heutige Chef des Hauses empfing uns auf das liebenswürdigste, und nachdem wir eine Flasche getrunken hatten – ich muß zu meiner Schande gestehen, daß ich nicht mehr weiß, ob er uns Deidesheimer Hofstück, Kalkofen oder vielleicht Forster Kirchenstück vorgesetzt hat – führte uns der Hausherr durch seine Kellereien, die sich kilometerweit unter der Erde hinziehen. So ein alter Keller hat etwas Faszinierendes. Feuchtkühle Luft erfüllt ihn, ein säuerlich-herber Duft und langhin ziehen sich die Reihen großer und kleiner Fässer und die Flaschenlager. Hier schlummern die Weine. Wäre man mit einer Kerze durch die langen Gänge geschritten, so hätte die zitternde Flamme wohl sonderbare Formen und Schatten hervorgezaubert. Allenthalben findet man, an den Wänden aufgestellt, römische Glaskrüge und Amphoren, mittelalterliches Geschirr, römische und barocke Skulpturen, wie sie in und um Deidesheim gefunden werden.

Der Pfälzer Wein ist ein festliches Thema, von dem man etwas verstehen muß, und da ich es nicht beherrsche, verlasse ich mich lieber auf die reichen Kenntnisse von Ewald Schmidt di Simoni (»Die edlen Weine der Pfalz«) und auf Geheimrat Friedrich von Bassermann-Jordan, der in seiner »Geschichte des Weinbaus« schreibt: »Ich habe nie gefunden, daß die

11 Weinlese bei Neukastel

Gemälde von Max Slevogt, 1927
Mannheim, Kunsthalle

Freunde irgendeines Erzeugnisses sich auch ohne weiteres für deren Geschichte interessieren, etwa ein Liebhaber der Bratwürste für die Geschichte der Bratwurst. Wer aber dem Wein zugetan ist, der weiß meist auch gern etwas von dessen Geschichte.«

Man kann von den berühmten Creszenzen erzählen, von der Schönheit der Winzerorte berichten, aber man sollte alles das selbst erleben, vor allem genau kennen. Daten und Überlieferungen über den Beginn des Weinbaus sind bekannt und Teil einer Geschichte, die uns schon fern liegt. »Der Pfälzer Wein«, schreibt Schmidt di Simoni, »entzieht sich jeder Normierung, und stets dürfen wir sicher sein, einige Lagen und Jahrgänge zu finden, die uns gefallen.«

Das wußte auch die Muttergottes, die ein gutes Glas Wein nicht verschmähte. Davon erzählt eine Legende, welche die Brüder Grimm aufgezeichnet haben:

Es hatte einmal ein Fuhrmann seinen Karren, der mit Wein schwer beladen war, festgefahren, so daß er ihn trotz aller Mühe nicht wieder losbringen konnte. Nun kam gerade die Mutter Gottes des Weges daher, und als sie die Not des armen Mannes sah, sprach sie zu ihm: ›Ich bin müd und durstig, gib mir ein Glas Wein, und ich will dir deinen Wagen frei machen.‹

›Gerne‹, antwortete der Fuhrmann, ›aber ich habe kein Glas, worin ich dir den Wein geben könnte.‹

Da brach die Mutter Gottes ein weißes Blümchen mit roten Streifen ab, das Feldwinde heißt und einem Glase sehr ähnlich sieht, und reichte es dem Fuhrmann. Er füllte es mit Wein, und die Mutter Gottes trank ihn, und in dem Augenblick ward der Wagen frei, und der Fuhrmann konnte weiterfahren. Das Blümchen heißt noch immer Muttergottesgläschen.

Rhein und Haardt, wir erinnern uns, geben die Linie an, welcher die Weinstraße folgt, die bei Niefernheim im Norden beginnt und bei Schweigen an der elsässischen Grenze endet – eine Via triumphalis des Weins. Die Pfalz ist das größte geschlossene Weingebiet Deutschlands. Hundertfünfzig Millionen Weinstöcke stehen in diesem Gebiet. Die

Rheinebene, von der Haardt und dem südlich anschließenden Wasgau geschützt, hat ein ebenso angenehmes Klima wie das Elsaß, wo an der Route du Vin ja auch ähnliche geologische Gegebenheiten zu finden sind.

Spricht man von den Weinen der Pfalz, so muß man einige Namen nennen, die nicht nur hier und im übrigen Deutschland, sondern in der ganzen Welt den besten Klang haben.

Freudig auf seinem Horst
Sprudelt der Wein von Forst,
Callstadt schenkt Blut
Frauenmilch Deidesheim,
Grävenhaus Honigseim,
Ruppertsberg Götterwein.
Narrenberg züngelt gern,
Süß schmeckt beim Freudenstern
Speyerer Flut;
Schalkhaft vom heitern Glan
Winkt uns Sankt Julian:
Auf stoßt die Gläser an!

heißt es in einem alten Pfälzer Trinklied, in dem die großen Weine des Landes gerühmt werden.

Da ist die Lage ›Grünstadter Höllenpfad‹ oder ›Kallstadter Saumagen‹ an der Unterhaardt; der Weinbaubezirk Mittelhaardt bringt die hochwertigsten Weine hervor, wie z.B. die Wachenheimer und Forster Lagen; hierher gehört auch Deidesheim mit den Lagen ›Hohemorgen‹, ›Kalkofen‹, ›Klostergarten‹, ›Forster Kirchenstück‹, ›Forster Ungeheuer‹, ›Leinhöhle‹, um nur einige zu nennen. An der Oberhaardt sind Edenkoben, Maikammer, Landau berühmt, und so geht es weiter bis zur französischen Grenze.

Wir erfahren von Bassermann-Jordan, daß die Rebe ein ›Urprodukt der jeweiligen Länder‹ ist und daß die Wildrebe noch besonders häufig bei Germersheim zu beiden Seiten des Rheins vorkommt. Die Kulturrebe jedoch ist aus Kleinasien gekommen, und in Mitteleuropa verdanken wir die Weinkultur den Römern.

Als die Römische Kayser ihr Kriegsvolck an den Grentzen des Rheins, Donau und Necker-Strohms in Besatzung gehabt, hat man derselben Orten Wein-Reben anfahen zu pflantzen, weil die Römer des Weins gewohnt und das Bier in ihren Italiänischen Mägen nicht wohl ertragen mögen. Und soll vornehmlich, nach Eutropii Bericht, umb das Jahr Christi 280 unter Kayser Valerio Probo der Weinbau erst recht in Schwung kommen seyn, welcher Kayser den Teutschen wegen ihrer geleisteten Treue die Weinberge zu bauen erlaubt und ihnen Beförderung darzu gethan... (Christoph Weigel).

Eine Vielfalt von Reben wird in der Pfalz angebaut: Riesling, Silvaner, Müller-Thurgau, Portugieser, auch Weißburgunder, Gewürztraminer, Morio-Muskat. Der Riesling – wir folgen wieder den Angaben von Schmidt di Simoni – »ist die Traubensorte, die dem deutschen Wein, vor allem dem Pfälzer Wein, den tragenden Ton verleiht«. Es ist ein Wein von zarter, herber Säure und edler Klarheit; der Traminer zeichnet sich durch kräftiges Bukett und milde Süße aus, er schmeckt, wie auch der Morio-Muskat, leicht muskatisch; der Silvaner, auch eine der Haupt-Traubensorten der Pfalz, ist »der Inbegriff für einen mittleren, kraftvollen Durstwein«, wie auch der milde, duftige Müller-Thurgau, der angeblich eine Kreuzung aus Riesling und Silvaner ist, nach Schmidt di Simoni aber wohl eine durch Stecklinge vermehrte Rebe des Rieslings. »Der Name Tokayer ist im Mittelalter im Elsaß gewissermaßen als Bezeichnung für bessere Weine eingeführt worden, zum Unterschied gegen einfache Sorten. Der im Südosten Europas beheimatete Freiherr Lazarus von Schwendi hatte auch Weingüter im Elsaß. Als er dort (um 1563) besonders köstliche Weine versuchte, sagte er: ›Diese schmecken wie Tokayer.‹ So blieb der Name ›Tokayer‹ für die rassigen Weine, die im Gebiet Bad Bergzabern-Schweigen und Weißenburg wachsen, eine Art Qualitätsbegriff und erhielt sich bis heute. Mit der Tokayerrebe hat unser ›Tokayer‹ überhaupt nichts zu tun.«

Aber die Wertschätzung des ›Pfälzers‹ läßt sich auch in Zahlen dokumentieren:

1209 zahlte man für die Kanne Wein etwa fünf Pfennig, für das gleiche Geld konnte man zwei große Hühner oder fast eine Gans kaufen.

1830 gab man für das Fuder Pfalzwein im Durchschnitt 325 Gulden, für das Fuder Spitzenerzeugnis dagegen 2100 Gulden; (Fuder ist dabei eine ungenaue Bezeichnung, da es am Rhein etwa 1200 Litern, in Württemberg aber fast 2000 Litern entsprach).

1900 erzielte das Fuder ›Forster Ungeheuer Riesling Trokkenbeerenauslese‹ (ein ›großer‹ Wein) 22000 Goldmark.

1966 kostete der Hektoliter Wein im Durchschnitt 141 DM.

Seit Jahrhunderten hat sich am Weinbau in der Pfalz nichts geändert, mit der Ausnahme, daß der Wein durch ständig zunehmende Pflege besser und besser geworden ist.

»Der einsichtsvolle Weinkenner«, sagt Bassermann-Jordan, »wird offen zugeben, daß wir in der allgemeinen Behandlung zumal feiner Weine seit Noah kaum einen entscheidenden Fortschritt gemacht haben, und sich überzeugen, daß bereits unseren Lehrmeistern, den Römern, so ziemlich alles bekannt war, was unsere heutige Weinbehandlung ausmacht (außer Chemie und amerikanischen Rebschädlingen).« Heutzutage ist man zu der Überzeugung gekommen, daß jedes Gärenlassen von Weinmost auf den Trebern von übel ist, nicht so sehr wegen des zu erwartenden unreinen Geschmacks als wegen der daraus resultierenden dunklen, tiefgelben Farbe. »Pfalzwein ist ein Wein, der immer schmeckt«, so Schmidt di Simoni, und er fährt fort: »Das hört sich etwas summarisch an, nimmt aber dem Satz nichts von seiner Gültigkeit, und er bezieht sich auch durchaus nicht nur auf weingewohnte Pfälzer Zungen. Überrascht stellt der Fremde, der in einer Gastwirtschaft an der Weinstraße einkehrt, fest, daß man den Pfälzer eigentlich zu jeder Tageszeit trinken kann. Sogar schon am Vormittag! Immer ist dieser Pfalzwein frisch – ein Wein zum Durstlöschen und ein Wein für Zecher, aber eben auch für besinnliche Genießer und Gourmets ... Die Pfälzer

Winzer sind heute in der Lage, jedem Geschmack zu jeder Gelegenheit einen passenden Wein zu offerieren. Sie sind bestrebt, charaktervolle Weine anzubauen, zu keltern, auszubauen und zu pflegen. Wer die Spitzenweine Europas nennt, muß die großen Lagen der Pfalz erwähnen ... Ein zweites Phänomen hebt den Pfalzwein aus seinen Artgenossen heraus: er beweist schon als ›Neuer‹ seinen Charakter. Man kann ihn von der Farbe her nicht von einem anderen, eben aus der Presse gekommenen Wein unterscheiden, aber Nase und Zunge sagen sofort: ein Pfälzer! Er wird sogleich von allen Sinnen akzeptiert, denn – seien wir ehrlich: das Schnuppern, Schnüffeln und Schmatzen (natürlich nur ›ganz fein und diskret‹) gehört zum Ritus des Weingenusses. Die Fülle der verschiedenartigen Buketts der Pfalzweine verleitet geradezu, das Wohlbehagen auch akustisch wiederzugeben.«

Aber auch an manch anderem Ereignis ist der Wein schuld. Hören wir folgende Anekdote:

»Beim Winzer Dörr ist im Juli schon wieder Kindtaufe gewesen. Jetzt hat die Bawett schon das achte Kind.

›Du lieber Gott‹, sagt der Herr Pfarrer, ›Frau Babette, wo soll denn das hinführen bei den schlechten Zeiten? Was machen Sie denn, wie kommt denn das? Jedes Jahr im Juli Kindtaufe?‹ Der Winzer Dörr steht dabei und zieht Falten in die Stirn.

›Ja‹, sagt die Bawett, ›Herr Parre, der Wein is schuld, der nixnutzige Wein.‹

›Wieso denn der Wein, ihr Lieben? Warum der Wein?‹

›Wissen Sie‹, mischt sich jetzt der Dörr ein und stößt den Finger auf die Nasenspitze, ›des verhalt sich so mit denen Kinner: wenn der Wein gut geroot, dann kriege mer eens vor Frääd, un wenn der Wein schlecht geroot, dann kriege mer eens vor Wut!‹«

Halten wir in den Gassen, Winkeln, Höfen, Plätzen und Kellern der Weinorte Umschau, erkennen wir, wie sehr das städtische und dörfliche Leben durch die Jahrhunderte unter dem Szepter des Weins stand und steht. Aber »wer trinken will, soll trinken lernen«, mit diesem Spruch Schmidt di Simonis wollen wir den Besucher der Pfalz seinen eigenen Forschungen überlassen und unsere Reise fortsetzen.

Neustadt

Fährt man in den letzten Septembertagen durch die endlosen Rebgelände, kann man schon allenthalben Fahrzeuge mit großen Butten an den Weingärten sehen, denn dann sind die Winzer, wie sie hier sagen, ›im Herbscht‹.

Neustadt, eine Siedlung aus dem frühen dreizehnten Jahrhundert, wurde 1275 zur Stadt erhoben und bildete als Oberamt einen Mittelpunkt der linksrheinischen Pfalz. Das Gewinkel von Straßen und Gassen der Altstadt wird umschlossen von der neuen Stadt, die sich weit in die Ebene und an den Hängen der Haardt hinzieht. Bei der ehemaligen Stiftskirche ›Unsere Liebe Frau‹, heute Simultankirche, stoßen die vier alten Stadtviertel zusammen, die einst von Befestigungen umzogen waren: das nach der Kirche benannte Frauenviertel, in dem die Handwerker lebten, das Kesselringviertel, dem eine Neustädter Familie den Namen lieh mit dem alten Stift, das alte Judenviertel und das Lauerviertel, wo die Gerber (Lauer) wohnten. Der Marktplatz mit seinem schönen Brunnen, mit dem noblen Rathaus, das in den Jahren 1729 bis 1743 als Jesuitenkolleg gebaut wurde, mit prächtigen alten Bürgerhäusern und der wuchtigen Stiftskirche spiegelt noch die Behaglichkeit der alten Stadt wider.

›Unsere Liebe Frau‹ ist eine der größten und künstlerisch wichtigsten Kirchen des Landes. Wir wissen, daß 1230 eine ältere Kirche im Bau war, von welcher noch der Unterbau des südlichen Turms stammt. Kurfürst Ruprecht I. – er wurde 1390 hier beigesetzt – ließ 1368 den Neubau beginnen, dessen Ostteile 1394 geweiht wurden. Langhaus und Westfront entstammen dem fünfzehnten Jahrhundert; zuletzt entstand der 1489 fertiggestellte Nordturm. Die Frauenkirche ist eine basilikale Anlage mit gewölbter Vorhalle zwischen den kräftigen Türmen und langem Chor. Im Schiff tragen Rundpfeiler die Arkaden; die Gewölberippen ruhen auf Konsolen mit Blatt- und Rankenwerkdekor, und an den Gewölbeschnittpunkten sitzen skulpierte Schlußsteine. Reiches Maßwerk füllt die Fenster. Unter den Fürstengräbern ist das der Gemahlin Kurfürst Rudolfs I., Margaretha von Aragon, auffallend, eine Schöpfung von anmutiger Zartheit. Es zeigt das Bildnis der Fürstin fast vollplastisch.

In den Straßen der Altstadt, mit so lustigen Namen wie Lastergäßchen, Ägyptenpfad – nach einem Bildstock mit der Darstellung der Flucht nach Ägypten benannt – Badstuben- und Landschreibergasse, finden wir viele schöne Bürgerhäuser, meist aus dem späten sechzehnten Jahrhundert und aus der Zeit um 1600. Auch das ›Casimirianum‹ mit reichem Renaissanceportal am Treppenturm steht noch. Pfalzgraf Johann Casimir baute es 1578 als kalvinistisch-theologische Hochschule, da den Pfälzer Kalvinisten damals der Besuch der lutherisch gewordenen Heidelberger Universität verboten worden war. Erst als Johann Casimir die vormundschaftliche Regierung in Heidelberg antrat, wurde die Universität wieder kalvinistisch und das Casimirianum konnte aufgelöst werden.

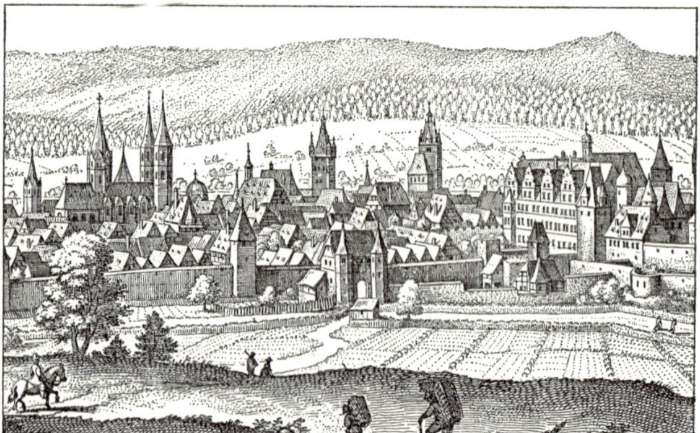

Kaiserslautern

Hambach

Auf der Höhe über Neustadt sehen wir schon von weitem das Schloß Kästenburg (Kastanienburg), wahrscheinlich unter Kaiser Heinrich II. im frühen elften Jahrhundert gebaut. 1100 ist die Burg an das Hochstift Speyer gekommen; 1688 wurde sie zerstört.

Das Schloß ist bekannt geworden durch das ›Hambacher Fest‹, das am 27. Mai 1832 unter Beteiligung von Abordnungen aus ganz Deutschland gefeiert worden ist.

1830/31 gärte es in Europa. Die Pariser Julirevolution brachte Herzog Louis Philippe von Orléans, den ›Bürgerkönig‹, auf den Thron; in Brüssel machten sich die damals noch zu den Niederlanden gehörenden Belgier in einem Aufstand Luft gegen die verhaßte Bürokratie des Königs; Polen erhob sich gegen die russische Zwangsherrschaft und die Bürger Roms revoltierten gegen den Kirchenstaat. Die alte, durch den Wiener Kongreß 1814/15 wiederhergestellte Ordnung schien erneut zu zerbrechen, doch wurden die Regierungen der Lage Herr. Belgien wurde selbständiges Königreich, Polen wurde von Rußland ›befriedet‹, so daß 1833 die Ruhe vorläufig wiederhergestellt war.

In Deutschland begeisterte man sich für den Freiheitskampf Polens und für die Julirevolution in Frankreich. Das machte sich auch in Hambach bemerkbar, wo man sich eigentlich versammelt hatte, um den ersten Jahrestag der Bayerischen Verfassung zu feiern. Man hielt schwungvolle Reden, ohne die Ideen und Folgen der Französischen Revolution wirklich begriffen oder auch nur über sie nachgedacht zu haben. Schlagworte, Begeisterung und Leidenschaft mußten die Plattheit der Reden verbergen. Man stellte keine realistischen Forderungen auf, entwarf kein Aktionsprogramm, sondern hielt sich an Phrasen: Weg mit den Fürsten! Dem Volk die Macht, und alles wird gut! Man verlangte Volkssouveränität, Republik und nationale Einheit für Deutschland, ja man träumte sogar von einem größeren Europa.

Philipp Jakob Siebenpfeiffer, einer der Hauptredner, verkündete pathetisch:

Die erhabene Germania steht auf dem erzenen Piedestal der Freiheit und des Rechts da, in der einen Hand die Fackel der Aufklärung, welche zivilisierend hineinleuchtet in den fernsten Winkel der Erde, in der andern die Waage des Schiedsrichteramtes, streitenden Völkern das selbst erbetene Gesetz des Friedens spendend, jenen Völkern, von welchen wir jetzt das Gesetz der Gewalt und den Fußtritt höhnender Verachtung empfangen ... Und weiter: *In einem Augenblick, wo die deutsche Volkshoheit in ihr gutes Recht eingesetzt sein wird, in dem Augenblick ist der innigste Völkerbund geschlossen, denn das Volk liebt, wo Könige hassen, das Volk gönnt das, was es selbst mit seinem Herzblut zu erringen trachtet und was ihm das Teuerste ist, die Freiheit, die Aufklärung, Nationalität und Volkshoheit, auch dem Brudervolke; das deutsche Volk gönnt daher diese hohen, unschätzbaren Güter auch seinen Brüdern in Polen, Ungarn, Italien und Spanien. ... Hoch! Dreimal hoch, leben die vereinigten Freistaaten Deutschlands! Hoch! Dreimal hoch das konföderierte, republikanische Europa!*

Das Hambacher Fest veranlaßte den in Frankfurt residierenden Bundestag, Presse- und Versammlungsfreiheit zu verbieten. Die Leiter der Hambacher Veranstaltung wurden verhaftet, darunter auch Dr. Siebenpfeiffer, oder sie flohen ins Ausland. Es ist nicht ohne Ironie, daß gerade König Ludwig II. von Bayern, dem nichts verhaßter sein konnte als Volkssouveränität, 1872 die Jubiläumsfeier des Hambacher Festes erlauben mußte.

1842 schenkte die Gemeinde Hambach die Ruine des Schlosses König Maximilian II. von Bayern als Hochzeitsgabe, und seit damals heißt sie Maxburg. Der König versuchte, die Ruine im neugotischen Stil wiederaufbauen zu lassen, mußte aber wegen bautechnischer und politischer Schwierigkeiten 1849 Anweisung geben, den Bau einzustellen. Was ihm in Hohenschwangau gelang, ist hier mißglückt. Die wiederhergestellten Teile gleichen eher einem Gefängnis denn einer königlichen Wohnung, aber man kann sich angesichts der noch vorhandenen mittelalterlichen Reste gut vorstellen, wie imposant die einstige Reichsburg gewesen sein mag.

Herrlich ist der Blick ins Land hinaus. Unter dem bewaldeten Schloßberg senken sich die Weingärten zur Ebene, berühmte Lagen wie Schloßberg, Kirchberg, Kaiserstuhl und Feuer. In der Ferne sehen wir die Türme von Speyer und an klaren Tagen die sanften Linien des Odenwaldes jenseits des Rheins.

Auf dem Nannstein

Quer durch den Pfälzerwald – wir wählten die Straße über Lambrecht, dann dem Speyerbach folgend durch das herrliche Elmsteiner Tal – fuhren wir ins Lautertal nach Kaiserslautern. Das riesige Waldgebiet ist das Revier des ›Jägers aus Kurpfalz‹ gewesen, »der reitet durch den grünen Wald und schießt das Wild daher ...«. Dieses Lied bezieht sich auf die pfälzischen Fürsten, vor allem auf Pfalzgraf Johann Casimir, dem sein Vater die waldreichen Oberämter Neustadt und Kaiserslautern übergeben hatte.

Kaiserslautern, das im letzten Krieg schwer zerstört wurde, ist heute eine bedeutende Industriestadt, der man ihre über tausendjährige Geschichte kaum noch anmerkt. Hier lag schon um 800 ein karolingischer Königshof, die Villa Lutra. Kaiser Friedrich I. wählte den Ort für eine Pfalz, auf deren Resten Pfalzgraf Johann Casimir 1570/80 ein Schloß errichten ließ. Auch dieser Bau ist verschwunden.

Etwa acht Kilometer nördlich von Kaiserslautern liegt das ehemalige Zisterzienserkloster Otterberg, eine Filialgründung des Rheingauer Klosters Eberbach von 1144, dem Burg und Herrschaft Otterberg durch Schenkung zugefallen waren. 1190 wurde das Kloster ins Tal verlegt und die neue Kirche 1254 zu Ehren Mariae und Johannes des Täufers geweiht. 1561 in der Reformation wurde das Kloster aufgehoben. Seit 1707 ist Otterberg Simultankirche. Leider ist ihr Langhaus durch eine Trennmauer verunstaltet. Es ist eine sehr weiträumige Anlage, ohne Turm und von ernster, strenger

Erscheinung, mit einer großen, wohl um 1249 entstandenen Fensterrose in der Westfassade und einem prächtigen Maßwerkfenster im Giebel.

Ganz in der Nähe von Kaiserslautern liegt der Nannstein. Vom Rand der Sickinger Höhe schaut man weit über das Land mit seinen tief eingeschnittenen Tälern auf die Berge des Saar- und Nahelandes bis zum Donnersberg und Hunsrück.

Vermutlich ist der Nannstein, heute Ruine, als Teil des staufischen Burgensystems zur Zeit Kaiser Friedrichs I. gebaut worden. Jener Zeit gehören jedenfalls die Schildmauer, Felsenkammern und Felsenkeller an. Die Burg wechselte im Lauf der Jahrhunderte mehrfach die Besitzer, 1448 kam sie als Pfand in den Besitz des pfälzischen Hofmeisters Reinhard von Sickingen. Die Sickingen, seit langem der Pfalz eng verbunden, waren eine begüterte Familie, die es verstand, ihren Besitz zu mehren.

Ritter- und Bauernstand waren die beiden unzufriedenen Schichten der Bevölkerung jener Zeit. Beide befanden sich im Abgleiten von einem höheren Lebensstandard, beide sahen sich in ihren Rechten mehr und mehr beschnitten. Süden und Südwesten des Reichs wurden zu Unruheherden, weil es in diesen Gebieten, die schon recht dicht besiedelt waren, leichter zu Reibereien und Besitzstreitigkeiten kam als im Norden und Osten. Zudem waren die Ritter hier anspruchsvoller, da sie den beneideten Wohlstand zahlreicher Reichsstädte vor Augen hatten. Häufig auch waren sie Schuldner der Städte. Zudem hatte der Ritterstand im Reich keine echte Aufgabe mehr, denn die Söldnerheere begannen ihn zu ersetzen. Wer von den Herren nicht eine Stellung im Fürstendienst fand, war schlecht daran. Für die Entwicklung des Reichs bildeten die unzufriedenen Ritter eine Gefahr, denn alle Reformversuche, die darauf zielten, innerpolitische Fragen durch eine zentrale Reichsbehörde regeln zu lassen, wie zum Beispiel das Steuerwesen, waren den Interessen der Ritter gerade entgegengesetzt. Versuche, die Ritterschaft zu einen, wie der des tüchtigen, gebildeten Johannes von Schwarzenberg, blieben Episode. Sie wollte keinen Zwang.

Als man 1488 den Versuch machte, durch Erweiterung des Schwäbischen Bundes ein stehendes Heer zum Schutz der Reichsgesetze und des kaiserlichen Landfriedens zu schaffen, waren es die Ritter im Kraichgau, die sich widersetzten, und zwar, weil sie keinen anderen Herrn anerkennen wollten als den Kurfürsten von der Pfalz:

Wir sind länger denn Menschen Gedächtnis zu allem Schimpf und Ernst zur Pfalz geteilt worden; wir erkennen sonst keinen anderen Landesfürsten und ordentlichen Richter, dann unsern allergnädigsten Herrn, den Pfalzgrafen, unter den wir unmittelbar gehören.

Um ihre Zugehörigkeit zur Pfalz zu betonen, bildeten sie 1490 eine Bruderschaft mit besonderer Tracht.

Eine der merkwürdigsten Erscheinungen dieser Spätzeit des Rittertums ist Franz von Sickingen gewesen. Er hatte als kurpfälzischer Amtmann in Kreuznach amtiert, wo ihm die nahe gelegene Ebernburg gehörte; später hatte er kaiserliche Dienste genommen und war ein gefürchteter Feldhauptmann geworden, der zunächst im guten Einvernehmen mit dem pfälzischen Kurfürsten blieb. Sickingen unterhielt seine Landsknechtstruppen aus eigenen Mitteln, was er sich leisten konnte, weil er ein reicher Mann war. Darin lag seine Unabhängigkeit begründet. Er kriegte gegen Worms, das sich loskaufen mußte; er kämpfte, mit heimlicher Duldung des Kaisers, gegen den Herzog von Lothringen, der ihm des Friedens willen Jahrgelder zahlte; er griff die Stadt Metz an, die sich mit Geld löste. König Franz von Frankreich kaufte ihn dem Kaiser ab. Später versöhnte er sich wieder mit dem Kaiser, um an der Reichsexekution gegen Herzog Ulrich von Württemberg teilnehmen zu können. Auf diese Weise hatte er sich ein beträchtliches Vermögen geschaffen und seinen Grundbesitz vermehrt. Er ließ es sich nicht nehmen, zur Wahl Karls V. zum deutschen König eine beträchtliche Summe vorzustrecken. Die Kurfürsten waren bereits dazu übergegangen, ihre Kurstimme an den Meistbietenden zu veräußern.

Sickingen paßte in diese Welt; er wußte ein Heer zu führen, die modernen Waffen zu nutzen, und er war bereit sich zu verkaufen, wenn es vorteilhaft schien.

Die Reformation mit der These von der Freiheit des Einzelnen, die Abneigung der Ritter gegen landesherrliche Gewalt und städtischen Reichtum ließ energische, tatkräftige und unternehmungslustige Männer wie Franz von Sickingen auf Bahnen geraten, die sich ein Jahrhundert zuvor von selbst verboten hätten. Die gärenden religiösen und nationalen Ideen und der Wunsch nach einer Wiederbelebung kaiserlicher Macht, die mit der Einengung fürstlicher Willkür verbunden sein würde, hatten im Ritterstand viele Anhänger gefunden. Zu diesem Kreis gehörten auch Franz von Sickingen und Ulrich von Hutten. Man wollte dem Ritter die alte Geltung zurückgewinnen, fürstliche Übermacht brechen, das Reich politisch stark und kirchlich frei sehen und nur dem Kaiser gehorsam sein. Diese Pläne störten Sickingens bisher gutes Verhältnis zur Pfalz.

Die Städte fürchteten ihn, die Bankiers, auch die Geistlichkeit, denn von der starken Ebernburg gingen die scharfen Aufrufe Huttens zum ›Pfaffenkrieg‹ aus. Luther hatte zuvor seine wilden Schriften veröffentlicht. Er droht den Bischöfen und wettert:

Wie Ihr mit mir fahret, so sollt Ihr Euren Willen nicht haben, bis daß Eure eiserne Stirn und ehern Hals entweder mit Gnaden oder Ungnaden gebrochen werde.

Alle, die dazu helfen würden, erklärte der Reformator für »liebe Kinder Gottes und rechte Christen«.

Zu den Vertrauten Sickingens gehörten neben Ulrich von Hutten, dem gescheiten, hitzigen und zornigen Kämpfer, vor allem der treue, idealistische Hartmann von Cronberg. Hutten hatte das nationale Bewußtsein aktiviert; seine Streitschriften haben Luther sehr genutzt. Oft war er von unflätiger, verletzender Art, der Typus der formlosen Kraft; ein klares und fruchtbares Programm fehlte ihm. 1520/21 hatte Hutten durch seine unermüdliche Aktivität, seine erregenden

Flugschriften und die Beeinflussung der Ritterschaft stark auf die öffentliche Meinung gewirkt. Er, wie Sickingen, war ein echtes Kind dieser Zeit des Umbruchs, in der es auf allen Gebieten an Einmütigkeit fehlte, dafür um so mehr Zersplitterung gab. Diese vielfache Parteiung lähmte jede groß angelegte Politik und jede Reform, und gerade die Reichsreform, für die der Erzbischof von Mainz, Graf Bertold von Henneberg, kämpfte. Von den Einsichtigen erstrebt, da sie die Sicherung und den Bestand des Reiches betraf, wurde sie immer wieder verhindert. »Die Explosivkraft der Bewegung Luthers bliebe ohne die langjährige Überzeugung von der Reformbedürftigkeit des Reichs unverständlich« (Karl Eder).

Sickingen selbst war ein eiskalter, berechnender Mann, dem die Strömungen der Zeit sehr nützlich für seine geheimen, ehrgeizigen Pläne erschienen. Er fühlte sich als Hüter des guten alten, natürlichen Rechts, als Vorkämpfer gegen die neue Staats- und Wirtschaftswelt, deren Praktiken er jedoch mit Geschick für sich nutzte. Er stellte im Grunde den Raubritter großen Stils dar.

1522 ließ er sich zum Führer der südwestdeutschen Ritterschaft wählen, mit der er gegen die Fürsten zu ziehen gedachte. Insgeheim plante er wohl, sich vor allem eine eigene fürstliche Herrschaft zu schaffen. ›König am Rhein‹ hießen ihn seine Anhänger. Züge des alten Ritterideals mischten sich in seinem Charakter mit ganz modernen Eigenschaften und mit Skrupellosigkeit. Luthers Lehre mag ihm dienlich für die Durchführung seiner Pläne erschienen sein. Hutten, sein ›Propagandist‹, ließ viele seiner eigenen Schriften auf der Ebernburg, der ›Herberge der Gerechtigkeit‹, drucken. Reformatoren wie Martin Butzer und Johannes Hüßgen, der sich Oekolampadius nannte und später Basel reformieren würde, fanden dort Asyl. Auch für den großen Humanisten Johannes Reuchlin ist Sickingen mit Erfolg gegen die Stadt Köln aufgetreten. Große Hoffnungen wurden auf ihn gesetzt; er hat sie nicht erfüllt.

Im August 1522 sagte die ›brüderliche Vereinigung‹ der

Landau

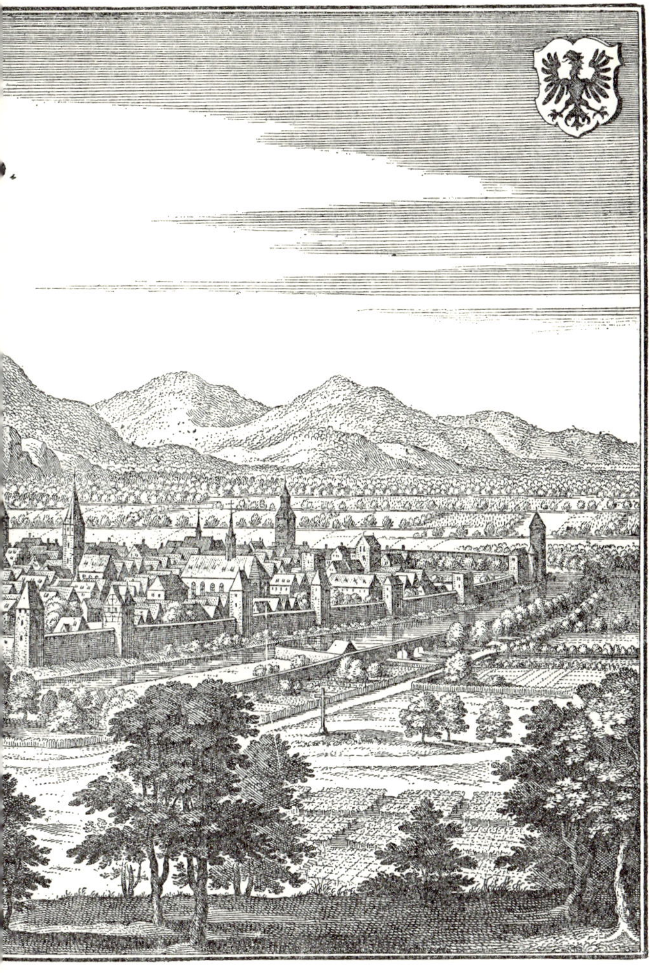

Kupferstich von Merian

Reichsritterschaft von Mittel- und Oberrhein unter Sickingens Führung den alten Ordnungen kühn den Krieg an und nahm als erstes Ziel den Kampf gegen den Kurfürsten von Trier auf, mit der Begründung, dieser sei ein Feind der Reformation und ein Freund Frankreichs. Hätte dieses Unternehmen Erfolg gehabt, so wäre eine allgemeine Erhebung des Ritterstandes möglich geworden, aber die Persönlichkeit Sickingens allein reichte nicht aus. Sickingen ist ein ritterlicher Projektemacher geblieben, und sein Plan, den er mit Hutten ausgearbeitet hatte, nämlich nach der Niederlage von Trier das Kirchengut aufzuheben, »um dem Evangelium eine Öffnung zu machen«, war nicht viel anderes als Landfriedensbruch. Auch Kurfürst Ludwig von der Pfalz ließ jetzt seinen alten Freund fallen und rief voll Zorn: »Ich hab dich zum Franz gemacht; ich will auch dafür sorgen, daß du wieder zum Fränzchen werdest!«

Als ›Kreuzzug‹ hatte Sickingen den Zug gegen Trier propagiert, doch mag man ihm die betont christliche Haltung nicht recht glauben. Seine Reiter trugen als Devise ›Herr, Dein Wille geschehe‹, und auf den Ärmeln die Parole ›Tod oder Sieg für das Evangelium‹. In Trier aber kommandierte der Erzbischof Richard von Greiffenclau selbst, ein Mann, der sich ebenso gut auf das Kriegshandwerk verstand wie sein Gegner. Sickingen mußte die Belagerung abbrechen. Die Fürsten betrachteten den sehr unbequem gewordenen Störenfried nun als Rebellen. Pfalz verbündete sich mit Trier und Hessen. Zwar suchte der Kaiser zu vermitteln, doch vergeblich. Während der inzwischen geächtete Ritter, der dem Pfälzer den Fehdebrief geschickt hatte, auf dem schnell und ungenügend neu befestigten Nannstein vergeblich auf eine Volkserhebung und Zuzug von Freunden wartete, anstatt sich auf die starke Ebernburg zurückzuziehen, handelten die Fürsten rasch und umsichtig. Jede für Sickingen bestimmte Hilfstruppe wurde einzeln abgefangen, die Leute nach Hause geschickt oder in Dienst genommen; den Landsknechten war es schließlich einerlei, wer den Sold zahlte. Überall wurden

Sickingens unbedeutendere Anhänger angegriffen und ausgeschaltet. Auch Reichsstädte beteiligten sich an der Strafexpedition; ein großes Burgenbrechen hob an, um Sickingens Gefolgschaft zur Unterwerfung zu zwingen.

Gegen Ende April 1523 sammelten die verbündeten Gegner des Ritters ihre Truppen unter Führung des Grafen Erbach bei Kreuznach, um von dort aus gegen den Nannstein zu ziehen. Nach zwei Tagen war die Burg durch Artillerie sturmreif geschossen worden. Sickingen selbst wurde von einem stürzenden Balken tödlich verletzt. Als die Fürsten bei ihm eintraten, lag er im Sterben.

Die siebenundzwanzig anderen Burgen Sickingens wurden eine nach der anderen gebrochen und zerstört. Sein Besitz kam an Trier, Hessen und Pfalz. Erst 1542 erhielten Sickingens Söhne die Burgen Nannstein, Ebernburg und Homburg zurück. Sickingens Grabmal in der Kirche von Landstuhl zeigt einen gedrungenen, kräftigen Mann mit festem, fleischigem Gesicht, das in seiner Bildung an Gesichter italienischer Condottieri erinnert – und ein Condottiere ist er gewesen.

Sickingen hat trotz seiner Fehler und Schwächen lange die Phantasie beschäftigt. Noch einmal erschien seine Gestalt im neunzehnten Jahrhundert, verklärt und mit neuen Hoffnungen umkleidet, als die Neuordnung Deutschlands wieder zur Debatte stand. »Ferdinand Lassalle schrieb an Karl Marx, er sei wie besessen vom Leben und Wirken des merkwürdigen Mannes; er verfaßte sein Buchdrama in Jamben über Sickingen und seinen Kampf gegen die Fürsten. Er läßt den Ritter durch einen seiner Getreuen den Vorschlag machen, doch durch Anschluß an die Bauern, die kühnen Vorläufer des Sozialismus, seine Sache in letzter Stunde zu retten und zum Siege zu führen« (Richard Friedenthal).

Dieses Drama wurde 1969 in Oldenburg uraufgeführt. Die Inszenierung war ein großer Mißerfolg. Ein Kritiker berichtet: »Verhältnismäßig rasch starb Franz von Sickingen in Oldenburg. Kurz nach acht hatte er noch für Luther, Volk und Vaterland gegen den Kaiser getrotzt. Gegen dreiviertel elf jedoch griff er sich bereits schmerzlich an die Brust. Es war soweit. Gott war uns gnädig ...«

Landau

Kehren wir zur Weinstraße zurück und folgen wir ihr weiter in südlicher Richtung. Wir kommen durch berühmte Weinorte, wie Maikammer, Edenkoben, Heilsweiler, Klingenmünster, um nur einige zu nennen; alle außerordentlich reizvolle, reinliche Dörfer mit guten alten Fachwerkhäusern, in deren Gärten Blumen in bunter Fülle blühen.

Am Fuße der Haardt, wo der Queichbach in die Ebene tritt, liegt die Stadt Landau, als deren Gründer Graf Emich IV. von Leiningen (1262) gilt. 1291 wurde Landau Freie Reichsstadt. Später an Speyer verpfändet, konnte es 1511 die Reichsfreiheit zurückkaufen und wurde Mitglied des elsässischen Zehnstädtebundes, der ›Dekapolis‹. Hier schloß Franz von Sickingen 1522 im ›Maulbeerbaum‹, Marktstr. 92, den ›Landauer Bund‹ der rheinisch-schwäbischen Ritterschaft, von dessen unrühmlichem Ende wir gehört haben. Landau war immer wieder, vor allem im Dreißigjährigen Krieg, eine stark umkämpfte Stadt. 1648 wurde die Landvogtei Hagenau, an die sich Landau zur Wahrung seiner Freiheit angeschlossen hatte, an Frankreich abgetreten. Die Franzosen hatten sich auch in Landau festgesetzt, aber erst 1679, nach dem Frieden von Nymwegen, trat an die Stelle des Reichsschultheißen ein französischer Préteur Royal. Frankreich erklärte 1680 die Queich zur Nordgrenze des Elsaß, weil es Landau behalten wollte. Der berühmte Festungsbaumeister Vauban baute die Stadt dann zu einem der stärksten französischen Forts aus. Die Giebel der noch stehenden Tore, des Deutschen und des Französischen Tores, werden vom Strahlenhaupt des Sonnenkönigs geschmückt. Zur Zeit der Regierung Ludwigs XIV. legten die Franzosen ganze Straßenzüge nieder, um dadurch Raum für einen Paradeplatz und für militärisch brauchbare

Straßen zu schaffen. Nach dem Spanischen Erbfolgekrieg blieb die Stadt 1714 bei Frankreich, aber 1814 fiel sie an Bayern zurück. Die Befestigungen sind in Resten erhalten.

Landau hat zwei stattliche Kirchen aus dem vierzehnten Jahrhundert, die ehemalige Augustinerkirche Heilig Kreuz und die ehemalige Stiftskirche Unsre Liebe Frau. Vor allem aber finden wir überall an Plätzen und Straßen schöne, zum Teil ganz französisch anmutende Häuser des siebzehnten und achtzehnten Jahrhunderts, welche die Stadt außerordentlich freundlich und angenehm erscheinen lassen.

Neukastel

Auf dem Gipfel eines in die Rheinebene vorspringenden Berges der Haardt liegen die Trümmer der 1679 zerstörten Reichsburg Neukastel. Hier empfing Pfalzgraf Johann Casimir von Zweibrücken 1620 König Gustav Adolf von Schweden, dessen Schwester Katharina er zur Frau hatte. Johann Casimirs Sohn bestieg nach der Abdankung Königin Christines als Karl X. den schwedischen Thron, sein Urenkel war König Karl XII., der ›Löwe des Nordens‹, mit dessen Tod 1718 das pfälzische Haus in Schweden ausstarb.

Unterhalb der Burg liegt der um 1830 gebaute Gutshof Neukastel, welcher der Familie Finkler gehörte und durch Heirat Max Slevogts mit einer Finkler in den Besitz des Malers kam. Slevogt, einer der bedeutendsten deutschen Impressionisten und ein Meister der Illustration, ist 1932 gestorben. Einige Räume seines Hauses haben er und sein Schüler Emil Orlik mit Fresken geschmückt. 1924 malte Slevogt im Musiksalon Opernszenen, 1929 in der Bibliothek Szenen aus der Achillessage, aus »Macbeth«, »Lederstrumpf« und »Tausendundeine Nacht«. Der Maler schrieb nach einem Besuch der Wagnerfestspiele in Bayreuth am 31. Oktober 1924:

... Wenn Sie hierher kommen, so wird der ›Musiksaal‹ von der Absicht zeugen, dem Ausdruck zu geben: ein Opernbilderbogen im Großen, Zauberflöte, Don Juan, Siegfried und Faust sind die Figuren ...

Es handelt sich also nicht um eine lose Folge beliebiger Opernszenen, sondern der Künstler wollte das Doppelthema Mozart-Wagner in einer Gegenüberstellung zur Anschauung bringen. Leider gelang es uns nicht, die Fresken zu sehen, da die Nachkommen Slevogts sie nur zu bestimmten Stunden den Hausgästen der Pension zeigen, und daher kenne ich sie nur von ausgezeichneten farbigen Wiedergaben.

War es auch eine Enttäuschung, daß man es uns nicht möglich machen konnte, die Fresken zu sehen, so entschädigte uns doch der wunderbare Blick von der Höhe. Im Tal liegt das Weindorf Leinsweiler, gegenüber ziehen sich Rebgärten eine sanfte Anhöhe hinauf, dahinter breitet sich weit die Rheinebene.

Der Trifels

Landau hat einen berühmten Nachbarn, den Trifels. Wir erreichen ihn nach schöner Fahrt durch ein Waldtal über Annweiler, von wo es steil durch den Wald bergan geht. So weit das Auge sieht Wald, aus dem immer wieder tiefrote Sandsteinklippen aufragen.

Annweiler wurde 1219 zur Reichsstadt erhoben, fiel aber 1330 als Pfand an Kurpfalz. Es ist ein ansehnliches, sauberes Städtchen, das nach dem schweren Bombenangriff von 1944 wieder gut aufgebaut worden ist. Von der Ministerialenfamilie von Annweiler war der bedeutendste Herr Marquard († 1211), ein energischer, gescheiter Mann, Truchseß Kaiser Friedrichs I., Erzieher des Prinzen Heinrich, des späteren Kaisers Heinrich VI. Die Kaiser Friedrich I. und Heinrich VI. betrauten ihn mit vielen diplomatischen Missionen und der Regentenschaft von Sizilien. Als Dank für seine ausgezeichneten Dienste machte ihn Heinrich VI. zum freien Ritter.

Auf dem rechten Ufer der Queich erhebt sich ein Bergmassiv, hinter dem drei bewaldete Kegel aufragen, der Scharfenberg mit der Ruine Scharfenburg oder »Münz«, der Anebos mit den Resten einer kleinen Burg und der Sonnenberg mit dem aus einer Felsbildung hervorwachsenden Trifels, nicht unähnlich der Burg Fleckenstein im Elsaß.

Die Deutung des Namens ist ungeklärt, doch mag ›Tri‹ Drei heißen und damit die Dreizahl der Burgen gemeint sein. Der Trifels war Sitz eines Diemarus de Triueils. Dieser Herr von Trifels trat als Mönch in das Kloster Hirsau ein und übergab seine Burg dem Gegenkönig Heinrichs IV., dem Grafen Hermann von Salm. Diesem wurde sie wahrscheinlich bald darauf (1084) von Kaiser Heinrich IV. abgenommen. Kaiser Heinrich V. gab allem Augenschein nach dem Trifels den Vorzug vor allen anderen Burgen des Reiches und beauftragte noch kurz vor seinem Tode Herzog Friedrich von Schwaben damit, dort die Reichsinsignien bis zur erfolgten Königswahl zu verwahren.

Die Burg diente im Mittelalter auch als Gewahrsam für politische Gefangene. Kaiser Heinrich V. hielt hier 1113 seinen treulosen Kanzler, Erzbischof Adalbert von Mainz, gefangen. Hier wurde 1193/94 König Richard I. von England, genannt Cœur de Lion, in ritterlicher Haft gehalten, bis er Kaiser Heinrich VI. als dem »Herrn über alle« gehuldigt hatte und nach Zahlung eines beträchtlichen Lösegeldes England als ›Lehen‹ vom Kaiser zurückerhielt. Richard Löwenherz hatte während des Kreuzzugs die Fahne Herzog Leopolds von Österreich beschimpft und war von diesem aus Rache bei seiner Rückkehr gefangengenommen und nach Dürnstein an der Donau gebracht worden. Heinrich VI. aber meinte, nur ein Kaiser dürfe einen König gefangenhalten, und ließ Richard auf den Trifels bringen. Niemand wußte, so erzählt die Sage, wo der König von England geblieben war. Sein treuer Sänger Blondel zog von Schloß zu Schloß, um seinen Herrn zu finden. Überall sang er vergeblich eine nur ihm und dem König bekannte Weise, bis er endlich auch zum Trifels gelangte. Er ließ sein Lied erschallen, und als die erste Strophe verklungen war, scholl die zweite als Antwort aus dem Turm. Blondel fand Wege, seinen Herrn zu befreien. Sein Lied soll heute noch hier oben gehört werden.

Im gleichen Jahr, als König Richard auf den Trifels gebracht wurde, fiel Heinrich VI. nach seinem Einzug in Palermo der reiche normannische Kronschatz in die Hand. Er ließ nicht nur den Schatz, sondern auch die Witwe König Tankreds, seines Feindes, ihre Kinder und einige mächtige sizilische Barone als Geiseln auf die Burg bringen, die so zu einem der wichtigsten Orte des Reichs geworden war. Der frühe Tod des erst zweiunddreißigjährigen Kaisers – er liegt in Palermo begraben – stürzte Deutschland in neue Unruhen, aber das ›Reich‹, wie das Volk die Krone nannte, war auf dem Trifels sicher.

Der Bruder Heinrichs VI., König Philipp von Schwaben, hielt 1206 auf der Burg ebenfalls einen hohen Herrn gefangen, Graf Bruno von Sayn, den Erzbischof von Köln, der in den Kämpfen um die Nachfolge auf seiten der Welfen gestanden hatte.

Ihre Glanzzeit erlebte die Burg unter Kaiser Friedrich I. Barbarossa. Man erzählte, für den Kaiser hätte jede Nacht ein Bett bereit sein müssen, falls er plötzlich von seiner Pfalz Kaiserslautern zur Pfalz Hagenau im Elsaß reiste. Er baute den Palas neu, aus dessen Saal 1670 vierzig herrliche Säulen weggeführt worden sein sollen. (Einzelne Werkstücke befinden sich im Speyerer Historischen Museum.) Der Kaiser ließ zudem durchgreifende Instandsetzungsarbeiten an der Burg durchführen. 1246 wurde der Trifels König Konrad IV., dem Sohn Kaiser Friedrichs II., übergeben, denn »wer den Trifels und die Reichskleinodien hat, hat das Reich«. Erst König Rudolf von Habsburg ließ die Insignien auf die schweizerische Kyburg bringen, von wo sie nach vielen Irrfahrten schließlich nach Nürnberg und zuletzt nach Wien gekommen sind. Wie der Speyerer Dom bezeugt auch die hochgelegene Reichsburg, welche Bedeutung die salischen und staufischen Herrscher der Pfalz beimaßen. Wer hier nach geschichtlichen Eindrücken sucht, der wird, wie in Speyer und auf der Limburg, vor allem den Ausdruck salisch-staufischen Welt- und Reichsgefühls finden. Nur wenige histo-

9 Deidesheim

10 Das Casimirianum in Neustadt an der Haardt

Stahlstiche nach Zeichnungen von R.Höfle

11 Neustadt an der Haardt
Kupferstich von J. Rieger, 1766

12 Ulrich von Hutten

13 Franz von Sickingen

14 Hambacher Fest im Mai 1832
Zeitgenössische kolorierte Lithographie

15 Vorderseite der Goldbulle Kaiser Barbarossas

16 Die Reichskleinodien
Kupferstich von Johann Christoph Berndts, 1742

17 Der Trifels
Lithographie von Reinermann 1825

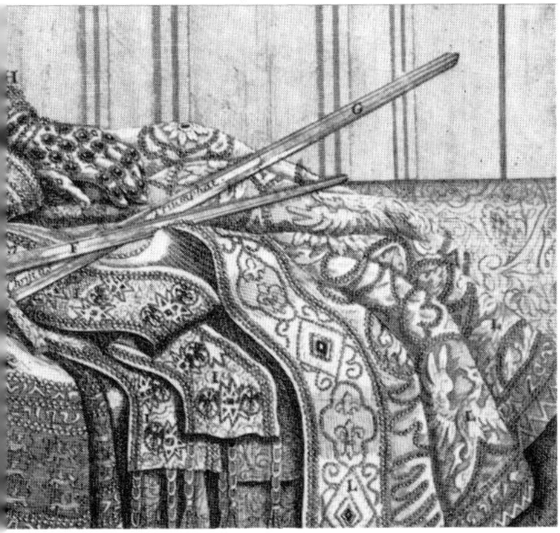

18 Der Paradeplatz in Landau
Stahlstich nach einer Zeichnung von R. Höfle

19 Zweibrücken
Stahlstich nach einer Zeichnung von Th. Verhas

rische Orte haben ihre symbolhafte Bedeutung wahren können, wie zum Beispiel Schloß Tirol bei Meran oder der Speyerer Dom, und zu diesen gehört der Trifels, vielleicht, weil hier Kaiser und Landesherr identisch waren.

Die Salier waren 1125 mit Heinrich V. ausgestorben, und das salische Erbe fiel an die Staufer: Kaiser Heinrichs IV. Tochter Agnes, die Erbin, war mit Friedrich von Büren-Staufen, Herzog von Schwaben, verheiratet. Die Staufer faßten die Erbfolge in den salischen Gebieten nicht nur vermögensrechtlich auf, sondern nahmen sie zum Anlaß ihrer zielbewußten Fortsetzung der Kaiserpolitik. Doch wählten die Gegner des salischen Hauses zunächst den Sachsen Lothar von Supplinburg zum neuen König. Erst nach dessen Tod konnte der Staufer Konrad, ein Enkel Heinrichs IV., als König Konrad III. den Thron gewinnen.

Auf Konrad folgte 1152 dessen Neffe, der Schwabenherzog Friedrich III., als Kaiser Friedrich I. So waren die salisch-staufischen Pfalzlande wieder zum Herzland des Reichs geworden.

Die große Zeit des Trifels war die Zeit der staufischen Kaiser. Um 1300 kam die Burg dann als Pfandbesitz an Kurpfalz und ist bei ihr geblieben. Der Trifels ist nie belagert worden, auch nicht im Bauernkrieg. Es war wohl Scheu vor dieser geheimnisumwitterten Burg, wo das ›Reich‹ so lange gehütet worden war, was ihm alle Angreifer fernhielt. Erst 1662 brannte der Palas durch Blitzschlag ab, dann begann der verlassene Bau zu verfallen. Man hat ihn, nicht gerade glücklich, in unserer Zeit zum Teil wieder aufgebaut. Wie eindrucksvoll und großartig würden die Trümmer der mächtigen Feste wirken ...

Der Turm, aus Buckelquaderwerk gefügt, ist erhalten. Er umschloß, wie der Chorerker zeigt, die Kapelle, darüber ein Wohngemach. Den Erker tragen drei bärtige Köpfe als Konsolfiguren; nach oben wird er durch einen Rundbogenfries mit rankenverziertem Gesims abgeschlossen. Auf dem steinernen Dach sitzt eine von Wind und Wetter arg zugerichtete Löwin, die in ihren Pranken ein menschliches Haupt hält.

Inmitten des klaren Herbsttages stand die Burg vor uns wie ein großes, schwermütiges Totenmal.

Nach Zweibrücken

Der dritte, im Westen an den Pfälzerwald anstoßende Hauptteil der Rheinpfalz, Westrich genannt, ist ein Gebiet ganz anderen Gepräges als die Haardtlandschaft. Es ist ein weites Hügelland, mit Waldparzellen, Äckern und Wiesen, durchschnitten von tiefen Tälern, im Norden in das Landstuhler Bruch und die Kaiserslauterner Senke übergehend.

Wir können dieses Gebiet auf landschaftlich besonders reizvollen Wegen durch den Wasgenwald, wie der Pfälzerwald hier heißt, erreichen. Wir wählten die Straße von Heuchelheim bei Landau über Annweiler und Pirmasens nach Zweibrücken.

Sie führt durch ein weites, dünnbesiedeltes, einsames Waldland, durchzogen von schmalen Bachtälern. Buchen, Eichen, Fichten und Föhren bilden den Baumbestand. Ich habe in den weiten Wäldern des Rothaargebirges gelebt und seitdem eigentlich nur noch im Bayerischen Wald, im Spessart, in den Vogesen und nun hier im Wasgau ein ähnlich starkes Waldgefühl verspürt. Als wir durch die Wälder fuhren, aus denen die bizarren roten Sandsteinfelsen ragen, begann das Laub zu gilben und draußen im Westrich zog der Rauch unzähliger Kartoffelfeuer durch die stille Herbstluft.

Pirmasens ist eine große, nach den schweren Zerstörungen des letzten Krieges ganz modern wieder aufgebaute Stadt, die schon 820 in der Vita des hl. Pirmin erwähnt wird. Sie gehörte zur Grafschaft Zweibrücken-Bitsch, fiel später an die Grafen von Hanau-Lichtenberg und kam dann an deren Erben Landgraf Ludwig IX. von Hessen-Darmstadt. Ludwig residierte hier und hielt als passionierter Soldat eine große Garnison.

Werner Bergengruen läßt seine unheimliche Novelle »Die

Grenadiere« in Pirmasens beginnen. Der im Geruch der Hexerei stehende Grenadier Heinrich Schubkehl, der zum Militärdienst gepreßt worden war, hatte nur den einen Wunsch nach Haus zurückkehren zu dürfen. Dank seiner Zauberkünste gelang es ihm, während einer Ausfahrt des Landgrafen seine Flucht zu bewerkstelligen. Im Winter bevorzugte der Fürst die ›kleine‹ Ausfahrt:

... dann fuhr er allein in einem Schlitten, der genau nach dem Muster einer Patronentasche gebaut war, und auf dem Bock neben dem Kutscher saß nur sein Leibheiduck. Hinten aber auf dem Trittbrett stand ein Grenadier mit präsentiertem Gewehr, und da er in dieser Haltung, in welcher er auch bei grimmigem Frost oft stundenlang verharren mußte, die Hände nicht frei hatte, um sich beim Schleudern und Rütteln des Schlittens an Wegbiegungen und unebenen Stellen festzuhalten, so wurde er mit den Kniekehlen an zwei hierfür angebrachte Eisengriffe geschnallt ...

Schubkehl wußte es einzurichten, daß er den Fürsten begleiten mußte. Bergengruen erzählt weiter:

Der Landgraf wünschte eine unlängst erbaute Brücke zu besichtigen, unter der er eine Sprengkammer einrichten wollte. Unmittelbar vor der Brücke ließ er halten, wandte sich um und kommandierte: ›Gewehr – ab!‹ Allein Schubkehl rührte sich nicht. Dem Landgrafen blieb der Mund offen stehen, und die Augen wollten ihm aus dem Kopfe quellen. ›Gewehr – ab!‹ schrie er zum zweitenmal. Allein der Grenadier blieb mit präsentiertem Gewehr stocksteif stehen. Der Landgraf wurde krebsrot, hob seinen Krückstock und schlug ihn dem Präsentierer über den Kopf. Der Krückstock zersprang, allein der Grenadier bewegte sich nicht einmal.

Der Landgraf vergaß das Kommando vor Entsetzen und stammelte nur: ›Abschnalle ... das Schwein!‹, und dann stieg er aus dem Schlitten, zum erstenmal, ohne daß ein Grenadier präsentierend vor dem Schlage stand. Der Leibheiduck hatte die Schnallen gelöst, und nun schlug der Grenadier der Länge nach in den Schnee, wie ein gefällter Baum, das Gewehr immer noch in den Händen. Aber wie sie ihn bewegten und schüttelten, da hatten sie plötzlich eine weiche und widerstandslose Masse unter den Händen, eine leere Montur, aus welcher ein Häufchen Asche hervorquoll ... Schubkehl hatt sich in den Odenwald zurückgezaubert.

Alles das war einmal. Heute ist Pirmasens ein sehr bedeutendes Zentrum der Schuhindustrie mit Fachschulen, Messen und einem hübschen Schuhmuseum, das Schuhwerk aus vergangenen und modernen Zeiten von vielen Völkern zeigt.

Auch Zweibrücken, die nächste Stadt und unser Ziel, ist im letzten Krieg hart getroffen worden. Um 1150 hatten die Grafen von Saarbrücken hier eine Burg, bei der bald eine Siedlung entstand, Zweibrücken genannt nach den beiden Brücken über den Schwarzbach. Bei einer Landesteilung erhielt Graf Heinrich die Herrschaft Zweibrücken und nahm 1190 ihren Namen an. 1366 wurde das Land den Grafen von Veldenz verpfändet, und der letzte Graf von Veldenz, Eberhard, verkaufte es an Kurfürst Ruprecht I. von der Pfalz. Bei der pfälzischen Erbteilung nach dem Tode Ruprechts II. (1410) wurde dann das Herzogtum Pfalz-Zweibrücken geschaffen.

König Karl XII. von Schweden, auch Herzog von Zweibrücken, ließ das Land durch seinen Statthalter Grafen Oxenstierna verwalten. Die Verbindung zu Schweden führte zu einer historisch interessanten Episode, denn der König überließ das Herzogtum dem vertriebenen polnischen König Stanislaus Lesczynski, der hier in Zweibrücken einen üppigen kleinen Hof hielt und 1717 außerhalb der Stadt das heute verschwundene Schloß Tschifflick bauen ließ. Das Herzogtum fiel nach dem Tode Karl XII. an die Linie Pfalz-Birkenfeld, von der die späteren Könige von Bayern abstammen.

Unter Herzog Christian IV., wir werden ihm noch begegnen, erlebte die Stadt im achtzehnten Jahrhundert eine letzte Blüte; sie wurde zum Brennpunkt französischen Geistes und französischer Kunst auf deutschem Boden. Der Hof war theater- und musikbegeistert, bedeutende Künstler, wie 1774 Willibald Gluck, konzertierten hier. Als neues Adels- und Bürgerviertel wurde nach den Plänen Chr. L. Hauts die Herzogsvorstadt gebaut; der Herzog ließ eine Porzellanmanufaktur einrichten, man betrieb Pferdezucht, Handel und Wandel wurden gefördert. Von all dem ist nichts mehr vorhanden. Der Name Zweibrücken übte auf mich als Kind einen besonderen Zauber aus. Ich hatte keinerlei Vorstellungen, wo Zweibrücken eigentlich zu finden sei, aber die Phantasie gaukelte mir zwei breite Brücken vor, die über einen gewaltigen Strom ins Unendliche führten. Nichts dergleichen aber ist zu sehen.

Zweibrücken muß, ehe die Bomben es ausgelöscht haben, eine reizende Stadt gewesen sein. Von dem einstigen Glanz zeugt noch das stattliche Schloß, entstanden zwischen 1708 und 1725, ein nobler Bau, den Jonas E. Sundahl auf Befehl Karls XII. errichtete. Auch in den eleganten, durchaus pariserisch anmutenden Bauten am Herzogsplatz finden wir noch Reste der früheren Schönheit der Stadt.

›Die Forbach‹

Das achtzehnte Jahrhundert, sagt Wilhelm Hausenstein, »lebte sich – und distanzierte sich ohne Unterlaß von sich selbst, indem es sich betrachtete und das Bild in einem zweiten, dritten, vierten Reflektor auffing. Es spiegelte sich bis in die Unendlichkeit; so ist die Metaphysik unmetaphysischer Gestalter. Dies Jahrhundert der Erde war geschickt; es hatte die vollkommene Technik des Daseins. Es wußte, daß man sich vor dem Versierten in aschgraue Problematik rettet, wenn man sich unermüdlich mit künstlerischer Sinnlichkeit reproduziert.«

Es war ein in vielen Facetten schillerndes, Größe und Trivialität in sich beschließendes Jahrhundert, das in rauschhafter Erotik begann und in der Empfindsamkeit endete. Dazwischen lag das Rokoko, jene spielerische, elegante Epoche, von der Galiani sagte:

Les femmes de ce temps n'aiment pas avec le cœur; elles aiment avec la tête.

Zu jener Zeit spielte sich eine Romanze am Zweibrücker Hof ab. In Versailles herrschte Ludwig XV. de jure, de facto die Pompadour, in Wien Maria Theresia, in Mannheim Kurfürst Carl Theodor von der Pfalz und in Zweibrücken Herzog Christian IV. aus der Linie Birkenfeld.

Seit langem standen die Birkenfelder in besten Beziehungen zu Frankreich, ja sie waren als Besitzer der elsässischen Grafschaft Rappoltstein Untertanen des französischen Königs. Christian IV. war ein Freigeist, gescheit, gebildet, von sehr einnehmendem Äußeren, wie seine Bildnisse zeigen, und präsumptiver Erbe Carl Theodors für Pfalz und Bayern. Deshalb trat er 1755 zum katholischen Glauben über; die Zeremonie fand in den königlichen Gemächern zu Versailles statt, vor dem Kardinal-Fürstbischof von Straßburg, Prince de Rohan-Soubise.

Allen Heiratsprojekten wich der junge Herzog geschickt aus, denn im Theater in Mannheim hatte er *sie* kennengelernt, »die Kleine mit den rosa Schuhen«: Marianne Camasse, die im kurfürstlichen Ballett tanzte. Man traf sich heimlich; der junge Mann stand in Flammen.

Wenn ich liebe, j'aime avec excès ... desgleichen im Haß ... Wenn man mich beleidigt, darf man sich von mir nichts Gutes erwarten ... Denken Sie an einen Mann, dessen Glück oder Unglück Sie in der Hand haben!

Marianne, die eine sehr anmutige Erscheinung gewesen sein muß, gab schließlich nach und zog nach Zweibrücken, wo das Paar 1751 kirchlich getraut wurde. Die Eheschließung blieb jedoch geheim, da Christian noch als Nachfolger des Kurfürsten Carl Theodor von der Pfalz galt, dem dann aber nicht er, sondern sein Neffe, Max Joseph von Birkenfeld, folgte. Max Joseph wurde der erste König von Bayern.

Die Marquise de Pompadour hatte Gefallen an Herzog Christian gefunden und protegierte das junge Paar, das ein Haus in Paris besaß, wo es zweitweilig lebte. Alle Welt hielt Marianne für des Herzogs Frau ›zur linken Hand‹, eine Form der Ehe, die damals an fürstlichen Höfen üblich gewesen ist. In Paris führte der Herzog ›Mlle. Marianne‹ in die Gesellschaft ein. Mit Hilfe der Pompadour erreichte er, daß seine Frau und seine Kinder den Grafentitel von Forbach erhielten.

Schloß und Herrschaft Forbach, welche der Herzog kaufte, liegen in Lothringen. Nun erfolgte eine zweite, abermals heimliche Trauung in Zweibrücken, weil die erste Eheschließung den französischen Vorschriften nicht entsprach. Aber offiziell galt Marianne weiterhin als Maitresse des Landesherrn. 1770 überschrieb sie den Forbacher Besitz ihren Söhnen Christian und Wilhelm, den »beyden natürlichen Söhnen«, wie es immer noch, sicher zu Mariannes Kummer, hieß. Beide dienten im französischen Regiment Royal Deuxponts. Immer wieder lebte Marianne mit ihrem Mann in Paris, und sie schreibt einmal an ihren Sohn:

Ich werde zur Zeit der Feste nur einen Abstecher nach Versailles machen, um die Extravaganzen, den Hochmut, den Wahn und die Koketterie zu betrachten. Ich lache darüber wie Diogenes, will aber nicht, wie Descartes, sagen, daß alles zum besten ist.

1774 erklärten sich die Neffen Zweibrücken damit einverstanden, daß dem Namen Forbach der Titel Freiherr von Zweibrücken hinzugefügt werde.

Ein Jahr später starb der Herzog, nachdem er noch am Morgen seines Todestages bestimmt hatte, daß allen Fürsten seines Hauses seine 1757 geschlossene Ehe bekanntgegeben werde. Mit großer Pracht wurde er in der Alexanderkirche zu Zweibrücken beigesetzt.

Marianne siedelte sofort nach dem Tode ihres Mannes nach Forbach über. Damals schrieb sie:

Ich hatte mein Leben lang nur den Ehrgeiz, eine anständige Frau zu sein. Das war auch der Grund des heimlichen Bandes, das mich mit dem verehrten Fürsten verbunden hat. Dieser wollte in väterlicher Liebe festlegen, daß diese tugendsamen Kinder der Vorteile und Ehrungen teilhaftig würden, die ihnen ihre Legitimierung verleihen muß. Ich selbst will nur durch Bescheidenheit und einwandfreies Benehmen beweisen, daß ich der Achtung verehrungswürdiger Freunde würdig war.

Die Gräfin Forbach hätte in ihrem hübschen Stadtpalais in Zweibrücken bleiben können, aber der neue Herr, Karl August, ein Neffe Christians, war ein außerordentlich schwieriger und unangenehmer Mann, der die Forbachs nicht liebte und sie schlecht behandelte. 1777 wurde ein Vergleich zwischen ihm und ›Madame la Douarière du feu Duc de Deuxponts‹ geschlossen, in dem Renten und Besitz festgelegt worden sind.

Als 1799 Max Joseph von Zweibrücken-Birkenfeld Kurfürst von Pfalz-Bayern wurde, nahm er die Vettern Forbach, mit denen er stets freundschaftlich verbunden war, in seine Dienste. 1859 ist der letzte Forbach gestorben.

Eine Enkelin Mariannes, Casimire Marie Louise, heiratete 1808 Gustav Grafen zu Sayn-Wittgenstein, der als Oberst eines Chevauxlegers-Regiments 1812 bei Borodino in Rußland fiel. Eine seiner Töchter, Amalie, starb sehr jung, wie man erzählte an Blutarmut. Ihre Mutter hatte sie zu oft zur Ader gelassen, um zu erreichen, daß sie eine interessante Blässe zeige.

Im gleichen Jahr, als das Buch des Prinzen Adalbert von Bayern »Der Herzog und die Tänzerin« erschien, fand ich bei einem Händler in München ein Portrait Amaliens, eine Zeichnung von Karl Stieler, die ein sehr hübsches junges Mädchen zeigt.

Wieder zum Rhein

Auf einer wenig befahrenen Straße, die von Zweibrücken erst in südlicher Richtung, dann an der elsässischen Grenze entlangführt und hinter Trulben wieder in die Wälder eintaucht, kehrten wir an den Rhein zurück, machten aber vorher noch in Bad Bergzabern an der Weinstraße Rast.

Bergzabern war alter Besitz der Grafen, späteren Herzöge, von Zweibrücken. Es hat große Söhne gehabt, wie den Arzt und Botaniker Jakobus Theodorus genannt Tabernaemontanus (1520), den Historiker Prof. Georg Weber (1808) und manch andere. Bergzabern ist eine sehr ansehnliche kleine Stadt, mit dem herzoglichen Schloß von 1527, das in der zweiten Hälfte des 16. Jahrhunderts erweitert wurde, wahrscheinlich nach Plänen des württembergischen Landbaumeisters Alberlin Tretsch, unter Leitung Martin Berwarts. 1676 wurde es durch einen Brand verheert; erst 1720 bis 1725 ließ der Herzog es durch Jonas Erikson Sundahl wieder instand setzen. Es ist ein stattliches, behaglich wirkendes Schloß mit zwei dicken Rundtürmen unter barock geschweiften Hauben an den Ecken und mit einem prunkvollen Atlantenportal am Westflügel.

In einem Führer hatten wir etwas von einem Lustschlößchen ›Zickzack‹ gelesen, das wir auch sehen wollten. Niemand hatte je davon gehört; alles lachte laut über den Namen. Nur ein junges Mädchen meinte, nachdem es seinen Heiterkeitsausbruch überwunden hatte: »Es muß da obe am Wald liege. Fahre Sie mal erscht links, dann widder rechts da obe nuff.« Wir haben das Schlößchen gefunden, eine einstige Orangerie, die sich jetzt im Privatbesitz befindet und leider recht verändert wurde. Aber die vielen schönen Häuser des sechzehnten und siebzehnten Jahrhunderts am Marktplatz und in den gewundenen Gassen der Altstadt sind malerisch genug.

Hungrig von der Besichtigung und der langen Suche nach ›Zickzack‹ gingen wir schließlich ins ›Rössel‹, einen charakteristischen Fachwerkbau, um uns zu stärken. Doch welche Enttäuschung wartete dort auf uns! »Sie könne nix mehr hawe«, sagte die Kellnerin, »Mir hawe Hochzeit!« Das nun hatten wir bereits gemerkt, denn nebenan wurde eine deutsch-französische Hochzeit gefeiert; man sang französische Lieder, wie ›Ah le petit vin blanc‹ und andere und war höchst vergnügt, während wir immer mürrischer wurden. Endlich ließ sich die Kellnerin erweichen, uns Schinkenbrote zu bringen, während ringsum die rechtzeitig gekommenen Gäste die köstlichsten Dinge zu essen schienen.

Von Bergzabern ging es nun schnurstracks über Deidesheim nach Speyer.

Der Dom zu Speyer

Dort, wo der Rhein bei Speyer im Bogen einen niedrigen Hügel umfließt, steht, wahrscheinlich an Stelle eines römischen Diana-Tempels, der Dom St. Marien und St. Stephanus, hoch über dem Strom aus dem Grün der Bäume aufwachsend, noch lange Zeit nach seiner Fertigstellung die größte Kirche der Christenheit. Hier am Fluß ruht der Dom ganz in der Stille, ist die Reinheit seiner Form unberührt. Am großartigsten wirkt der gewaltige, kraftvoll aufgetürmte, klargegliederte Bau vom Rhein her, und man glaubt es angesichts der festen, schöngefügten Mauern gern, daß sie eine Stärke von fünf bis neun Metern erreichen. Entwerfender Meister ist wohl der Benediktiner Gumbert gewesen, der Abt und Baumeister des Klosters Limburg an der Haardt.

Mit dem Speyerer Dom schuf sich das salische Haus – sein ursprünglicher Herrschaftsbereich lag im Speyer-, Nahe- und Wormsgau – eine wahrhaft kaiserliche Grablege, ein Symbol kaiserlicher Macht und zugleich des Gottesreichs. Aber schon zur Zeit des Vollenders des Doms, Kaiser Heinrichs IV., war die Einheit von weltlichem Reich und Gottesstaat, als die sich das Heilige Römische Reich Deutscher Nation anfangs verstand, zerbrochen. Sie ist nie wieder erreicht worden. »Nur im Mittelalter ist die große, die führende Baukunst notwendig kirchliche Baukunst, und nur im frühen Mittelalter ist der Kirchenbau die Ausdrucksform und die Verewigungsform des Menschen schlechthin«, bemerkt Hans Weigert. »So veranschaulicht jeder Kirchenraum die Idee des Heiligen, gibt im Diesseitigen das Gleichnis des jenseitigen Gottesreichs. So stellt die einseitig gerichtete Basilika den Inhalt des christlichen Lebens, den Weg vom Profanen zum Altar dar. So versinnbildlicht der Turm in zwingender Sprache die Größe und Macht der Kirche und ihrer Erbauer ...«

Der von dem Merowingerkönig Dagobert im frühen siebten Jahrhundert gebaute Dom wird nicht die erste Kirche an dieser Stelle gewesen sein. Er scheint noch im elften Jahrhundert bestanden zu haben, doch der Salier Kaiser Konrad II. legte um 1030 den Grundstein zu einem Neubau; unter Kaiser Heinrich III. konnte der Bau abgeschlossen werden. Die Krypta wurde 1041, der Gesamtbau unter Kaiser Heinrich IV. 1061 geweiht.

Der Rhein aber griff die Fundamente an, so daß Einsturzgefahr bestand. Da berief Heinrich IV. 1082 den nachmaligen Bischof Benno von Osnabrück als Baumeister und -leiter, der den Dom MAXIMO INGENIO DIFFICILIQUE PARATU EGREGII OPERIS NOVITATE PERFICIT = den neuen vortrefflichen Bau trotz der Schwierigkeiten auf das geistreichste vollendete. Er ließ ihn durch gewaltige Steinmassen gegen die Strömung sichern. Nach etwa zwanzigjähriger Bautätigkeit hatte der Dom unter Heinrich IV. allmählich ein neues Aussehen erhalten. Die Bauarbeiten wurden fast bis zum Jahr 1106, dem Todesjahr Heinrich IV., fortgeführt.

Aufschüttungen, Verstärkung der Fundamente auf der Ostseite, Chor, Krypta und Querhaus unterfangend und ummantelnd, stellten die Sicherheit wieder her. Zwar war die Längenausdehnung des Doms bereits durch Konrad II. festgelegt worden, doch erst unter Heinrich IV. erhielten Chor, Querschiff und die Osttürme ihre wahrhaft kaiserliche Gestalt, und das Einwölben des Mittelschiffs unter der Leitung des Bischofs Otto von Bamberg ist eines der wichtigsten Ereignisse deutscher Baukunst. Die Gliederung der Chorwand gehört zu den schönsten und bedeutendsten Leistungen romanischer Architektur. Auf dem Sockelgeschoß steht eine schlanke Blendarkatur mit reichverzierten Kapitellen. Eine der mittleren Wandvorlagen trägt ein Relief, welches den Frieden im Messianischen Reich darstellen soll (Jes. XI, 6–9). Über den in frühgotischer Zeit vergrößerten Fenstern liegt der höchst elegante, dennoch monumentale Umgang, der erste und älteste in Deutschland. Seine Säulenkapitelle zeigen eine Vielfalt von Motiven; sie wurden vornehmlich von lombardischen Steinmetzen gearbeitet. Der Giebel über der Apsis ist eine Zutat des neunzehnten Jahrhunderts. Die Wucht der Ostseite des Doms wird durch die gewaltigen Türme mit ihren gemauerten oktogonalen Helmen und den achteckigen Vierungsturm unter barocker Haube in grandioser Weise gesteigert.

1689 war der Dom von den Franzosen in großen Teilen zerstört worden; 1755 begann man die Westtürme, die Westkuppel und die Gewölbe der Vorhalle abzubrechen. Alles das wurde 1772 nach Plänen von Franz Ignaz Neumann, dem Sohne Balthasar Neumanns, wiederaufgebaut, aber schon 1794 erneut von den Franzosen verwüstet. Nach der Säkularisierung 1801 diente der Dom als Heumagazin und Militärspital, bis Bayern 1817 das Bistum wiederherstellte. König Ludwig I. von Bayern ließ das heutige Westwerk mit den beiden Türmen zwischen 1854 und 1858 bauen, doch hat diese Westfront weder die Kraft noch die Wirkung, wie die alte sie gehabt haben muß.

Ebenso eindrucksvoll wie das Äußere der Kirche ist das Innere, ein Raum von ungewöhnlicher Strenge, Feierlichkeit und Kraft. »Es gibt in aller Baukunst keine Wände, die mit so imposanter Wucht, solch wahrhaft kaiserlicher Majestät den Weg zum Altar formten«, schreibt Johannes Haller. Man hat bei den letzten Restaurierungen einen Teil der um 1850 von Johannes Schraudolph geschaffenen Fresken entfernt und den ursprünglichen Zustand wiederhergestellt.

Der »Dialogus Miraculorum«, in dem der Zisterzienser Abt Cäsarius von Heisterbach zu Beginn des dreizehnten Jahrhunderts Berichte wunderbarer Ereignisse sammelte, schildert ein Erlebnis Peters des Einäugigen, Abt von Clairvaux, im Speyerer Dom: während die Mönche aus der Begleitung des Abtes ihre Andacht rasch beendeten, um in der Kirche umherzugehen, verharrte der Abt im Gebet.

Er beachtete und genoß nicht die vergängliche Architektur, sondern den Bau des himmlischen Jerusalem.

Da erschien ihm die Jungfrau Maria und segnete ihn. Der Abt erkannte den geheimen Sinn des Baus, dessen tiefe Wirkung die Vision hervorgerufen hatte.

Die Baumeister der Romantik hatten ein ganz anderes Verhältnis zum Stein als die Architekten byzantinischer oder gotischer Zeit. Weigert legt das sehr anschaulich dar. Es »beruht die gewaltige Wirkung der romanischen Bauten gerade auf der Betonung der Schwere des Steins, der gewaltigen Größe und lastenden Wucht der Massen. Mehr als sechs Meter stark ist in Speyer die Eingangswand. Keine frühere oder spätere Kunst hat den Stein so geliebt wie die romanische, keine hat die Monumentalität mächtiger Steinquader mit solchem Stolz sprechen lassen, keine so sorgfältig und sinnvoll gemeißelt wie sie. Jeder einzelne Quader, oft durch Randbeschlag als selbständiger Teil betont, spricht die Monumentalität des Ganzen aus. Alle Wirkung ist der Sprache des Steins selbst anvertraut... Man verzichtete daher auf Mosaiken und Fresken ... Wie den Mauern die ursprüngliche Wirkung ihrer schweren Wucht gelassen wurde, so behielt die Atmosphäre des Innenraums ihren natürlichen Charakter. Sie wurde nicht wie in Byzanz vom Widerschein farbiger Mosaiken durchleuchtet und nicht wie in der Gotik von der Färbung des Lichtes durch bunte Fenster verwandelt. Zwar werden Glasgemälde in dem Kloster Tegernsee schon um das Jahr 1000 erwähnt, und der Dom zu Augsburg hat zwei Glasfenster mit farbigen Gestalten aus der Zeit um 1065, von den mittelrheinischen Domen aber sind weder Reste noch Nachrichten erhalten, die auf eine farbige Verglasung schließen lassen ... Gewollt hat jene Zeit sicherlich nicht, wie Byzanz und die Gotik, ein Verdämmern des Baukörpers ins Unendliche, sondern ein klares Licht, das den Formen ihre Strenge und Festigkeit ließ. Die romanischen Dome haben also auf alle Mittel verzichtet, die einen Raum mysteriös machen.

... Dieses Überwältigtwerden durch das Ungeheuere der Dimensionen, dessen erschreckende, erdrückende Mächtigkeit nirgends durch das Spiel kleinen Beiwerks gemildert wird, ist das Grunderlebnis, das von diesen Räumen ausgeht. Ihr Majestosum ist ein Symbol für die erhabene, unfaßliche Majestät Gottes ... Das ist der letzte Sinn der romanischen Architektur, daß sie den Gläubigen in die Knie zwingt, während die gotische ihn emporreißt ... Die größte Vereinigung von Weltlichem und Überweltlichem, der Idee, das gesamte Diesseits zu beherrschen, in der Idee, die Herrschaft des Jenseitigen dienend vorzubereiten, vollzieht sich im mittelalterlichen Kaisertum, in dem sich der germanische Herzog und der antike Cäsar mit der christlichen Königsmystik verschmelzen, die bis ins zwölfte Jahrhundert, in die Considerationes des hl. Bernhard reicht und die Einheit von Kirche und Reich mit der Einheit vom Hohen Priester und König in der Person Christi begründet.«

Am östlichen Ende des südlichen Seitenschiffs liegt die St.-Emmerams-Taufkapelle, wohl aus der Zeit Heinrichs III., ein schöner dreischiffiger Raum mit Konchen in der Ostwand. Vier Rundpfeiler mit reichen Kapitellen tragen das mittlere Joch. Die darüberliegende Katharinenkapelle wurde 1822 abgebrochen, jedoch 1857 unter Verwendung der alten Säulenkapitelle wieder aufgebaut.

Der Speyerer Dom liegt nicht, wie die etwa gleichzeitigen Dome von Worms und Mainz, im Zentrum der Stadt, sondern steht abseits auf einem flachen Hügel, der ihn über die Stadt emporhebt. Besonders eindrucksvoll wirkt in Speyer die breite, vom Altpörtel durch die Altstadt führende, Platz an Platz reihende Hauptstraße, eine wahre ›via triumphalis‹ zum Dom. Spielte bei ihrer Anlage der Gedanke mit, den Blick auf dieses einzigartige Bauwerk zu lenken, auf die kaiserliche Grablege? Der Verzicht auf den damals üblichen

Westchor zugunsten eines breitbrüstigen Westwerks mit drei Portalen erhöht die Bezogenheit zur Stadt und scheint eine städtebauliche Gesamtkonzeption zu beweisen.

Die Krypta des Speyerer Doms

Treppen führen aus den Seitenschiffen in den wunderbaren, kühlen und weiten Raum der Krypta. Das dreischiffige Gewölbe wird von einem Heer von kräftigen Säulen mit schweren Würfelkapitellen getragen. Dies ist der Kernraum des Domes, hier fanden die Großen, die aus höchster irdischer Machtvollkommenheit hinübergegangen waren in die große Verwandlung, ihre letzte Ruhestätte. Diese Ruhe wurde allerdings empfindlich gestört, als 1689 französische Soldaten einen Teil der Gräber aufbrachen, ausraubten, die Gebeine durcheinanderwarfen und mit den Köpfen der Toten Kegeln spielten.

Der Raum erstreckt sich in voller Breite unter der Vierung, dem Chor und den Querschiffsarmen. Die Vorkrypta im Westen ist der eigentliche Grabraum. Sie steigt über den Boden des Langhauses empor, dem Hochaltar entgegen. Ursprünglich waren Königschor und Krypta durch zwei Treppen miteinander verbunden, aber als die Gebeine Kaiser Heinrichs IV. in die Krypta gebracht wurden, hat man die Anlage weitgehend verändert. Die Zugänge wurden in die Seitenschiffe verlegt, die Schächte der ehemaligen Treppen zugemauert, die entstandenen Hohlräume mit Erde ausgefüllt. Hier in der Vorkrypta fanden die ersten salischen Kaiser, Konrad II., Heinrich III. und Heinrich IV., ihre Ruhestätte; über ihren Gräbern stellte man dann die Sarkophage Heinrichs V. und seiner Nachfolger auf. Bei der Zerstörung der Gräber durch die Franzosen wurden die frühen Gräber daher zum Glück nicht entdeckt und blieben als einzige von der Plünderung verschont. Die Särge der Salier trugen schlichte Grabplatten mit Inschriften.

1900 begann man mit Grabungen, um in der Ruine die genaue Lage der Gräber feststellen zu können. Mit welch atemloser Spannung die Forscher an die Arbeit gingen, berichten uns Augenzeugen. Am zweiten Tag der Untersuchungen stießen die Ausgräber auf ein aus Backsteinen gemauertes, mit einer Steinplatte gedecktes Grab, in dem sich ein Bleisarg befand. Darin lag ein mumifizierter Leichnam, dessen Kopf noch die Haare, dessen Kiefer alle Zähne trug.

Die Forscher standen vor der Mumie König Philipps von Schwaben, der 1208 von Otto von Wittelsbach ermordet worden war. Dann fand man den Steinsarg Heinrichs V., er enthielt die Überreste eines riesigen Mannes. In den Gräbern Adolfs von Nassau, Rudolfs von Habsburg, Albrechts von Österreich, Beatrix' und Agnes' (Frau und Tochter Friedrichs I. Barbarossa) hatten die Zerstörer von 1689 ein schlimmes Durcheinander angerichtet. Man beerdigte die Skelette damals recht wahllos ein zweites Mal, wodurch die Identifizierung erhebliche Mühen bereitete.

Unter dieser Schicht fand man nun die ältesten Sarkophage, die Konrads II., Heinrichs III., Heinrichs IV. und die der Kaiserinnen Gisela und Bertha. Man fand in diesen ungeöffneten Gräbern Ringe, Sporen, Gewand- und Stickereireste, Schuhe und Grabkronen aus vergoldetem Kupferblech. All dies ist jetzt im Historischen Museum der Stadt Speyer zu sehen.

1961 ist die Gruft neu gestaltet worden. Inmitten der Ostwand der Königskrypta befindet sich jetzt die Grabplatte König Rudolfs von Habsburg, die 1811 aus den Ruinen des Johanniterhofes zu Speyer ausgegraben wurde. Man schenkte die wiedergefundene Grabplatte erst einmal dem Fürstprimas von Dalberg, erbat sie aber 1815 wegen des bevorstehenden Besuches des Kaisers von Österreich in Speyer zurück. Der mittelrheinische Meister, der das Bildwerk schuf, hat sicherlich versucht, den Zügen des Kaisers Portraitähnlichkeit zu geben. Die Reimchronik des steirischen Ritters Ottokar von Horneck schildert etwa dreißig Jahre nach dem Tode des Königs, wie der Bildhauer des Königs »Gestalt abnahm, die

F. Stroobant, del & lith. | C. Muquardt éditeur | Imp. Simonau & Toovey, Bruxelles.

LA CATHEDRALE DE SPIRE

DER DOM ZU SPEYER | THE CATHEDRAL OF SPIRE

III Der Dom zu Speyer von Südosten

Farbige Lithographie von Frans Stroobant
Heidelberg, Kurpfälzisches Museum

Gräberlage in der Kaisergruft des Domes zu Speyer

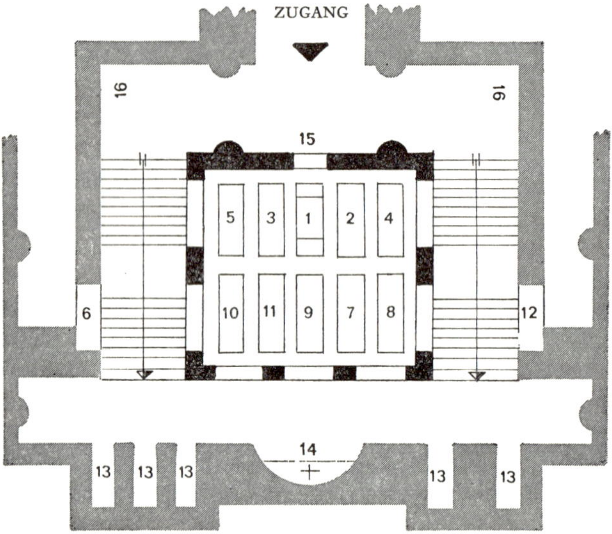

1 Kaiser Konrad II. † 1039 Gründer des Domes

2 Kaiserin Gisela † 1043 Gemahlin Konrads II.

3 Kaiser Heinrich III. † 1056 Sohn Konrads II

4 Kaiserin Berta † 1087 erste Gemahlin Heinrichs IV.

5 Kaiser Heinrich IV. † 1106 Sohn Heinrichs III.

6 Kaiser Heinrich V. † 1125 Sohn Heinrichs IV.

7 Kaiserin Beatrix † 1184 zweite Gemahlin Friedrich Barbarossas mit Tochter Agnes

8 König Philipp von Schwaben † 1208 Sohn Friedrich Barbarossas

9 König Rudolf von Habsburg † 1291

10 König Adolf von Nassau † 1298

11 König Albrecht von Österreich † 1308 Sohn Rudolfs von Habsburg

12 Sammelsarg

13 Bischöfe

14 Gruftaltar

15 Grabplatte Rudolfs von Habsburg (ca. 1290)

16 Kaiser- und Königreliefs (1475)

er dort dem Bild gab«. Sogar die Runzeln des Herrschers zählte er. Als das Grabmal vollendet war, hörte er von einer neuen Runzel. Es heißt, er habe die Nachricht geprüft und sein Werk berichtigt: wohl möglich, denn in dem langen, schmalen, vornehmen Gesicht mit der Hakennase scheint der Charakter Rudolfs durchaus gegenwärtig zu sein.

Betreten wir die Gruft über eine der seitlichen Stiegen, so liegt in der Mitte der ersten Reihe als Gründer des Domes Kaiser Konrad II. († 1039). Zu seiner Rechten liegen seine Gemahlin, Kaiserin Gisela († 1043), und Kaiserin Bertha († 1087), die Gemahlin Heinrich IV. An Konrads linker Seite ruhen Kaiser Heinrich III. († 1056) und dessen Sohn Kaiser Heinrich IV. († 1106). In der zweiten Reihe nimmt König Rudolf von Habsburg († 1291) die Mitte ein; zu seiner Rechten finden wir Kaiserin Beatrix († 1184), Gemahlin Friedrichs I. Barbarossa mit beider Tochter Agnes, sowie König Philipp von Schwaben († 1208), auf der linken Seite König Albrecht von Österreich († 1308), den Sohn König Rudolfs, und König Adolf von Nassau († 1298).

Im Mitteljoch der Chorkrypta steht ein wuchtiges, wohl spätromanisches Steinbecken. Es befand sich einst in der Taufkapelle. Wie gut paßt der ›Rauschende Kelch‹ in den feierlich-ernsten Raum. »Eine der Kopien des heiligen Graal«, sagt Johannes Geissel, »ist uns in diesem Gefäß in der Krypta erhalten, und die Überlieferung weiß von Wundern zu berichten, die er wirkte.« Er heilte vor allem von Taubheit.

Über den toten Kaisern und Königen ruhen die gewaltigen Massen des Domes, durchweht vom Atem der Geschichte, an der ein jeder von ihnen seinen Anteil gehabt hat. Abends steht, vor der sinkenden Sonne, der mächtig aufragende Ostchor mit seinen hohen Türmen groß auf der Hügelwelle über dem Strom, wie ein steingewordenes Diadem kaiserlicher Herrschaft von Gottes Gnaden. Wie sehr der Dom auch im Volk mit den Kaisern in Verbindung gebracht wurde, zeigen die Erzählungen der Fährleute:

Zuweilen ist wohl zu spüren, daß sich heimlich unter unseren Füßen

Scharen für ein neues Reich der Gerechtigkeit sammeln. Oftmals ist es den Fährleuten nahe den Königsstädten von Speyer und Worms am Rhein zugestoßen, daß bei ihnen Männer die Glocke läuteten, die Versprengte waren, oder taten, als wenn sie zu einem Mönchskloster gehörten und aufgebrochen seien, weil die Welt ihnen feind geworden war. Andere sahen dann vielmals die gleichen Männer jenseits des Stroms in einem Wagen weiterfahren, der sich jäh lodernd zum Himmel erhob. Auf Erden aber war ein Lärm zu hören, als rücke ein großes Heer längs der Straßen.

Einmal kamen zu gleicher Zeit mehr als je hohe Unbekannte, das war, als Deutschland seine Freiheit verloren hatte. Und es begab sich, daß die Kaiser von tausend Jahren aus ihren Gräbern aufstanden und in Sorgen zusammentrafen. Unter den Mänteln, so erzählte der Ferge, blinkten bei den einen Harnisch und Schwert, bei den anderen Purpur und Samt. Aber alle spendeten ihm doch ein Scherflein, obwohl er sie gern um der Freiheit willen übergesetzt hätte.

Daß es Kaiser von tausend Jahren waren, sah der Fährmann daran, daß die Goldstücke, die man ihm gab, alle verschieden waren und daß jedes einen besonderen Kopf trug – just die Köpfe derer, die sich auf seinem Boot eingefunden hatten.

Heinrich IV.

Das mittelalterliche deutsche ›Imperium‹ war Erbe des einst Völker einenden Römischen Reichs, aber es unterjochte die ihm zugehörigen Völker nicht. Der Kaiser gehörte kraft seiner Stellung keiner Nation an. In seiner Person vereinigten sich der antike Cäsar und der germanische Herzog mit christlicher Königsmystik. »Diese seltsam hohe Einheit«, schreibt Hans Weigert, »wird dramatisch anschaulich in dem ersten Vollender des Speyrer Doms, Kaiser Heinrich III., dem gewaltigen Kriegsmann und Richter über die Päpste, der sich nach siegreicher Schlacht im Büßerhemd vor einer Reliquie des heiligen Kreuzes zu Boden wirft, Gott die Ehre gibt und seinen Feinden Verzeihung gelobt.« In der Person des Kaisers, in der Idee des Kaisertums vereinigten sich Weltliches und

Überweltliches. Das mittelalterliche Kaisertum war von Gott, es bürdete seinen Trägern ein Übermaß an Schicksal auf. Das hohe Amt verlangte bedingungslose Hingabe der Person. Es ist erstaunlich zu sehen, wie es ganze Geschlechterfolgen der Größe bildete, in denen das Außerordentliche sozusagen erblich geworden war. »Wer Gott und die Welt behalten kann, der ist ein seliger Mann«, sagt der Spruchdichter Freidank. Aber dieses Einverständnis mit Gott und der Welt zu vollziehen ist den Trägern der Macht nicht vergönnt gewesen. Immer wieder begegneten sich die Repräsentanten geistlicher und weltlicher Herrschaft, Papst und Kaiser, feindlich, immer war das Amt stärker als seine Träger, denn es bestimmte ihr Tun.

Dieses Schicksal hat Heinrich IV., ähnlich wie später Kaiser Friedrich II. von Staufen, voll auskosten müssen, nur war ihm jeglicher Erfolg versagt. Sein Leben, das unter immerwährender Hochspannung verlief, sein gewaltiger Kampf mit dem großen Papst Gregor VII., seine Demütigung zu Canossa, die doch ein Sieg der christlichen Idee wie der Idee des Kaisertums war, hätte einem Shakespeare zum würdigsten Dramenstoff dienen können.

Reich an Triumph und Unglück, an hohem Mut und tiefer Verzweiflung ist das Leben des Herrschers gewesen. Noch stand die Kirche als Hauptstütze der Staatsgewalt im Dienst des Kaisers. Als sie aber die letzten Folgerungen aus ihrer überweltlichen Mittlerrolle zog, die ihre Überlegenheit, ja Unabhängigkeit zu bedingen schien, geriet das Kaisertum in die schwierigste Lage. Noch unter Heinrich III. war der Kaiser ein priestergleicher Herrscher, der imstande gewesen wäre, die Reform der Kirche aus eigener Kraft durchzuführen. Dann wäre die Notwendigkeit einer übergeordneten kaiserlichen Macht sichtbar geworden. Aber Heinrich III. starb allzu jung (1056). Ihm folgte sein zwei Jahre zuvor zum König gewählter Sohn Heinrich IV., ein Kind von sechs Jahren, für das die Kaiserin die Regentschaft führte. Ihr fehlten für dieses Amt die nötige Autorität und rücksichtslose Energie. Die kirchliche Reformpartei erklärte, daß jegliche Investitur, das heißt die Besetzung kirchlicher Ämter durch Laien, und Simonie, also Käuflichkeit geistlicher Pfründen, nicht statthaft sei, und rührte damit an die Grundlagen des Kaisertums, das sich durch die Besetzung der Bischofsstühle mit Vertrauenspersonen einen Rückhalt gegen die Selbstherrlichkeit der Fürsten geschaffen hatte. Aber schon Papst Nikolaus II. trug die doppelreifige Tiara als Sinnbild der Vereinigung von geistlicher und weltlicher Herrschaft in seinem Amt.

Unentschlossen schwankte die Kaiserin zwischen den Parteien. Da entschloß sich eine Gruppe unzufriedener Fürsten unter Führung des Erzbischofs Anno von Köln einzugreifen. Im Jahre 1062 feierte der Hof das Maifest in der Pfalz auf Kaiserswerth. Anno lud den zwölfjährigen königlichen Knaben ein zur Besichtigung seiner Jacht. Zwar sprang Heinrich, als er bemerkte, daß er entführt werden sollte, in den Rhein, doch wurde er herausgefischt und kam nun in die Erziehung des strengen Kirchenfürsten, den er aus tiefer Seele hassen lernte. Später übernahm der weltmännische, gebildete, aber machtgierige Erzbischof Adalbert von Bremen die Erziehung des jungen Königs. Mit fünfzehn Jahren wurde Heinrich durch die Schwertleite für mündig erklärt. Was er vorfand, war ein zersplittertes Reich und ein tief gesunkenes Ansehen der Krone.

Die Einheit des Reichs, wie er sie als König, dann als Kaiser »von Gottes Gnaden« verstand, diese Einheit war bereits verloren, als der kraftvolle Vater gestorben war.

Ein anschauliches Bild vom Niedergang des königlichen Ansehens gewinnt man aus der Beschreibung des Pfingstfestes in Goslar, wo die Ritter der Bischöfe von Hildesheim und Fulda um die Rangfolge ihrer Herren stritten und das Geschrei der Kämpfenden und Sterbenden den Dom erfüllte. Es nutzte nichts, daß der junge König rief, man solle Achtung vor der königlichen Majestät haben, mit Mühe entkam er selbst durch eine Seitentür in die Goslarer Kaiserpfalz.

Als frühreifes Kind hatte Heinrich seine Laufbahn im

Schlepptau seiner Erzieher begonnen, aber bald stand er da als Verfechter der Kaiseridee und dann als Kaiser der Christenheit, der in Erinnerung an seine Lehrjahre bei den geistlichen Herren von Köln und Bremen jede Beeinflussung ablehnte. Heinrich, ein echter Salier, begabt, stolz und mutig, tat alles, um das verlorene Ansehen der Krone wieder zu festigen. Aber die Fürsten hatten ihre Macht bereits so gefestigt, daß der Handlungsfreiheit des Herrschers Grenzen gesetzt waren. – Heinrich war ein problematischer, komplexer Charakter, umgeben vom Kampf der Fraktionen. Er hatte, als eine großangelegte Natur, das eingeborene Gefühl für die Würde des Reichs, die wiederherzustellen ihm jedes Mittel recht erschien. Daher liebte ihn der Kreis selbstsüchtiger großer Herren als gewandten, listenreichen, diplomatischen Gegenspieler wenig. Lange galt er daher als ein treuloser, lasterhafter, rechtsbrecherischer Tyrann.

Man liest, er sei eine hochgewachsene, einnehmende Erscheinung gewesen, klug, wortgewandt, gebildet. Er sprach fließend Latein, er liebte Musik, Lektüre und Baukunst. Doch blieb ihm wenig Muße; sein ganzes Leben hatte er gegen Revolten im eigenen Land und in Italien zu kämpfen. Seine Zähigkeit ist bewundernswert, und einer Preisgabe königlicher Macht hat er auch in den schlimmsten Lagen nie zugestimmt. Der Chronist Lampert von Hersfeld schreibt:

Jener Mann, als Herrscher geboren und auferzogen, trug, wie es so hoher Abkunft, so großen Würden und Ehren seines Stammes ziemte, bei allen Mißgeschicken stets einen königlichen Sinn. Er wollte lieber sterben, als untergehen.

Zum Schicksal aber wurde ihm sein Gegenspieler auf dem Stuhle Petri, Papst Gregor VII. Dieser Papst wurde von größter Kühnheit und fester Anschauung der alles überragenden Würde seines Amtes, von mystischen Vorstellungen und einem dämonisch-stürmischen Temperament getrieben. 1075 hatte Gregor ein Verbot der Laieninvestitur und Simonie erlassen, und im gleichen Jahre erschienen die Leitsätze des Papstes, »Dictatus Papae«, welche die Herrschaft des Heiligen

Stuhls über die Welt begründen sollten. Gregor lud den König zum Gericht nach Rom. Dieser Kampf um die weltliche Macht mußte nun ausgetragen werden. 1076 ließ der König den Papst auf dem Nationalkonzil zu Worms absetzen.

Du also – durch den Urteilsspruch aller unserer Bischöfe und den Unsrigen verdammt, steige herab, verlasse den angemaßten Apostolischen Sitz ... Wir, Heinrich, nicht durch Anmaßung, sondern durch Gottes heilige Einsetzung König, an Hildebrand, nicht mehr Papst, sondern den falschen Mönch, mit allen Unseren Bischöfen sagen dir: steige herab, steige herab, der du in Ewigkeit verdammt sein sollst!

Antwort des Papstes war der Bann, der die Fürsten ihres Treueides entband. Heinrich mußte sich beugen, um Lösung von der in jeder Hinsicht hinderlichen Strafe zu erlangen.

Kurz vor Weihnachten 1076 entschloß sich der König zur Reise nach Italien. Mit der Königin und seinem kleinen Sohn zog er über Besançon – Brenner und Julier waren durch aufständische Fürsten gesperrt – und den Mont Cenis in die Lombardei und erschien im Januar vor Canossa, wo der Papst bei der Markgräfin Mathilde von Tuszien weilte. Der die Burg tragende Canossafelsen steht hoch über dem unwirtlichen Plateau des zur Poebene abfallenden Apennin. Drei Tage nacheinander trat Heinrich im Büßergewand barfuß an die Pforte und bat um Einlaß und Lösung vom Bann. Am 28. Januar endlich mußte Gregor, um nicht selbst unglaubwürdig zu werden, nachgeben. ›Canossa‹ war keine religiöse Entscheidung, sondern ein höchst politischer Schachzug, denn der König, vom Bann in seiner Handlungsfreiheit sehr eingeengt, brauchte die Lossprechung. Die wiedergewonnene Freiheit des Handelns hat er dann auch meisterhaft zu nützen verstanden; es gelang ihm, alle Zugeständnisse an die Kurie zu umgehen. Er war in diesem Kampf durchaus zum ebenbürtigen Gegner Gregors herangewachsen; alle Mißerfolge der späteren Jahre sind weniger seiner Taktik oder Unfähigkeit zuzuschreiben als dem Schicksal. 1080 traf ihn zum zweiten Male der Bannstrahl. Diese zweite Exkommunikation rief größte Erregung hervor; sie wurde in Deutschland ver-

20 Chor des Domes zu Speyer
Lithographie von P. Wagner nach J. Pocci

21 Der Dom zu Speyer
Lavierte Federzeichnung von Israel Silvestre, um 1640

22 Evangeliar aus Speyer:
Widmungsblatt für Konrad II. und Gisela
Echternach, zwischen 1043 und 1046

urteilt und schädigte das Ansehen des Papstes, der jetzt selbst in Schreiben geistlicher Fürsten *böse* und *gottlos* genannt wird. Der Bann wurde vom König mit der Erhebung Wiberts von Ravenna zum Papst beantwortet; der neu eingesetzte Papst krönte Heinrich in Rom zum Kaiser. Gregor mußte fliehen und starb, ohne Rom noch einmal betreten zu haben.

Neun Jahre später traf den Kaiser, der unermüdlich für die ungeschmälerten Rechte des kaiserlichen Amtes und seiner Dynastie kämpfte, ein weiterer schwerer Schlag, als sein Sohn Konrad von ihm abfiel, gewonnen durch die Markgräfin Mathilde, und sich zum König der Lombardei krönen ließ. Dann verriet auch sein zweiter Sohn Heinrich, der 1087 zum deutschen König gewählt worden war, den Vater, und der Papst sprach den Abtrünnigen von der Sünde des Eidbruchs los. Für wen hatte der Kaiser gekämpft? Alle Versöhnungsversuche scheiterten, der Papst lehnte die Vermittlung ab. Als Tragödie von antikischem Ausmaß sollte das Leben Heinrichs enden: der Kaiser wurde der Gefangene seines eigenen Sohnes. Mit schonungsloser Härte ging der junge König gegen den Verlassenen vor: er drohte dem Vater mit ewiger Haft, falls dieser die Reichsinsignien nicht übergeben würde. Auf dem 1105 nach Ingelheim einberufenen Reichstag hoffte Heinrich IV., durch seine glänzende Beredsamkeit sein Recht wiederherstellen zu können. Aber er wurde auch hier hintergangen, denn nur die Anhänger des Usurpators waren geladen worden. Man erpreßte den Thronverzicht des Kaisers, und der Sohn trat als Heinrich V. die Regierung an.

Im »Siebten Buch der Weltchronik« Bischof Ottos von Freising ist ein Rechtfertigungsschreiben des Kaisers publiziert worden, ein Brief, der erfüllt ist von der Tragik des kaiserlichen Schicksals:

Heinrich, Römischer Kaiser, dankt Philipp, dem König von Frankreich, für die vielen Beweise seiner Treue und für seine brüderliche Liebe und Anhänglichkeit ... Ich schweige von den Beleidigungen, Schmähungen, Demütigungen; ich rede nicht von den Schwertern, mit denen ich bedroht wurde, wenn ich nicht alles Befohlene täte; ich schweige auch von dem Hunger und Durst, den ich erdulden mußte, und zwar von Leuten, die sehen und anhören zu müssen allein schon eine Beleidigung für mich war; ich will auch, so bitter das auch für mich ist, nicht daran denken, daß ich einst recht glücklich war. Aber das werde ich nicht vergessen, das werde ich unaufhörlich allen Christen klagen, daß ich in diesen heiligen Tagen in meinem Kerker ohne alle christliche Tröstung gelassen wurde; während in der heiligen Weihnacht der allerheiligste Knabe für alle Sünder geboren wurde, ist mir allein sein Leib und Blut nicht gereicht worden.

In diesen Tagen meiner Buße und meines Jammers kam im Auftrag meines Sohnes ein Fürst Wiprecht zu mir. Er sagte mir, daß es keinen anderen Weg gebe, mein Leben zu retten, als ohne Widerspruch alle Reichsinsignien nach dem Willen und Befehl der Fürsten herauszugeben. Und wenn auch die ganze bewohnte Erde mein Reich und mir untertan gewesen wäre, was hätte es mir genützt, wenn ich die Herrschaft um das Leben eingetauscht hätte? So blieb mir in der Tat – ich mochte wollen oder nicht – nur dieser eine Ausweg, und also schickte ich Krone, Szepter, Kreuz, Lanze und Schwert nach Mainz ...

Es gelang dem Kaiser, aus Ingelheim zu fliehen und in Lothringen Truppen zu sammeln. Von dort schrieb er diesen Brief. Kurz vor der Entscheidungsschlacht ist der unglückliche Herrscher am 7. August 1106 gestorben, erst sechsundfünfzig Jahre alt. Das Schicksal hatte ihm eine Fülle von Verantwortung zugedacht, und trotz aller Rückschläge und Wirrnisse zeigte er eine bewunderswerte Beharrlichkeit. Widerstand machte ihn hart; das Unglück hat ihn zu menschlicher Größe erhoben.

Rebellionen gegen die kaiserliche Macht waren von jeher im Reich und in Italien an der Tagesordnung; der ›Gottesstaat‹ des Mittelalters blieb ein unerfüllbarer Traum. Vergeblichkeit war das Resultat aller Anstrengungen Heinrich IV. Er mag es gefühlt haben, als er sterbend Schwert und Ring seinem Sohn sandte, der ihm das größte Leid angetan hatte, als er Verzeihung für seine Anhänger erbat und für sich das Grab im Speyerer Dom. Das Volk trauerte tief um ihn und strömte zum Totenlager *mit maßloser Liebe und Hingebung.* Die

Bauern legten Erde auf den Sarg, um damit ihren Äckern Fruchtbarkeit zuzuführen. In Speyer, wo der gebannte Herrscher in einer ungeweihten Kapelle abgestellt wurde, *entstand Tumult und lautes Wehklagen im Volk*. Lange Zeit wallfahrtete man zu seinem Grabe.

Siehe, während ich schreibe, was der untragbare Schmerz mir eingibt, wird die Schrift naß vom Weinen, und was die Hand aufzeichnet, verlöscht das Auge.

Diese unmittelbar nach dem Tode des Kaisers, unter dem Einfluß der Trauerbotschaft geschriebene ergreifende Totenklage soll von Propst Gottschalk von Aachen stammen. Man denkt auch an den Bischof Erlung von Würzburg; jedenfalls stand der Verfasser aller Wahrscheinlichkeit nach in naher Beziehung zu Heinrich und ist wohl ein Mitglied der kaiserlichen Kanzlei gewesen.

Die Sage erzählt: Als sich Heinrich IV., einsam und verfolgt, zum Sterben legte, da begann, als seine Stunde gekommen war, die Kaiserglocke im Dom zu läuten, ohne daß jemand im Turm war. Bald fielen die anderen Glocken ein, ihr eherner Ruf brauste über das Land, aber noch wußte niemand, daß der Kaiser gestorben war. Als sein Sohn Heinrich V. starb, erscholl wiederum eine Glocke, doch war es das Armesünderglöcklein, und keine andere fiel ein.

Erst 1111 erhielt der Kaiser in der Krypta des Doms die letzte Ruhestätte.

Speyer. Die Stadt

Die kleine Stadt steht ganz und gar im Zeichen des Doms, und wie er kann sie vom Schicksal rheinischer Städte erzählen, vom Glanz kaiserlicher Zeit wie vom ungeheueren Elend des Krieges. Friedrich Hölderlin konnte der Stadt nichts abgewinnen, als er sie 1788 besuchte:

Ich lief den ganzen Nachmittag beinahe im ganzen Speyrer Bezirk umher, ohne was zu finden, das meine Aufmerksamkeit besonders an sich gezogen hätte.

Nicht einmal der Kaiserdom machte Eindruck auf ihn.

Erst der Anblick des Rheins ließ ihn schwärmen:

Es gieng schon gegen Abend, als ich auf den sogenannten Gran kam, wo die Waren der Schiffe ausgeladen werden. Ich glaubte neugebohren zu werden über dem Anblick, der sich mir darstellte. Meine Gefühle erweiterten sich, mein Herz schlug mächtiger, mein Geist flog ins Unabsehliche – mein Auge staunte – ich wußte gar nimmer was ich sah, und dastand ich – wie eine Bildsäule. Man denke sich, der majestätisch-ruhige Rhein, so weither, daß man die Schiffe kaum noch bemerkte – so weit hinaus, daß man ihn fast für eine blaue Wand ansehen könnte, und am gegenseitigen Ufer dicke, wilde Wälder – und über den Wäldern die dämmernden Heidelberger Gebirge – und an der Seite hinab eine unermeßliche Ebene – und alles so voll Segen des Herrn – und um mich alles so thätig …

Das Schicksal der Stadt, vor allem die schreckliche, am Pfingstfest 1689 begonnene, wochenlang betriebene Zerstörung läßt sich noch im heutigen Straßenbild erkennen. Sprengungen und Brände hatten fast alle sakralen und städtischen Gebäude sowie über achthundert Bürgerwohnungen vernichtet, und die fortdauernden Kriege erlaubten keinen großzügigen Wiederaufbau. Man richtete sich zum Teil in den Ruinen ein, die dann mit neugebauten Häusern zusammen-

Speyer

gefaßt wurden. Auf Befehl des französischen Generals Duras fielen auch die Befestigungen bereits damals zum Teil. Sie verschwanden 1792 bis auf geringe Reste, als General Custine Mauern und Tore – insgesamt siebzig Türme – schleifen ließ.

Dennoch ist die breite, zum Dom führende Maximiliansstraße noch recht ansehnlich, gesäumt von einer Reihe guter Bauten des achtzehnten Jahrhunderts, wie das Neue Rathaus, ein vornehmer, eleganter Bau, und das Neue Kaufhaus, dessen Oberbau allerdings dem neunzehnten Jahrhundert angehört.

In keltischer Zeit hieß der Ort Noviomagus, das die Nemeter nach Vertreibung der Kelten Nemetum nannten. Es folgten die Römer, deren Dianatempel an der Stelle des späteren Doms gestanden haben soll; später die Alemannen, dann die Franken, die den im sechsten Jahrhundert bezeugten Ort Spira nannten. Schon in spätrömischer Zeit ist Speyer Bischofssitz gewesen, doch kann von einem ausgebildeten Bistum erst seit dem siebten Jahrhundert gesprochen werden. Speyer selbst war seit 1294 Reichsstadt und beherbergte 1526 bis 1689 das Reichskammergericht, das dann nach Wetzlar übersiedelte.

Auf dem Domplatz steht eines der Speyerer Wahrzeichen,

Kupferstich

der Domnapf oder die Schwabenschüssel, urkundlich 1314 zum ersten Mal erwähnt. Dieser Domnapf bezeichnete seit früher Zeit die Grenze zwischen Domfreiheit und Reichsstädtischem Gebiet. Der Napf wurde 1490 unter Fürstbischof Ludwig von Helmstätt erneuert. Sein oberer Rand trug auf einem Messingstreifen, den die Franzosen 1689 mitnahmen, eine Inschrift, die auf die Bedeutung des Napfes als Freistatt hinwies. Gelang es nämlich einem Übeltäter, sich bis hierher zu flüchten, dann durfte er nicht verhaftet werden.

Merian berichtet:

Es nehmen bey diesem Napf die Burgermeister von dem neuen Bischoff, den sie biß dahin bgleitet, ihren Abschied, und empfängt ihn darbey die gantze Clerisey und führt ihn in die Domkirch. Inmittelst läßt der Bischoff ein Fuder oder mehr Wein zum Napf führen und darin lauffen, auch darauß trincken und schöpfen, wer darzu kommen kan. Wann zuvor der Herr Bischoff der Stadt ihre Freyheit und Gnade, die sie von Päpsten, Kaysern, Königen und von seinen Vorfahren hat, mit einem besiegelten Brief bestätiget, als dann schwören die Burger allhie mit aufgehobenen Händen folgenden Eyd ...

Gleichzeitig mit dem Dombau Kaiser Konrads II. und seiner nächsten Nachfolger, also im elften Jahrhundert, ist Speyer bis zum Altpörtel im Westen erweitert worden und erhielt seine Befestigungen. Erhalten ist das Altpörtel am westlichen Ende der Maximiliansstraße, ein ausnehmend stattlicher, hoher Turm des dreizehnten Jahrhunderts, mit Blendarkaturen und einer Maßwerkgalerie unter dem steilen Dach. ›Einen der schönsten Stadttürme‹ nennt ihn Georg Dehio. Von einigen anderen Mauertürmen stehen noch geringe Reste. Die Ägidienkirche in der Gilgenvorstadt und das Clarissenkloster in Altspeyer sowie die Dreifaltigkeitskirche sind erhalten. Speyer hatte seit dem elften Jahrhundert zwei von den Kaisern mit reichen Privilegien ausgestattete jüdische Niederlassungen, die eine im Norden, von der nichts übriggeblieben ist, die andere zwischen der kleinen Pfaffengasse und Judengasse. Von ihr steht noch das interessante, wohl um 1200 gebaute Judenbad, die einzige erhaltene Anlage dieser Art außer einem um 1260 entstandenem im hessischen Friedberg, doch monumentaler als dieses. Es diente den rituellen monatlichen Waschungen der Frauen, die nur in Grund-, Quell- oder Regenwasser vorgenommen werden durften. Das Bad liegt tief in der Erde, nach Süden gerichtet. Man gelangt über eine Treppe zu einem Portal, dann weiter hinabsteigend in einen kreuzgewölbten Umkleideraum. In der Mitte der Ostwand führt ein rundbogiger Eingang in eine überkuppelte Zelle, wo wohl die erste Reinigung erfolgte. Dann geht es noch einmal hinab in den eigentlichen quadratischen Baderaum, in dem das Grundwasser steht.

Ein besonders hübscher, nach dem Vorbild der Frankfurter Katharinenkirche errichteter Bau ist die protestantische Dreifaltigkeitskirche, 1701 bis 1717 unter Leitung Johann Peter Grabers errichtet. Die vornehme, von Pilastern gegliederte Fassade schmückt ein 1891 erneuerter Volutengiebel. Die flachgeführten Kreuzgewölbe der Holzdecke überspannen einen geräumigen Kirchensaal.

Das gesamte Gewölbe wurde von Johann Christoph Guthbier mit Szenen aus dem Alten und dem Neuen Testament ausgemalt. Auch die ringsum laufenden Doppel-Emporen tragen Bildschmuck. Die unteren schildern Szenen aus dem Leben Christi und der Apostel, die oberen entsprechende Begebenheiten aus dem Alten Testament. Vier Gemälde an den beiden Querbrüstungen bei der Kanzel zeigen unter anderem die Verlesung der »Confessio Augustana« in Augsburg 1530 und ein Bild aus der Apokalypse mit der Überschrift: »Was dieser Engel lehrt, Lutherus hat erklärt«. Die vier Bilder des südöstlichen Emporenflügels – vielleicht von dem Frankfurter Seekatz – sind der evangelischen Kirchengeschichte gewidmet. Alles das in Verbindung mit dem schönen Altar und der Kanzel stellt eine bemerkenswerte Leistung protestantischen Kirchenbaus dar.

Speyer als Reichsstadt hatte die Herrschaft der Bischöfe abgestreift, sie gehörte den großen Städtebünden des Mittelalters an und wurde durch die Reichstage der Reformationszeit berühmt. Vor allem der Reichstag von 1529, der den evangelischen Ständen den Namen ›Protestanten‹ einbrachte, trug zum Ruhm der Stadt bei.

Der von Luther entfesselte Sturm hatte das geistige Gebäude der Kirche zerschlagen; im Reich traf er dadurch auch die weltliche Ordnung, da sich die immer kräftiger werdenden evangelischen Landesfürstentümer in zunehmendem Widerspruch zu den bisher geltenden höchsten Autoritäten, dem Kaiser und der Kirche befanden. Der universelle Reichsgedanke zerbrach, das Nationale gewann an Kraft. Der Reichstag von 1529 vermehrte diese Unruhe, trieb die Fürsten und Städte zu noch deutlicherem Bekenntnis der neuen Lehre und zu politischen Bündnissen gegen die Altkirchlichen, die sich um den Vertreter Kaiser Karls V. und Karls Bruder Ferdinand scharten. König Ferdinand schlug einen scharfen Ton an, denn noch waren die katholischen Fürsten in der Majorität. Man verlangte Duldung des katholischen Bekenntnisses in den evangelischen Staaten und Stadtstaaten. Antwort der Betroffenen war die Protestation vom 19. April 1529, in der Fürsten und Reichsstädte sich gegen solche Forderungen verwahrten. Die ›Protestierenden‹ und ›Protestantes‹, wie sie von nun ab genannt wurden, schlossen sich zum ›Schmalkaldischen Bund‹ (1530) zusammen. Die Ablehnung der Fürsten, am Konzil in Trient teilzunehmen, veranlaßte den Kaiser, die führenden Köpfe der Bewegung, Herzog Johann Friedrich den Großmütigen von Sachsen und Philipp von Hessen, zu ächten. Die Acht löste den Schmalkaldischen Krieg (1546/47) aus.

Speyer war lange Zeit eine reiche, handeltreibende Stadt, begünstigt durch ihr fruchtbares Umland, wie Merian mitteilt:

... allda auch ein köstlicher rother Wein, der Gänsfüßer genannt, item Mandeln und andere herrliche Früchte wachsen, und hat auch ein besonderes Wäßerlein, der Speyerbach oder die Speyer genannt.

IN DER ALTEN RECHTSRHEINISCHEN PFALZ

Auf dem Heiligenberg

Wir verlassen nun Speyer, um den Rhein zu überqueren und uns Heidelberg zu nähern, »göttlich in Umgebung, schön im Innern«, wie Jean Paul gesagt hat. Hier grenzt der Odenwald mit seinen ausgedehnten Laubwäldern, lieblichen Tälern und hübschen Dörfern, alten Städten und burgengekrönten Höhen an die Rheinebene, an deren Horizont die Pfälzer Berge stehen. Der Mittelpunkt dieses alten Kulturlandes mit seinen wunderbar wechselnden Stimmungen war einst der Heiligenberg gegenüber der Stadt Heidelberg.

Auf dem Heiligenberg stand das Kloster St. Michael, aber schon lange bevor er ein christlicher Wallfahrtsort wurde, war er ein ›heiliger‹ Berg gewesen, eine heidnische Opferstätte, wie viele Funde bezeugen, und auch Sagen und Geschichten erzählen von Geheimnissen, die ihn umgeben. Unterirdische Gänge und Höhlen durchzogen ihn, vergrabene Schätze soll er bergen, Irrlichter und Zauberspuk machen ihn unsicher. Das Michaelskloster, das ihm den Namen gegeben haben soll, ist im sechzehnten Jahrhundert verlassen worden und verfiel. Die Ruinen dienten allerlei *buben, bettler und hurengesindt*, das *die straß doselbst hierum unsicher machet*, als Wohnung. So waren die einst heiligen Stätten zum verrufenen Ort geworden. Der pfälzische Chronist Matthias von Kemnath versicherte um 1470, daß die Heidelberger Hexen auf Katzen und Besen in der ersten Mainacht auf den Heiligenberg fuhren, um dort ihr höllisches Fest zu feiern, und daß tief unten der Berg mit Wasser gefüllt sei, welches eines Tages gefährlich werden könne und einem »linken Meeresarm« entstamme. Funde aus der Jungsteinzeit (4000 bis 2000 vor Christus) deuten auf eine Kultstätte hin, während Funde aus der Eisenzeit (1200 bis 800 vor Christus) zu bezeugen scheinen, daß damals der ganze Berg besiedelt war.

Um die beiden Kuppen des Berges zogen sich zwei Ringwälle aus keltischer Zeit, angelegt zwischen 450 und 250 vor Christus, die als Fluchtburg dienten.

Man kann an dem alten Wall entlang zur Klosterruine emporsteigen. Es handelt sich jedoch weniger um einen Wall als um eine äußere und eine innere Ringmauer von riesigen Ausmaßen und aus mächtigen Steinblöcken gefügt, in welche Tore eingelassen waren. Sie mögen der berühmten Heidenmauer um den Odilienberg im Elsaß geglichen haben. Für die Zeit nach 700 gibt es dann keine Funde mehr; die Kelten müssen damals abgewandert sein. Um das Jahr 50 nach Christus beginnt im Odenwald die Zeit der Römerherrschaft; damals wurden die ersten Kastelle gebaut, darunter eines in Heidelberg-Neuenheim. Auf dem Heiligenberg, dessen Kuppe damals sicherlich unbewaldet war, scheinen zwei Signaltürme gestanden zu haben, außerdem hatten die Römer hier Altäre errichtet. Am Fuß des Berges lag ein Mithras-Heiligtum.

Unter Kaiser Valentin stieß der römische General Hermogenes vom Grenzkastell Altrip (Alta ripa) bei Neckerau nach Osten vor. Die Alemannen protestierten gegen diese Unternehmung, die früher geschlossenen Verträgen widersprach, und gingen zu einem für sie erfolgreichen Gegenstoß über.

Nach dem Abzug der Römer haben sich nur wenige Siedler im Odenwald niedergelassen, denn die Ebene des Rheintals und die Landstriche im Norden des Gebirges boten bessere Siedlungsmöglichkeiten. Erst unter den Franken, die den Alemannen folgten, wurde der Odenwald wieder dichter bevölkert; damals entstanden hier die ersten Dörfer. Auch der Name ›Odenwald‹ kam in dieser Zeit in Gebrauch; allerdings gibt es schriftliche Quellen für diesen Teil des fränkischen Kronlandes erst seit dem achten Jahrhundert. Man ist heute der Ansicht, daß die Bezeichnung Odenwald nichts mit Odin, dem germanischen Götterfürsten, zu tun habe, sondern daß wohl eher der Name eines Grundbesitzers auf das Waldgebiet übertragen worden ist.

Erst aus der Zeit Karls des Großen haben wir wieder Nachrichten vom Heiligenberg, und zwar durch die Tätigkeit der Mönchsorden, die damals fast allein geistige und wirtschaftliche Kultur vermittelten, gefördert von den karolingischen Herrschern. Für die Gegend zwischen Rhein und Odenwald ist es das Kloster Lorsch, von dem noch die Rede sein soll, das, durch großzügige Schenkungen mächtig geworden, seinen Einfluß weithin ausdehnte.

Die Gründung des ›Michaels- und Stephansklosters‹ auf dem Heiligenberg sollte nicht nur die heidnischen Kultstätten verdrängen, sondern hatte auch sehr politische Gründe. Herr des Gebietes war der Bischof von Worms, dessen Sprengel vom Rhein zum Odenwald, diesen rechts und links des Neckars umfassend, und bis Wimpfen reichte. Nun bildete sich seit 764 in unmittelbarer Nähe von Worms, aber noch zur Diözese Mainz gehörend, das schnell zu großer Bedeutung heranwachsende Kloster Lorsch, gefördert durch die Fürsorge Kaiser Karls des Großen und seiner Nachfolger. Reibereien mit Worms konnten nicht ausbleiben, weil sich der Landbesitz Lorschs auch bis ins Wormser Diözesangebiet auszudehnen begann. Lorsch wollte seinen Einfluß bis an den Neckar ausbreiten, und es wählte den Weg entlang der Bergstraße und durch den Wald über Michelstadt nach Hirschhorn. Deshalb erfolgten in erster Linie die Gründungen der Klöster auf dem Heiligenberg und in Michelstadt, dem sich die des Stiftes Neuburg bei Heidelberg anschloß. Nach und nach fiel dann viel Gebiet in diesem Landstrich Lorsch zu. Worms begegnete dem Vorstoß durch Gegengründungen, es entstanden die Klöster Schönau bei Ladenburg, Lobenfeld an der Straße nach Neckarelz und Wimpfen.

Am Ende des zwölften Jahrhunderts verfiel die Kraft der beiden geistlichen Machtzentren. Erben wurden die Pfalzgrafen bei Rhein, die sich zunächst von Worms mit der Burg bei Heidelberg belehnen ließen, die Vogtei über Lorsch errangen und so langsam ihr Territorium ausbauten.

Auf der höchsten Erhebung des Heiligenberges, inmitten des keltischen Ringwalls, von Buchenwäldern umgeben, liegen die Ruinen des Klosters St. Michael: der Stumpf eines Westturms und die Fundamente von Kirche und Kloster-

bauten, die 1885 ausgegraben worden sind. Aus diesen Resten kann man die Gestalt des einstigen Klosters rekonstruieren. Etwa zwischen 883 und 891 wurde eine Basilika mit Querschiff und drei Apsiden gebaut. Im elften Jahrhundert erweiterte man die Kirche durch einen langgestreckten Chor und ein wuchtiges Westwerk mit vorgelegter Paradieshalle. Sowohl im Westen als auch im Osten lag je eine Krypta. Auch die Klostergebäude mit dem Kreuzgang sind in jener Zeit errichtet worden. Das Ganze muß außergewöhnlich stattlich gewesen sein. Gebhard Graf von Urach, der 1091 Abt von Hirsau, dann auch Abt von Lorsch und Fürstbischof von Speyer gewesen ist, stand im Sinne der Hirsauer Reformbewegung auf Seiten des Papstes. Er war es, der dem gebannten Kaiser Heinrich IV. das Grab im Speyerer Dom verweigerte. Als die Stadt Speyer sich gegen diese Härte auflehnte, als Hirsau ihm den Gehorsam aufsagte und die Mönche von Lorsch ihn mit Spottschriften schmähten, zog er sich auf den Heiligenberg zurück. So berichtet der »Codex Hirsaugiensis«:

Und hier, als er von der stillen Höhe herabschaute auf die Zinnen seines Domes und die Giebel seiner empörten Stadt ... schwoll sein Herz voll mächtiger Sehnsucht nach dem liebgewonnenen Hirsau und den Chorgesängen der Brüder und dem Rauschen der Fichtenwälder auf den Bergen am Nagoldtale ...

In einer Sänfte machte sich der kranke Bischof auf den Heimweg, starb aber während der Reise in Bruchsal im Jahre 1107. Er wurde in der neuerbauten Hirsauer Kirche begraben.

Mit dem Niedergang Lorschs ging es auch mit St. Michael und St. Stephan bergab. Die Benediktiner wurden durch Mainz vertrieben und von Prämonstratensern aus Allerheiligen im Schwarzwald ersetzt, die den Berg Allerheiligenberg, das Kloster Allerheiligenkloster nannten. Dieser Name ging später auf das 1094 gegründete Stephanskloster über, dessen Fundamente auf der vorderen, niedrigeren Kuppe des Berges beim Aussichtsturm zu sehen sind. Im frühen sechzehnten Jahrhundert wurden die beiden Klöster verlassen und verfielen. Vom Treiben der Mönche in St. Michael erzählt die Sage: »Oft trafen sich die Mönche vom Heiligenberg und die von Kloster Schönau. Auf dem Schriesheimer Hof war alljährlich ein Maifest zur Erinnerung an die Zeit, da die alten Bewohner das Christentum noch nicht angenommen hatten. Auf einem solchen Maifest trafen sich einst die Mönche von Schönau und vom Heiligenberg und hielten im Freien eine Flurmesse ab. Die Schönauer hatten reichlich Nahrung mitgebracht, gebackene Forellen, Kuchen und Wildbraten. Die Heiligenberger hatten nur ganz hartes Kleie- und Haferbrot. Sie hatten am Tage verschlafen und mußten deshalb fasten. Dies erweckte ihren Neid und Zorn und sie beschlossen, von ihrem Abte mehr Freiheit zu verlangen.

Als die Heiligenberger Mönche abends müde und hungrig ins Kloster zurückgekehrt waren, sollten sie noch Glocken läuten und die Abendmette beten. Sie verweigerten den Gehorsam, und als der Abt ihnen mit Strafen drohte, fielen die Mönche über ihn her, banden ihn an Händen und Füßen und sperrten ihn in den Keller. Nun wurde Wein aus den Fässern gezapft, Kuchen und Braten herbeigeholt, die Mönche aßen und tranken bis zum frühen Morgen und schliefen endlich vor Ermüdung ein. Niemand dachte daran, zur Frühmesse zu läuten. Plötzlich, kurz vor Sonnenaufgang, fingen alle Klosterglocken an zu klingen, ohne daß jemand die Stränge zog. Unsichtbare Engel setzten sie in Bewegung und zugleich ertönten sämtliche Glocken der Umgebung. Alles rief: Ein Wunder! Ein Wunder! Die Leute stürzten aus den Häusern auf die Straßen voller Schrecken und strömten hinauf zum Kloster, wo die Mönche noch im Schlafe lagen. Man hörte den Abt im Keller stöhnen und befreite ihn und legte auf seinen Befehl die Mönche gebunden in den Keller.

Im Kloster Lorsch, im Kloster Schönau und auf der Jettakapelle hatten die Glocken so lange geläutet, bis die Äbte mit ihren Mönchen und der Burggraf mit seinem Gefolge auch zum Heiligenberg gezogen waren. Es wurde strenges Gericht gehalten und die Anführer der Mönche nach Worms und auf die Schauenburg bei Dossenheim ins Burgverlies eingesperrt. Der befreite Abt wurde in sein Amt wiedereingesetzt und von den Klöstern Lorsch und Limburg junge und alte Mönche auf den Heiligenberg versetzt.«

Dicht bei dem Aussichtsturm bei St. Stephan, von dem man tief unten Heidelberg und das Schloß am Fluß liegen sieht, liegt das sogenannte Heidenloch. Es soll, wie die »Chronik der Grafen von Zimmern« meldet, »ganz tief hinab ins Erdreich führen, da soll einmal eine Gans herabgelassen worden und beim Kloster Neuburg wieder herausgekommen sein«. Ebenfalls erwähnt Sebastian Münsters ›Cosmographie‹ alte heidnische Löcher. 1936 ließ die Heidelberger Stadtverwaltung das sagenhafte Loch untersuchen. Man förderte Architekturteile und Gebrauchsgegenstände zutage, die wohl zum Kloster gehört haben, und erreichte nach 26 Metern den Endpunkt des Schachtes. In einer Tiefe von 52 Metern aber stieß man auf einen Brunnenmantel aus wohlbehauenen Steinen. Darunter ging es noch einmal zwei Meter tiefer hinab. Die Steinmetztechnik der Bodenplatte soll mit der von Teilen des Ostchors des Domes zu Speyer übereinstimmen. Unter diesem Bauwerk fand man eine zweite Sohle aus römischer Zeit. Man nimmt heute an, daß die Kelten den Brunnen anlegten, um in Notzeiten genügend Wasser für die geflüchteten, sich innerhalb der Ringmauern befindenden Menschen zu haben. Der Brunnen ist noch im zwölften Jahrhundert benutzt worden.

Der Heiligenberg hat, trotz der ihn umwitternden unheimlichen Sagen und Geschichten, teil an der Heiterkeit und Lieblichkeit des Odenwaldes, der ganz der Sanftheit des Wein- und Obstlandes zu seinen Füßen entspricht. »Hier will Deutschland Italien werden!« rief Kaiser Joseph II., als er von Wien auf dem Wege zur Krönung nach Frankfurt diese Landschaft durchreiste. Man kann den Ausruf des Entzückens verstehen, vor allem, wenn im Frühling die Hänge übersät sind mit blühenden Obstbäumen.

An der Bergstraße

Wir wollen dem Reiseweg Kaiser Josephs II. entlang der Bergstraße folgen und dringen von Bensheim aus in den Odenwald vor, um Steinbach bei Michelstadt, dessen Kirche zu den bedeutenden karolingischen Bauten jener Gegend gehört, und Erbach zu besuchen. Wir kommen auf dieser Fahrt durch die ehemalige Obere Grafschaft Katzenelnbogen, die nach dem Aussterben der Grafen gleichen Namens an Hessen fiel. Wir lesen bei Matthäus Merian:

Katzenelnbogen, so von den Cattimelibocis, die in dieser Gegend, und förters an der Bergstraßen, und umb Heydelberg etwan gewohnt, ihren Namen bekommen haben.

Die Bergstraße – es ist die uralte, von den Römern angelegte Platea Montana – führt von Heidelberg in Richtung Darmstadt am Odenwald entlang und ist berühmt durch die Obstblüte. Aber sie ist schön zu jeder Jahreszeit. Sonnige Hänge begleiten sie, besetzt mit Weinterrassen, bestanden mit Feigen-, Maulbeer-, Nuß- und Mandelbäumen, die in diesem milden Klima gedeihen, mit Edelkastanien und Obstbäumen. Die Bergstraße führt durch Dörfer und Städtchen; Seitentäler zweigen von ihr ab in den Odenwald, dessen Burgen sie auf den Höhen begleiten.

Wo die Weschnitz den Odenwald verläßt, liegt Weinheim unter zwei Burgen, der Ruine Windeck aus dem zwölften Jahrhundert und der Wachenburg, welche der Weinheimer Seniorenkonvent zwischen 1903 und 1913 wiedererrichten ließ. In Weinheim hat Ottheinrich von der Pfalz einige Zeit in der Verbannung gelebt. Von den ehemaligen Befestigungsanlagen des dreizehnten Jahrhunderts sind noch Türme erhalten: der Rote Turm, der Blaue Hut, der Hexenturm und das 1698 durch Antonio Petrini aus Würzburg veränderte Obertor. Das außerordentlich stimmungsvolle Stadtbild empfängt seinen Reiz aus den winkligen Gassen mit ihren zahlreichen bemerkenswerten Fachwerkhäusern, entstanden hauptsächlich im sechzehnten und siebzehnten Jahrhundert. In der 1710 von Johann Adam Breunig neu erbauten Deutschordenskommende mit einem hübschen Erker und prächtigem, wappengeschmücktem Portal befindet sich heute das Heimatmuseum. Das einstige Schloß der Grafen von Berckheim wurde 1725 gebaut (wahrscheinlich ebenfalls von Breunig) und im neunzehnten Jahrhundert auf der Gartenseite verändert. Es steht in einem durch seine exotischen Bäume berühmten Park, den Graf Christian von Berckheim um 1730 angelegt hat. Er pflanzte eine gewaltige Liba-

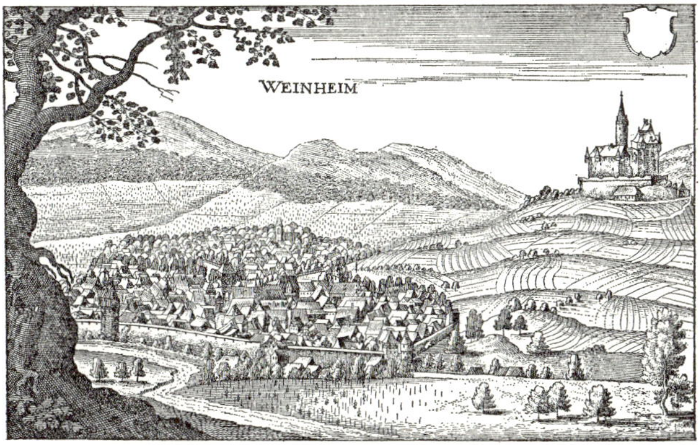

nonzeder, einen ganzen Wald jetzt riesiger kalifornischer Sequoias, Silberahorne, Magnolien und Himalajakiefern. 1871 kam noch ein ganzer Zedernhain hinzu.

Auch der nächste Ort, Heppenheim unter der Starkenburg, ist uralt; Karl der Große schenkte die dort stehende Burg dem Kloster Lorsch. Das wunderschöne Ortsbild ist wohlerhalten. Ein Fachwerkhaus steht neben dem anderen, das kostbarste ist das Rathaus von 1551 am Marktplatz mit seinen Erkern und einem Mittelturm. In der Apotheke gegenüber arbeitete einst der große Chemiker und Erfinder Justus von Liebig als Lehrling.

Heppenheim fiel nach Aufhebung des Klosters Lorsch an Kurmainz und gehörte zum Oberamt Starkenburg. Der mainzische Amtmann wohnte im schloßartigen Amtshof, zu dem eine Kapelle und Wirtschaftsgebäude gehören. Die Fresken im Kurfürstensaal des Amtshofes sind mehrmals erneuert worden, die farbige Architekturmalerei der Fassade entstand im sechzehnten Jahrhundert. In diesem ehemaligen Amtshof ist heute das Heimatmuseum untergebracht.

Steigen wir von Heppenheim durch die Weinberge auf die Starkenburg, haben wir den hübschesten Blick in die kleine Stadt und können weit über die Rheinebene schauen. Im Dunst der Ferne sehen wir die Schlote von Mannheim und Ludwigshafen, die Mäander der Autobahnen und dahinter die Konturen des Pfälzerwaldes.

Als 1605 der junge König Heinrich IV. in seiner Pfalz Trebur am Rhein – es ist nichts von ihr erhalten – Hof hielt, schenkte er seinem Erzieher Erzbischof Adalbert von Bremen auf dessen Drängen die reichsfreie Abtei Lorsch. Dem Abt von Lorsch paßte das gar nicht. Er baute eilig die Starkenburg zu einem festen Bollwerk aus und gab sie in die Obhut des Grafen Burchard von Calw, der sie gegen den Erzbischof verteidigte. Seine Taktik war erfolgreich: Lorsch blieb frei.

Weiterfahrend gelangen wir nach Bensheim, von dem ein in Hessen verbreiteter Spruch sagt: »Hinnerum wie die Fraa von Bensem.« Dieser Ausspruch könnte mißverstanden werden, doch handelt es sich lediglich um eine Bürgersfrau, die während der Besetzung durch die Franzosen – ich weiß nicht in welchem Krieg – die zur Hilfe geeilten bayerischen Truppen durch einen unterirdischen Gang in die Stadt führte.

Bensheim wird schon 725 genannt und gehörte ebenfalls zum Besitz Lorschs. Auch hier gibt es charaktervolle Fachwerkhäuser, aber seine besondere Note erhält das Stadtbild durch die vornehmen, behäbigen Adelshöfe des achtzehnten Jahrhunderts, wie die der Freiherren von Dalberg, Echter von Mespelbrunn und Wambold. Das 1739 erbaute Stadthaus der Herren von Rodenstein, deren Burg im Odenwald liegt, dient jetzt als Rathaus. Wasserläufe, von Brücken überspannt, fließen durch die Stadt. Bensheim hat noch eine Besonderheit, nämlich den ›Dom der Bergstraße‹. Anstelle der alten Pfarrkirche, von der nur der Turm erhalten blieb, baute Georg Moller zu Beginn des vorigen Jahrhunderts eine große Kirche in neuromanischem Stil. Ihr Vorbild ist ›S. Paolo fuori le Mura‹ in Rom. »Der Architekt«, sagt Moller selbst, »wünschte sich in den Details wie in den Hauptformen mehr dem Antiken als dem sogenannten Gotischen zu nähern.« Mit den Herren von Rodenstein hat es übrigens eine besondere Bewandtnis: Sie spuken, zumindest in den Köpfen abergläubischer Leute. Sie waren im Odenwald angesessen und hatten eine Grablege mit zum Teil prachtvollen Grabsteinen in der Kirche von Fränkisch-Crumbach. Werner Bergengruen hat in seinem »Buch Rodenstein« davon berichtet: »Herzstück dieser Überlieferung ist der Glaube, daß der Rodensteiner, der auch Schnellertsherr oder Landgeist genannt wird, mit seinem lärmenden Zuge vom Rodenstein zum Schnellerts, vom Schnellerts zum Rodenstein Krieg und Frieden ankündige. Sein Weg ging durch bestimmte Orte. Das Mauerstück einer gemeinsamen Hofraite wurde jedesmal umgestürzt, sooft man es auch herzustellen versuchte. Man kann allerlei gelehrte Erklärungen mythologischer, naturwissenschaftlicher Art herannehmen, aber das Geheimnis gibt sich nicht preis. Es bieten sich Bezüge auf Wodans wütendes Heer;

auf dem Rodenstein, so heißt es, sei der einäugige Kriegsgott Wodan, der auch als gespenstischer Führer abgeschiedener Seelen erscheint, und auf dem Schnellerts sei der rotbärtige Bauerngott Donar verehrt worden; viel später erst habe sich eine Verbindung ergeben zu dem Geschlecht der Rodensteiner, das im siebzehnten Jahrhundert erlosch. Der Letzte des Stammes starb an einem Sturz vom Pferde; auch dieses Umstands hat die Sage an sich genommen.

Der Rodensteiner Umzug läßt sich hören, nicht erblicken. Naturforscher haben die Behauptung aufgestellt, die besondere Art der Erdfaltung habe Bedingungen geschaffen, unter denen ferne Geräusche als unmittelbar über dem Hörer vorüberziehend wahrgenommen würden; da wäre also an eine Art akustischer Fata Morgana zu denken. Im aufgeklärten achtzehnten Jahrhundert erregte der Spuk den Unwillen der erleuchteten Darmstädter Regierung. Landgräflich hessische und gräflich erbachsche Behörden wollten ihn entlarven. Die Bauern wurden unter Eid vernommen, die Protokolle haben sich erhalten, die Aussagen stimmen haargenau mit den Wahrnehmungen der früheren und späteren Geschlechter überein; die obrigkeitlichen Bemühungen blieben ohne eine andere Frucht als diese: daß sie bestätigen, was in Schaum aufzulösen sie unternommen worden waren. Das letzte Mal, daß der Rodensteiner Auszug sich hat hören lassen, war zu Anfang August des Jahres 1914. Um Mittagszeit liefen die Leute von der Heuarbeit zusammen und schrien: ›Der Schnellertsherr!‹ Mit Dröhnen, Klirren und Rasseln stob der unsichtbare Zug durch die Luft. Die Freunde der Fata Morgana behaupten, es sei die akustische Abspiegelung der über den Rhein marschierenden Artillerieabteilungen gewesen. Das zuletzt Berichtete geschah in Fränkisch-Crumbach … Die Rodensteinsagen knüpfen sich nicht an ein einzelnes Glied des Geschlechts. Unter den odenwäldischen Bauern hat Scheffels Herr von Rodenstein nie heimisch werden können. Scheffel entkleidet ein uraltes und tiefsinniges Landschaftsgeheimnis all seiner düsteren Nacht-, Waldes- und Todesschauer und machte es zum Gegenstand eines studentischen Bierulks. Aber in einem seiner Rodensteinlieder findet sich der Vers:

> O römisch Reich, du bist nicht mehr,
> doch reit ich noch zu deiner Ehr!

Das sind Worte, um derentwillen wir dem Dichter jede Todsünde vergeben ...«

Weiter in Richtung Darmstadt fahrend erreichen wir Zwingenberg. Das Städtchen ist »wesentlich bescheidener, doch durch das reizvolle Stadtbild allen anderen Orten der Bergstraße überlegen. Machtvoll steigt der Melibokus, der Malchen, der bedeutendste Berg in der Kette des westlichen Odenwaldes und einer der höchsten des Gebirges, hinter der kleinen Ortschaft auf, deren Fachwerkhäuser sich die Straße an seinem Fuß entlangziehen. Hoch über dem Marktplatz auf dem bewehrten Friedhof steht die gotische Kirche, deren Turm dicht an die Fassade gerückt ist. Ein harmonisch gewachsenes Stadtbild, das man so leicht nicht wieder vergißt« (Gisela Bergsträsser, »Der Odenwald«).

Bei Zwingenberg, an den Hängen des ›Melibokus‹, gedeihen die edelsten Weine der Bergstraße. Der Name ›Melibokus‹ ist durch falsche Auslegung des Ptolomäus entstanden, der den Harz so benannte.

Man sollte nicht versäumen, die Ruine des Auerbacher Schlosses bei Bensheim zu besuchen, die Reste einer wahrscheinlich von Lorsch gebauten Burg, die im vierzehnten Jahrhundert großartig ausgebaut wurde. An die Lorscher Zeit erinnert ein dicker Rundturm.

Von hier aus gelangt man zum Auerbacher ›Fürstenlager‹, das in landgräflicher Zeit wegen der Mineralquellen ein beliebter Badeort gewesen ist. Hier verbrachte der Darmstädter Hof gerne die Sommermonate. Mein Urgroßvater, der damals hessischer General war, berichtet in seinen Briefen immer wieder, daß er nach Auerbach müsse.

Lorsch

Von Bensheim aus lohnt es sich, nach Lorsch hinüberzufahren, das im Ried liegt, mit dem Blick auf den Odenwald.

Als Pippin III. der Kurze König der Franken war, lag im östlichen Teil der Mark Bürstadt die Flur Lauresham (römisch Laurissa, mittelhochdeutsch Lorse), Allod Cancors, des Gaugrafen des fränkischen Oberrheingaus aus dem Hause der Rupertinger. Sein Herrenhof war eine einstige römische VILLA RUSTICA; aus ihr entwickelte sich das erste Kloster Lorsch.

Von der berühmten Reichsabtei, dem »königlichen Kloster, des Königs Wohnort und Thronsitz der Kaiser«, wie die Lorscher Chronik verkündet, ist außer der berühmten Königshalle und Resten der nach dem Brand von 1090 neugebauten Basilika nichts erhalten.

Cancor und seine Mutter Williswinda hatten 763 ihr Gut Lauresham dem Bischof Chrodegang von Metz, einem Verwandten der Karolinger, geschenkt, damit er hier ein Kloster baue. Chrodegang hatte 745 oder 749 das Kloster Gorze bei Metz gegründet, und 763 erfolgte nun von hier aus die Gründung der Abtei Lorsch.

Ein Jahr später kam es zu einer erneuten Schenkung Cancors, deren Urkunde die erste Erwähnung des Klosters enthält. In diesem Jahr brachten Benediktinermönche aus Gorze in feierlichem Zug die von Papst Paul I. geschenkten Reliquien des römischen Märtyrers Nazarius in das neue Stift, und 765 übergab Chrodegang, der nach Metz zurückkehrte, die Leitung der Abtei seinem Bruder Gundeland, der im gleichen Jahr den Neubau des Klosters auf der Anhöhe westlich vom Altenmünster, der ersten Anlage, begann. 774 wurde die Basilika von dem Schüler und Nachfolger des heiligen Bonifazius, Erzbischof Lullus von Mainz, in Anwesenheit der Bischöfe von Passau, Würzburg, Trier und Metz und Karls des Großen mit seiner Familie den Apostelfürsten Petrus und Paulus sowie dem heiligen Nazarius geweiht.

Karl der Große hatte bereits zwei Jahre zuvor Lorsch aus der Oberhoheit des Erzstiftes Mainz gelöst und unter seinen persönlichen Schutz gestellt; so ist Lorsch eine reichsfreie Fürstabtei geworden, die nur die Hoheit des Papstes anerkannte. Dank der zahlreichen Schenkungen nahm Lorsch einen schnellen Aufstieg. 793 schenkte Karl der Große der Abtei Heppenheim samt dessen Mark, welche sich von Alsbach bei Weinheim über den Odenwald bis zum Neckar erstreckte. Außer diesem Besitz hatte Lorsch noch viele andere Güter, die über das ganze westliche Frankenreich verstreut lagen, von Gent bis Brumath im Elsaß, von Gorze bis zur östlichen Limeslinie. Stolz vermerkt der Chronist, daß die Mönche von Lorsch »durch das ganze Reich reisen können, ohne eine Nacht auf fremdem Grund und Boden verbringen zu müssen«. Kaiser Ludwig der Deutsche rundete den Besitz der Abtei ab und machte sie zum geistigen und kulturellen Mittelpunkt seines Reichs. Er bestimmte Lorsch als kaiserliche Grablege. 882 ist er in der Gruftkapelle beigesetzt worden, wo auch sein Sohn Ludwig, sein Enkel Hugo, Kunigunde – die Gemahlin König Konrads I. – und Angehörige des hohen Adels ruhten, unter ihnen auch der von Kaiser Karl abgesetzte Bayernherzog Tassilo, der seit 788 als Laienbruder in Lorsch seine Tage beschließen mußte. Tassilos Grab lag vor dem Nikolausaltar im nördlichen Seitenschiff.

Die Karolinger haben der neuen Klostergründung ihre besondere Gunst geschenkt, vor allem wahrscheinlich, um der Ausdehnung des mächtigen Klosters Fulda, mit dem sie nicht gut standen, im Süden eine Grenze zu setzen und sich einen Stützpunkt auf der rechten Rheinseite zu schaffen. Lorsch lag sehr günstig am Schnittpunkt der Straßen von Basel nach Mainz und von Kaiserslautern über Worms zur Donau. Jedenfalls verdankte die Fürstabtei ihren glänzenden Aufstieg den weitzielenden Plänen der karolingischen Herrscher.

Hohe Gerichtsbarkeit, freie Abtswahl, Münz- und Marktrecht steigerten Macht und Rang der Abtei, die stets kaisertreu geblieben ist. Papst Leo IX. weihte 1052 die 880 an den

Chor der Basilika angefügte Gruftkapelle. Als 1800 ein Mainzischer Forstmeister dort Ausgrabungen vornehmen ließ, fand man Sarkophage, darunter einen mit ionischen Pilastern geschmückten, den man heute für den Sarkophag Ludwigs des Deutschen hält. Den Reformbestrebungen Leos IX. setzte der Abt von Lorsch heftigen Widerstand entgegen und blieb fest auf kaiserlicher Seite. Der riesige Landbesitz wurde in zwölf Hauptlehen unterteilt, die ihrerseits in hundert kleinere Lehen zerfielen, so daß der Fürstabt über eine Gefolgschaft von 1200 Lehensleuten verfügte.

»Ein Wunder an Pracht und Schönheit« nennt die Chronik der Metzer Bischöfe Lorsch, aber es war auch geistiger Mittelpunkt im klösterlichen Leben Deutschlands; ihm unterstanden das 870 gegründete Filialkloster St. Michael auf dem Heiligenberg bei Heidelberg und Stift Neuburg am Neckar. Im Todesjahr Kaiser Heinrichs III. wurde aus den Reihen der Benediktinermönche Udalrich zum Abt gewählt, ein energischer Herr, wie ihn das Kloster damals brauchen konnte, denn König Heinrich IV. hatte die Abtei seinem Lehrer Erzbischof Adalbert von Bremen geschenkt. Udalrich aber, wie wir gehört haben, setzte sich durch, und das Kloster blieb unangetastet und reichsfrei.

Abt Sigehard von Schauenburg (1167/98) brachte die Abtei noch einmal zu hoher kultureller Blüte. Ihm wird auch die Fassung C des Nibelungenliedes, die sogenannte Hohenems-Laßbergsche Fassung, zugeschrieben. Mehrere Male wird Lorsch als die Gruft der Nibelungen-Könige und als Grabstätte Siegfrieds im Epos erwähnt:

Zu Lorsch im hohen Münster,
Berühmt von Land zu Land,
In einem langen Sarge
Er seine Ruhe fand.

Unter Abt Sighard vernichtete 1090 ein großer Brand die Basilika, die wieder aufgebaut und 1113 geweiht wurde. Nach dem Tode des Abtes brach Lorsch wirtschaftlich zusammen,

Waz ye gewant kriemhild immere waz ir dag
Sy ward ir guter trewen nimmer mer berait
Seit gedet auch fraw kriemhild ir hertzenliche laid

Aventeur wie der nibelung hort ze wurms pracht

So die edel kriemhild also verwittwet wart
bey ir in dem lande der graf ekkewart
beleipt mit seinen mannen der dient ir zu allen tagn
Der half auch seinen herren der frawen kriemhilden
Ze wurms bey dem munster ain gezimer man ir sch
wit unde mich reich unde gros
Da sy mit irem gesinde seit an frewde sas
Sy waz ze kirchen gern und döt vil gutlichen dag
So man begrub ir fridel wie sellten sy daz lie
mit traurigem mute sy alle zeit dar gie

IV Der Nibelungenhort wird nach Worms gebracht

19. Aventure der Nibelungenhandschrift
(Hundeshagenscher Kodex, Ms. germ. fol. 855)
Staatsbibliothek Preußischer Kulturbesitz, Berlin

denn sie war, wie der Chronist traurig bemerkt: *krank vom Scheitel bis zur Sohle.*

Der Niedergang der berühmten Abtei begann. Sie wurde 1226 durch Papst Gregor IX. Kurmainz unterstellt, und da sich die Benediktiner dieser Regelung widersetzten, wurden sie mit Waffengewalt vertrieben. 1248 ließen sich Prämonstratenser in Lorsch nieder, welche die abermals abgebrannte Kirche wiederherstellten. Aber auch die Prämonstratenser wurden während der Reformationszeit um 1555 verjagt, denn die Abtei war an Kurpfalz verpfändet worden. Im achtzehnten Jahrhundert begann man das verlassene Kloster als Steinbruch zu benutzen; so verschwand es schließlich fast ganz. Zwischen 1927 und 1936 wurden umfangreiche Grabungen vorgenommen, die das vollständige Bild einer karolingischen Klosteranlage ergaben. Der ganze Bezirk war einst von einer Mauer umzogen, die mit Ausnahme der Nordseite erhalten ist. Türme, Bastionen, Wehrgang fehlen, ebenso das große Westtor, das 1849 abgebrochen worden ist, das Osttor und zwei Tore im Norden und Süden. Nur die Königshalle auf der Südostseite steht noch, als das einzige gut erhaltene Gebäude der Anlage.

Man betrat den Klosterbezirk von Westen her und stand am Anfang der VIA SACRA. Vor dem Besucher lag das große Atrium, flankiert von langen Arkadengängen. Dort steht frei im Raum die Königshalle, durch die man vor das mächtige Westwerk der Basilika gelangte. Im Süden lagen Kreuzgang, Konvents- und Wirtschaftsgebäude.

Vielleicht ist die Königshalle, eine der bedeutendsten erhaltenen Schöpfungen karolingischer Architektur, als Symbol kaiserlicher Macht und kaiserlichen Schutzes für die Abtei errichtet worden. W. Selzer nimmt an, daß die Torhalle oder Königshalle bei der Weihe der Basilika 774 schon vollendet gewesen sei, als Portal und Empfangshalle, die auch als STATIO auf dem Weg zur Kirche liturgische Bedeutung hatte. Kam der Herrscher zu Besuch, so wurde er am Westtor, der ersten STATIO, begrüßt. Er empfing sodann in der Königshalle, im

Obergeschoß des Baues, Abt und Adel. Der Kaiser saß dabei auf der Ostseite, Klerus und Würdenträger standen im Westen. In der Kirche jedoch, der dritten STATIO, saß der Kaiser dann wie in Speyer im Westchor, dem Königschor, der Abt amtierte im Ostchor. In der Königshalle, die auch als Gerichtslaube diente, verbinden sich Elemente einer germanischen Königshalle »westgotisch-angelsächsischer Prägung mit der Idee des römischen Triumphbogens« (Heinz Biehn). »Wie ein Denkmal der Gesamtsituation steht ein einziger Bau noch aufrecht: die Torhalle von Lorsch«, sagt Braunfels. »Es ist der erste Steinbau, in dem der königliche Anspruch der neuen Dynastie kenntlich wird.«

Es ist ein zweigeschossiger Bau über rechteckigem Grundriß, dessen Obergeschoß wohl zuerst Königshalle war und dann eine Kapelle barg, zu erreichen durch die beiden seitlich angebauten Tortürme. Die flachgedeckte Erdgeschoßhalle öffnet sich auf beiden Seiten in Bögen und diente wahrscheinlich als Gerichtslaube. Zwischen den Arkaden steigen Halbsäulen mit reichen Blattkapitellen auf, während das Obergeschoß durch Lisenen mit Spitzgiebeln gegliedert wird. Die Werkstücke stammen aus Gorze. Die kostbare, fast schreinartige Wirkung des Baus wird durch Wandverblendungen aus sechseckigen roten und kleineren dreieckigen weißen Steinen, die mit dem Mauerwerk verbunden sind, erzielt. Teppichartige Wandverkleidungen dieser Art durch weiße und rote Steine gibt es auch in einer französischen Kapelle (oder Krypta) des siebten Jahrhunderts in der Nähe von La-Ferté-sous-Jouarre und am Palast Harun al Raschids in Raqqa.

Es ist nicht ganz sicher, daß das Innere dieses Bauteils ursprünglich profanen Zwecken diente; die unter den gotischen Fresken zum Vorschein gekommenen Reste karolingischer Malerei werden verschieden gedeutet. Beim Umbau des Obergeschosses am Ende des vierzehnten Jahrhunderts wurde die Flachdecke durch eine hölzerne Tonnendecke ersetzt; die heutige Holztonne stammt aus den dreißiger Jahren unseres Jahrhunderts, damals wurden barocke Einbauten bei der Restaurierung des Gebäudes entfernt. Die Fresken der gotischen Zeit zeigen musizierende Engel, die Aufnahme Christi in den Himmel, Schmerzensmann und die Jungfrau Maria.

Albrecht Kottmann hat interessante Studien zur Verbindung zwischen Lorsch und der oberitalienischen Architektur jener Zeit gemacht. Nach der Eroberung der Po-Ebene durch die Langobarden begann eine Verschmelzung antiken und germanischen Formengutes, und daraus entwickelte sich ein besonderer langobardischer Stil, dessen erste Werke um 600 entstanden sind und dessen Entwicklung um 800 abgeschlossen war. Diese langobardische Kunst hat einen beträchtlichen Einfluß nördlich der Alpen ausgeübt. In Italien haben sich nur wenige Bauwerke dieses Stils unversehrt erhalten. König Rothari (636 bis 652), der ›König Rother‹ der Spielmannsepen, erließ eine Sammlung von Gesetzen, das »Edikt Rotharis«, in der auch das Bauwesen geordnet ist. »König Luitprand (712 bis 744) normte den Fuß als offizielles Baumaß und schuf die noch lange nach dem Untergang des langobardischen Reichs übliche Maßeinheit, den ›Pes Liutprandi‹« (Kottmann). Der langobardische Fuß hat wie der römische eine Länge von dreißig Zentimetern. Kaiser Karl der Große brachte als Bewunderer antiker Kunst langobardische Künstler nach Deutschland, vor allem Steinmetzen. Um die Torhalle in Lorsch läuft ein Blattfries italienischer Herkunft; man fand sehr Ähnliches in Ravenna und Pavia. Aber auch die Kapitelle, die Konstruktion der Türgewände in Lorsch weisen auf eine langobardische Bauhütte. Die Maße der Torhalle entsprechen, wie Kottmann festgestellt hat, oberitalienischen Bauwerken, wie etwa denen von San Giorgio di Valpolicella. Dieser langobardische Bautrupp hat sicher auch in Hirsau gearbeitet.

»So strömt«, schreibt Friedrich Gerke, »in der Architektur von Lorsch alle Hochkultur der damaligen Welt zu einer einzigartig fränkischen Synthese zusammen: die monumentale Einfachheit spricht für die Subjektivität des schöpferischen Baugedankens, aber es ist, als seien die Künste der Römer wie der Griechen, der Syrer wie der Angelsachsen, der Westgoten wie der Iren zusammengekommen, um sich in einem welthistorischen Format zu treffen.«

Die berühmte Bibliothek des Klosters, zu welcher der »Lorscher Codex Aureus« und der »Lorscher Livius« (die Bücher 41 bis 45 des römischen Historikers) gehörten, war im sechzehnten Jahrhundert in die ›Bibliotheca Palatina‹ zu Heidelberg gelangt und wurde mit dieser 1622 dem Papst geschenkt. Wie es zu dieser Schenkung kam, werden wir noch hören.

Vom siebten bis achten Jahrhundert stand die irisch-angelsächsische Mönchskultur in höchster Blüte und in enger Beziehung zu Rom. Die Werke der spätantiken Malerei waren ihr vertraut, und sie verstand es, keltisch-germanische Formen auf das kühnste und schönste mit spätantikem Formengut zu verschmelzen und tiefen, nachhaltigen Einfluß auf die europäische Buchmalerei zu gewinnen. Iren und Angelsachsen kamen als Missionare auf den Kontinent und brachten ihre Kunst mit. In drei Formen, stellt Braunfels fest, erscheint die insulare Buchkunst bei uns: als Handschriften, welche die Missionare mitbrachten, als Handschriften, welche sie in kontinentalen Klöstern schrieben, und als solche, die von ihren Schülern geschaffen wurden. Die Trierer und Echternacher Werkstätten, die Aachener Schule sind berühmt geworden, aber es gab allenthalben Zentren der Buchmalerei, wie Salzburg, Utrecht oder Tours. Auch in der Freskomalerei, wie wir sie in St. Proculus zu Naturns im Vintschgau oder in St. Johannes zu Mustair in der Schweiz sehen können, erkennen wir den Einfluß angelsächsischer Kunst.

Braunfels unterscheidet für die Erzeugnisse der Aachener Buchmalerei zwei Gruppen, die der Kaiser- und die der Königshandschriften. Zu ersterer gehört der »Lorscher Codex«, ein Evangeliar, das ein bewegtes Schicksal gehabt hat. Unter Abt Adelung (804 bis 827) dürfte der Codex nach Lorsch gekommen sein, denn der älteste Klosterbibliothekskatalog von etwa 830 nennt eine Prachthandschrift, die als Lorscher Evangeliar identifiziert worden ist. 1563 wurde das Kloster im Zuge der Reformation aufgehoben, aber schon wenige Jahre zuvor hatte Kurfürst Ottheinrich von der Pfalz die Bücherbestände seiner Heidelberger Bibliothek einverleibt. Ein Vermerk auf der letzten Seite des Codex meldet, daß das Buch im Jahre 1479 Eigentum Lorschs war und neu gebunden wurde. Spätestens in jenem Jahr ist es in zwei Bände geteilt worden. Wahrscheinlich sind beide Bände zu Beginn des achtzehnten Jahrhunderts noch in Rom gewesen, doch nicht zugleich in der Bibliotheca Vaticana. Ende des achtzehnten Jahrhunderts tauchte im Besitz des Kardinal-Erzbischofs von Wien, Migazzi, der erste Teil des Codex auf, den der Kardinal 1785 an den Grafen Ignaz Batthyány, Bischof von Siebenbürgen, verkaufte. Batthyány stiftete die Handschrift später der von ihm gegründeten Bibliothek Karlsburg, heute Alba Julia.

Es sind die Elfenbeindeckel des Codex, welche es ermöglichten, den Zeitpunkt seiner Halbierung festzustellen. Die Christustafel des Vatikans bildete mit einer Silberplatte im achtzehnten Jahrhundert noch den Einband des zweiten Teils. Auf dieser Silberplatte ist ein Kruzifix eingraviert, dessen Stil auf die Zeit von 1479 hinweist. Der zweite Deckel, die Madonnentafel, war den Römern in der Mitte des achtzehnten Jahrhunderts unbekannt. »Gleichzeitig«, schreibt Braunfels, »muß ein Kopist oder Fälscher beide Tafeln gekannt und auch von ihrer Zusammengehörigkeit gewußt haben.« Die Repliken des Christus und der Madonna im Museum zu Agram und der Engel der Sammlung Hüpsch in Darmstadt sind durch Vergleich des Engels mit dem vatikanischen Vorbild als Fälschungen des ausgehenden achtzehnten Jahrhunderts erkannt worden.

Man hat dem mit der Überführung der Heidelberger Bestände nach Rom betrauten Legaten Leo Allatius schon früh den Vorwurf gemacht, einzelne Bände der Bibliothek veruntreut zu haben. So mag sich der erste Teil der Handschrift seit damals in einer römischen Privatbibliothek befunden haben, deren Besitzer das kostbare Stück geheimhielt. 1853 kam die Madonnentafel, der Einbanddeckel des ersten Teils der Handschrift in Alba Julia, in Köln zur Versteigerung und 1866 über die Sammlungen des Fürsten Soltikoff und Webbs in das Londoner Victoria- und -Albert-Museum. Der Prestel Verlag hat 1967 die Handschrift zum ersten Mal publiziert.

Das Evangeliar ist wahrscheinlich das letzte von Karl dem Großen in Auftrag gegebene Buch (um 810). Es hat großen Einfluß auf die spätere mittelalterliche Buchmalerei gehabt.

Michelstadt

Wir kehren nach Bensheim zurück und reisen weiter durch eine schöne Waldlandschaft über Lindenberg ins Herz des Odenwaldes mit seinen tiefen Forsten, Wiesentälern, Bächen, Dörfern und Städtchen nach Michelstadt. Das Städtchen liegt im Herzen der Grafschaft Erbach. Es ist ein malerischer Ort mit seinem kraftvoll-zierlichen, spitztürmigen Rathaus von 1484, mit der offenen Gerichtshalle, mit Häusern des sechzehnten bis achtzehnten Jahrhunderts, mit der Stadtkirche, die 821 geweiht und im fünfzehnten Jahrhundert umgebaut worden ist. Da liegt die gräfliche ›Kellerei‹ aus dem vierzehnten Jahrhundert (im sechzehnten Jahrhundert verändert) mit dem mächtigen Kreuzgewölbe im Erdgeschoß. Das alles war einst umzogen von der Stadtmauer, die in Teilen noch erhalten ist.

Vor der Stadt liegt Schloß Fürstenau, eine ehemalige Wasserburg aus gotischer Zeit, welche die Erbach 1348 kauften. Von der alten Burg sind die beiden nördlichen Türme erhalten, die beiden südlichen waren zur Zeit der Renaissance erneuert worden, als das Schloß zur Residenz ausgebaut wurde. 1588 ließ Graf Georg den kühnen, eleganten Schwibbogen mit seiner Maßwerkgalerie zwischen den beiden Flügeln schlagen. Die umfangreiche Gebäudegruppe – dazu gehört auch das neue Palais von 1810 – liegt in wunderbarem

Zusammenklang mit Park, Wald und Wiesen in der Landschaft. An der Schloßbrücke, vor der Torfahrt zum Hof, steht ein zierlicher, im Geburtsjahr Mozarts gebauter Pavillon, dicht an der Mümling, wo sich zwei von Michelstadt kommende Alleen kreuzen. Das Obergeschoß mit einem stuckierten und gemalten Sälchen diente zu Konzerten und Theateraufführungen. Verspielt, ganz für sich und abseits vom großen Schloß liegt der Pavillon zwischen dem Grün der Bäume, Sinnbild der Lebensfreude des Rokoko.

Und wieder etwas weiter, westlich vom Schloß, am Rand des Dorfes Steinbach, leuchtet zwischen den Obstbäumen der rote Sandstein der 827 vollendeten Einhards-Basilika, deren Mittelschiff mit Apsis, ferner die nördliche Seitenschiffsapsis und eine kreuzförmige Gangkrypta erhalten sind. Die Seitenschiffe der einst dreischiffigen Basilika wurden abgetragen, die Westfassade im sechzehnten Jahrhundert neu gebaut. Es ist ein schlichter Bau mit sparsam verwendeten Schmuckformen, doch eine der bedeutenden karolingischen Architekturen nördlich der Alpen. 814 schenkte Kaiser Ludwig der Fromme dem Verfasser der »Vita Caroli«, Einhard, die Mark Michelstadt, das spätere Herzstück der Grafschaft Erbach. Um seinem Steinbacher Kirchenbau größere Bedeutung zu geben, verschaffte sich Einhard die Gebeine von Märtyrern. Er schickte seinen Notar und Diener Rathleich daher nach Rom, wo dieser in der Kirche des heiligen Tiburtius die Gebeine des Petrus und Marcellinus fand, heimlich an sich nahm und über Pavia, St. Moritz und Solothurn nach Hause brachte. Von Solothurn an »glich seine Reise einem Triumphzug. Große Volksscharen zogen ihm aus allen Orten entgegen und empfingen die Reliquien mit Lobgesängen und geistlichen Liedern«. Die kostbaren Gebeine wurden im Chor der Kirche untergebracht, aber durch Träume und andere Zeichen erfuhr Einhard, daß er sie an einen anderen Ort bringen müsse. So zog er, zum größten Leidwesen der Bevölkerung, nach Seligenstadt am Main und baute dort das Kloster, als dessen erster Abt er 844 gestorben ist.

Die Grafen zu Erbach

Das bedeutendste Geschlecht des Odenwaldes sind die Grafen zu Erbach, die sich vor allem durch die wirtschaftliche und kulturelle Fürsorge für ihr Land einen Namen machten. Höchstwahrscheinlich ist es ein fränkisches Geschlecht, das, wie behauptet wird, bereits seit Ende des fünften Jahrhunderts im Odenwald ansässig war, eine Behauptung, für die keine Beweise zu erbringen sind. Es ist aber die einzige Familie in diesem Gebiet, die schon um 1250 zum alten Herrenstand mit hoher Gerichtsbarkeit gehörte. Ende des achten Jahrhunderts jedenfalls tritt in einer Schenkungsurkunde an das Kloster Lorsch und in der Grenzbeschreibung der Mark Heppenheim als Zeuge ein Gerhart auf, ein Name, der in früher Zeit öfter bei den Erbach erscheint. Der Sage nach sollen die Grafen von Prinzessin Imma, einer Tochter Karls des Großen, und ihrem Mann Einhard abstammen. Einhard war vermutlich ein geborener Odenwälder, der so glücklich war, vom Kaiser Güter in seiner Heimat zu Lehen zu empfangen. Es wäre daher nicht unwahrscheinlich, daß die Sage recht hat, zumal die Hauptsitze Erbach und Fürstenau in unmittelbarer Nähe von Michelstadt liegen. Schon vor 1223 hatte die Familie Erbach das Reichsschenkenamt inne, gehörte also zu den großen Ministerialenfamilien wie die Waldburg oder die Münzenberg. König Heinrich VII. übergab das Amt mit allen Rechten der Kurpfalz, wodurch die Erbach Schenken der Wittelsbacher wurden. Wie ihre Standesgenossen aus reichsunmittelbaren Häusern finden wir sie im Dienst des Reichs, der Kirche und der Fürsten in hohen Stellungen. Da gibt es den Erzbischof Dieter von Mainz, mehrere Großhofmeister der Kurpfalz, einen Landvogt im Elsaß, Gesandte und Generäle. 1532 wurde das Haus Erbach in den Reichsgrafenstand erhoben. Sie erlangten, wie beinahe hundert Jahre zuvor die Ysenburg, durch die Grafenwürde jedoch keine Rechte, die sie nicht schon innehatten. Es handelte sich eigentlich nicht um eine Standeserhöhung, sondern eher um einen Titel zur Unterscheidung von Angehörigen der Reichsritterschaft, die sich allmählich in den alten Herrenstand hineindrängten. 1806 erfolgte die Mediatisierung der Grafschaft, die an Hessen-Darmstadt fiel. Die Familie teilt sich in drei Linien: Erbach-Erbach, Erbach-Fürstenau und Erbach-Schönberg. Die Erbach-Schönberg erhielten 1903 den hessischen Fürstentitel. Karl Julius Weber, der Verfasser des »Demokritos«, schrieb über das Haus Erbach:

Zehn Jahre habe ich einem weiland reichsständischen Hause und zween Herren gedient, mehr Freund und Vertrauter als Diener. Beide waren Männer von Welt, grau geworden im Dienst großer Monarchen – beide hatten in Österreich zu oft über den Arlequino fingente principe gelacht, um solchen zu spielen – beide würdig der Vorrechte edler Geburt und eines erhabenen Ranges durch Verdienst und die edelsten Eigenschaften des Herzens.

Erbach

Die Residenz Erbach liegt im engen, von Waldbergen gesäumten Tal der Mümling. Hier steht die alte Stammburg des Hauses, an die sich zunächst die Häuser des Lehenshofes, der adligen Vasallen, dann die 1321 zuerst erwähnte Stadt anschlossen.

Da saßen die Herren von Kottwitz, von Eicholsheim, Habern, Echter von Mespelbrunn, Angersbach, Gans von Otzberg und andere mehr. Das durch seine Elfenbeinschnitzereien berühmte Städtchen wirkt durch sein großes Schloß wirklich als kleine Residenz, doch sind Straßen und Plätze behaglich intim, wie es den Siedlungen einer ausgeglichenen und zufriedenen Bürgerschaft eigentümlich ist. Daran ändert auch nichts die Meinung eines Kroaten, der im Dreißigjährigen Krieg mit seiner Truppe in Erbach lag und an die Haustür seines Quartiers geschrieben hat: »zu Erpach in dem Odenwald, gibt's nix zu fressen, ist serr kalt.«

Von der mittelalterlichen Burg – ehemals eine ringförmige Anlage mit Zwinger und Graben, wie wir sie im oberhessischen Büdingen noch sehen können – ist der hohe schlanke Rundturm mit Buckelquadern und spitzem Helm von 1487 erhalten. Der stattliche gotische Wohnbau mußte 1736 dem geräumigen Barockschloß weichen, das nach Plänen des nassauischen Baumeisters Friedrich J. Stengel errichtet wurde. Die vornehme, ruhige, doch festliche Fassade ist durch ein Mittelrisalit mit Pilastern und einem Balkon auf Säulen gegliedert. Durch die Torfahrt des Archivbaus mit dem Erbacher Wappen, flankiert von den Statuen der Gerechtigkeit und Güte, gelangt man in den von Gebäuden des sechzehnten Jahrhunderts umstandenen Schloßhof.

Am weiten Marktplatz mit dem säulengeschmückten Wachtbau und dem Denkmal des Grafen Franz steht im Nordosten das malerische Rathaus, und dahinter steigt der Turm der Stadtpfarrkirche auf. Durch den Torbau mit schöngegliedertem Renaissancegiebel betritt man die alte Stadt. In der Torfahrt, dem ›Städtelbogen‹, liegt der Eingang zu einem kleinen Gewölbe, dem früheren ›Narrenhüselin‹, in dem einst Betrunkene und Tobsüchtige vorübergehend eingesperrt wurden. Im Westen des Platzes führt eine Brücke unter uralten Platanen über die Mümling in den Park, in dem die Orangerie von 1722 steht. Neben der Brücke liegt der barocke Marstall, davor ein Brunnen mit einem Löwen, der das Erbacher Wappen hält.

Der Ort bestand anfänglich in der Hauptsache aus den Häusern der adligen Vasallen und bildete sich erst nach und nach zur Stadt aus. Der ebenfalls an Stengel erinnernden, 1750 geweihten Pfarrkirche mit wappengeschmückten Portalen und schlichtem, weiß-gold gehaltenem Innenraum liegt die Städtelgasse gegenüber mit ihren prachtvollen Fachwerkbauten, darunter das Haus der Eltern Bischofs Julius Echter von Würzburg aus dem Jahre 1545. Dahinter steht das mittelalterliche Templerhaus mit hohen Treppengiebeln. Die teilweise erhaltene Stadtmauer umgibt noch die Nord- und Westseite der Stadt, vom Schloß durch die hohe, kräftige Schildmauer getrennt. Wie in Braunfels, Büdingen oder Wertheim schlägt uns hier die Atmosphäre einer alten Stadt in ihren Bann, als Bild eines natürlich Gewordenen und Gewachsenen. In der Überschaubarkeit solch eines kleinen Gemeinwesens wird uns die Bedeutung des Erbes, der Verwurzelung im eigenen Grund und Boden deutlich.

Wie tief das Haus Erbach seinem Land verbunden ist, zeigt eine Begebenheit, die mein Großvater in Berlin erlebte, als der ›regierende‹ Graf zu Erbach-Erbach auf einem Hofball Bismarck vorgestellt wurde. Dieser fragte den Grafen, ob er viel reise, worauf er die Antwort erhielt: »Ei gewiß! Im Erbachsche!«

Der Sammler

Ein ganz besonderer Herr ist Graf Franz zu Erbach-Erbach gewesen; er ist als Sammler und als Erforscher der römischen Vergangenheit des Odenwalds berühmt geworden.

Mannheim wirkte durch seinen berühmten Antikensaal auf den Geschmack der Zeit. Johann J. Winckelmanns schöne Worte über die Antike und antike Kunst machten den tiefsten Eindruck, durch ihn erhielt die klassizistische Geschmacksrichtung in Deutschland den stärksten Impuls. Seine 1755 veröffentlichten »Gedanken über die Nachahmung der griechischen Werke in Malerei und Bildhauerkunst« begründeten seinen Ruhm. Die Villa Albani in Rom, Sitz des Kardinals Albani, dessen Sekretär Winckelmann war, wurde zum Mekka aller Bewunderer antiker Kultur. Mit ungeheurem Interesse verfolgte die gebildete Welt die Ausgrabungen von Pompeji und Herculanum; 1764 erschien Winckelmanns »Geschichte der Kunst des Altertums«, zwei Jahre später Lessings »Laokoon«. Im letzten Viertel des achtzehnten Jahrhunderts erreichte das Interesse der Sammler an antiken Kunstwerken seinen Höhepunkt. Man betrachtete die antike Welt dabei nicht als eine nach Ort und Zeit bedingte Wesenheit, sondern als völlig zeitlose Herrlichkeit, die nie aufhören könne, ihre Gültigkeit zu behaupten und für alle Völker und alle Ewigkeit verbindlich sei. In diese Zeit hineingeboren wurde 1754 Franz zu Erbach-Erbach. Nach sorgfältiger Erziehung ging er mit seinem Hofmeister auf die Kavalierstour, bereiste die Schweiz und machte einen Abstecher nach Fernet, um Voltaire zu besuchen. Weiter zog er über Straßburg nach Paris und London und schließlich über Wien nach Italien. Sechs Jahre dauerte diese Bildungsreise, dann kehrte er zurück, um die Regierung der Grafschaft anzutreten. Er wurde ein guter, pflichtbewußter Landesherr, unter dem Erbach der geistige Mittelpunkt des Landes wurde. Vor allem aber wurde ihm die Beschäftigung mit der Antike bald zur Passion; er begann zu sammeln.

Dem jungen Franz war Rom zu einem tiefen Erlebnis geworden. Seine Kenntnisse und Vorstellungen bildeten sich an den antiken Dichtern und Historikern. Schon früh hatte er sich für die römische Besiedelung des Odenwalds interessiert, und planmäßig erforschte er nun den Verlauf des Limes, der sich mit einer Kette von Kastellen von Obernburg am Main über den Höhenzug über dem Mümlingtal nach Nekkarburken zieht. Er stellte das System der römischen Befestigungen fest und gab bald eine Beschreibung desselben heraus. Im Park des 1770 gebauten Jagdschlosses Eulbach bei Erbach befinden sich Teile des römischen Kastells Würzberg, die zu einem Tor des 1802 von Sckell angelegten Parks zusammengefügt wurden.

1790 unternahm der Graf eine zweite Reise nach Rom. Er schreibt von dort:

Heute Morgen habe ich den Tod Cäsars gelesen und mit neuer Bewegung. Nachdem ich meine Lektüre beendigt, ließ ich mich nach dem Palast Spada fahren, um die berühmte Statue des Pompejus zu sehen, dieselbe, welche ehedem in der Curie stand, und unter der Cäsar auf dem Capitol seine große Laufbahn beendigte. Ich kann Euch nicht sagen, was ich empfand, als ich diese Statue sah. Cassius, Brutus und die Anderen und vor allem der große Mann, den sie ermordeten, sie standen alle vor meinem Auge. Sie wüthend und wild. Er – wie er sich wehrte, wie er fiel, und wie er seinen letzten Seufzer unter der Statue aushauchte. Oh, wie ist man glücklich, wenn man zu Rom lebt; hier muß man die Geschichte lesen, aber man muß auch ein wenig Enthusiast sein, um die Freude voll und ganz genießen zu können.

Franz Erbach hatte deutliche Vorstellungen von der Kontinuität antiker Kultur im europäischen Geistesleben; sein Sammeleifer war vor allem auf sie gerichtet, damit die Verbindung zur abendländischen Kultur nicht abrisse. Aus Rom, Tivoli, Neapel, Herculanum und Pompeji brachte er Büsten, Hermen, Statuen, Vasen, Mosaiken, Bronzen und Waffen nach Erbach.

Durchschreiten wir heute die Räume, die Franz Erbach für seine Sammlungen herrichten ließ, erfahren wir nicht nur vieles über die Art der Sammeltätigkeit des späten achtzehnten Jahrhunderts, sondern auch vieles über die liebenswürdige Gestalt des Grafen, dem es als eine edle Pflicht erschien, die Bewohner seines Landes mit der Schönheit klassischer Kunst bekannt zu machen.

Er sammelte aber auch mittelalterliche Plastik, Glasmalereien, vor allem Rüstungen und Waffen, und der Rittersaal birgt ausgezeichnete Erzeugnisse der Plattnerkunst.

Dieser Sammeleifer des Erbachers wurde zum Anlaß einer amüsanten Geschichte. Der Graf hatte während seiner römischen Aufenthalte in den vatikanischen Sammlungen den sogenannten ›Helm von Cannae‹ gesehen, einen Goldhelm, den Hannibal getragen haben soll. Diesen Helm mußte er für die Erbacher Sammlung haben! Sein Entschluß stand fest. Heimlich hatte er die Höhe der Statue gemessen, an der der Helm befestigt war, und zu Hause ließ er einen Teller in gleicher Höhe anbringen und einen jungen Jäger danach springen. In wenigen Tagen gelang es dem kräftigen Burschen, den Teller herabzuholen. Nun mußte er den Sprung, eingehüllt in einen weiten Radmantel, üben und als ihm dies gelungen war, bestiegen sein Herr und er im Mai 1790 den Reisewagen und fuhren nach Rom. Dort nahmen sie getrennt Wohnung, da der Graf mit seinem Jäger nicht gesehen werden wollte. Es vergingen etwa sechs Wochen, die der Graf zum Ankauf einer Fülle von antiken Kunstwerken nutzte. Schließlich war der Tag herangekommen, an dem die vatikanischen Sammlungen nur für vornehme Fremde aus dem Ausland geöffnet waren. Im Museum angekommen, begrüßte Graf Erbach die zu seinem Empfang herbeieilenden Kustoden, verwickelte sie ins Gespräch und führte sie gemächlich in einen anderen Saal. Er hatte seinen Jäger dahin instruiert, daß der Helm an der Hand einer Minervastatue befestigt sei. Dieser entdeckte ihn auch alsbald. Als er noch überlegte, wie er den Raub ausführen solle, trat ein Schweizer Gardist auf ihn zu und fragte, wer er sei. Schlagfertig antwortete der junge Mann, er gehöre zur Begleitung des russischen Thronfolgers, der im Nebensaal wäre. Sofort stürzte der Schweizer dorthin, um den hohen Besucher auch zu sehen. Diesen Augenblick benutzte der Jäger, sprang und riß den Helm herab, wobei zu seinem Entsetzen die Hand der Minerva abbrach. Er verbarg Helm und Hand unter dem Mantel und verließ schnell das Museum. Als der Graf mit den Kustoden in den Saal zurückkehrte, sah er, daß der Helm fehlte, aber auch die Hand der Minerva. Schnell verabschiedete er sich, sprang in seinen Wagen, der in rascher Fahrt der Porta del Popolo zuflog und bald darauf auf der Straße nach Norden davoneilte.

Der Jäger versteckte zunächst den Helm im Kamin seines Quartiers und ließ die Hand der Göttin verschwinden. In Rom wurde der Diebstahl bald entdeckt; die Wogen der Erregung gingen hoch. Sofort verdächtigte man den Grafen Erbach, der als Kunstkenner und leidenschaftlicher Sammler bekannt war, und die Polizei tat alles, um des gräflichen Diebes habhaft zu werden. Da dieser aber den Helm nicht bei sich hatte, reiste er unangefochten von einer Grenze zur anderen nach Erbach zurück, wo er die Rückkehr des Jägers erwartete. Dieser hatte Befehl, nicht vor Ablauf von vier Wochen Rom zu verlassen, um nicht den überall lauernden päpstlichen Sbirren in die Hände zu fallen. Endlich konnte der Junge an die Heimreise denken. Er kaufte einen Esel, hüllte sich in die Kutte eines Bettelmönches, setzte einen breitkrempigen Pilgerhut auf, steckte die Beute in einen Bettelsack und ritt durch die Porta del Popolo davon. Über

Terni, Spoleto, Foligno, Nocera, über den Furlopaß, Urbino, Ancona, Bologna, Modena, Piacenza ritt er langsam als schmutziger Bettelmönch bis zur mailändischen Grenze, wo er mit List und Geschick einer Visitation entging. In Mailand legte er die Verkleidung ab, schnallte sich den Helm unter dem Rock auf den Rücken, so daß er einem Buckligen glich, und verließ die Stadt mit der Post. Über Chur und Feldkirch reiste er an den Bodensee und weiter über Ulm und Stuttgart in den Odenwald, wo er Ende August wieder eintraf. Ehe er Erbach betrat, kehrte er in einer Mühle ein, verwandelte sich wieder in den Bettelmönch und ritt auf des Müllers Esel in die Stadt. Begleitet von einer Schar johlender Buben zog er vor das Schloß, wo der Graf hocherfreut ihn und die Beute in seine Arme schloß.

Jahre gingen ins Land. Die Französische Revolution war vorübergegangen, die Grafschaft Erbach mediatisiert worden, aber in Rom hatten sie den Verlust des Helms von Cannae nicht verschmerzt. Die Kurie wandte sich an Kaiser Franz I. von Österreich mit der Bitte, zu intervenieren, denn kein anderer als Franz Erbach könne den Helm entwendet haben. Staatskanzler Fürst Metternich richtete ein Schreiben an den Grafen und forderte unverzügliche Rückgabe des Helms, denn diese Angelegenheit dürfe zu keiner diplomatischen Kontroverse führen. Der Graf antwortete, daß der Helm nunmehr den fideikommissarisch gebundenen Sammlungen seines Hauses angehöre und daher nicht veräußert werden dürfe. Metternich wandte sich nun an den Großherzog von Hessen, der den Grafen zum Mittagessen – *Sauerkraut, Erbsen und geräuchte Blutwurst* – nach Schloß Auerbach einlud, um ihm ins Gewissen zu reden. Der Graf fuhr also tiefbetrübt mit seinem Jäger und dem Helm nach Auerbach, doch der Großherzog, dem wohl das Abenteuer gefiel, hatte ein Einsehen, ließ ihm den Helm und schrieb in diesem Sinn nach Wien. Damit war die Sache aber noch nicht abgeschlossen. Während der Friedensverhandlungen 1919 in Versailles versuchte die Kurie nochmals vergeblich, die Herausgabe des

Helms durchzusetzen. – Im Zusammenhang mit dieser Geschichte schrieb mir Theodor Heuss:

Mit Erbach gibt es die Verbindung der Familienanekdoten von seiten meiner Frau. Sie hat immer erzählt, wenn zu irgendeinem Fürstenhaus, dann hat sie zu Erbach-Erbach dynastische Empfindungen, denn das Denkmal des Sammler-Grafen Franz hat rechts und links Reliefmedaillons, die die beiden Urgroßväter (oder Ururgroßväter) meiner Frau darstellen: der Jäger, der den Helm gestohlen hat, war der spätere Forstrat Louis, der so etwas wie der Eulenspiegel des Odenwaldes wurde; auf der anderen Seite befindet sich der Kammerrat Knappe, später der Verfasser des Hessischen Strafrechtes ...

Dank des Grafen, dieses energischen, keine Mühe und keine Mittel scheuenden Sammlers, standen die Erbach noch viele Jahre im Ruf, gerne etwas mitgehen zu lassen. Als Graf Adalbert von Erbach-Fürstenau von Kaiser Wilhelm II. empfangen wurde, rief dieser dem Bedienten zu: »Schließen Sie die Türen, sonst trägt uns der Graf Erbach die besten Stücke weg!« Als der Graf beteuerte, er habe nichts mit dem Sammler zu tun, erwiderte der Kaiser lachend: »Das ist mir einerlei. Alle Erbachs stehlen!«

Heidelberg

Die Stadt Heidelberg mit ihrem Schloß war für uns Kinder ein vertrautes Bild, denn vom großelterlichen Langenzell aus sind wir oft dorthin gekommen. Viele Jahre sind seitdem vergangen, und als ich wieder am Hang gegenüber der Stadt stand, erschien mit manches fremd. Als ich aber über die alte, mit der Statue des Kurfürsten Carl Theodor geschmückten Brücke ging und durch das Tor zwischen den beiden mittelalterlichen, barockbehaubten Brückentürmen schritt, erkannte ich wieder, was die Erinnerung bewahrt hatte: das alte zerbrochene Schloß, die Stadt, Kirchen und Häuser, ringsum die vertraute Landschaft.

Wie schön hat Clemens Brentano die Atmosphäre Heidelbergs wiedergegeben:

Der Mond, der Berg, das Flußgebraus
Lockt mich noch auf die Brück' hinaus.
Da war so klar und tief die Welt,
So himmelhoch das Sternenzelt,
So ernstlich denkend schaut das Schloß,
Und dunkel, still das Tal sich schloß,
Und um Gestein erbraust der Fluß,
Ein Spiegel all dem Überfluß.
Er nimmt gen Abend seinen Lauf,
Da tut das Land sich herrlich auf,
Da wandelt fest und unverwandt
Der heilge Rhein ums Vaterland,
Und wie ans Vaterland ich dacht',
Das Herz mir weint, das Herz mir lacht'.

Zwischen Heiligenberg und Königstuhl tritt der Neckar aus dem Odenwald in die weite Rheinebene. Er ist allerdings nicht mehr, wie noch Victor Hugo schrieb, »ein bezauberndes Mittelding zwischen Fluß und Wildbach, worin sicherlich niemals Dampfschiffe herumplantschen werden«, sondern durch viele Staustufen gezähmt und fließt still unter den Bogen der Brücken dem Rhein zu. Auch die Stadt ist gewachsen, aber das alte Stadtbild ist wunderbar erhalten und in engen, behaglichen Straßen ist noch viel Altbekanntes zu sehen. An der sich platzartig weitenden Hauptstraße steht die prächtige Heiliggeistkirche mit ihrem hohen Turm unter barockem Helm. Im Äußeren ist es ein schlichter Bau von guten Proportionen, doch das Innere ist von überraschender, großer Feierlichkeit. Das dämmrige Langhaus, errichtet zwischen 1413 und 1441, öffnet sich in den hellen, herrlichen Chor. Das Gewölbe des Chors, den Arnold Rype 1411 vollendete, wird von hohen schlanken Rundpfeilern getragen. Von der alten Ausstattung ist wenig erhalten, darunter Freskenreste, wie ein Fries von Wappen pfälzischer Adelsfamilien. 1693, im Pfälzischen Erbfolgekrieg, brannte die Kirche vollkommen aus; die kurfürstlichen Grabmäler lagen zerschlagen, die Gräber waren aufgerissen und die Leichen auf die Straße geworfen worden, »insonderheit Ihro Churf.

Durchl. Carl Ludwig das Haupt abgerissen und auf dem Markt herumb – wie auch Churfürst Carlen Leichnam auch auff den Marckt geworffen«.

1700 wurde dem Kurfürsten der Vorschlag gemacht, die zerbrochenen Grabdenkmäler, darunter das sehr reiche Ottheinrichs, zu entfernen und sie an einem sicheren Ort aufzubewahren; sie sind seit damals verschollen geblieben. Nur ein Grabmal ließ man zurück, es stand einst vor dem Hochaltar im Chor: die Tumba des Kurfürsten Ruprecht III., der als König Ruprecht I. die deutsche Krone getragen hat und 1410 starb, und seiner Gemahlin Elisabeth von Hohenzollern. Das Grabmal, welches das königliche Paar in jugendlichem Alter darstellt, gehört zu den bedeutenden Schöpfungen der Plastik des frühen fünfzehnten Jahrhunderts.

Bereits seit Erbauung der Kirche stehen rings um sie herum, in die engen Räume zwischen den Strebepfeilern eingenistet, kleine Kramläden, die ursprünglich nur für Bäcker bestimmt waren. Die Bäcker sind längst ausgezogen, und haben Zeitungsständen, Andenkenläden und Buchantiquariaten Platz gemacht.

Unweit von Heiliggeist liegt die Jesuitenkirche, 1712 von Johann Adam Breunig begonnen, deren schöne rote Sandsteinfassade Franz Wilhelm Rabaliatti 1751 vollendete. Dort liegt auch die berühmte alte Universität. Zwischen vielen ansehnlichen Bürgerhäusern fallen einige besonders ins Auge, wie der ›Riese‹ aus dem Beginn des achtzehnten Jahrhunderts oder, gegenüber von Heiliggeist, das ›Haus zum Ritter St. Georg‹ von 1592, das den Brand von 1693 überlebte. Ein Hugenotte, Charles Bélier, hatte es sich gebaut, und Victor Hugo liebte es. So berichtete er 1838:

Wenn ich morgens ausgehe, so besuche ich zu allererst – damit auch mein Geist sein Frühstück bekomme – das Haus zum St. Georgsritter. Es ist wirklich ein entzückender Bau. Über drei Reihen schmaler Fensteröffnungen erhebt sich ein spitzer Giebel mit großen durchbrochenen, gerollten Voluten; durch alle drei Stockwerke hindurch springen zwei Erkertürme mit phantastischen Firsten über die Straße vor, und diese ganz rote Sandsteinfassade ist über und über mit teils spaßigen Bildhauerarbeiten buchstäblich ziseliert, graviert, skulpiert mit Arabesken, Medaillons und vergoldeten Büsten. Als der poetische Erbauer dieses Hauses mit seiner Arbeit fertig war, setzte er mitten auf den Giebel folgenden frommen demütigen Vers: Si Jehova non aedificat domum, frustra laborant aedificantes eam ... Immer noch steht diese entzückende rote mit Gold damaszierte Fassade jungfräulich, unversehrt, stolz und großartig da, das einzige Gebäude, das sich in dieser bedeutungslosen Ansammlung weißer Häuser, dem heutigen Heidelberg, mit dem Schloß messen kann: in der Sonne glitzert die frohlockende Inschrift, und jeden Morgen lese ich da im Vorübergehen, daß Jehova es gerettet habe.

Im späten neunzehnten Jahrhundert hat man auch manchen häßlichen Prunkbau in die Stadt gesetzt, manch ehemals schönes altes Haus mit dem schwülstigen Zierat jener Zeit versehen, aber heute gehört all das bereits zum altbekannten Stadtbild und fällt nicht mehr ins Gewicht.

Die Stadt, die seit dem zwölften Jahrhundert heranwuchs, hatte in dem engen Flußtal wenig Platz, um sich auszudehnen. Sie mußte dem Lauf des Neckars folgen. So ist die parallel zum Fluß ziehende Hauptstraße bestimmend für den Grundriß der Stadt geworden.

Obgleich Heidelberg lange Zeit Sitz der pfälzischen Kurfürsten war, wirkt es nicht wie eine Residenz. Es ist zwar einerseits durch das Schloß, andererseits aber durch die Universität berühmt geworden; und immer haben sich Gelehrte, Künstler, Dichter mit Vorliebe in der angenehmen Stadt aufgehalten. Universität und Stadt wurden ein Magnet für die jüngeren Romantiker wie Clemens Brentano, seinen späteren Schwager Achim von Arnim und Joseph Freiherrn von Eichendorff. 1815 schufen die ›Liederbrüder‹, wie man Brentano und Arnim nannte, jene Goethe gewidmete Sammlung deutscher Volkslieder und Kinderreime, »Des Knaben Wunderhorn«. Sie entstand zum Teil in Heidelberg, im Hause Hauptstraße 151/53, wo Brentano und Arnim wohnten.

Aber auch Geister, die den Heidelberger Romantikern nicht zugesellt werden können, wie Jean Paul Richter, Max von Schenkendorf, Viktor von Scheffel, Gottfried Keller, liebten die Stadt, und auch zwei der schwäbischen Romantiker, Justinus Kerner und Ludwig Uhland, lebten dort kürzere oder längere Zeit. 1810 ließen sich die Brüder und Sammler Sulpiz und Melchior Boisserée, die so energisch für die Vollendung des Kölner Domes eingetreten sind, in Heidelberg nieder. Goethe ist ihr Gast gewesen und hat sie hoch geschätzt. Ihre Kunstsammlungen wurden von König Ludwig I. von Bayern für die Münchner Pinakothek angekauft.

Auch vor dem Ersten Weltkrieg war Heidelberg ein bedeutendes geistiges Zentrum, wo unter anderen Friedrich Gundolf und Alfred Weber wirkten und Stefan George sich gerne aufhielt. Edgar Salin schreibt:

An einem heißen Frühlingsmittag des Jahres 1913 ging ein junger Student durch die Hauptstraße der Stadt Heidelberg. Er hatte eben das Brunngäßlein gekreuzt und beobachtete, wie der gewohnte Strom der Gänger, die sonst in unbekümmert lauten Gesprächen und in ungeregelten Reihen auf Steig und Fahrweg sich zur Hochschule zurück bewegten, erschöpft durch die noch ungewohnte Hitze träg über das Pflaster kroch. Als mit einem Male die Müden sich zu straffen schienen: federnden Ganges, leichten Schrittes kam ein einzelner des Wegs – alle wichen zur Seite, auf daß nichts seinen Gang hemme, und wie schwebend, wie beflügelt bog er um die Ecke zum Wredeplatz hin. Der Betrachter stand erstarrt, auf den Fleck gebannt. Ein Hauch einer höheren Welt hatte ihn gestreift. Er wußte nicht mehr, was geschehen war, kaum wo er sich befand. War es ein Mensch gewesen, der durch die Menge schritt? Aber er unterschied sich von allen, die er durchwanderte, durch eine unbewußte Hoheit und durch eine spielende Kraft, so daß neben ihm alle Gänger wie blasse Larven, wie seelenlose Schemen wirkten ... eine dünne gelbe Seidenjacke wehte um den schlanken Körper; ein großer Hut saß seltsam leicht und fremd auf seinem Kopf und dichtes braunes Haar quoll darunter hervor. Und in der Hand wirbelte ein kleiner, dünner Stock – war es der Stab des Merkur, war es eine menschliche Gerte? Und das Antlitz? Der Betrachter entsann sich nur undeutlich der einzelnen Züge: gemeißelt waren sie, und die Blässe der Wangen trug dazu bei, den Eindruck des Fremden, Statuenhaften, Göttlichen zu wecken. Und die Augen? Plötzlich wußte der Betrachter: es war ein Strahl dieser Augen, der ihn gebannt hatte, schnell wie der Blitz war ein Blick zu ihm herübergeflogen, hatte ihn ins Innerste durchdrungen und war mit einem leichten, flüchtigen Lächeln weitergewandert. Und nun stieg das Wissen auf: war es ein Mensch, dann Stefan George.

Die geistige Wirkung der Universität setzte sich in den Jahren nach dem Ersten Weltkrieg fort. Carl Zuckmayer beschreibt das Leben in seinem großartigen Buch »Als wär's ein Stück von mir«:

Heidelberg war damals von Göttern und Halbgöttern, Propheten und Narren, Bacchen und Eroten, Dionysiern und Peripathetikern durchwandert, wobei die Nymphen, Hetären und Vestalinnen nicht fehlten ... Im Schloßpark konnte man den Dichterfürsten Stefan George mit wallendem weißem Haar, auf die Schulter eines Epheben gestützt, einherwandeln sehen. Am Friesenberg hauste der Lyriker Alfred Mombert ... Alexander von Bernus, Dichter und Anthroposoph, veranstaltete manchmal auf seinem Gut Neustift am Neckar esoterische Abende mit Kammermusik und Vorträgen.

Das ist eine respektlosere, aber auch lustigere und sicher wahrere Schilderung als die schwülstige des vor George fast in Trance versinkenden Salin.

Das Kurpfälzische Museum, mit ausgezeichneten, der Geschichte Heidelbergs eng verbundenen Sammlungen, enthält auch ein Kabinett, das ganz der Universität gewidmet ist und Büsten, Photographien, Manuskripte, Handschriften und Gerät ihrer berühmten Professoren zeigt. Vor allem aber erfreuen die hier bewahrten Bilder der Romantiker Carl Philipp Fohr, Karl Rottmann und der Brüder Fries. Ernst Fries, Rottmanns Freund, gehört zu den eifrigsten und innigsten Schilderern der Neckarlandschaft. Er war einer der vier Söhne des Heidelberger Bankiers Fries, von denen drei Maler waren: Ernst, Bernhard und Wilhelm, hochgebildete, auch literarisch interessierte Männer. Richard Benz schreibt über Ernst Fries: »Er ist der jüngste von ihnen, 1801 geboren, und wächst gleichsam schon unter den Augen von Wallis, dem Hausfreund des reichen Bankier Fries, auf, schon mit allen

Kindheitseindrücken großer Kunst von Claude bis Anton Koch im eigenen Heim.« Er lernte in Karlsruhe, Darmstadt und München. »Und bald bezeugen die herrlichen Landschaften von Salzburg den Weg nach Italien. Dort kann er nun fast fünf Jahre (bis 1827) verweilen ... Ein Ludwig Richter hat sein Bild als das des schönsten deutschen Malers liebevoll festgehalten und auch von seinen sportlichen Leistungen, vor allem im Schwimmen, berichtet – er ist es ja, der mit dem Dichter Kopisch zusammen die verschollene Blaue Grotte in Capri durch kühnes Schwimmen entdeckte ... Durch die eifrig gemalte Neckarlandschaft kommt er auch auf das Stift und tritt in regen Verkehr mit dem Rat Schlosser. So entstehen nicht nur die großen Landschaften vom Neckartal, auch sechs kleine Lithographien vom Stift, wie früher die fünf Ansichten vom Schloß. Diese Landschaften von Fries sind wohl das Schlichteste und Natürlichste, und doch von leise romantischem Hauch ...«

Das Museum befindet sich im ehemaligen Palais Morass an der Hauptstraße, etwa um 1710 gebaut, von klassischen Proportionen, mit bemerkenswert hübschem Stiegenhaus, mit reizendem klassizistischem Saal und ebensolchen Räumen. Den Grundstock der Sammlungen bildet der Kunstbesitz des Grafen Charles François de Graimberg, der so viel für die Erhaltung der Schloßruine getan hat.

Wenn sich auch heute in Heidelberg manches geändert hat – im Zentrum sind die einstigen gemütlichen Arkadenlädchen einem großen Warenhaus gewichen – und es sich mit neuen Vierteln in die Rheinebene vorschiebt, von deren Langweiligkeit und geringem Anpassungsvermögen an das Vorhandene Emil Belzner sagt: »Unser Zeitalter angeblich grenzenloser Originalität ist lediglich ein Zeitalter bedenkenloser Unterwürfigkeit«, so ist Heidelberg im Kern doch geblieben, was es immer war: Eine alte Stadt im Neckartal, die sich an warmen Sommerabenden in einem golden-rötlichen Dunst aufzulösen scheint, aus dem die Türme der Brücken und der Kirchen, die rotbraunen Dachfirste der Häuser herausragen. Der Neckar schimmert gelbbraun und grünlich und fern flimmert die Rheinebene im schleierigen Sonnenlicht.

Die Heidelberger Universität

»Die Gründung einer Universität«, schreibt Richard Benz, »bedeutet nicht nur den Einbruch einer neuen geistigen Macht, die bis heute fortwirkt; sie bedeutet zugleich eine grundsätzliche Wandlung der Stadt, eine besondere Art der Belebung und Erweiterung des Menschlich-Gesellschaftlichen, nicht zuletzt durch ständige Zuwanderung und wieder Abwanderung von Fremden – auch etwas, das noch heute gilt und im ewig Fluktuierenden des Daseins ein verjüngendes, aber auch immer veränderliches Element des Daseins in den Charakter der Stadt gebracht hat.

Die Universität, welchen Wandel sie selber in Wesen und Zusammensetzung im Lauf der Jahrhunderte auch erfahren haben mag, ist aus dieser Stadt weit weniger wegzudenken als aus irgendeiner andern, die auch eine Hochschule besitzt, und das nahezu Unvorstellbare ihres Verlustes macht erst völlig deutlich, welche erstaunliche Tat es eigentlich war, in einer kleinen, bis dahin noch durch nichts ausgezeichneten Stadt ein derartiges geistiges Zentrum zu schaffen.«

Der ›erstaunliche Täter‹ ist Kurfürst Ruprecht I. gewesen, der 1386 die Universität gegründet hat, wahrscheinlich von seinem engen Freund Kaiser Karl IV. dazu angeregt. Die Universität wurde nach dem Vorbild der Sorbonne in Paris eingerichtet und erhielt vier Fakultäten: Theologie, kanonisches und ziviles Recht, Medizin und Freie Künste. Erster Rektor war Marsilius von Inghen, der vorher das Amt eines Prokurators und Rektors an der Sorbonne versehen hatte. Papst Urban VI. hatte schon 1385 durch eine Bulle der Universitätsgründung zugestimmt. Am 18. Oktober 1386 ist die Eröffnung der Hochschule mit einer Messe in Heiliggeist feierlich begangen worden.

Da die Zahl der Studenten ständig zunahm, wurde die

24 Der Schloßhof zu Heidelberg mit Ottheinrichsbau
Kupferstich von Johann Ulrich Kraus, um 1680/85

23 Lorsch, karolingische Torhalle
←

Gasthaus zum Ritter in Heidelberg

Kolorierte Lithographie von Deroy nach Chapuy

26 Gervinus auf der Terrasse des Hauses Fallenstein in Heidelberg
Gemälde von Eduard Otto Saal, 1851

Stadt bald zu eng. Kurfürst Ruprecht II. behob den Notstand auf nicht gerade feine Weise. Er vertrieb kurzerhand die Juden aus Heidelberg und beschlagnahmte ihre Häuser für die Universität, *deren Meister ohne eigene Häusern und Wohnungen daselbst nicht gesein mögen.* Außerdem verleibte er das Dorf Bergheim der Stadt ein und siedelte die Bauern um.

1452 führte Kurfürst Friedrich I. der Siegreiche eine innere Reform der Hochschule durch, und sein Nachfolger Kurfürst Philipp verstand es, einen Kreis hochgebildeter Männer um sich zu scharen. Die Universität wurde ein Zentrum des Humanismus, gefördert vom kurpfälzischen Kanzler und Universitätsprokurator Johann von Dalberg, dem späteren Bischof von Worms. Männer wie Rudolf Agricola, Konrad Celtes, Johann Reuchlin, der Erzieher der pfälzischen Prinzen und Philipp Melanchthon, Luthers Helfer bei der Bibelübersetzung, wirkten in Heidelberg.

Im sechzehnten Jahrhundert verhalf Kurfürst Ottheinrich der Universität durch eine Reihe von Verordnungen zu neuer Blüte. Er wollte sich einen Stab von Mitarbeitern schaffen und begann, widerstrebende Geister kaltzustellen.

Viele katholische Professoren verließen daraufhin die Stadt, manche aber wurden tätige Helfer der Reform. Besondere Sorgfalt widmete der Fürst der theologischen Fakultät; neue Statuten wurden ausgearbeitet, Studienpläne und Besoldung geregelt, die Bibliothek ausgebaut, denn des Kurfürsten besondere Liebe galt der Welt der Bücher. Er besaß eine vollständige Sammlung reformatorischer Flugschriften, Traktate und Sendschreiben, ja er hatte schon in Neuburg Luthers »Kleinen Katechismus« und 1545 dessen »Deutschen Psalter« drucken lassen. Er sammelte Handschriften aller Länder und Zeiten und seltene Drucke und war ein wohlbekannter Mann auf dem Büchermarkt.

Die Anfänge der Bibliotheca Palatina gehen auf das beginnende fünfzehnte Jahrhundert zurück. Zuerst war sie auf den breiten Emporen der neugebauten Heiliggeistkirche aufgestellt. Als im Dreißigjährigen Krieg die Pfalz von Bayern besetzt wurde, ging diese berühmte, von Ottheinrich mit so viel Liebe ausgebaute Bibliothek als Kriegsbeute in den Besitz des Herzogs Maximilian von Bayern über. Maximilian machte sie gegen den Willen des Kaisers dem Papst zum Geschenk. 8800 kostbare Manuskripte und Erstdrucke wurden 1623 nach Rom gebracht!

Dieser ›Schenkung‹ entging damals jedoch die berühmte »Manessesche Liederhandschrift«, auch »Kaiser Henrici VI. Liederbuch« oder »Große Heidelberger Liederhandschrift« genannt. Sie war zu Beginn des vierzehnten Jahrhunderts in Zürich entstanden, wohl auf Grundlage der von dem Zürcher Ratsherrn Rüdiger Manesse und seinem Sohn gesammelten Einzelliederbücher, von denen Johann Hadlaub in einem Lied berichtet; sie enthält hundertvierzig Lieder meist süddeutscher Dichter und ist reich illustriert. Im sechzehnten Jahrhundert gelangte die Handschrift in den Besitz Ulrich Fuggers, der wegen seiner protestantischen Neigungen aus Augsburg vertrieben und nach Heidelberg gekommen war. Er vererbte aus Dankbarkeit, hier ein Exil gefunden zu haben, der ›Bibliotheca Palatina‹ seine Handschriftensammlung, seinen kostbarsten Besitz aber, die »Manessesche Liederhandschrift«, schenkte er Friedrich IV. von der Pfalz. Die kurfürstliche Bibliothek wurde nach der vom Winterkönig Friedrich V. verlorenen Schlacht am Weißen Berg nach Sedan geflüchtet. Man weiß nicht, ob die Manessische Handschrift dabei war, oder ob sie von Rom durch Vermittlung des päpstlichen Legaten Kardinals Barbarini nach Frankreich gekommen ist. Sie kann aber auch mit der kurfürstlichen Bücherei und dem Archiv von Sedan nach den Haag gekommen und dann von der Witwe Friedrichs V., Königin Elisabeth, nach Frankreich verkauft worden sein. Dort gelangte sie jedenfalls 1657 als Geschenk der Brüder Dupuy in die königliche Bibliothek zu Paris, zu deren Bestand sie über zweihundert Jahre lang gehörte.

Schon zu Anfang des neunzehnten Jahrhunderts machte man in Deutschland den Versuch, sie zurückzugewinnen.

1815 schrieb Herr von der Hagen, von patriotischem Zorn erfüllt:

Bald nach der Eroberung von Paris hatte Gneisenau diesen Hort nebst der goldenen Handschrift der hl. Schrift aus Prüm schon in seinen Händen, ... aber das Liederbuch gerieth, als älteres, obschon auch nicht rechtfertigtes Besitzthum in den Weg der Unterhandlung, und es erging damit, wie mit so manchem anderen Deutschen Eigentum: man ließ es den Wälschen.

1870 wurde im Hauptquartier des preußischen Kronprinzen erneut über die Rückgabe der Handschrift verhandelt, aber wegen eines Gutachtens des Germanisten Moritz Haupt, der sagte, die Handschrift sei niemals in Heidelberg gewesen, wurde nicht auf der Rückgabe bestanden. Erst 1888 gelang es dem in Straßburg lebenden Heidelberger Buchhändler Karl Trübner durch geschickte Verhandlungen, das Liederbuch auf dem Tauschwege gegen 166 wertvolle französische Handschriften zu erwerben. Das Deutsche Reich bewilligte Geld zum Ankauf und Kaiser Friedrich schrieb dem Großherzog von Baden, daß die Handschrift der Bibliotheca Palatina in Heidelberg wieder zugeführt werden würde:

... in Erfüllung der Eur. kgl. Hoheit von meinem in Gott ruhenden Herrn Vater gemachten Zusage ...

Doch zurück zur Universität selbst. Kurfürst Friedrich III. hat Heidelberg zur ersten internationalen Universität in Deutschland gemacht. Ihr Name hatte damals einen ebenso guten Klang wie die Sorbonne. Seit Calvins Tod (1564) hieß Heidelberg das ›deutsche Genf‹. Disputationen und Religionsgespräche boten den Studenten Stoff genug. Bei der Zerstörung Heidelbergs 1693 waren auch die Universitätsgebäude zugrunde gegangen. Die Hochschule war nach Weinheim und Frankfurt verlegt worden und kehrte erst 1700 wieder nach Heidelberg zurück. 1803 hat der neue Landesherr, der spätere Großherzog von Baden, Karl Friedrich, die Universität noch einmal neu gegründet. Sie trägt seitdem zur Erinnerung an die beiden Gründer Ruprecht und Karl Friedrich den Namen Ruperto-Carola. Im neunzehnten

Jahrhundert strahlte dann der Ruhm der Universität wieder auf; wie ein Magnet zog sie die Jugend Deutschlands an. Es lasen an ihr unter anderen der große Rechtsgelehrte Friedrich Karl von Savigny, der Philologe Friedrich Creutzer, der Historiker Ludwig Häusser, der eine heute noch gültige Geschichte der Pfalz geschrieben hat, der Philosoph Joseph Görres. Hier wirkten der Chemiker Robert Wilhelm Bunsen, der Philosoph Kuno Fischer, der Physiologe Hermann Helmholtz, der Kunsthistoriker Henry Thode, der häufiger Gast bei meinen Großeltern gewesen ist, und viele andere Träger glänzender Namen. Gar manche Anekdote ist mit der Geschichte der Universität verknüpft. So kam es bei der Verleihung des Ehrendoktors an den letzten König von Sachsen, an welcher der badische Kammerherr von Böcklin (von dem die Anekdote stammt) auf Befehl des Großherzogs von Baden teilnehmen mußte, zu einer burlesken Szene. Als Rektor und Dekan im vollen Ornat in das Empfangszimmer traten, um den König zu begrüßen, rief ihnen die Majestät zu: »Nu, wer seid en ihr beeden Kleenen? –«

Der Philosoph Kuno Fischer war ein eitler Herr. Meine Großmutter erzählte von einem Gespräch, das sie während eines Diners mit ihm führte. Sie erkundigte sich nach dem Befinden des alten Bunsen. Fischer sah sie verständnislos an und sagte: »Bunsen? Bunsen? Lebt das hier?«

So hat vor allem die Universität der Stadt ihren Stempel aufgedrückt und der internationale Ruhm der Ruperto-Carola leuchtet noch heute. Sie hat die, oft schweren, Schicksale der Stadt geteilt, hat Zusammenbrüche und Aufstiege mit ihr erlebt, »und«, schreibt Richard Benz, »man darf es wohl aussprechen, gerade wenn man von allem Negativen und Schuldhaften weiß: daß hier wahrhaft Schicksal zu Geist geworden ist«.

Das Heidelberger Schloß

Es war ein heißer Sommerabend, als wir – ich war noch ein Kind – uns im Hause des Barons Gemmingen auf dem rechten Neckarufer, nahe der alten Brücke einfanden. Auf der Brücke wogte eine dichte Menschenmenge erwartungsvoll hin und wider; auf dem Fluß schwammen Boote mit bunten Lampions, und dann kam es, das erwartete Schauspiel: Gegenüber am Berghang leuchtete es rot auf, und in der Glut erschien das Schloß – eine Erscheinung aus Feuer und Stein, ein Palast aus dem Märchen unter dem Regen des Feuerwerks. Damals genoß ich nur das farbensprühende Bild und es focht mich wenig an, daß die Illumination eigentlich die ins Poetische erhobene Darstellung der Zerstörung von 1689 und 1693 vorstellen sollte. Erst später las ich die Briefe der Liselotte von der Pfalz zur Zerstörung Heidelbergs. Liselotte, als Herzogin von Orléans Schwägerin des Sonnenkönigs Ludwigs XIV., wurde von dem glänzenden Beobachter des französischen Hofes, dem Herzog von Saint-Simon, folgendermaßen charakterisiert:

Eine Fürstin ganz aus der alten Zeit, anhänglich an Ehre, Tugend, Rang, Größe; in Sachen des Anstandes unerbittlich, eine treffliche und treue Freundin, zuverlässig, wahr, gerade, derb, in allen ihren Sitten sehr deutsch und bieder.

Sie selbst entwirft im Alter ein ungeschminktes Bild von ihrem Aussehen:

Meine Taille ist monströs in Dicke, ich bin so viereckt wie ein Würfel, meine Haut ist retlich mit Gelb vermischt, ich fange an grau zu werden, meine Stirn und Augen sind sehr runzlicht; ich habe Backen platt, das Maul größer und runzelicher worden, so ist meine schöne Figur bestellt... Summa Summarum, ich bin ein gar häßlich Schätzchen.

Sie schreibt am 10. November 1688 aus Fontainebleau an ihre Tante, Herzogin Sophie von Hannover, eine Schwester ihres verstorbenen Vaters Kurfürst Karl Ludwig, daß der Herzog von Montausier ihr erklärt habe, der Dauphin wolle die pfälzischen Güter für sie erobern.

Ich antwortete: Ja, mein Herr, es ist wahr, daß ich Euere Worte kühl aufnehme, denn Ihr sprecht von derjenigen Sache, von welcher ich am wenigsten gern sprechen höre, daß mein Name zum Verderb meines Heimatlandes dient. Ich bin weit davon entfernt, darüber Freude zu empfinden; ich bin sehr zornig darüber ...

Und aus Versailles schreibt sie am 20. März 1689, bald nach dem Tod ihres Halbbruders:

Kaum hatte ich mich über des armen Karllutz Tod ein wenig erholt, so ist das erschreckliche und erbärmliche Elend in der armen Pfalz angangen, und was mich am meisten daran schmerzt, ist, daß man sich meines Namens gebraucht, um die armen Leute ins äußerste Unglück zu stürzen. Und wenn ich darüber schreie, weiß man mirs gar großen Undank und man protzt mit mir darüber. Sollte man mir aber das Leben darüber nehmen, so kann ich doch nicht lassen, zu bedauern und zu beweinen, daß ich sozusagen meines Vaterlandes Untergang bin und über das alle des Kurfürsten, meines Herrn Vater seligen Sorge und Mühe auf einmal so über den Haufen geworfen zu sehen an den Armen Mannheims. Ja ich habe einen solchen Abscheu vor allem, so man abgesprengt hat, daß ich alle Nacht, sobald ich ein wenig einschlafe, deucht mir, ich sei zu Heidelberg oder zu Mannheim und sähe alle die Verwüstung, und dann fahr ich im Schlaf auf und kann in zwei ganzen Stunden nicht wieder einschlafen. Dann kommt mir in den Sinn, wie alles zu meiner Zeit war, in welchem Stand es nun ist, ja in welchem Stand ich selber bin, und dann kann ich mich des Flennens nicht enthalten.

An dieses Elend des Pfälzischen Erbfolgekrieges sollte die Illumination des Schlosses uns erinnern.

Die Sage erzählt, ein Frankenfürst Anthysius, der das Christentum am Neckar eingeführt hatte, habe dort eine Burg gebaut und mit seiner Tochter Jette da gelebt. Diese Jette war eine Seherin. Eine ihrer Weissagungen lautete, daß sich an der Stelle, wo ihre Kapelle stehe, einst die Burg eines mächtigen Geschlechtes erheben werde. Der Teil des unteren Schloßbergs heißt nach ihr Jettenbühl. Die arme Jette selbst wurde von einem Wolf zerrissen; sie hatte in der Nähe der Burg auf einer Waldwiese einen jungen Mann treffen wollen. Der Ort heißt heute noch Wolfsbrunnen.

1214 belehnte Kaiser Friedrich II. die Wittelsbacher mit der Pfalz. Damals entstand auf dem Jettenbühl das Schloß, ein vielteiliges Bauwerk, nach dem Stich des Matthäus Merian durchaus burgartigen Charakters, von Türmen beherrscht. An der Flanke zur Stadt der Glockenturm, in der Mitte der runde Apothekenturm, an der Bergseite der Krautturm und der mächtige, geborstene Dicke Turm an der westlichen Talflanke, alle im vierzehnten Jahrhundert gebaut und im sechzehnten Jahrhundert erhöht.

Wir passieren Wachthaus und Grabenbrücke, durchschreiten den Torturm mit den beiden ›Riesen‹ zu seiten des (heute fehlenden) pfälzischen Wappens über dem Torbogen (um 1530) und gelangen in den Schloßhof. Gleich links liegt der Ruprechtsbau des fünfzehnten Jahrhunderts, wahrscheinlich von dem Frankfurter Baumeister und Bildhauer Madern Gerthner erbaut und im sechzehnten Jahrhundert gründlich erneuert unter Kurfürst Ludwig V., der auch die Befestigungen verstärken und den Dicken Turm aufführen ließ. Bibliotheksbau und Frauenzimmerbau folgen; gegenüber lagen der Soldatenbau mit der vorspringenden Brunnenhalle und der rechtwinklig an den Ludwigsbau stoßende Küchenbau, alle von spätgotischer Grundhaltung. Der Gläserne Saalbau wurde nach einem Spiegelsaal benannt und ist von außen nichts weniger als gläsern; Kurfürst Friedrich II. hat ihn im sechzehnten Jahrhundert in der Nordostecke des Hofes bauen lassen. Rundbogige Laubengänge liegen vor den Geschossen. Links von diesem Trakt, als Konkurrenz zum Ottheinrichsbau, steht der Palast des Kurfürsten Friedrich IV. mit zwei Schaufronten, entworfen von dem Straßburger Johann Schoch im ersten Jahrzehnt des siebzehnten Jahrhunderts. Die Bildhauerarbeiten schuf Sebastian Götz aus Chur; sie sind ohne Zweifel vom Ottheinrichsbau beeinflußt, wirken aber im Dekor plastischer und barocker. Der Palast wurde um 1900 wiederhergestellt. Die Nischenfiguren der Hoffassade zeigen eine Ahnenreihe, die oben links mit Karl dem Großen beginnt und mit dem Bauherrn unten rechts endet.

1617 ließ sich Kurfürst Friedrich v. zum König von Böhmen wählen. Er war sich der Tragweite seines Schrittes wahrscheinlich gar nicht bewußt, obgleich ihm die anderen Kurfürsten geschrieben hatten, daß aus seinem Entschluß »ein so allgemeiner Krieg und Aufstand im Reich sich erheben, daß von dem schrecklichen Blutvergießen, dem Land-und-Leute-Verderben und dessen Verursachern die Historien zu reden haben werden, solange die Welt steht«. Sie hatten mit ihrer Warnung nur allzu recht: Diese Krönung löste den Dreißigjährigen Krieg aus.

Aber zurück zum Heidelberger Schloß. Für seine Gemahlin Elisabeth Stuart, eine Tochter König Jakobs I. von England, hatte Friedrich v. 1614 an der Nordwestseite den Englischen Bau errichten lassen. Unter Friedrichs Regierung wurde auch der berühmte Garten angelegt, der Hortus Palatinus, östlich vom Schloß. Auch er ist verschwunden.

Friedrich konnte sich seiner Heidelberger Schöpfungen nicht lange erfreuen. Das böhmische Abenteuer mißglückte gründlich; seines Kurstaates wie seines Königreiches beraubt, führte der als »Winterkönig« in die Geschichte eingegangene Fürst als Flüchtling ein unstetes Leben. Er nahm selbst keinen aktiven Anteil mehr am Geschehen, sondern vertraute blind auf den Sieg Gustav Adolfs, dem er seine Sache übergeben hatte. 1622 schrieb er seinem Onkel aus seinem Exil in Sedan: »Ich verbringe die Zeit hier mit Ballspielen und Baden ... Im übrigen befinde ich mich sehr wohl.«

Der nördlich an den Ottheinrichsbau stoßende Faßbau des Pfalzgrafen Johann Casimir enthält das Riesenfaß von 1751. Hier stand einst die Ruprechtskapelle, die schon Kurfürst Friedrich v. in einen Bankettsaal verwandeln ließ. Kurfürst Carl Theodor ließ in den Hallen eine Kellerei einrichten, wo das berühmte große Faß steht. Das erste Faß hatte aber schon Kurfürst Karl Ludwig 1727 bauen lassen. Während seiner Zeit als kaiserlicher Statthalter in Tirol hatte er den Zwerg Perkeo in seine Dienste genommen. Er brachte ihn nach Heidelberg mit und ernannte ihn bei der Einweihung des Fasses

v Heidelberg mit dem Regenbogen

Gemälde von Joseph Mallord William Turner, um 1836
Heidelberg, Kurpfälzisches Museum

zum ›Kammerherrn des Königs der Fässer‹. Die Sage erzählt, daß Perkeo das Riesenfaß bis zu seinem Tode geleert habe und daß sein Tod dem Faß so zu Herzen ging, daß es brach. Carl Theodor ersetzte es dann 1751 durch das neue, heute noch vorhandene. Dem Namen Perkeo soll das von ihm häufig verwendete Wort ›perché no‹ – warum nicht – zugrunde liegen.

Seinen Ruhm aber verdankt das Schloß dem Ottheinrichsbau. Der Gestalt dieses Kurfürsten ist ein seltenes Maß an Zuneigung entgegengebracht worden, selbst noch in unserer Zeit. Faktische Verdienste sind keineswegs immer ausschlaggebend für eine solche Beliebtheit, oft sind es mehr Schicksal und Entwicklung des Menschen, die eine historische Gestalt volkstümlich werden lassen. Ein gutes Beispiel dafür ist Liselotte von der Pfalz. So ist es auch Ottheinrich ergangen. Er war keineswegs nur der liebenswürdige, ungeheuer fette Genießer von freigiebigster Generosität, der lebte und leben ließ. Er hat das alles gerne getan, sonst wäre nicht das volkstümliche Bild von ihm entstanden. Aber er war mehr, war ein ernst zu nehmender Mensch und Regent, ein Mann von schöpferischen Kräften und tätigem, lebensfrohem Charakter. Seine steinerne Dokumentation fand dieser Charakter im Ottheinrichsbau, der dadurch zum Denkmal des liebenswerten Fürsten geworden ist. Doch nicht allein der Ottheinrichsbau, auch Stadt und Universität zu Füßen des Schlosses sprechen vom Wesen des Kurfürsten. Zwar hat er die Pfalz nur drei Jahre regiert, da er erst 1556 die Nachfolge seines Onkels Friedrich II. antrat; vorher herrschte er über das Fürstentum Neuburg. Aber bei all seinen Unternehmungen stand das rein Menschliche stets im Vordergrund, und das hat ihm Sympathie eingebracht. Dabei war er schlechter Rechenmeister, unfähig zu wirtschaften, stets in Geldnöten, doch immer auch voller Pläne und Lust am Abenteuer, immer von dem starken Drang getrieben, sich zu bilden, zur Erkenntnis der Dinge vorzustoßen. Er ist ein gütiger Mensch gewesen; er stand auf das beste mit den Herzögen Wilhelm und Ludwig von Bayern, seinen Vettern und Brüdern seiner Frau Susanne. Das Geld mit vollen Händen ausgebend, wandelte er das Neuburger Schloß zu einer prächtigen Residenz um. 1542 trat er aus innerster Überzeugung zum Luthertum über und reformierte sein Fürstentum. Zu Beginn des Schmalkaldischen Krieges, in dem sich die protestantischen und die katholischen Fürsten gegenübertraten, fiel Neuburg 1546 in die Hand Kaiser Karls V. Ottheinrich mußte in die Verbannung gehen. Sein Schloß wurde ausgeplündert, der Rest seines Kunstbesitzes versteigert. In dieser schweren Zeit zeigte sich der wahre Kern seines Wesens, seine bei aller Lebensfreude geistige Art. In Heidelberg, wo er 1546/47 in einem Haus am Kornmarkt wohnte, wirkte er nicht nur vom Schreibtisch aus als Verfechter der evangelischen Lehre, er sammelte, soweit es seine kargen Mittel erlaubten, Handschriften, Medaillen, Raritäten aller Art. Sein Onkel wies ihm dann Weinheim an der Bergstraße als Wohnsitz an. Sein Wahlspruch »mit der Zeit« bewahrheitete sich; er konnte warten, hatte Geduld, suchte Ausgleich im Umgang mit schönen Dingen und geistigen Problemen. »Mit der Zeit« wurde er wieder als Herzog in Neuburg eingesetzt (1552), verpfändete aber wegen Geldmangels sein Land seinem Verwandten Herzog Wolfgang von Pfalz-Zweibrücken. Stoisch ertrug der kinderlose Mann alle Schicksalsschläge, auch die Wassersucht, die ihn quälte.

Als er 1556 die Kurwürde in Heidelberg antrat, war er ein Schwerkranker, der den Tod vor Augen hatte. Aber in kurzer Zeit verwandelte er Land und Universität in eine Hochburg des Protestantismus, vor allem der Universität durch Reformen zu neuer Blüte verhelfend. Durch den Bau eines Schloßflügels setzte er sich ein stolzes Denkmal. Er ist einer der typischen Fürsten jener Zeit, fest im Leben stehend, genußfroh, gutmütig, klug, ein Förderer von Kunst und Wissenschaft, wie viele seiner Zeitgenossen von geheimer Unruhe getrieben. 1559 ist Ottheinrich gestorben; sein Grabmal stand in der Heidelberger Heiliggeistkirche.

Die Ruine des Ottheinrichsbaus – er fiel 1764 einem Blitzschlag zum Opfer –, die den Ruhm des Schlosses ausmacht, ist von einzigartiger Faszination, denn kein Bau der Zeit kann ihm als verwandt zur Seite gestellt werden. Antikisierende Form und klassisches Gedankengut fanden in dem Entwurf, der sicher dem persönlichen Geschmack und der Initiative des Bauherrn entsprang, ihren Ausdruck. In Alexander Colin aus Mecheln, der später die Reliefs am Kenotaph Kaiser Maximilians I. in der Innsbrucker Hofkirche schuf, fand er einen Künstler, der seine Ideen in kongenialer Form aufzugreifen vermochte. Man hat den Bau als Musterbeispiel deutscher Renaissance bezeichnet. »In der deutschen Baukunst ist der Ottheinrichs-Palast eine Einschaltung«, sagt Georg Dehio, der die Komposition, mit Ausnahme des Dekors, als rein italienisch deutet, also seine Einmaligkeit im deutschen Schloßbau hervorhebt. Doch hat der Bau nicht die typische Klarheit und Ruhe gleichzeitiger italienischer Architekturen. Persönlicher Geschmack und Ausdruckswillen waren entscheidend für die Konzeption des Palastes, der ein Denkmal seines fürstlichen Ranges, seines ›protestierenden‹, reichsfürstlichen Selbstbewußtseins sein sollte. In den Akten wird kein Baumeister genannt. Ottheinrich, vertraut mit allen Dingen der Kunst, ist wohl sein eigener Baumeister gewesen, ein Dilettant im besten Sinn des Wortes. Er hatte sich während seiner Verbannung in Weinheim Vitruvs Baukunst und Serlios Schriften über Architektur besorgen lassen und studiert. Auf der Suche nach Vorbildern hat man für die Gliederung der Fassade die Pilasterordnung des Colosseums in Rom genannt, niederländische Einflüsse und Entlehnungen von Serlio für Teile der Dekoration festgestellt. Aber auch spätgotisches Formengut, z.B. die Kreuzstöcke der Fenster, wurde verwendet. Alles das ist jedoch der eigenwilligen Erscheinung des Ganzen untergeordnet worden.

»Dabei ist es eine geradezu tröstliche, für die Unfaßbarkeit individuellster Wesenszüge typische Erscheinung, daß es bisher noch keinem noch so gut unterrichteten Forscher gelang, die Besonderheit dieses Palastes restlos zu ergründen. Man kann ihn nach allen Richtungen hin untersuchen, vergleichen und deuten – das launisch Eigentümliche seines Bauherrn, wie es für viele, prinzipiell widersinnige und gerade darum den Gesamtausdruck lebensvoll bestimmende Korrekturen der Architektur ausschlaggebend war, läßt sich nicht in Worte und Begriffe fassen. Ottheinrich, der zwischen den noch feuchten Wänden dieser Architektur sein Leben aushauchte, ließ nur die Ahnung von dem dauernd hinter ihr verborgenen Geist seiner einzigartigen Gestalt zurück« (Georg Poensgen).

Der Bau steht an der höchsten Stelle, an der Ostseite des Hofes, was ihm seine besondere Wirkung sichert. Er steht zwischen dem Gläsernen Saalbau Friedrichs II. und dem Ludwigsbau, den Ottheinrich erweitern ließ. Über dem Sockel erhebt sich das Erdgeschoß; es ist der repräsentative Teil des Palastes, betont durch das prächtige Portal mit Freitreppe. Breite durchlaufende Gurtgesimse, Pilaster und Halbsäulen gliedern den Bau, deren Formen in jedem Geschoß wechseln. In den Nischen zwischen den Fenstern sitzen Figuren, und auch die jetzt fehlenden Giebelnischen trugen plastischen Schmuck. Diese Giebelfiguren sind erhalten: Jupiter und Sol. Das Ganze ist von reichem ornamentalem Dekor überspielt. Das figürliche Werk schuf Colin mit seinen Gesellen. Wir sehen die christlichen Tugenden, im zweiten Obergeschoß die Planetenbilder, eine Vereinigung der christlich-mittelalterlichen Welt mit der klassisch-humanistischen. Die Deutung des Figurenschmucks in seiner astrologischen Sinngebung – Mittelalter und Renaissance beschäftigen sich eingehend mit Sterndeutung – hat G. F. Hartlaub unternommen. Venus steht über dem Portal und über dem Medaillonbildnis des Bauherrn; über ihr im zweiten Geschoß Caritas: irdische und himmlische Liebe sind also aufeinander bezogen, auch war Ottheinrich im Sternbild der Venus geboren, so daß die ganze Anordnung sinngemäß war. Zuoberst standen, in den Giebelnischen, Jupiter und Sol, auf die Stellung des Landesherrn verweisend. »Den Schlüssel für das höhere astrologische Element im Bedeutungssystem bietet erst das Portal, diese emblemreiche Ehrenpforte, deren Pathosformeln gegenüber der übrigen Fassade so auffallend gesteigert worden sind. Die vier Trägergestalten, eine weibliche Karyatide und drei Atlanten, sind hier nämlich als die klassischen vier Temperamente jener antik-arabischen Menschenkunde charakterisiert ... Immerhin ist die Kennzeichnung des Melancholikers sowie auch des Cholerikers unzweideutig und das Temperament der ersten Figur links vom Beschauer widerspricht trotz der schlechten Erhaltung dem phlegmatischen Wesen nicht. Man muß wissen, daß Vierergruppen von dieser Art am Ende des Mittelalters einen ›Topos‹ bildeten, einen bequemen Kunstgriff für Steinmetzen ... Manchmal treten die Komplexionen in der bekannten Zuordnungsweise auch direkt mit den Planeten auf, so die Reliefs an einer Balustrade des südlichen Seitenschiffs in La Ferté Bernard. Ohne solche Verbindung klingt die Vierheit als Charakterisierungsschema bei Raffael in den Segnatura-Stanzen und vor allem bei Michelangelo an. So am Juliusgrab, wo die Gehilfen an den vier Masken etwas Ähnliches versucht zu haben scheinen. Die Komplexionen sind hier, wiederum in typischer Weise, mit den Urbildern der vita activa und der vita contemplativa verbunden worden, personifiziert in den Gestalten von Lea und Rahel. Aber diese Urgegensätze erscheinen nun auch am Heidelberger Portal! Zwar nicht in jener alten biblischen Personifikation, sondern in belehrenden Allegorien, etwa in der Art eines Fürstenspiegels. Die kontemplative Seite mit der melancholischen und phlegmatischen Gestalt zeigt einen Mann, der von einem Löwen überwältigt wird, während auf der aktiven (cholerischen und sanguinischen) Front der herkulische Mann den Löwen überwindet ... Das alles ergibt eine gewisse Parallele zum Juliusgrab« (Hartlaub).

Hartlaub zitiert die »alte Sage«, wonach Michelangelo den Ottheinrichsbau errichtet habe. »Vielleicht hat dies Gerücht, gerade weil an sich so fernliegend, doch einen realen Kern, insofern, als sich der Fürst sehr wohl durch einen seiner Vertrauensleute in Italien eine ikonologische Ideenskizze aus dem

Michelangelo-Atelier erbeten haben könnte.« Aus all dem geht hervor, daß ein Programm bestand, an dem der Sternenglaube stark beteiligt gewesen ist.

Man hat zum Glück nicht versucht, diesen schönen, interessanten Palast wiederaufzubauen. Er ist als Ruine immer noch von größter Wirkung. Baden hatte kein Interesse an der Erhaltung des Schlosses, da sich so viele Erinnerungen an die kurpfälzische Zeit daran knüpften. Es wurde auf Abbruch verkauft. Nur dem Eingreifen des damals in Mannheim lebenden Dichters August von Kotzebue ist es zu verdanken, daß der Vertrag annulliert wurde. Er schrieb in seiner Zeitung der »Freimüthige«: »Wenn ein Unglücklicher mich fragte, wo er leben müsse, um dem lauernden Kummer dann und wann eine Stunde zu entrücken, so nenne ich ihm Heidelberg; und wenn ein Glücklicher mich fragt, welchen Ort er wählen soll, um jede Freude des Lebens frisch zu kränzen, so nenne ich ihm abermals Heidelberg. Will der Leidende mit seinem Gram allein seyn – und das möchte er ja anfangs immer – so wandelt er am reizenden Ufer des Neckar oder auf den üppigen Bergen oder in den majestätischen Ruinen des Schlosses. Die Ruinen des Schlosses sind einzig, die Aussichten wecken dort Gedanken an das künftige beßre Leben ...« Der Abbruch des Schlosses wurde so zwar verhindert, aber der Abtransport von Steinen und Skulpturen ging weiter. Nun griff ein Franzose ein, der Graf Charles François de Graimberg, ein Emigrant, der 1810 nach Heidelberg gekommen war. Er kämpfte zwanzig Jahre für das Schloß, gab ein selbstverfertigtes Stichwerk seiner Bauten heraus und legte mit seinen Sammlungen den Grundstock des Kurpfälzischen Museums.

Als Bub saß ich einmal an einem warmen Sommerabend im Schloßhof. Die Ruinen des Palastes schimmerten rot im Schein der sinkenden Sonne, im Flackerlicht der Fackeln und gewannen auf einmal Leben: und dann begann das Spiel vom »Sommernachtstraum« und zwang uns in seinen Bann.

Der ›Hortus Palatinus‹

Die kaiserlichen Gärten in Prag eröffnen den Reigen fürstlicher Gartenanlagen, die von der Mitte des sechzehnten Jahrhunderts bis zum Ausbruch des Dreißigjährigen Krieges im Heiligen Römischen Reich entstanden. Einer der letzten ist der Heidelberger Schloßgarten, der berühmte ›Hortus Palatinus‹, der wegen des ausbrechenden Krieges nicht vollendet werden konnte.

Kurfürst Friedrich v., der Winterkönig, verheiratet mit der Stuart-Prinzessin Elisabeth, beauftragte den auch am Hof in England tätig gewesenen Franzosen Salomon de Caus, den Garten zu schaffen. Auf der Ostseite des Schlosses, von der Talsohle aufsteigend, wurden vier breite Terrassen angelegt. Hügel wurden planiert, Felsen gesprengt, Mulden ausgefüllt, Grotten mit Wasserkünsten und Badehäuser gebaut, Springbrunnen und Bassins angelegt. Manieristische italienische, englische und französische Vorbilder hat Caus in seiner Heidelberger Gartenschöpfung verschmolzen. Wie er ausgesehen hat, wissen wir aus Salomon de Caus' 1620 erschienenem Buch »Hortus Palatinus a Friderico Rege Boemiae Electore Palatino Heidelbergiae« und aus Matthäus Merians schönem Stich, dem der Maler die Worte zufügte:

> All Wunderwerk der Welt vor diesem Garten schweigen,
> In welchen die Natur all ihre Kunst tut erzeigen.

Durch mächtige Stützmauern und Aufschüttungen gewann Caus den notwendigen Gartenraum und verband die Terrassen durch einige steile Treppen. Von der Talseite der obersten Terrasse oder von eigens hierfür bestimmten Punkten stellte sich dem Beschauer der Garten als Einheit dar, aber an sich war jede Terrasse individuell gestaltet, hatte das Ganze keine unmittelbare Beziehung zum Schloß, wie es später bei der Anlage barocker Parks Vorschrift gewesen ist. Es gab nicht einmal eine den Schloßgraben überspannende Brücke in den Garten. Die steilen Treppen, vor allem die eigenartige Treppenpyramide der untersten Terrasse, vermitteln dem Besucher »ein Hochgefühl des Schwebens, das der Schwerkraft zu spotten schien. Es konnte jäh in Schwindel und Angst umschlagen, wenn man über den Rand der Treppen und Terrassen in die Tiefe blickte« (D. Hennebo). Die oberste Terrasse mit dem Gärtnerhaus hatte lediglich die Aufgabe, den Hang abzufangen. In ihrer Stützmauer lagen die Treppen, Grotten und heizbaren Bäder. Die zweite Terrasse, Bäderterrasse genannt, diente dem Palmaillespiel, einer Art Krockett, und als ›Große Allee‹ für Promenaden. An den Schmalseiten sollte ein »gros halbrund Gewölb« mit den Statuen des kurfürstlichen Paares diese Terrasse abschließen. Am Ostende bog die Bäderterrasse nach Norden um, und hier gab es einen Brunnen, der, ähnlich wie einst im Hof des Palazzo Pitti in Florenz, auf dem Dach einer Grotte stand. D. Hennebo hat den Garten in der »Geschichte der deutschen Gartenkunst« ausführlich beschrieben. Wir erteilen ihm das Wort. »Es folgten die ›Cabinet oder Gemächer‹, vier offene Räume, deren Vorderseiten mit reichen Steinportalen und gewundenen Säulen geschmückt waren. Sie bildeten gewissermaßen Rahmen für verschiedene Bildausschnitte aus dem von hier aus sichtbaren Prospekt des Gartens und Schlosses, die man von hier aus wie aus Innenräumen genießen konnte. Dahinter sollte sich eine mächtige Aufschüttung aus der Bäderterrasse in die unteren Gärten vorschieben, Fundament für einen großen, frei im Raume stehenden Irrgarten. Am Nordende der Bäderterrasse war eine merkwürdige schmale Pflanzung aus sechshundert Gewächsen vorgesehen.« Man hielt sie für einen Weingarten oder für eine durch Hecken geteilte Promenade, eine Variante der STOA POIKILE in der Hadriansvilla zu Tivoli.

»Auch die Schenkel der Hauptterrasse umfaßten rechtwinklig den Einschnitt des Friesentales. An der Südseite wurde sie von einem schmalen, höher gelegenen Absatz begleitet, zu dem steile Treppen hinaufführten. Ihre Quartiere entsprachen in Größe und Reihung jenen an der Talseite des großen Absatzes, bildeten also mit ihnen gewissermaßen die

Einfassung der fünf großen Quartiere, die sich in der Mitte der Hauptterrasse aufreihten ... Sie und die kleineren sie begleitenden Gärten zeigten die bekannte Rahmung aus Hecken und Bäumchen, die Kreuzwege, deren Beginn durch Tore und Statuen betont wurde, das dominierende und den Einzelgarten ordnende Mittelmotiv und die üblichen Flächenornamente und Beetaufteilungen. De Caus hat jedem der Hauptquartiere eine kurze Beschreibung gewidmet. An der Bergseite, im Winkel zwischen Bäderterrasse und dem Irrgartenplateau, lagen die ›Wasserfelder‹, vier rechteckige Bassins, denen ein aus segmentförmigen Becken zusammengesetztes Wasserparterre folgte ... Das Bild des ›Rhein‹, das in einem der großen Bassins des Hortus Palatinus lag, läßt an italienische Vorbilder denken, die de Caus besucht hatte. Dahinter, ganz im Winkel der Terrassenschenkel, öffnete sich das Portal der ›großen‹ Grotte, ›gemacht von zwelff großer Thier Figuren‹ und mit ›Boßquadern‹ verziert ... Die schmalste Stelle der Hauptterrasse am Fuße des Irrgarten-Plateaus war für die Orangerie vorgesehen. Hier hatten die dreißig großen ›Pomerantzenbäume‹ des alten Herrengartens und vierhundert kleine ihren Platz gefunden ... Durch den Irrgarten und die Orangerie fast ganz vom anderen Garten getrennt, breitete sich am Nordende der Hauptterrasse der ›Blumengarten‹, dessen rundes Mittelfeld so eingeteilt und bepflanzt war, ›daß alle Zeiten des Jahres über Blumen herfür wachssen‹. Vier Arabesken-Quartiere, von Bäumchen und Hecken eingefaßt, umgaben diese reizvolle Anlage, an deren äußeren Ecken vier Gartenhäuschen standen. In der Mitte erhob sich aus einem runden Wasserbecken ein Felsbrunnen, der naturalistisch mit Laub- und Nadelbäumen bepflanzt war. Der ›große gevierdte Turm‹, der an der äußersten Terrassenkante über dem Neckartal den Garten als Belvedere und Sommerhaus beschließen sollte, war des ›eingefallenen Böhmischen Krieg wegen‹ wie manches andere ›noch gar nicht fertig worden‹ ... Der unterste Gartenabsatz, die zutiefst gelegene Terrasse, schmiegte sich in den Winkel der Hauptterrasse. Zwei steile zweiarmige und eine pyramidenartige Treppe verbanden beide Absätze, doch war dieses unterste Plateau vor allem für die Betrachtung von oben eingerichtet. Ein von Balustraden gefaßtes, ausgebuchtetes Bassin mit wasserspeienden Felsen und den Allegorien der Flüsse ›Mayn- und ... Neckar‹ nahm seine Mitte ein. Daneben waren je vier Blumenstücke, die sich um die Statuen der Ceres und der Flora gruppierten, ›zween Schuch‹ tief in den Boden eingelassen. Das Einsenken ganzer Gärten für ihre Betrachtung von einem erhöhten Standpunkt gab es auch in französischen und italienischen Gärten, nicht aber die fensterartigen Vertiefungen der Einzelflächen wie hier.«

Zur Charakterisierung des Gartens schreibt D. Hennebo: »Der ›manieristische Garten‹ strebt nach einer zweiten, gewissermaßen naturenthobenen Wirklichkeit. Er rechnet zwar mit Schloß und der Landschaft seiner Umgebung, doch ist er nicht darauf bezogen ... Wenn in Heidelberg die Sicht auf Schloß und Tal freigegeben wurde, so mag man darin einen ›Nebeneffekt‹ sehen, der sich aus der Situation ergab. Ich meine allerdings, daß schon die Nutzung dieses Nebeneffektes, das bloße ›optische‹ Interesse am Umland des Gartens, für die damalige deutsche Gartenkunst neu und zukunftweisend war. Allerdings blieb das im Ansatz stecken. Ein räumlich-begehbarer Zusammenhang fehlte, ja er wurde da unterbunden, wo er möglich gewesen wäre.«

1619, als in Heidelberg die *Vollendung des ganzen Wercks bey nahe gar gelangt war*, wurde Friedrich V. von den protestantischen Ständen zum König von Böhmen gewählt, und ein Jahr später verlor er Krone und Reich in der Schlacht am Weißen Berge – der große Krieg hatte begonnen.

1804 ließ Großherzog Karl Friedrich von Baden die verwüstete Anlage als Schloßgarten herrichten. Dort steht auch der in Goethes »Westöstlichem Diwan« besungene Gingkobiloba, auf den sich auch Marianne von Willemer in einem Gedicht zum 75. Geburtstag Goethes bezieht, in welchem sie ihn an die gemeinsamen Stunden in Heidelberg erinnert:

Euch grüß ich, weite, lichtumflossene Räume,
Dich alten, reich bekränzten Fürstenbau ...
Auf der Terrasse hochgewölbtem Bogen
War eine Zeit sein Kommen und sein Gehen;
Die Chiffre, von der lieben Hand gezogen,
Ich fand sie nicht, sie ist nicht mehr zu sehen!
Doch jenes Baums Blatt, der aus fernem Osten
Dem westöstlichen Garten anvertraut,
Gibt mir geheimer Deutung Sinn zu kosten,
Ein Selam, der die Liebende erbaut.

Schwetzingen

Mitten in der Ebene zwischen Heidelberg und Mannheim liegt ein bescheidenes Städtchen, Schwetzingen. Von hier aus gelangen wir zum Schloß, einem nicht eben großartigen, aber herrschaftlich-stattlichen Bau. Als Jagdschloß bildet es eine Kulisse zum wohlbekannten Lied vom »Jäger aus Kurpfalz«, als Sommersitz pfälzischer Kurfürsten hat Schwetzingen eine Rolle in der pfälzischen Geschichte gespielt. Es ist zudem nicht nur wegen seiner köstlichen Spargel berühmt, sondern vor allem wegen seines herrlichen Parks.

Schwetzingen ist ein uralter Ort, als Eigentum des Klosters Lorsch schon 766 im Lorscher Codex genannt. Im dreizehnten Jahrhundert kam es unter die Oberhoheit der Pfalzgrafen bei Rhein, der späteren Kurfürsten, welche die Wasserburg im fünfzehnten und sechzehnten Jahrhundert ausbauten. Nach der Zerstörung im Dreißigjährigen Krieg baute Karl Ludwig, Vater der Liselotte von der Pfalz, das Schloß wieder auf. Er lebte hier gerne mit seiner morganatischen Frau, Luise von Degenfeld, der ›Raugräfin‹. Im Krieg zwischen dem Reich und Frankreich hatte der französische Marschall Turenne 1674 sein Hauptquartier in Schwetzingen aufgeschlagen. Kurfürst Karl Ludwig, der die Verteidigung Mannheims persönlich leitete, sandte ihm am 11. Juli, verzweifelt über sein Unvermögen, die Franzosen aus dem Land zu treiben, durch einen Trompeter die Aufforderung zum Zweikampf. Turenne lehnte mit den Worten ab, seit er die Ehre habe, dem König von Frankreich zu dienen, könne er sich nur an der Spitze von zwanzigtausend Sekundanten schlagen.

1689 wurde Schwetzingen im Pfälzischen Erbfolgekrieg von den Franzosen zerstört. Kurfürst Johann Wilhelm von der Linie Pfalz-Zweibrücken, der in Düsseldorf lebte, ließ das in den Jahren 1699 bis 1701 wiederhergestellte Schloß von dem Heidelberger Johann Adam Breunig durch die Ehrenhof-Flügel erweitern. Diese Arbeiten fanden von 1710 bis 1716 statt. Kurfürst Carl Theodor bezog nach Plänen von Alessandro Galli da Bibiena den Marktplatz in die Gesamtkomposition mit ein. Eine schnurgerade Allee verband Schwetzingen mit Heidelberg. Das Projekt zu einer großangelegten Sommerresidenz ist nicht ausgeführt worden. Das Innere des schlichten Baus präsentiert sich heute als behagliches Landschloß, dessen bescheidene Ausstattung in der Hauptsache aus Möbeln des achtzehnten und frühen neunzehnten Jahrhunderts und aus kulturgeschichtlich interessanten Darstellungen von Hofjagden und Veduten des Parks besteht. Als Kurfürst Karl Philipp, Vorgänger Carl Theodors, die Residenz aus dem zerstörten Heidelberg nach Mannheim verlegte, diente Schwetzingen bis zur Fertigstellung der fürstlichen Wohnung in Mannheim von 1720 bis 1731 als Regierungssitz. 1724 wurde die Düsseldorfer Orangerie nach Schwetzingen gebracht; der Garten glich damals einem Pomeranzen- und Zitronenhain und war in »florissantem Stand« gehalten. Wie man damals in Schwetzingen lebte, schildert uns ein Brief des Fürstbischofs von Speyer, Kardinal Graf Hugo Damian von Schönborn, der Karl Ludwig 1727 besuchte.

Schwetzingen liegt nur 3 Stund von Waaghäusel und bin ich es in 7/4 Stund gefahren. Wir haben mit einander abgeredet, daß keine Caeremonien sein sollen. Ich bin umb 11 Uhr dahin gekommen und stunden im ersten Hof die Grenadier wacht ohngefähr 50 Köpf mit einem Hauptmann, Lieutenant und fändrich. Man salutirte mich mit der Trumm, die 2 officiers mit ihren Biquen und der fändrich mit der flügenden fahnen, boge zu letzt die Spitze gegen die Erd, wie es sonsten auch gebräuchlich. Am 2ten Hof unten ahn der thür stunden des H. Churfürsten von Pfaltz Lbden, der Prince von Sultzbach und der Hof. Im Heraussteigen embrassirte mich der Churfürst gleich mit ohnerhörten obliegenten Expressionen, und nach abgelegten Curialien begleitete er mich mit Gebung der Hand in mein Zimmer mit dem Prinzen von Sultzbach, bliebe über ³/₄ Stund bey mir und retirirte sich alsdann in sein Zimmer, wollte nicht leiden, daß bis in sein Anticamer mit gehen sollte ... Eine kurtze Zeith daranach gienge man zur Tafel, der Hoff gienge voran, alsdann der Churfürst, und ich führete die Printzess, so giengen wir durch den Garten in die Orangerie. Da war ein Taffel von 16 bis 18 Personen fast 4Ecket, ausser die Ecken waren ein wenig abgeschnitten ...

1742 kam Kurfürst Carl Theodor, dem fünfunddreißig Jahre später auch die bayerische Kur zufiel, zur Regierung, und ihm verdankt Schwetzingen seinen eigentlichen Ruhm. Unter ihm haben die das höfische Leben verschönernden Künste eine letzte Blüte in der Pfalz erlebt, die mit Übernahme des bayerischen Erbes schnell verwelkte, als der Hof nach München übersiedelte. Damals aber ist die Kurpfalz noch einmal Mittelpunkt eines verschwenderischen, aber auch verständigen Mäzenatentums gewesen. In Schwetzingen hielt Carl Theodor zur Sommerzeit einen glänzenden Hof. Man sah den Fürsten inmitten von Kavalieren und Damen, Gelehrten und Künstlern, Musikern und Offizieren, umschwirrt von Lakaien, Läufern und Jägern. Man sah die An- und Abfahrt der Karossen, erfreute sich an Bällen, Feuerwerken, Konzerten und Theateraufführungen. Hier erlebte Voltaire die Uraufführung seiner ›Olympie‹; der Aufenthalt hinterließ dauernden Eindruck, denn noch 1768 schrieb der Dichterphilosoph an seinen Sekretär:

ich will, bevor ich sterbe, noch einer Pflicht genügen und einen Trost genießen: ich will Schwetzingen wiedersehen.

Hier musizierten Johann Christian Bach, Christoph Willibald Gluck und Wolfgang Amadeus Mozart, und der Dichter Christian Friedrich Daniel Schubart erzählt:

Wenn der Kurfürst in Schwetzingen war und ihm sein Orchester dahin folgte, so glaubte man in eine Zauberinsel versetzt zu sein, wo alles klang und sang. Aus dem Badehaus seines Hesperidengartens ertönte abends die wollüstigste Musik; ja aus allen Winkeln und Hütten des kleinen Dorfes hörte man die magischen Töne seiner Virtuosen, die sich in allen Arten von Instrumenten übten ...

Unter Carl Theodor entstanden als Fassung des großen Parterres auf der Gartenseite rechts und links vom Schloß die eleganten Zirkelbauten nach Plänen von Alessandro Galli da Bibiena: der nördliche zwischen 1748 und 1750, der südliche 1753/54. Sie wurden von Franz Wilhelm Rabaliatti erbaut. Hinter dem nördlichen Zirkelhaus steht der zur gleichen Zeit von Nicolas de Pigage aufgeführte hübsche Theater.

Das Schwetzinger Schloßtheater gehört zu den interessantesten Theaterbauten des spielfreudigen Barock; in der Geschichte des europäischen Theaterbaus nimmt es eine hervorragende Rolle ein. Der Architekt, Nicolas de Pigage, war noch ein junger Mann, als er den Auftrag übernahm, ein ›kleines Theatrum zur Exhibierung der französischen Komödie‹ zu errichten. Das ›kleine Theatrum‹, für dessen Bau 5900 Gulden ausgesetzt waren, kostete den Kurfürsten nicht weniger als nahezu 23 Tausend Gulden, vorhandenes Baumaterial nicht eingerechnet: dafür war aber auch ein kleines Wunderwerk entstanden. Die Bühne kann heute noch als vorbildlich gelten; bei einer Breite von sechzehn Metern ist sie nicht weniger als zwanzig Meter tief; diese ungewöhnliche Tiefe wurde aber noch verstärkt durch den Anbau einer Hinterbühne. Dadurch reichte die Spielfläche jetzt fast über fünfunddreißig Meter; da man die Hintertüren des Anbaus entfernen konnte, um so den Blick auf den Garten freizugeben, entstand die Illusion einer unendlichen Perspektive. Diese Einbeziehung der Landschaft in einen geschlossenen Bühnenraum ist höchst ungewöhnlich. Das Theater wurde zum reizvollen Rahmen Gluck'scher Opern, Voltairescher Komödien und Tragödien, prachtvoller Barockballette und dann auch der Erstlinge der jungen deutschen Klassik. Im neunzehnten

Jahrhundert verfiel das Theater, aber nach dem Zweiten Weltkrieg wurde es anläßlich des zweihundertjährigen Bestehens sorgfältig renoviert, mit allen modernen Bühnenmaschinen ausgestattet und zum Ort sommerlicher Festspielwochen erhoben.

Gegenstand besonderer Bewunderung im wiederhergerichteten Theater ist nicht nur der nach einem Aquarell des großen Bühnenmalers J. Quaglio und O. Müllers entstandene Bühnenvorhang, der eine Rokokokulisse aus Mozarts »Zauberflöte« wiedergibt, sondern vor allem der »optische Zauberspuk« einer nach alten Vorbildern von Trude Karrer und dem Bühnenmaler Kappler gestalteten Barockszenerie.

Der Zuschauerraum des Theaters stellt stilistisch eine eigenwillige Verschmelzung barocker und klassizistischer Elemente dar; wie eine Lyra geformt, scheint er selber zu schwingen. Das ganze Theater strahlt eine tiefe Raumharmonie aus.

Doch Zauber und Ruhm Schwetzingens beruhen durchaus auf dem Garten, mit Recht so berühmt wie die Anlagen von Versailles, vielleicht sogar schöner und eindrucksvoller. Vorzüglich gehalten und belebt durch zahlreiche Skulpturen, Architekturen, Wasserspiele, Bassins und Wasserläufe, spiegelt er höchst eindrucksvoll die lebensfrohe Atmosphäre des achtzehnten Jahrhunderts wider. Wie eine Zauberinsel liegt der Park auf der langweiligen Ebene, inmitten unserer radikal veränderten Welt ein Beispiel der Kunstliebe der Wittelsbacher, denen Europa eine Fülle der schönsten Schlösser und Gärten verdankt. Vom Rhein bis zur österreichischen Grenze finden wir ihre Palais und Parks, ja selbst in Schweden, wo die Pfälzer als Könige von 1654 bis 1718 herrschten, ließ ihre Baulust das Stockholmer Schloß und den Sommersitz Drottningholm mit seinen Gärten entstehen. Carl Theodor, dieser wirklich fürstliche Bauherr, fand in seinem Architekten Nicolas de Pigage einen Meister, der seine Ideen kongenial verwirklichte. Pigage beherrschte nicht nur die Stilelemente seiner Zeit souverän, sondern er war auch neuen Anregungen zugänglich und wußte sie zu verarbeiten. Vor allem hatte er ein sicheres Gefühl für das Verhältnis zwischen Natur und gestaltetem Park. Gemeinsam mit dem später in Schwetzingen wirkenden Friedrich Ludwig von Sckell hat er diese prachtvolle Anlage geschaffen.

Einige Worte über Gartenkunst und Gärtner seien hier eingefügt. Drei Gärtnerfamilien haben im achtzehnten Jahrhundert Südwestdeutschlands Gärten maßgebend geformt, und alle drei – die Koellner, Petri und Sckell, untereinander eng verwandt – stammen aus Nassau-Saarbrücken und der Kurpfalz. Über hundert Jahre hat diese Gärtnerdynastie ihrer Kunst gedient. Ein Sckell ist noch 1906 Oberhofgärtner sämtlicher sachsen-weimarischer Parks, 1926 Garteninspektor in Weimar gewesen. Die von Karl Lohmeyer aufgestellten Stammtafeln der drei Familien nennen achtzig Hofgärtner und Gärtner. Ihrer aller Ahnherr ist Johann Arndt Koellner, Sohn eines hannoverschen Kaufmanns, der auf seinen Studienreisen durch Frankreichs Le-Nôtre-Gärten im Elsaß hängengeblieben war, wo er Hofgärtner des Grafen zu Leiningen-Westerburg in Ober- und Niederbronn gewesen ist. Er nahm dann Dienste beim Fürsten von Nassau-Saarbrücken und ab 1719 beim Herzog von Zweibrücken-Birkenfeld im elsässischen Rappoltsweiler. Sein Schwiegersohn Johann Ludwig Petri wurde sein Nachfolger in Zweibrücken und arbeitete später in Schwetzingen. – Friedrich Ludwig Sckell hat für viele adlige Familien in der Pfalz Gärten geplant, so für die Leiningen in Dürkheim und die Grafen von der Leyen in Blieskastel und Niederwurzbach. Alle diese Gartenkünstler waren entweder an großen Höfen, wie die aus Thüringen stammenden Sckells an sächsischen, andere an pfälzischen, nassauischen tätig oder auch an kleineren wie denen der Grafen zu Solms, Leiningen und Hanau-Lichtenberg.

Im siebzehnten Jahrhundert war in Deutschland der italienischen Gartenkunst der französische Garten Le Nôtres gefolgt. Le Nôtre war der König unter den Gartenkünstlern dieser Zeit; er hat zahlreiche Pläne für Gartenanlagen in

Frankreich und anderen Ländern geliefert. Versailles, Vaux-le-Vicomte, Saint Cloud, Dampierre, Maintenon in der Île de France sind sein Werk. Dem französischen und italienischen Garten gemeinsam ist der architektonisch angelegte Grundplan, doch gibt der französische Garten die steile Terrassierung auf; er dehnt sich weithin aus in die Ebene oder das Hügelland, mit langgezogenen, perspektivisch komponierten Alleen und Kanälen, die nicht wie in Italien räumlich begrenzt sind, sondern im Unendlichen zu verlaufen scheinen, und zwar in mathematisch berechneter Linienführung. Der Garten wurde vom Schloß her bestimmt und ist in seiner geometrischen Anlage ganz auf dieses bezogen. Seiner Symmetrie hat die Natur zu dienen. In Deutschland wurde diese neue Form der Anlage begeistert aufgenommen – etwa in Herrenhausen bei Hannover und dem heute veränderten Nymphenburg bei München –, aber leicht abgewandelt. Man versuchte hier, die Terrassierung möglichst beizubehalten, da das Nebeneinander verschieden geformter Gartenparterres geschätzt wurde, wie wir es etwa in Veitshöchheim bei Würzburg sehen können.

Führend waren die Schönborn und ihr großer Baumeister Maximilian von Welsch sowie dessen Schüler, der nassauische Hofarchitekt Friedrich Stengel. Sie führten die Motive ein, die von der französischen Gartentradition entfernten, wie Terrassierung und Verbindung von Nutz- und Ziergärten.

In England begann schon im siebzehnten Jahrhundert heftige Kritik am geometrischen Gartenstil; man nannte ihn ›Unnatur‹, man wünschte den Garten wieder als ein natürliches Gebilde zu erleben. Eine Anzahl von Theoretikern hat sich zu diesen Problemen geäußert, unter denen in der Entwicklung des neuen Stils der Architekt, Maler und spätere Gartenkünstler William Kent und sein Nachfolger Lancelot Brown entscheidende Rollen spielten. ›Capability‹ Brown wurde letzterer genannt, weil er »capabilities for improvements in every garden« sah, die für ihn im Zusammenwirken von Bodenformation, Wald, Baumgruppen und Wasser bestanden. »Der Entdeckung der Natur«, schreiben Dennebo-Hoffmann, »war die Entdeckung und Wertschätzung der Denkmäler der eigenen Geschichte, vor allem der englischen Gotik, gefolgt; Reise- und Forschungsberichte aus aller Welt hatten das allgemeine Interesse an exotischen Bildern – und bald auch an der Antike – in hohem Maße erregen können... Das auffallendste des neuen Programms lieferte China mit seinen Gärten und Bauten. Berichte französischer Missionare von dort hatten schon im siebzehnten Jahrhundert in Frankreich Ludwig XIV. angeregt, sein Trianon de porcelaine in Versailles à la chinoise auszuschmücken. Als nun in der ersten Hälfte des achtzehnten Jahrhunderts genauere Schilderungen und Stiche nach Frankreich gelangten, glaubte man vor lauter China-Begeisterung sogar das gerade bekannt gewordene neue englische Naturgartenbild als Nachahmung des chinesischen hinstellen und als ›style anglo-chinois‹ deklarieren zu können ... Auch England nahm das chinesische Beispiel willig auf.«

Die regelmäßigen italienischen Gärten waren am Ende des siebzehnten Jahrhunderts wegen des Geldmangels ihrer meist adeligen oder fürstlichen Besitzer oft verwildert und zu wuchernden, unregelmäßigen Gartenruinen geworden, die wiederum die Engländer in ihren malerischen, aber durchaus komponierten Landschaftsgärten beeinflußt haben.

Neben China aber spielte in England die Gotik eine große Rolle. Man schmückte die Parks mit Kapellen, Einsiedeleien, Ruinen und Türmen. All das wurde in Frankreich nach 1760, in Deutschland etwa ab 1770 freudig aufgegriffen. Doch hat der neue Stil in Deutschland nicht von heute auf morgen Eingang gefunden; er war bereits in älteren Gartenanlagen vorbereitet. Romantische Elemente finden sich schon in der zwischen 1715 und 1718 von Markgraf Georg Wilhelm angelegten Eremitage bei Bayreuth, wo Formgarten und Wildpark ineinander übergingen, bereits damals mit Einsiedeleien, Grotten und Wasserspielen geschmückt.

In Schwetzingen hat Friedrich Ludwig von Sckell nach

seiner Rückkehr von einer Studienreise durch England 1777 die Randbezirke des alten Gartens in genialer Weise zu verändern begonnen.

Einige Daten mögen das langsame Wachsen des Parks verdeutlichen. 1749 ließ Pigage das Gelände für eine Erweiterung des kleinen Schloßgartens vermessen; 1753 wurde die Planung des Pfalz-Zweibrückener Hofgärtners Johann Ludwig Petri für das große Parterre genehmigt; 1761 erfolgte eine neuerliche Erweiterung der Anlage hinter dem Hirschbrunnen durch die großzügige Längsachse, die von einer Querallee geschnitten wird. Es entstanden die vier Boskette oder Angloisen mit ihren Wegen; in den siebziger Jahren änderte sich der Geschmack, man suchte das ›Natürliche‹. Nicht mehr der architektonisch gebaute Garten ist Trumpf, sondern der Landschaftsgarten nach englischem Muster, der jedoch nicht minder kunstvoll ›gebaut‹ wurde. Zu diesem Zeitpunkt nun finden wir Sckell mit Pigage am Werk, die diesen Teil, den ›natürlichen Garten‹, wie einen Gürtel um die geometrische Anlage gelegt haben. Sckell, der 1777 ›Hof-Lust-Gärtner‹ in Schwetzingen und 1799 ›wirklicher Gartenbaudirektor für die Rheinpfalz und Bayern‹ wurde, hat dann zu Beginn des neunzehnten Jahrhunderts noch das große Bassin am Ende des Gartens in einen See umgewandelt. Hören wir Sckell selber:

Der Zweck solcher Anlagen besteht vorzüglich darin, daß sie den Menschen zur Bewegung, zum Genusse der freien und gesunden Lebenslust und zum traulichen und geselligen Umgang und Annäherung aller Stände dienen, die sich hier im Schoße der schönen Natur begegnen.

Nun aber wollen wir uns auf den Weg machen, um den Park selbst zu erforschen. Wenn wir den Mittelbau des Schlosses verlassen, stehen wir plötzlich vor der Weite eines schier unüberblickbaren Gartenraumes, am Eingang zum großen, von Johann Ludwig Petri entworfenen und von Springbrunnen belebten Parterre. Seine Mittel- und Querachsen werden von riesigen, im Dezember 1753 gesetzten Lindenalleen begleitet. In der Mitte des Parterres liegt ein großes rundes Bassin mit Fontäne und der Statue des Arion, auf dem Delphin reitend, die Guibal gearbeitet hat. Abgeschlossen wird dieser Gartenteil von den prachtvollen Hirschgruppen Peter Anton Verschaffelts. In diesem streng symmetrisch gebauten Gartenteil werden wir regelrecht ›geführt‹. Hier am Bassin des Arion stehen wir im Mittelpunkt des Parterres, aber man merkt es nicht gleich, denn die auch nach beiden Seiten führenden Lindenalleen entziehen dem Blick die seitlichen Partien. Das Ganze ist umschlossen von Zirkelbauten, denen auf der anderen Seite ein Halbkreis geschnittener Laubengänge entspricht.

Es würde zu weit führen, alle Plastiken des Gartens und ihre Meister aufzuzählen, denn es gibt deren zu viele. Von Fall zu Fall aber sollen die schönsten genannt werden.

Hinter dem Hirschbassin führt die Mittelachse weiter, scheinbar ins Unendliche, denn man kann den Kalmit, den höchsten Berg der pfälzischen Haardt, am Horizont sehen. Diese Achse nach Westen wurde zur Zeit Karl Philipps angelegt, und zwar unter Heranziehung von ›militärischer Hilfe‹. Die Aussicht nach Westen war damals durch einen dem Bistum Speyer gehörenden Wald versperrt, den zu kaufen dem Kurfürsten nicht gelingen wollte. Im Sommer 1720 besuchte der kaiserliche General Graf Schmettau, der die Festung Philippsburg belagerte, den Kurfürsten, der sich über die Hartnäckigkeit Speyers beklagte. Schmettau wußte Rat: Er ließ in der Nacht »durch kaiserliche Ingenieurs nach dem Meridian von Schwetzingen in gerader Richtung des mittleren Hauptweges eine Allee abstecken und durchhauen«. Ich weiß nicht, wie Speyer reagiert hat, doch hat es wohl dann den Wald an Kurpfalz verkauft.

Dieser Gartenteil mit seinen Skulpturen, Urnen, Obelisken und schattigen Baumgängen bildet im Zusammenklang von Natur und Kunst eine wunderbare Einheit, belebt von den Strahlen und Wirbeln der Springbrunnen, den bunten Farben der Rabatten entlang der Wege und dem leuchtenden rosenfarbenen Sandstein der Zirkelbauten.

Der Park ist so vielgestaltig, daß man sich Zeit nehmen muß, ihn genau kennenzulernen; fast jeder Schritt bringt neue Überraschungen, denn die Anlage ist nicht allein symmetrisch geformt, sie hat auch das Labyrinthische, das dem barocken Garten ebenfalls eigen ist. Alles das ergibt ein reizvolles Zusammenspiel, harmonisch in den großen Gesamtplan eingefügt.

Wandern wir nun hinter dem Hirschbrunnen durch die schattigen Gehege; wir werden unseren Weg auf der Nordseite, also rechts, beginnen. Wir betreten ein Boskett, auch hier in der Mitte ein Springbrunnen.

Die Bleiputten dieser Fontäne waren ursprünglich für den Garten des vertriebenen polnischen Königs Stanislas Leszcynski in Nancy gearbeitet worden; wie die weißen Marmorurnen des großen Parterres stammen sie von der Hand Barthélemy Guibals. Carl Theodor konnte sie nach dem Tode Stanislas' für ein Spottgeld aus dessen Nachlaß erwerben.

In das Bassin des Puttenbrunnens mündet das Vogelbad, ein von kurzgeschorenem Buchs gesäumter, geschlängelter Wasserlauf. Auf einem Felsen sitzt Pan mit seiner Hirtenflöte, das Werk des Mannheimers Simon Peter Lamine, der listig lächelnde Herrscher des Parks. Ganz in seiner Nähe steht die schöne, marmorne Galatea, die Gabriel de Grupello für Kurfürst Johann Wilhelm in Düsseldorf fertigte. Wir schlendern weiter, entlang der Mauer des Orangeriegartens, und betreten das ›Arboretum‹, das 1804 der badische Gartenbaudirektor Johann Michael Zeyher auf Wunsch von Großherzog Karl Friedrich angelegt hat.

In nächster Nachbarschaft des ›Arboretums‹ befinden sich ›Apollohain‹ und ›Badehaus‹. Dann nimmt uns das kleine Naturtheater auf, dessen von Sphingen flankierter Zuschauerraum einer Felsgrotte gegenüberliegt. Oberhalb der Grotte erhebt sich ein Tempelchen, ein runder Säulenbau mit Kuppeldach. Von diesem Tempel führen Treppen hinab, zu seinen Füßen ergießt sich eine Kaskade, deren Wasser aus einer von Najaden gehaltenen Urne fließt. Auf der Rückseite des Tempels zieht sich eine breit geschwungene Terrasse hin, von der aus man in den Park hinausschaut.

Die für den Tempel von Peter Anton von Verschaffelt geschaffene Statue des Apoll zeigt einen schönen, sehr jungen Mann, der mit der Linken die Leier schlägt, jedoch nicht nur Bewunderung erweckte. Wilhelm Heinse schrieb seinem Freund Jakobi, daß der »linke Gott einen erbärmlichen Hintern« habe!

Nun aber gelangen wir in einen Gartenteil, den ich das Herzstück der gesamten Anlage nennen möchte. Pigage hat hier für Carl Theodor das Badhaus, einen höchst eleganten, meisterhaft komponierten Pavillon von intimem Reiz, gebaut (1766 begonnen, 1772/73 vollendet). Im Osten bildet das Badhaus den Abschluß der symmetrischen Gartenanlage, der durch das Wasserspiel der »Gläsernen Glocke« betont wird; von Norden her bildet es den Beginn einer langen, von Treillagen gesäumten Achse, die zu einer perspektivisch gemalten Landschaft, dem sogenannten ›Ende der Welt‹, führt. Im Innern dieses Parkwinkels stehen kleine Pavillons, mit Muscheln und Halbedelsteinen inkrustiert, um den runden ›Brunnen der wasserspeienden Vögel‹. Die Vögel waren einst farbig gefaßt.

»Die Anregung für die Komposition«, schreibt Kurt Martin, »geht auf den Park von Versailles zurück«, wo es mehrere solche Wasserspiele als Illustrationen zu Fabeln gab. Hier hockt in der Mitte des Beckens ein Uhu, ein Huhn in den Fängen haltend, während auf dem Gitter ringsum allerlei Vögel sitzen und den Räuber anspeien: Hühner, Reiher, Storch, Truthahn und andere mehr.

Man versteht, daß der Kurfürst sich besonders gern im Badhaus aufgehalten hat. Zwischen alten Bäumen versteckt finden wir dieses reizende, heitere, behagliche Schlößchen. Zwei halbrunde Vestibüle auf den Langseiten geleiten uns in den Ovalsaal, mit Figuren in den Nischen und Guibals Deckenbild der siegreichen Aurora geschmückt. Auf den beiden Schmalseiten des Baues liegen je drei Kabinette mit schönem

Parkett und Möbeln, mit von Ferdinand Kobell bemalten chinesischen Tapeten, Supraporten sowie Landschaftsbildern von seiner Hand. Ein elegantes Vorzimmer enthält ausgezeichnete Puttengruppen von Franz Xaver Messerschmidt. Und dann ist da das kleine, einem Ankleidezimmer angeschlossene Bad, von Joseph Pozzi als Grottenarchitektur stukkiert. Aber das Bad ist nicht das Wichtigste; wichtig war dem Bauherrn die gesamte Ordnung, die das Schlößchen, das Gartenparterre mit seinen Vogelhäuschen, Naturtheater und Apollotempel zu kunstvoller ländlicher Idylle vereinigt.

Der Dichter Christian Friedrich Daniel Schubart, der jahrelang von Herzog Carl Eugen von Württemberg auf der Festung Hohenasperg gefangengehalten worden war und dem Fürsten wenig freundlich gesinnt gewesen sein kann, zeigte sich von der Menschlichkeit Carl Theodors begeistert:

Er hatte beinahe allen Glanz, jede Miene der zweifelnden Hoheit – nach Klopstocks Ausdruck – abgelegt und schien nur guter Mensch und liebenswürdiger Gesellschafter zu sein. Man vergißt im Augenblick seiner lichten Miene den Stern bald, der an seiner Brust flammt und Fürstengröße ankündigt. Er empfing mich so gnädig, daß sich meine Blödigkeit bald in Freimut verwandelte. Nachdem er sich sehr liebreich nach meinen Umständen erkundigt hatte, so spielte er selbst, beinahe furchtsam, ein Flötenkonzert... Nach diesem spielte ich verschiedene Stücke, sang ein russisches Kriegslied, stand auf, sprach über Literatur und Kunst und gewann des Fürsten vollkommenen Beifall. Der Kurfürst las sehr gerne deutsch und sprach, als ich das zweitemal vor ihm spielte, mit vieler Achtung vor dem Geiste der Deutschen. Ich wagte es, dem Kurfürsten zu sagen: ›Unsere Schriftsteller sind groß geworden, ohne Auguste und Ludwige zu Protektoren zu haben. Sie ließen sich von den Großen geduldig Roßköpfe und Barbaren nennen, und arbeiteten indessen Werke aus, die bewundert und beneidet wurden. D'Alembert hat recht, der den Beifall der Fürsten nicht immer für das einzige Beet hält, aus dem die Blume des Genies hervorkeimt.‹ – ›Er und D'Alembert hat recht‹, sagte der Kurfürst lächelnd, ›aber Kunst und Wissenschaft sollten doch niemals betteln gehen!‹ – Sofern ich noch der Freude fähig war,

27 Apollotempel und Naturtheater im Schloßpark zu Schwetzingen
Aquarell von Wilhelm von Kobell, um 1791

28 Das Schloß zu Mannheim
Aquarell von Philipp Le Clerc

29 Kurfürst Carl Theodor
Gemälde von Anna Dorothea Thorbusch-Lisiewska, 1763

empfand ich meine größten und süßesten im schwetzingischen Garten, wenn ich drinnen an der Seite eines geschmackvollen Freundes lustwandelte oder wenn ich mich ganz allein in seinen dädalischen Irren verlor.

Vom Badhaus dem langen Kanal, an dessen Ende der Tempel der Botanik steht, folgend und auf einer Brücke überquerend, erreichen wir den von Sckell angelegten englischen Park, eine anmutige, von Gehölzen, Wiesen und Baumgruppen belebte Landschaft. Über verschlungene Wege gehend öffnen sich uns immer neue Ausblicke, und dann gelangen wir über die Chinesische Brücke an den großen See mit Verschaffelts Statuen von Rhein und Donau. Jenseits des Sees beginnt das flache Land. Weiterwandernd passieren wir den ›Merkurtempel‹, eine malerische Ruinenarchitektur, und kommen, wieder an einem Weiher vorüber, zur ›Moschee‹, welche Pigage 1778 begann und die 1795 vollendet wurde.

Da steht also ein Stückchen Orient nach Laune und Wunsch des pfälzischen Kurfürsten, mit reichem Säulenportikus, mit zwei hohen, schlanken Minaretten, überspielt von der Ornamentik osmanischer Baukunst und von Koransprüchen. Es ist vielleicht die interessanteste Anlage des Parks, denn ebenso wie das Chinesische, Japanische, Römische war das Mohammedanisch-Orientalische im achtzehnten Jahrhundert Mode geworden. Die Anregung für die Moschee ging von dem berühmten Kew Garden bei London aus, den Sckell studiert hatte. »Zu so bedeutender Größe und zu so festlicher Ausführung wurde der Gedanke jedoch nur in Schwetzingen entwickelt. Das Orientalische bleibt dabei Einzelmotiv und Dekoration eines unorientalisch erlebten und gegliederten Baues: es kam darauf an, das auszudrücken, was der Zeit als orientalisch galt« (Kurt Martin). Ein Hof umschließt die Moschee auf der Ostseite, gebildet aus Wandelgängen mit hübschem hölzernem Gitterwerk, mit Eck- und sogenannten Priesterkabinetten. Die im Kriege von 1870/71 zu Gefangenen gemachten Turkos und Zuaven, die im Schwetzinger Lazarett untergebracht waren, staunten nicht wenig, hier eine veritable Moschee zu finden, und auch heute noch wird sie gelegentlich von in Deutschland lebenden Mohammedanern für Gottesdienste benutzt.

Wieder dem Schloß zugehend, erreichen wir im südlichen Boskett den kleinen Minvervatempel, der trotz mancher genau der Antike nachgebildeten Einzelheiten keineswegs griechisch wirkt. Bevor man den Rundgang beendet, sollte man auf der Lichtung in der Mitte des Bosketts die Gedenksteine von Verschaffelt betrachten, die Carl Theodor errichten ließ. Der eine wurde, wie die Inschrift sagt, für die 1765 gefundenen Knochen, Waffen, Urnen und anderes aus römisch-germanischer Zeit gesetzt, der andere gilt dem Kurfürsten selbst, und die Inschrift faßt alle Eindrücke zusammen, die wir auf unserer Wanderung durch den Garten in uns aufgenommen haben.

Du bewunderst,
Wanderer!
Sie selbst staunt, die es versagt hatte,
die große Mutter der Dinge, die Natur.

Und auf der Rückseite lesen wir:

Carl Theodor hat dies zur Erholung von seinen Mühen für sich und die Seinen in den Stunden der Muße geschaffen. Dies Denkmal setzte er 1771.

Es war ein stiller, grauer Tag, als wir Schwetzingen besuchten, noch tropfte das Wasser endloser Regenfälle durch das Laub der Bäume, in deren Dämmer die Wege verlaufen. Unbewegt stand das Wasser in Bassins und Kanälen, auf denen Enten, Schwäne und Taucher schwimmen. Aus den Äsern der weißen steinernen Hirsche, aus den Fontänen sprangen die Wasserstrahlen in die kühle Luft; alle Farben waren gedämpft und das Laub begann sich im Anhauch des Herbstes leise zu färben.

Wir verstehen die sehnsüchtigen Worte Liselottes von der Pfalz, die schreibt:

Schwetzingen ist ein angenehmer Ort, den ich als geliebt ... Ich erinnere mich Schwetzingens, als wenn ichs vor meinen Augen sähe.

Auch wir werden so empfinden, nachdem wir Schwetzingen ›vor unseren Augen‹ gesehen haben.

Mannheim

Am 26. März 1606 begab sich Kurfürst Friedrich IV. von der Pfalz mit seinem Hofstaat von Heidelberg zur Stadtgründung zu dem Dorf und der alten Zollstätte Mannheim und legte am 27. März den Grundstein. Die neue Stadt sollte Mittelpunkt des pfälzischen Verteidigungssystems werden. Der holländische Ingenieur Bartholomäus Janson leitete die Arbeiten, die jedoch wegen Geldmangels 1609 stehenbleiben und ein Jahr später eingestellt werden mußten. Die auf geometrischem Plan errichteten Häuserblocks wurden im Dreißigjährigen Krieg zerstört. Ein Bericht aus dem Jahr 1652 beschreibt den Zustand der Stadt:

... eingenommen, abgebrannt, ausgeplündert und so übel zugerichtet, daß sie viele Jahre ohne Einwohner wüst gestanden und ist anders nichts ganz stehen geblieben als die Wälle, das Rathaus und etliche Mauern und Keller der verheerten Häuser, auf welche man nach dem Münsterischen Frieden zu bauen anfängt.

Immer wiederholte Aufrufe zur Besiedlung, weitgehende Privilegien für die Bürgerschaft hatten endlich Erfolg. Sie zogen vor allem Wallonen, Hugenotten und Schweizer an. Jakob van Deyl, der erste Schultheiß der Stadt, war ein Holländer. Der Aufbau – auf dem alten Grundriß – ging verhältnismäßig schnell voran, und bald hatte Mannheim zehntausend Einwohner.

Eine neue Katastrophe traf die Stadt im Pfälzischen Erbfolgekrieg. Damals schrieb der französische Kriegsminister Marquis de Louvois:

Ich sehe den König ziemlich geneigt, die Stadt und Festung Mannheim völlig dem Erdboden gleichzumachen und die Wohnungen dermaßen zu zerstören, daß kein Stein auf dem anderen bleibt.

So geschah es auch 1689. Neun Jahre später befahl Kurfürst Johann Wilhelm den Wiederaufbau: Es war der dritte

Versuch. Aber noch als 1720 Kurfürst Karl Philipp nach Mannheim übersiedelte, hatte die Stadt erst wieder dreitausend Einwohner. Die neuen Festungsanlagen entstanden nach Plänen des Holländers Baron Coehorn und umschlossen nun das gesamte Stadtgebiet; der Wiederaufbau ging langsam voran; wieder wurde die schachbrettartige Einteilung des Grundrisses beibehalten und bis zum Schloß hin durchgeführt.

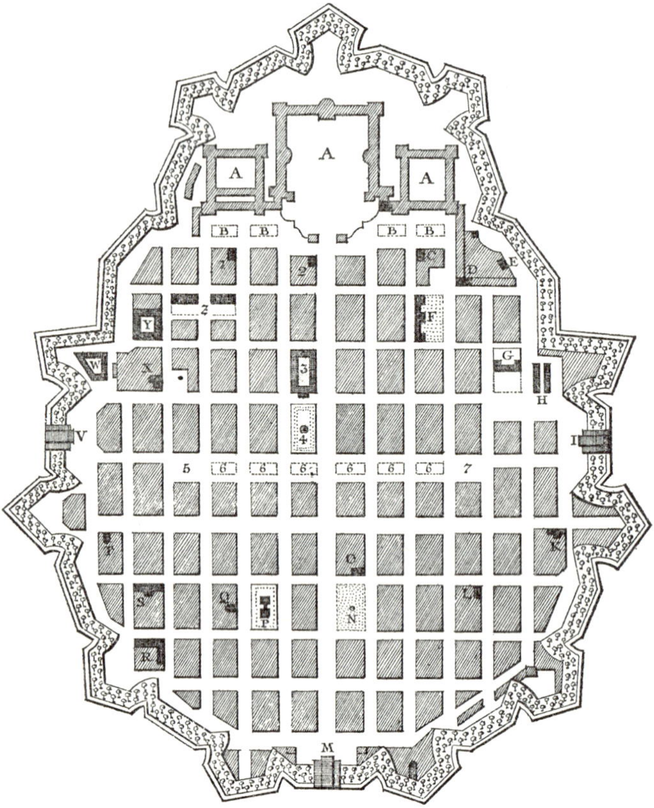

Grundriß von Mannheim

Das Schloß, eine gewaltige Anlage an Stelle der Zitadelle Friedrichsburg, von Karl Philipp 1720 begonnen, kostete über eine Million Gulden. Mannheim war inzwischen zu einer wohlhabenden Industriestadt geworden, vor allem bekannt durch seine Tabak- und Krappfabriken, durch Textilhandel, Spitzenherstellung und Bankgeschäfte. Für das geistige und künstlerische Leben sorgte der Hof, vor allem Kurfürst Carl Theodor, der später auch die bayerische Kurwürde antrat. Unter ihm erlebte Mannheim eine kurze Periode des Glanzes; man nannte es damals das ›deutsche Athen‹. Mit Hilfe des Bildhauers Peter Anton von Verschaffelt, dem Schöpfer des Bronzeengels auf der Engelsburg in Rom, gründete der Kurfürst 1758 die Kunstakademie, wo unter anderen Ferdinand Kobell, Franz und Wilhelm Kobell und Johann Christian Mannlich wirkten. Unter großen Kosten hatte Carl Theodor Gipsabgüsse berühmter antiker Statuen anfertigen lassen, und kein Geringerer als G.E. Lessing meinte, man könne die Kunst der Antike bequemer in Mannheim studieren als in Italien. Goethe schreibt in »Dichtung und Wahrheit«:

Hier stand ich nun, den wundersamsten Eindrücken ausgesetzt, in einem geräumigen, viereckten, bei außerordentlicher Höhe fast kubischen Saal, in einem durch Fenster unter dem Gesims von oben wohl erleuchteten Raum: die herrlichsten Statuen des Altertums nicht allein an den Wänden gereiht, sondern innerhalb der ganzen Fläche durcheinander aufgestellt; ein Wald von Statuen, durch den man sich durchwinden, eine große ideale Volksgesellschaft, zwischen der man sich durchdrängen mußte.

Die Gemäldegalerie des Kurfürsten wurde nach ihrer Überführung nach München zum Grundstock der Alten Pinakothek, der Johann Christian Mannlich als erster Leiter vorstand. Mannheim hatte ein berühmtes Theater und ein ausgezeichnetes Hoforchester, von dem Schubart sagte:

Kein Orchester in der Welt hat es je in der Ausführung dem Mannheimer zuvorgethan. Sein Forte ist ein Donner, sein Crescendo ein Katarakt, sein Diminuendo ein in der Ferne hinplätschernder Krystallfluß, sein Piano ein Frühlingshauch …

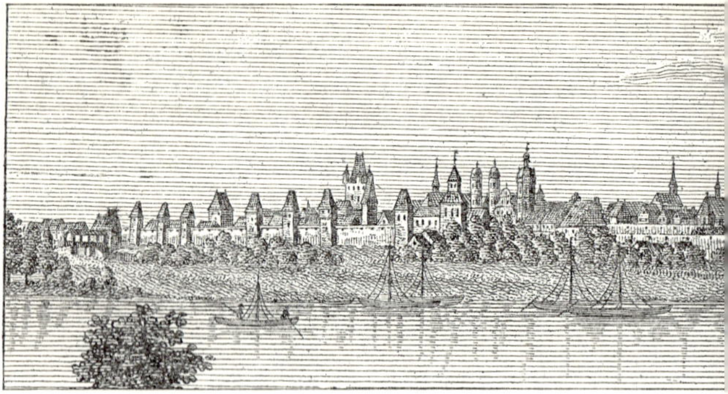

Mannheim

1763 kam es zur Gründung der Academia Theodoro Palatina, nach Vorbild der Akademien von Göttingen und München; sie hatte Mitglieder in ganz Europa. 1778 wurde die »Deutsche Gesellschaft« ins Leben gerufen, der auch Klopstock, Lessing, Wieland und Schiller angehörten

Carl Theodor war bei aller Toleranz ein autokratischer Herr. Von seinen zahlreichen Maitressen hatte er viele Kinder. Auch die reizende Fürstin von Bretzenheim, die elfjährig Äbtissin zu Lindau wurde und später mit dem jungen Grafen von Westerhold durchging und ihn heiratete, war eine natürliche Tochter des Kurfürsten.

Zu einem regen Gemeinwesen, wie Mannheim es schon im achtzehnten Jahrhundert gewesen ist, gehörte damals die Residenz des Gründers. Der Baumeister des Schlosses kam aus dem Dienst des Bistums Speyer, Johann Clemens Froimont. Ungewiß ist es, ob er selbst die Pläne lieferte oder bereits vorliegende auszuführen begann. Bis 1726 jedenfalls hatte er die Bauleitung, dann folgte ihm Guillaume Hauberat, ein Schüler Robert de Cotte's, der vor allem den Ausbau des Innern leitete. 1732 waren diese Arbeiten so weit fortgeschritten, daß der Westflügel beendet werden konnte. Zwischen 1740 und 1750 stand Allesandro Galli da Bibiena dem Bauwesen vor, 1749 wurde Nicolas de Pigage Bauintendant.

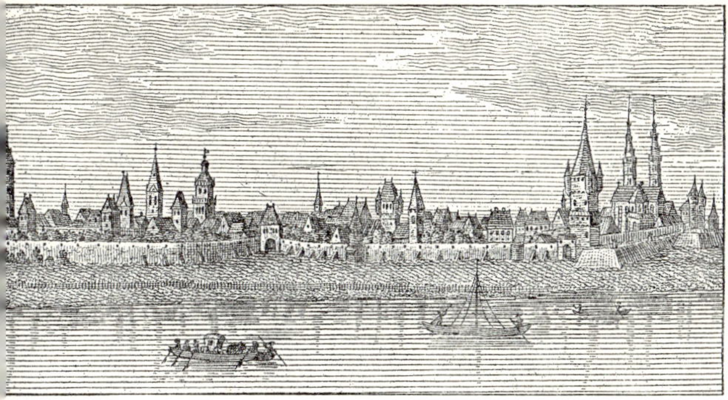

Kupferstich von J. Rieger, 1788

Pigage hat die Gesamtanlage mit Ostflügel und Bibliotheksbau um 1760 beendet. Manche der besten Künstler der Zeit sind an der Ausschmückung des Schlosses beteiligt gewesen, um nur einige zu nennen: Cosmas Damian Asam, Antonio Pellegrino und Lambert Krahe als Maler, Paul Egell und Math. van den Branden als Bildhauer. Der Komplex des prachtvollen, riesigen Schlosses umgibt einen tiefen Ehrenhof gegen die Stadt. Die ›Breite Straße‹ führt von der Stadt her als Hauptachse zu ihm hin. Den Seitenflügeln sind parallel zum Mitteltrakt zwei lange Flügel angereiht, beginnend rechts mit der Schloßkirche und links mit der Bibliothek. Der Mittelteil trug einst Mansardendächer. Den Giebel der Schloßkirche schmückt das Relief der Dreifaltigkeit von Egell, den der Bibliothek ein Relief von Verschaffelt.

Auch das kurfürstliche Mannheim sank, wie seine Vorgänger, in Schutt und Asche; es ist den Bombenangriffen des Zweiten Weltkriegs zum Opfer gefallen. Das Schloß brannte völlig aus; was wir heute sehen, ist eine hervorragende Rekonstruktion. Der Wiederaufbau der Stadt richtete sich auch jetzt wieder nach dem alten, streng geometrischen Plan. Vom barocken Charakter der Stadt, von ihrer Grundstruktur, ist jedoch so gut wie nichts erhalten geblieben.

Stephanie Großherzogin von Baden

... die verwitwete Großherzogin von Baden, Stephanie, hielt in Mannheim einen höchst anmutigen kleinen Hof. Der pfälzische Adel, sonst nicht eben im Ruf der Gastlichkeit, unterstützte die liebenswürdige Fürstin so weit es in seinen Kräften stand ... Die junge Witwe lebte den Studien, sie malte, sie las, sie komponierte, sie sah die Gesellschaft um sich, die ihr genehm war und mit der sie sympathisierte ... Es kamen sehr viele Gäste an diesen kleinen Hof. Alle umgingen das langweilige Karlsruhe und kamen nach Mannheim. Die Großherzogin, die stets streng beobachtet wurde, durfte nicht alle empfangen, und bei denen, die sie annahm, mußte sie noch Unterscheidungen anbringen. Nichts war der geistreichen Frau lästiger als dieser Zwang.

So erzählt der Schriftsteller Baron Alexander von Ungern-Sternberg, der sich ein Jahr in Mannheim aufgehalten hat, in seinen Erinnerungen. Wer ist diese Frau gewesen? Hinter dem Namen Stephanie von Baden steht mehr als eine längst vergessene Fürstin, mehr als eine durch ihr Leben und Wirken vorbildliche Frau. Hinter ihrem Namen verbirgt sich ganz Frankreich mit seiner Geschichte und seiner Kultur, vor allem die mächtige Gestalt ihres Onkels und Adoptivvaters Kaiser Napoleon I. 1789: Ihr Geburtsjahr fällt mit dem Ausbruch der Französischen Revolution zusammen, die die Welt so sehr verändern sollte. Napoleon ist Stephanies großes Erlebnis gewesen; sie verehrte ihn, sie liebte ihn, sie erlebte seinen Aufstieg und seinen Fall und sie hat ihm bis zu seinem Tode die Treue gehalten. Eine Erscheinung wie Napoleon mußte eine ungeheuere Faszination auf die Welt ausüben, gerade wegen der Widersprüchlichkeiten seines Wesens. Er konnte sich nach der Erschießung des Herzogs von Enghien als Revolutionär gebärden und sich doch einen Monat später zum Kaiser der Franzosen proklamieren lassen. Der Hof, den er sich aufbaute, unterschied sich in nichts von den Höfen des *ancien régime*.

Stephanie entstammte der französischen Familie der Grafen Beauharnais, und als Napoleon Josephine geheiratet hatte, ließ er die junge Nichte seiner Frau nach Paris kommen und dort erziehen. Um seine Stellung im Konzert der europäischen Mächte zu festigen, suchte der Kaiser soviel familiäre Bindungen mit den alten Fürstenhäusern wie möglich; seinen Bruder Jérome verheiratete er mit der Prinzessin Katharina von Württemberg und machte ihn zum König von Westfalen, seinem Stiefsohn Eugène Beauharnais gab er die Tochter des Königs von Bayern zur Frau und 1806 wurde auch Stephanie zum Werkzeug seiner Interessen, sie mußte den Erbprinzen Karl von Baden heiraten. Dieser Hochzeit, die in Paris mit Pomp gefeiert wurde, gingen lange Verhandlungen voraus, denn eigentlich war für Karl die Prinzessin von Bayern vorgesehen gewesen und außerdem betrachtete man die Verwandte des Korsen nicht als ebenbürtig. Vor allem sträubte sich ihre spätere Schwiegermutter, Markgräfin Amalie, die alles tat, um diese Heirat zu verhindern. Sie schreibt:

Bisher war es mein liebster Wunsch, noch vor meinem Tode einen Enkel aus Karls Stamm zu sehen! Jetzt wünsche ich es nicht mehr, zum mindesten ist es mir gleich.

Baden war tief verschuldet, der alte Kurfürst Karl Friedrich ließ alles gehen, wie es mochte, und hoffte auf Gebietszuwachs, wenn er sich Napoleons Wünschen fügte. Vor allem träumte er davon, wie seine Kollegen von Bayern und Württemberg König zu werden. Doch zu seinem Schmerz mußte er 1806 mit dem Titel Großherzog vorliebnehmen. Als Mitgift Stephanies sollte Baden den Breisgau erhalten, Napoleon verfügte ja mit souveräner Großzügigkeit über deutsches Land. Als sich die Entscheidung des badischen Hofes immer wieder verzögerte, erklärte Napoleon kategorisch:

Man ist frei in Karlsruhe, ich aber auch. Ich kann über den Breisgau frei verfügen. Weigert man sich, so schaffe ich mir am Rhein einen anderen, willigeren Verbündeten. Ainsi l'alliance ou point de Brisgow!

Außerdem adoptierte er Stephanie, der er zärtlich zugetan war; sie wurde dadurch kaiserliche Prinzessin von Frankreich.

1806 veröffentlichte der »Moniteur« in Paris den Wortlaut des kaiserlichen Erlasses zur Eheschließung Stephanies, in dem es unter anderem heißt:

Die ausgezeichneten Eigenschaften des Erbprinzen und die besondere Zuneigung, die er Uns in allen Verhältnissen bewiesen hat, verbürgen Uns das Glück Unserer Tochter …

Von Zuneigung, sowohl passiver als auch aktiver Art, von seiten des Bräutigams konnte keine Rede sein, ebensowenig von einer Freundschaft des alten Herrn in Karlsruhe zu Napoleon, und auch dessen private Meinung klingt ganz anders: »Ce prince est indécrottable«, was soviel heißt wie: ›Dieser Prinz ist ein schmutziger Kerl und wird es bleiben.‹ Karl war verlogen, faul, lasterhaft, verdorben und vollkommen uninteressiert an Staatsgeschäften, seiner Frau brachte er kränkende Gleichgültigkeit entgegen. Von den Kindern dieser Ehe starben die beiden Söhne bald nach der Geburt, aber den Tod des Erstgeborenen umgeben Zweifel: möglicherweise ist dieses Kind als Kaspar Hauser in die Geschichte eingegangen. Wir werden noch von ihm hören.

Ungeliebt, mit einem ungeliebten Mann an ihrer Seite, gehaßt von ihrer Schwiegermutter, an einem Hof, wo man sie nicht wollte, in einer Stadt, die sich neben dem glanzvollen Paris nicht gerade vorteilhaft ausnahm, hatte Stephanie es nicht leicht. Nur in steter Pflichterfüllung erkannte sie den Sinn ihres Lebens. Oft sah sie ihr eigenes wie das Dasein des badischen Staates durch die Willkür der Großmächte gefährdet, aber immer blieb sie bestrebt, die Völker zu beiden Seiten des Rheins zu versöhnen.

Man kann Stephanie nicht zu den großen Regentinnen zählen; sie spielte auf der Weltbühne eine sehr bescheidene Rolle, wie ja auch das Großherzogtum Baden nur eine bescheidene Rolle spielen konnte, aber sie hat sich den Staatsgeschäften nicht ferngehalten, wenn man sie um Vermittlung bat. Selbst Bismarck zählte sie zu den politischen Persönlichkeiten ihrer Zeit. Nie, sagt sie in ihren Erinnerungen, sei ihr das ihr gemäße Milieu vergönnt gewesen, in dem sie sich wirklich hätte glücklich fühlen können. Immer habe sie um Geltung, um Gleichberechtigung ringen müssen. Als 1818 ihr Mann, Großherzog Karl, starb, war sie mehr als je zuvor vereinsamt und angefeindet, denn inzwischen war auch ihr Beschützer Napoleon von der Bühne der Weltpolitik abgetreten. So sagte sie einmal zu dem preußischen Geschäftsträger in Karlsruhe, Karl August Varnhagen von Ense, *sie erkenne recht gut, wie man gegen sie gesinnt sei; diejenigen, denen sie Wohltaten erwiesen, die sie beschützt, gerettet habe, seien ihr jetzt am feindlichsten; sie würde gewissen Leuten den größten Gefallen tun, wenn sie das Land ganz verließe, sich in die Schweiz etwa zurückzöge. Aber weichen werde sie nicht, sie sei es ihren Kindern schuldig, die ihr gebührende Stellung zu behaupten, und auch aus Stolz werde sie es tun.*

Diesen Stolz und diese Haltung, die sie als Mitglied des napoleonischen Hauses und als Französin nicht glaubte aufgeben zu dürfen, verband sie mit einem alle Welt bezaubernden persönlichen Charme und der Haltung einer großen Dame. So schreibt die Herzogin von Abrantès:

Ich habe wenig Frauen kennen gelernt, die so angenehm waren wie Stephanie Beauharnais ... Sie vereinigte alle Eigenschaften, die für eine Frau inmitten der Gesellschaft wünschenswert sind: Anmut, gutes Benehmen, ein reizendes Gesicht und eleganter Wuchs ...

Ihre Rolle als Landesmutter war mit dem Tode des Großherzogs ausgespielt, denn auf dem badischen Thron folgte zuerst ein Onkel ihres Mannes, dann der Sohn aus der zweiten Ehe des alten Großherzogs mit einem Fräulein Geier, die zur Gräfin Hochberg erhoben und deren Söhne schließlich als ebenbürtige Thronerben anerkannt worden waren. Stephanie lebte auf ihren Witwensitzen Mannheim, Baden-Baden und Umkirch am Kaiserstuhl. Sie reiste, besuchte ihre Cousine, die ehemalige Königin Hortense von Holland, die Stieftochter Napoleons, auf ihrem Schlößchen Arenenberg am Bodensee, sie war gerne gesehen bei den wieder inthronisierten Bourbonen in Paris, später bei König Louis Philippe von Orleans und bei ihrem Neffen, dem Sohn der

Königin Hortense und späteren Kaiser Napoleon III. Sie besuchte ihren Vetter Eugène Beauharnais, der eine Zeitlang als Fürst von Eichstätt die Gebiete des ehemaligen Bistums Eichstätt regierte und der dann als Herzog von Leuchtenberg in München lebte; sie war des öfteren bei der bayerischen Königsfamilie am Tegernsee zu Gast – alle Anfeindungen waren vergessen, denn der große Gegenspieler Napoleon konnte die Ruhe Europas nicht mehr stören. Sie führte ein gastfreies Haus, wie wir bereits von Ungern-Sternberg gehört haben.

Auf dem Arenenberg am Bodensee, bei der lebenslustigen Hortense und ihrem Sohn Louis Napoleon traf sie, wie ein Augenzeuge berichtet, stets eine bunte Tafelrunde:

Fürsten und Detailkrämer, französische Staatsminister und Schweizer Dorfvorsteher, alte französische Emigranten und alte französische Königsmörder, Legitimisten, italienische Carbonari, Bonapartisten, Radikale, Philippisten ...

Der einzige metaphysische Kopf, den sie je unter Frauen kennengelernt, sei Großherzogin Stephanie, urteilte Rahel Varnhagen von Ense:

... unter allen Umständen zu denken aufgelegt und fähig. Unwillkürlich in jedem Gespräch darauf hinarbeitend ...

Besondere Freundschaft verband Stephanie mit dem Heidelberger Historiker Christoph Friedrich Schlosser. Mit diesem besprach sie seine historische Arbeit über Napoleon, sie war dabei nicht immer gleicher Ansicht. Kritische Bemerkungen über den von ihr hochverehrten Kaiser in einem ihr zur Einsicht vorgelegten Manuskript Schlossers veranlassen sie zur Stellungnahme.

So verlief das Leben der Großherzogin als das einer Witwe aus fürstlichem Hause und in einem anregenden Kreis. Doch dieses Leben änderte sich jäh, als ihr Neffe Louis Napoleon 1848 Präsident der französischen Republik und 1852 Kaiser der Franzosen wurde. Mit Mißtrauen hatten die deutschen Staaten und Österreich schon die bonapartistische Propaganda in Frankreich verfolgt und sich gefragt, was sich da wohl zusammenbraue. Zwar hatte Louis Napoleons Devise ›Das Kaiserreich ist der Friede‹ die europäischen Staaten beruhigt und ihm die Anerkennung verschafft, aber der Argwohn blieb. Napoleon selbst wünschte, daß Stephanie als Vermittlerin zwischen Deutschland und Frankreich wirke, aber sie lehnte zunächst ab, um ihren badischen Verwandten keine Verlegenheiten zu bereiten und nicht selbst in eine schiefe Lage zu geraten, obwohl auch die Demütigungen, die sie nach dem Sturz Napoleons I. über sich hatte ergehen lassen müssen, in ihrem Gedächtnis fortlebten. Dagegen suchte sie die Politik ihres Neffen im Sinne guter Beziehungen zu Preußen zu beeinflussen, worin sie vom deutschen Gesandten in London, Herrn von Bunsen, unterstützt wurde. Stephanie schrieb 1850:

Ich bin überzeugt, daß, wenn irgend etwas die Mächte der Zerstörung, welche Europa bedrängen, aufhalten kann, es die Verbindung Preußens, Englands und Frankreichs ist, aber ohne alle Hintergedanken auf allen Seiten.

In Preußen – Stephanie war mit der späteren Kaiserin Augusta, der Gemahlin Wilhelms I., befreundet – sah sie die einzige deutsche Macht, der es gelingen konnte, mit Frankreich eine für beide Teile ersprießliche Politik zu führen. Aber Österreich konnte einem Dreimächte-Block im Westen nicht zustimmen. Anders und wahrhaft prophetisch sah der alte österreichische Staatskanzler Fürst Metternich die Entwicklung, als er schrieb:

Österreich und Preußen – die beiden deutschen Großmächte – werden logischerweise um die Vorherrschaft ringen müssen, und Österreich – muß unterliegen. Aber wenig später muß Deutschland mit Frankreich um die Vorherrschaft auf dem Kontinent kämpfen und siegen. Deutschlands Aufstieg kann aber nur wenige Jahrzehnte dauern – ein Weltkrieg wird aller Herrlichkeit ein Ende machen, eine Weltrevolution wird auf dem Fuße folgen … dann gute Nacht Europa!

Stephanie reiste nach England und besuchte Königin Viktoria, um die Grundsätze der englischen Politik kennenzulernen, sie war häufig in Paris, konferierte mit dem österreichischen und preußischen Botschafter, arrangierte in Baden-Baden ein Zusammentreffen Kaiser Napoleons III. mit Prinz Wilhelm von Preußen, dem späteren deutschen Kaiser. 1860 ist die Großherzogin in Nizza gestorben. Sie hat die Kriege von 1866 und 1870/71 nicht mehr erleben müssen. In einem Nachruf in »Cottas Morgenblatt« vom 12. Februar 1860 können wir lesen:

Es wäre eine Aufgabe von bedeutendem Umfang, das Leben einer Frau darzustellen, die, ein Glied des modernen Atridenhauses, die weltbewegenden Geschicke ihres Geschlechtes von allem Anbeginn an, den großen Korsen in seiner aufsteigenden Bahn begleitend, seinen Sturz in vieljähriger Trauer beweint, den neuen Aufschwung genossen und nicht eher sich zur Ruhe gebettet hat, als bis sie den abermals emporgestiegenen Stern an der obersten Stelle erglänzen und ihn in die Bahn einlenken sah, welche zu den fallenden Häusern führt, so daß ihr Augenpaar sich wohl mit dem schmerzlichen Bewußtsein geschlossen haben dürfte, keine dauerhaft begründete Zukunft hinter sich zu lassen. Oder lag vielleicht ein Trost für sie darin, nicht auch, nachdem sie zweimal die aufsteigende Bahn mitgemacht, den zweiten Sturz erleben zu müssen?

In Mannheim, in Baden-Baden und Umkirch aber wirkt der Geist Stephanies fort. Vor allem aber lebt sie in der Erinnerung des Volkes weiter: als die Mutter Kaspar Hausers.

Kaspar Hauser

In Baden machte ich die Bekanntschaft des Lord Stanhope, des abenteuerlichen Beschützers des abenteuerlichen Kaspar Hausers. Dieses Wunderkind, damals schon ein Wunderbursche, der nahe an 19 Jahre war, sah ich und zeichnete es. Ich fand nichts Besonderes an diesem plumpen Bauernjungen, den man mit aller Gewalt zu einem Sohn der schönen Stephanie von Baden machen wollte. Nichts konnte lächerlicher sein als diese Annahme, wenn man das Exemplar aus der modernen Tausend und einer Nacht lebend vor sich sah.

So der Freiherr Alexander von Ungern-Sternberg in seinen Erinnerungen.

Würde Kaspar Hauser, der jetzt zu den gesitteten Menschen von Lebensart gerechnet werden darf, unerkannt in eine gemischte Gesellschaft treten, so würde er bald jedermann als eine befremdende Erscheinung auffallen. Sein Gesicht, in dem die weichen Züge eines Kindes mit den eckigen Formen des Mannes und einigen leicht gezogenen Furchen vorzeitigen Alters, herzgewinnende Freundlichkeit mit bedächtigem Ernst und einem leichten Anflug von Melancholie sich vermischen, seine Naivität, zutrauliche Offenheit und oft mehr als kindische Unerfahrenheit, verbunden mit einer gewissen Art von Altklugheit und vornehmer, doch ungezwungener Gravität im Reden und Benehmen, dann die Schwerfälligkeit seiner, zuweilen nach Worten suchenden, oft fremdklingenden, harten Sprache, bei der Steifheit seiner Haltung und der Ungelenkigkeit seiner Bewegungen, lassen ihn jedem beobachtungsfähigen Auge als ein Gemisch von Kind, Jüngling und Mann erscheinen, ohne daß man sobald mit sich einig werden könnte, welcher Altersstufe dieser einnehmende Mischling wirklich angehöre.

So der erste Präsident des Appellationsgerichtes zu Ansbach, der Philosoph und Rechtsgelehrte Paul Johann Anselm von Feuerbach, Neubegründer der deutschen Strafrechtswissenschaft, der den ›Fall Hauser‹ genau studiert hat. Er starb im März 1833, noch vor der Ermordung seines Schützlings.

Am 26. Mai tauchte Kaspar Hauser, damals etwa achtzehn Jahre alt, in Nürnberg auf, wo sein unerklärliches Schicksal bald alle Welt faszinierte und ihn zu einer Sehenswürdigkeit werden ließ. Feuerbach berichtete darüber:

Das Befremdende an Kaspar Hauser bei seinem ersten Erscheinen zu Nürnberg gestaltete sich in den nächsten Tagen und Wochen zu einem dunklen grauenhaften Rätsel, zu dessen Lösung man in mancherlei Vermutungen vergebens den Schlüssel suchte.

Immer wieder forschte Bürgermeister Binder den Jüngling aus und veröffentlichte im Juli einen Bericht, der im allgemeinen mit einem 1829 von Hauser selbst geschriebenen Aufsatz übereinstimmt und in dem es heißt, daß der Junge nicht wisse, wer er wäre und wo seine Heimat sei. Er habe immer in einem Loch gesessen und außer *dem Mann, bei dem*

Nach d. Leben gez. Stahlst. v. F. Wagner.

CASPAR HAUSER

er immer gewesen, weder Mensch noch Tier gesehen, auch nicht gewußt, daß es sie gäbe.

Der Augsburger Johann Georg Laminit hat, ohne Hauser gesehen zu haben und wahrscheinlich erst längere Zeit nach dessen Auftauchen in Nürnberg, eine Federzeichnung angefertigt, Vorlage für den Holzschnitt aus dem Flugblatt von etwa 1832. Dieses Bildnis eines schwerfälligen, unproportionierten und dümmlichen Burschen ist, durch Moritatensänger verbreitet, seltsamerweise *das* Hauserbild geworden. Wie viel lebensvoller und sympathischer sind dagegen die Protraitzeichnungen, die wohl bald nach seiner Ankunft in Nürnberg gemacht wurden! Die von Heinrich Adam angefertigte zeigt ein rundes, freundliches Bubengesicht mit sehr hellen, etwas verstört blickenden Augen; die von Conrad Hitz ein auf einer Bank sitzendes scheues, verängstigtes Kind. Beim Anblick dieser beiden Zeichnungen versteht man, daß der Junge sich sofort die Sympathien der Nürnberger erwarb. Feuerbach begab sich im Juli nach Nürnberg, um den jungen Mann zu beobachten, er hatte ihn später auch einige Zeit in seinem Haus in Ansbach. Feuerbach schreibt:

In seinem Geist regt sich nichts von Genialität, nicht einmal von irgendeinem ausgezeichneten Talent. Was er lernt, verdankt er beharrlichem, hartnäckigem Fleiß ... Ohne ein Fünkchen Phantasie, unfähig irgendeinen Witz zu machen oder nur eine bildliche Redensart zu verstehen, ist er von trockenem, aber kerngesundem Menschenverstand ... Mild, sanft, ohne lasterhafte Neigungen, ohne Leidenschaften und Affekte, ähnelt sein immer sich gleichbleibendes, stilles Gemüt einem spiegelglatten See in der Ruhe einer Mondscheinnacht ... Er wird bescheiden, doch immer fest, bei seinem Recht stehen bleiben und allenfalls, wenn der andere hartnäckig gegen ihn das Feld behaupten will, schweigend davongehen.

In dem »Memoire über Kaspar Hauser. Wer möchte wohl Kaspar Hauser sein?«, das Feuerbach nach eingehenden Nachforschungen und Beobachtungen schrieb und im Januar 1832 der Königin Karoline von Bayern, einer geborenen Prinzessin von Baden, schickte – es wurde erst 1859 veröffentlicht –, lesen wir, daß Hauser das Kind vornehmer Eltern gewesen sein müsse, denn einfache Leute hätten keinen Grund gehabt, ihr Kind auf diese Weise fast siebzehn Jahre lang versteckt zu halten.

Kaspar muß eine Person sein, an dessen Leben und Tod sich große Interessen knüpfen. Dies beweist der ebenso listig angelegte als keck ausgeführte Mordversuch (in Nürnberg).

Nicht Rache, nicht Haß konnten Motive zur Einkerkerung und zur versuchten Ermordung dieses unschuldigen, harmlosen Menschen gewesen sein. Es bleibt kein anderer Beweggrund denkbar als der Eigennutz. Er wurde entfernt, damit anderen Vorteile zugewendet und für immer gesichert würden, die von Rechts wegen nur ihm gebührten. Er mußte verschwinden, damit andere ihn beerben. Er sollte ermordet werden, damit jene in der Erbschaft sich behaupten konnten.

Er muß eine Person hoher Geburt, fürstlichen Standes sein. Dafür sprechen – seltsam genug, doch auf die überzeugendste Weise – merkwürdige Träume, die Kaspar zu Nürnberg gehabt hat, Träume, die nichts anderes gewesen sein können als wiedererwachte Erinnerungen aus seiner früheren Jugend.

Feuerbach bemerkt dazu, daß Hauser diese Träume noch auf sehr niedriger Stufe geistiger Entwicklung hatte, daß er in Nürnberg auch nichts gesehen hätte, was den Traum motiviert haben könnte, und daß er glaube, Hauser sei der Erbprinz von Baden, obgleich sich die Feder sträube, diesen Gedanken niederzuschreiben.

Am 29. September 1812 schenkte die Erbgroßherzogin Stephanie von Baden, Napoleons Adoptivtochter, in Karlsruhe einem Sohn das Leben. Das Kind starb kurz darauf und wurde ungetauft beigesetzt. Sofort begann sich der Klatsch dieses Todes anzunehmen, und es entstand die Legende, daß ein untergeschobenes Kind gestorben, der wahre Erbe jedoch entführt worden sei. Achtzehn Jahre später sagte die Amme Josepha Schindler aus; nach ihrem Bericht, einem vielleicht wahren ›Ammenmärchen‹, hätte sich der gesamte Hof, einschließlich des jungen Großherzogs, gegen die Mutter des unerwünschten Prinzen verschworen haben müssen.

Der Vater aber des von Geheimnis umgebenen Kindes soll nach den Briefen seiner Mutter, der Markgräfin Amalie von Baden, beim Tod seines Sohnes *très affecté* gewesen sein. Man munkelte von einem Giftmord der Gräfin Hochberg, der zweiten Gemahlin des alten Großherzogs Friedrich Karl, deren Söhne später die Erbfolge in Baden antraten. – 1816 schenkte Stephanie einem zweiten Sohn das Leben, der ein halbes Jahr später starb. Aber auch jetzt verstummten die Gerüchte um den Erstgeborenen nicht.

Drei Tage vor der Geburt des Erbprinzen war in der Familie des Handwerkers Christoph Blochmann aus Karlsruhe ein fünftes Kind, ein Sohn, geboren worden. Man will mit Sicherheit in diesem kleinen Blochmann, für den es keinen Todeseintrag im Kirchenbuch gibt, das untergeschobene Kind festgestellt haben. Hans Scholz vermerkt: »Ein Kartenhaus von Vermutungen das alles, gewiß, wenig Tatsachen als tragende Elemente darin, aber eines steht fest: einen Johann Ernst Jakob Blochmann und einen Kaspar Hauser hat es in aller Wahrhaftigkeit gegeben, und jener ist auf dem Papier, dieser im Ansbacher Hofgarten ums Leben gebracht worden; mag der kleine Prinz von 1812 nun seinen eigenen Tod gestorben sein oder nicht. Kein Entrinnen, kein Ausweichen: es ist da ein Fleck, ein Punkt, wo es nicht stimmt. Winzig, aber entscheidend.« Es gibt also den ungetauften Prinzen, den kleinen Blochmann und Kaspar Hauser. Nur zwei sind offiziell gestorben: Prinz NN und Kaspar Hauser. Scholz folgert: Blochmann mag an des Prinzen Stelle gestorben sein, »dann lebte dieser und zwar als Kaspar Hauser. Oder das Prinzenkind ist wirklich seinen eigenen Tod gestorben, dann ist der Versuch unternommen worden, aus dem kleinen Blochmann einen falschen Prinzen zum Zwecke der Erpressung zu machen; dann ist Blochmann zum Kaspar Hauser umgewandelt worden.«

Ein anonymer Brief aus Karlsruhe an Bürgermeister Binder in Nürnberg bezeichnet Hauser als Prinzen. Es ist ganz unmöglich, aus der Flut der Hauser-Literatur die Wahrheit herauszufinden, jedenfalls hat Hauser die Gemüter in Aufregung gehalten und zu allen möglichen und unmöglichen Spekulationen, ja zu diplomatischem Eingreifen Bayerns und des Staatskanzlers Fürsten Metternichs Anlaß gegeben.

Feuerbach schrieb im März 1832:

Ich habe schon längst angefangen zu verzweifeln. Vielleicht, daß der Zufall uns einmal vor die Füße wirft, was allem Scharfsinn zu entdecken nicht gelingen wollte.

Der Zufall aber war nicht so freundlich, und die Herkunft Hausers blieb ein ungelöstes Rätsel.

Hauser soll auf Schloß Pilsach des Freiherrn Grießenbeck von Grießenbach bei Neumarkt in pfleglicher Haft gewesen sein, und Feuerbach folgert, daß er dorthin gebracht worden sei, weil man noch etwas mit ihm vorgehabt habe, und zwar nicht auf Befehl von König Ludwig I. von Bayern, dem Onkel des verstorbenen Großherzogs Karl von Baden, sondern von einer Adelsclique, die zur gegebenen Zeit Hauser als badischen Erbprinzen vorzustellen gedachte; man fragt sich nur, warum? Man sprach auch von Schloß Triesdorf bei Ansbach und vom Deutschordensschloß Beuggen bei Laufenburg am Oberrhein. Der Schloßtraum Hausers lautet:

Den 15. August 1828 hatte ich nachstehenden Traum. Es kam mir vor, als wäre ich in einem sehr großen, großen Haus. Da schlief ich in einem sehr kleinen Bett. Als ich aufstand, kleidete mich ein Frauenzimmer an. Nachdem ich angekleidet war, führte sie mich in ein anderes großes Zimmer, in dem ich eine sehr schöne Kommode, Sessel und ein Sopha sah. Von da führte sie mich in ein anderes großes Zimmer, worin Kaffeetassen, Schüsseln und Teller waren, die wie Silber aussahen. Von diesem Zimmer aus führte sie mich in ein größeres Zimmer, in dem sehr viele und sehr schön gebundene Bücher standen. Von diesem Zimmer aus führte sie mich einen langen Gang vor und über eine Treppe hinab. Nachdem wir die Treppe hinuntergegangen waren, gingen wir im Innern des Gebäudes einen Gang herum, an dessen Wand Portraits hingen. Aus den Bogen dieses Ganges konnte man in den Hof hinaussehen. Ehe wir den Gang umgangen hatten, führte sie mich zu einem mitten im Hofe befindlichen Springbrunnen hin, an dem ich eine sehr große Freude hatte. Von da führte sie mich wieder zu demselben Bogen, durch welchen wir zum Springbrunnen herausgegangen waren. Dann kehrten wir auf dem Bogengang denselben Weg wieder zurück bis zur Treppe. Als wir zur Treppe kamen, sah ich ein Bildnis stehen. Das war in Ritterkleidung ausgeschnitten oder ausgehauen. Das Bildnis hatte auch ein Schwert in der linken Hand. Oben am Handgriff war ein Löwenkopf angebracht. Dieser Ritter stand auf einer viereckigen Säule, die mit der Treppe verbunden und angemacht ist. Nachdem ich den Ritter eine Zeitlang angesehen hatte, führte mich das Frauenzimmer die Treppe hinauf, den langen Gang vor und wollte mit mir zu einer Türe hineingehen. Diese Türe war aber verschlossen. Sie klopfte an. Allein man machte nicht auf. Darauf ging sie mit mir schnell zu einer anderen Türe, und während sie dieselbe öffnen wollte, erwachte ich.

Der Klatsch verbreitete Mögliches und Unmögliches. Wer alles sollte nicht Hausers Eltern gewesen sein! Nicht nur Grafen und Barone, König Maximilian I. Joseph von Bayern, der letzte Kurfürst von Mainz, Dalberg, selbst Napoleon und die letzte Kurfürstin von Bayern, nachmalige Gräfin Arco, wurden genannt, auch Lord Stanhope, der sich eine Zeitlang Hausers sehr angenommen, ihn aber dann fallen. gelassen hatte. Es gibt eine Mme. Dalbon oder dal Bon, Erzieherin beim Grafen Palffy in Ungarn, die behauptete, daß ein ihr anvertrautes Kind auf dem Weg von Budapest nach Triest abhanden gekommen wäre. Vorher soll die Dalbon Erzieherin bei einem Gutsbesitzer in der Nähe von Nürnberg gewesen sein und dort dem Pfarrer gesagt haben: »Das Kind kann doch nicht ewig eingespert bleiben.« Graf Palffy verhörte sie, konnte aber nichts herausbringen. Vielleicht hat sie etwas gewußt, denn sie soll als Garderobiere am Karlsruher Hof beschäftigt gewesen sein. Metternich griff ein und verlangte, daß Bayern die ›Affaire Hauser‹ ruhen lasse und nicht gegen Baden verwende.

Am 5. November 1816 brachte der »Moniteur Universel« eine merkwürdige Nachricht, der zufolge am 23. Oktober 1816 bei Kembs eine Flaschenpost aus dem Rhein gefischt worden sei, deren Inhalt – der Brief ist in lateinischer Sprache gehalten – lautet:

bin gefangen im Kerker bei Laufenburg, nahe dem Rheinstrom, nicht weiß den Ort, der jetzt meinen Thron innehat, Nicht mehr kann ich schreiben, weil ich mit Fleiß und grausam bewacht werde.

Scholz zieht auch eine andere Übersetzung in Betracht, die mehr Sinn ergibt:

nicht weiß den Ort jener, der jetzt meinen Brief in die Hände bekommen hat.

Baden schwieg zu jener Nachricht. 1816 war Hauser erst vier Jahre alt, so daß der Brief von einem Erwachsenen verfaßt worden sein muß. Man dachte an einen Geistlichen. Der Ort bei Laufenburg könnte das Schloß Beuggen sein, wo Hauser gewesen sein soll. Man weiß auch nicht, ob nicht die Flaschenpost eine Erfindung ist, jedenfalls liegt auch über diesem Zeitungsbericht ungeklärte Dunkelheit. Die Unterschrift des Briefes. ›S. Hanes Sprancio‹ wurde 1925 von Studienassessor Helbing aus Blankenburg in Thüringen gedeutet als: ›Sein Sohn Caspar‹, womit nichts anzufangen ist, da der kleine Prinz ungetauft starb; außerdem ist Kaspar kein im Hause Zähringen vorkommender Vorname.

Im Oktober 1828 erfolgte der Mordversuch an Hauser im Hause des Professors Daumer, bei dem Kaspar untergebracht worden war. 1831 kam Hauser nach Ansbach in das Haus des Lehrers Johann Georg Mayer, eines engstirnigen, rechthaberischen, ja sadistischen Mannes, der den armen Kaspar weidlich gequält hat.

Die Großherzogin Stephanie, welche die Geschichte Hausers ebenfalls kannte, da er ja bereits zum ›Kind Europas‹ geworden war, wollte ihn sehen, aber sie konnte es nur heimlich tun, denn sie wußte, wenn sie ihn als ihren Sohn erkennen sollte, so würde das die unangenehmsten Folgen haben. 1832 hatte Lord Stanhope in Mannheim mit ihr gesprochen, und am 3. April dieses Jahres reiste die Fürstin mit ihren Töchtern Josephine und Marie nach Ansbach. Am 5. April gingen sie in den Hofgarten, da man ihnen gesagt hatte, daß Hauser täglich dort durchkomme. Voller Spannung warteten die Damen auf sein Erscheinen; er kam, ging vorüber, ohne Notiz zu nehmen. Stephanie soll in Ohnmacht gefallen sein, weil er angeblich seinem Vater so ähnlich gesehen habe. Wie dem auch sei, sie hätte nichts tun können, denn die Hochbergs waren als echte Zähringer anerkannt worden, und Leopold regierte als Großherzog in Baden. Auch mag sie sich doch nicht ganz sicher gewesen sein, denn sie hatte ihr Kind ja vor seinem angeblichen Tod nur wenige Stunden gesehen. Auch Leopolds Frau, Großherzogin Sophie, reiste nach Ansbach, und man munkelte später, sie habe die Ermordung des unglücklichen jungen Mannes veranlaßt. Am 14. Dezember 1833 wurde Kaspar Hauser im Ansbacher Hofgarten durch den Messerstich eines Unbekannten tödlich getroffen. Trotz der schweren Verwundung rannte Kaspar nach Hause, aber Meyer hielt ihn für einen Simulanten, die Wunde für ungefährlich und glaubte ihm nicht. Am 17. Dezember ist Hauser qualvoll gestorben. »Ach Gott, ach Gott, so abkratzen zu müssen mit Schimpf und Schande«, stieß er hervor. Es waren seine letzten Worte. Zwei Tage später begrub man das ›Kind von Europa‹. König Ludwig I. von Bayern befahl, die Aufklärung des Mordes mit Nachdruck zu betreiben, und Sophie mußte sich dem Großherzog Leopold anvertrauen, um ihn zu bewegen, für Einstellung der Nachforschungen zu sorgen. Das geschah auch, aber Sophie wurde sofort vom Hof verbannt und Leopold ergab sich dem Trunk. Die Aufregung in Europa war groß, denn in weiten Kreisen galt Hauser als ein um sein Erbe betrogener Fürstensohn. Man behauptete auch, daß Feuerbach vergiftet worden sei.

Alle Quellen, die vielleicht den ›Fall Kaspar Hauser‹ hätten erhellen können, sind vernichtet worden. Friedrich von Baden, verheiratet mit Luise, der Tochter Kaiser Wilhelms I., wurde nach seinem Bruder Leopold Großherzog. 1856 besuchte Luise die Äbtissin des Albert-Karoline-Stifts in Freiburg, welche sie nach einem langen Gespräch mit verweinten Augen verließ. Sie hatte der Äbtissin den Briefwechsel ihres Vaters mit König Ludwig von Bayern über Hauser übergeben – er ist seitdem verschwunden. Das Tagebuch der Großherzogin Stephanie kam in den Besitz ihrer Enkelin, der Königin Carola von Sachsen, welche die Hälfte dieser Papiere vernichtete, und ebenso zerstörte Stephanies Enkel, Fürst Leopold von Hohenzollern, das Memoirenmanuskript der Großherzogin. Nicht anders erging es einem Aktenstück aus dem Archiv des Schlosses Langenstein, das Graf Douglas dem Großherzog Friedrich I. aushändigte. Eine Tochter Stephanies aber, die Fürstin Josephine von Hohenzollern-Sigmaringen, scheint an der Identität Hausers mit dem badischen Erbprinzen nicht gezweifelt zu haben, denn sie sagte einmal zu der Tochter des Sigmaringer Galeriedirektors Lehner: »Liebes Kind, und Kaspar Hauser war *doch* mein Bruder.«

Hausers Grabstein im Friedhof zu Ansbach trägt die Inschrift:

HIC JACET CASPARUS HAUSER
AENIGMA SUI TEMPORIS
IGNOTA NATIVITAS
OCCULTA MORS
MDCCCXXXIII

– Hier liegt Kaspar Hauser. Ein Rätsel seiner Zeit. Unbekannt seine Herkunft. Geheimnisvoll sein Tod. 1833 –

Fabelwesen unserer Zeit

Als ich im Sommer 1969 meinen Schwager in Büdingen besuchte, fragte er mich: »Hast du schon den ›Krummen Saal‹ gesehen?« Ich hatte ihn noch nicht gesehen, wußte aber, daß die in Resten vorhandene Stuckdecke aus dem frühen siebzehnten Jahrhundert erneuert werden sollte. Ob das geglückt sein mochte? Tatsächlich, wohlgelungen präsentierte sich die neue Decke. »Weißt du, welches Material wir verwendet haben?« fragte mein Schwager. – »Gips natürlich«, antwortete ich. – »Hier, fang!« sagte er und warf mir ein großes Werkstück zu. Ich fürchtete, unter dem Gewicht in die Knie gehen zu müssen. Es war jedoch federleicht. »Styropor«, sagte der Hausherr. »Es läßt sich ausgezeichnet verarbeiten und weißgestrichen sieht es aus wie Stuck.« – Aha! Styropor! Kannte ich noch nicht. –

Es kam ein Tag, an dem ich die Heimat dieses Werkstoffs sah. Vom obersten Stock eines Hochhauses schauten wir auf ein modernes Imperium, über die Fabriken, Laboratorien, Kraftwerke, das ganze Häusermeer der Badischen Anilin- und Soda-Fabrik, der ›BASF‹.

In einer einzigen Umdrehung des Körpers überschaut man etwa sechs Quadratkilometer dieser Welt der Arbeit. Es war ein milder Novembermorgen. Wolkenschatten wechselten mit blassem Sonnenlicht, das bald da, bald dort ein Gebäude wie eine Vision im Dunst aufleuchten ließ, wie am Modell im Erdgeschoß des Baus, dessen einzelne Teile durch Druck auf verschiedene Knöpfe erleuchtet werden können.

Da lag nun der Riesenleib des Werks tief unter uns am Strom, mit riesigen Hafenanlagen, mit eigenem Güterbahnhof, mit der einzigen vor dem Ersten Weltkrieg in Deutschland gebauten Arbeitersiedlung und ihren Gärtchen, mit Fabriken im Süden, Westen und Norden. Im Osten, jenseits des Rheins, dehnt sich Mannheim in der Ebene.

Ich habe immer eine geheime Abneigung gegen Industrieanlagen gehabt, diese Zerstörerinnen landschaftlicher Schönheit. Hier aber ergriff mich zum ersten Mal die Gewalt des Eindrucks geballter wirtschaftlicher Konzentration. Kraftwerke, Essen, Laboratorien, Werkshallen, Forschungszentrum, Administrationsgebäude, Restaurants, Wohnsiedlungen, Kasinos, alles das nicht eigentlich wie eine Stadt wirkend, sondern mehr als Landschaft, eine technische Landschaft, bald einförmig häßlich, bald von der überraschenden Schönheit moderner Fabrikbauten. Es ist eine Landschaft von gewisser Großartigkeit, eine ungeheuere Alchimistenküche, erfüllt von chemischen Gerüchen, von scheinbarem Gerümpel wie von klargefügten Laboratorien. Sicher hat dies industrielle Welt für den, der in ihr lebt und schafft, einen Zauber, den nur er verstehen und empfinden kann.

Die Entwicklung der BASF gehört zu den eindrucksvollen Kapiteln deutscher Wirtschaftsgeschichte, sie ist eng verbunden mit dem Leben bekannter Forscher und Techniker. Zu der erstaunlichen Vielseitigkeit der Arbeitswelt, der Verflechtung von Forschung, Produktion und Handel, kommen die Querverbindungen zu anderen Unternehmen. Die BASF ist ein Faktor wirtschaftlicher Macht in der Welt.

1848 gründete der Mannheimer Friedrich Engelhorn eine Leuchtgasfabrik. Er beschloß dann die Gründung eines Teerfarbenwerkes, das 1861 als Firma »Sonntag, Engelhorn u. Clemm« gebaut wurde. Aus ihm ging 1865 die Badische Anilin- und Soda-Fabrik hervor. Da Mannheim den Gründern kein Baugelände zur Verfügung stellte, wurden die neuen Anlagen auf der damals bayerischen Rheinseite bei Ludwigshafen errichtet.

Im Verlauf von hundert Jahren ist das Werk zu einem riesigen Komplex angewachsen. Mit dreißig Arbeitern hatte man begonnen, rund achtundvierzigtausend werden heute beschäftigt. Sechs Milliarden Kilowatt Strom werden jährlich verbraucht, etwa der Bedarf von Dänemark oder der Türkei, wie man uns sagte. Der Wasserverbrauch beläuft sich auf über eine Milliarde Kubikmeter. Über sechs Milliarden DM sind seit der Währungsreform 1948 in die BASF investiert worden und für die Forschung werden jährlich vierhundert Millionen DM, fünf Prozent des Umsatzes, verwendet. Mehr als fünftausend Produkte – Gerbstoffe, Kunststoffe, Dünge- und Pflanzenschutzmittel, über tausend Farbstoffe – werden hergestellt und unablässig bringt die Forschung Neues auf den Markt.

Gewaltige Zahlen, die uns da genannt werden. Aber erst ein Rundgang erschloß uns einen winzigen Einblick in das Leben des Werkes. Zahlen vergißt man schnell, aber was man gesehen hat, was man anfassen kann, das prägt sich der Erinnerung ein. Dabei kann man sich eine eigene, von den Kenntnissen des Fachmanns sicher sehr erheblich abweichende Vorstellung machen; doch ein farbiger, lebendiger Eindruck bleibt. Wir haben einige der Anlagen besucht: keine Szenerien von der wilden Phantastik donnernder Maschinen, sondern erfüllt vom gemäßigten Lärm der verschiedenen Apparaturen, wie in der Farbdruckerei oder in den Gerbereien, wo sogar noch gemütliche Holzfässer, gefügt aus Eichenholz des Limousin, benutzt werden. Wir sahen das Styroporwerk, wo dieser Schaumstoff hergestellt wird. Styropor besteht aus winzigen weißen Kügelchen, die zu großen Blöcken gepreßt, dann zu Platten geschnitten oder zu vielerlei anderen Werkstücken geformt werden. Es ist ein fester, aber federleichter Stoff. Die größten Blöcke kann man mit einem Finger mühelos vor sich herschieben. Dieses Material besitzt mannigfaltigste Verwendungsmöglichkeiten, vom Tiefkühlkasten bis zum Auflockerungsmittel für schwere Böden. Ein Sammler, der in einer bekannten Münchner Galerie sah, wie eine Ausstellung von Werken der Bildhauerin Niki St. Phalle vorbereitet wurde, fragte den Inhaber: Glauben Sie, daß diese Dinge von Dauer sein werden? Er erhielt die Antwort: Natürlich! Styropor! In Büdingen sah ich ihn als Stuckdecke.

Der uns führende Chemiker – es machte das ganz ausgezeichnet und anschaulich – erzählte uns eine lustige Anekdote. Dem dänischen Ingenieur Krøjer war es gelungen, ein vor den Bahreininseln im Persischen Golf gesunkenes Schiff mit Hilfe von Styropor zu heben. ›Darauf lasse ich mir ein Patent geben‹, dachte sich der Däne und meldete diese neue Art der Schiffshebung am Münchner Patentamt an. Er wurde abgewiesen, denn ein Patent wird nur erteilt, wenn eigene geistige Arbeit an dem zu patentierenden Gegenstand geleistet und seine Verwendung noch nicht publiziert oder im Bild gezeigt worden ist. Die Begründung für die Ablehnung von Krøjers Antrag war eine höchst überraschende: ein Walt-Disney-Film, der etwa den gleichen Vorgang zeigt, nämlich wie Donald Duck ein Schiff mittels Tischtennisbällen hebt!

Wir sahen die chemischen Fabriken. Sie sind umspielt von gewaltigen Rohren, rot, grün, gelb und blau gestrichen, nach internationaler Vorschrift zur Kennzeichnung des Inhalts. Sie laufen in dicken Strängen nebeneinander her, sie überschneiden und verknoten sich zu wilden Gebilden und gleichen gigantischen Schlangen – Fabelwesen unserer Zeit.

In dem stillen Kontrollsaal überwachen schweigsam einige wenige Männer Armaturen und Schalter, Spezialisten, die aufmerksam und scheinbar spielerisch die technischen Vorgänge steuern.

Wir sahen einen großen Raum, in dem lange Reihen unscheinbarer blauer Metallschränke standen. Es war das Rechenzentrum. Die Schränke enthalten Computer, umschließen sie, wie der Schädel das menschliche Hirn, nach außen abweisend. Männer in weißen Kitteln gehen umher oder sitzen vor den Tabellen, welche die Apparate ausspucken. Diese Computer werden gegen astronomische Summen von den Herstellerfirmen gemietet und können so immer wieder durch verbesserte Typen ersetzt werden. Man könnte glauben, das technische Gehirn – auch ein Fabelwesen unserer Zeit – habe das menschliche an Präzision und unbestechlicher Logik überholt. Doch ist es der Menschengeist, der sich diesen hilfreichen Golem geschaffen hat, ihn lenkt und nutzt. Mit dem Interesse, das der Mensch den Maschinenwesen schon in frühester Zeit entgegenbrachte, ist eine Ahnung des Unheimlichen, ein Gefühl des Grausens verbunden. Man denke an den automatischen Menschen des Albertus Magnus, der Besuchern die Tür öffnete und sie begrüßte und den der entsetzte Thomas von Aquino, als er Albertus in Köln aufsuchte, mit einem Stockhieb zerstörte. Man denke an die gräßlichen mechanischen Puppen, wie sie in E.T.H. Hoffmanns Novellen erscheinen. Sie alle sind Vorläufer der Computer.

Der Mensch selbst beginnt sich im ständigen Kontakt mit der technischen Welt zu wandeln. Es bildet sich in den Industrieregionen der Typus des kühlen, wachen Forschers und technischen Arbeiters, dessen Intellekt von der Maschine inspiriert wird. Innerhalb dieser, uns Außenstehenden eher unbegreiflichen Welt, bewegen diese Menschen von morgen sich sicher und gelassen, umgeben von Meßskalen, Armaturen, verwirrenden Schaltwerken, Signalen – einer uns magisch anmutenden Welt. Hier sind sie in erster Linie »Aniliner«, wie sie sich selbst nennen. Draußen haben sie sicherlich ihre eigenen Steckenpferde, sei es Garten, Fußball oder sonst etwas.

Aber auch innerhalb der Fabrik spielt die belebte Natur eine Rolle. Die Gärtner und Landwirte unter den Anilinern finden wir auf dem Gelände des Limburger Hofs, des Versuchsgutes der BASF. Es ist eine andere Welt zwischen Wald und Feld, Treibhäusern, Obstanlagen, in der in mühevollen, genauen praktischen Versuchen die im Werk entwickelten chemischen Mittel ausprobiert werden. Hier draußen stellt sich dann auch überraschend die Verbindung zur Geschichte her, denn der Hof gehörte einst der Abtei Limburg an der Haardt, die Kaiser Konrad II. gegründet hatte.

Nach 1945 war die IG Farbenindustrie, zu der die BASF gehörte, durch Beschluß des Alliierten Kontrollrates aufgelöst worden. 1952 ist die BASF als eine der drei Nachfolgegesellschaften neu gegründet und in das Ludwigshafener Handelsregister eingetragen worden. Nach Beseitigung allerschwerster Kriegsschäden floriert das Werk aufs neue. Es hat Tochter- und Beteiligungsgesellschaften überall auf der Erde; seine Produkte reichen in alle Bereiche des Lebens. Bezeichnungen wie ›Indanthren‹, ›Alizarin‹ oder ›Nitrophosca‹ sind uns geläufig, ohne daß wir gleich an den Herstellungsort denken.

Bei der Grundsteinlegung des ›Friedrich-Engelhorn-Hochhauses‹ 1954, das 1957 als Verkaufszentrum bezogen worden ist, wurde eine Urkunde mit folgendem Wortlaut eingemauert:

»In diesem Jahrzehnt ist unser Werk aus Trümmern wiedererstanden. Besatzung, Produktionsverbot, Kontrollen,

Demontage und Entflechtung haben unsere Arbeit gehemmt. Bis 1945 verkaufte die ehemalige IG Farbenindustrie Aktiengesellschaft unsere Erzeugnisse, so wurde es erst seit der sogenannten Entflechtung nötig, den gesamten Verkauf selbst in die Hand zu nehmen. Der Aufbau brauchte Zeit. Bis zum Ende des Jahres 1948 war uns der Zugang zum Ausland durch alliierte Stellen versperrt. Als wir vom Beginn des Jahres 1949 an wieder Fühlung in der Welt gewannen, mußten wir die inzwischen verlorengegangenen Märkte Schritt um Schritt zurückerobern. Bis zum Jahre 1954 konnten wir in den meisten Ländern Vertretungen und Stützpunkte schaffen. Nun wird wieder mehr als ein Drittel unserer Erzeugung ausgeführt.«

Schauen wir von der Plattform des Hochhauses noch einmal über das Werk mit seinem berühmten Namen. Wir begreifen, warum es in den Regionen industrieller Arbeit ein Machtfaktor ist. Wie verständlich erscheint uns der Ausruf eines belgischen Bankiers, der, vom gleichen Ort über das Werk blickend, ausrief:

»C'est la puissance et l'intelligence!«

DEN NECKAR ENTLANG NACH LUDWIGSBURG

Stift Neuburg

Nahe bei Heidelberg, oberhalb der Stiftsmühle am Neckar, liegt vor dem Bergwald eine niedrige Wiesenhöhe. Sie trägt das Stift Neuburg, eine Lorscher Gründung von 1130, gefördert durch Landschenkung Anselms, der selbst in Lorsch als Mönch eingetreten war. Das Klösterchen aber wollte nicht recht gedeihen und war 1165 schon ganz verlassen. Es wurde 1195 mit Benediktinerinnen neu besetzt, die anscheinend ein recht freies Leben geführt haben, denn Kurfürst Ludwig III. von der Pfalz bemühte sich um eine Reform des Klosters. Sein Nachfolger Friedrich der Siegreiche setzte dann die neue Regel in Kraft. Ein Stein an der Innenseite des Tores zum Stift gibt darüber Auskunft:

Gott zu lob in ewigkeyt
Ist dieser Klosterbau bereyt
Des jares do man tusend zalt
Vierhundert dru und achtzig alt
Als man hie inn hielt observantz
Do grunet Marien rosenkrantz.

Vom Ausbau des Klosters, wie es der Stich Merians zeigt, meldet die zweite Steintafel:

Es ist geschehen in dem jar
Nach Christi Geburt das ist war
Do man XIIIC und LXXVII czalt
Hat man sich an diesen bau gestalt
Ihn und Marien zu ehren
Der Hilf und Gnad wir all begehren.

Dazu schreibt Konrad Winkler: »Hin und her in den Gezeiten von Reformation und Gegenreformation wurde das Schicksal von Stift Neuburg geworfen. Vorübergehend zogen Jesuiten, die Professoren der Heidelberger Universität geworden waren, auf Stift Neuburg ein. Dann aber, als 1629 das Restitutionsedikt in Kraft trat, nahm der Kurfürst den Jesuiten das Stift wieder weg und übergab es den Reformierten, die auch nicht allzulange Freude an dem neuen Besitz bekunden konnten. Schon 1671 machte Pfalzgraf Karl Ludwig aus dem Kloster ein protestantisch adeliges Fräulein-Stift und übergab es der ›Gesellschaft von tugendhaften Frauenzimmern‹. Aber auch die tugendhaften Stiftsdamen genossen nicht allzuviel Ruhe auf dem Terrassenhügel über dem Neckar. Kaum eine Generation bewohnte das Stiftsschloß. Als im Jahre 1709 die Linie Pfalz-Neuburg den Kurhut übernahm, wurden die Jesuiten zurück nach Heidelberg gerufen. Wohnung bezogen sie wieder da, von wo man sie vertrieben hatte, auf Stift Neuburg.«

Von 1826 bis 1852 war Neuburg Eigentum des Rates Johann Heinrich Friedrich Schlosser, ein Neffe von Goethes Schwager Schlosser. Nach seinem Tod fiel das Gut an die verwandten Freiherren von Bernus, eine Frankfurter Bankiersfamilie, deren letzter Sproß, der Dichter Alexander von Bernus, es während der Inflation verkaufen mußte. Seit 1925 ist das Stift Abtei des Benediktinerordens.

Es war gegen Abend eines stillen grauen Herbsttages, als wir unter der Klostermauer über den mit Obstbäumen bestandenen Wiesenhang zur kleinen Kirche gingen. Es roch nach Äpfeln und Most, nach Erde und gilbendem Laub, denn alles war durch die feuchte Tageswärme zum Dünsten gebracht worden. Klein und bescheiden ist die Kirche, im Innern ganz modern ausgestattet, schlicht und ohne Prunk. Im Chorgestühl saßen die Benediktiner und sangen bei leiser Orgelbegleitung zur Komplet im gregorianischen Choral die Laudes Solemnes. Als wir die Kirche verließen, stand zwischen den dunklen Massen alter Bäume schattenhaft das Herrenhaus aus Schlossers Zeit. Er hatte damals Erweiterungen und Umbauten der Klostergebäude vorgenommen.

Schlosser füllte das Haus mit Kunstschätzen aller Art und empfing oft und gern Dichter, Künstler und Gelehrte jener Zeit, so daß Neuburg ein Zentrum des romantischen Geistes wurde. Karl Maria von Weber fand in der Bibliothek den Druck einer alten Volkssage; sie wurde die Grundlage des Librettos zu seiner Oper »Freischütz«. Die Maler Overbeck,

Veit, Steinle, Cornelius und Ernst Fries sind hier gewesen; es kamen die Dichter Clemens Brentano, Achim von Arnim, Justinus Kerner, Ludwig Tieck, die Brüder Schlegel. Auch die Professoren Kreuzer, Görres und Wilhelm von Humboldt waren Gäste auf Neuburg und einmal im Jahr kam gewöhnlich Goethes ›Suleika‹, Marianne von Willemer, aus Frankfurt zu Besuch.

Alexander von Bernus führte, solange er Neuburg bewohnte, die Tradition des gastfreien Schlosserschen Hauses fort. Alles, was Rang und Namen in der Welt der Kunst hatte, kam, darunter Rilke, George, Gundolf, Mombert, Trübner, Rolf von Hoerschelmann, Kubin und Else Lasker-Schüler. Wer das miterlebte, schreibt einer der Freunde des Neuburger Kreises

... wird die Jahre nie vergessen, da Dichter und ihre Gesellen gemeinsam an einer Stätte feierten, die wie keine andere dafür geschaffen war. Welch ein Glück, unter den Bildern der geistigen Ahnherren dieselbe Luft zu atmen, die sie umweht hatte. Zu schwärmen, sei es in begeisterter Rede und Vorlesung im Haus und dunkel verwachsenen Park, sei es in der strahlenden Sonne des Schwimmbades oder im Schatten gotischer Zellen, schattenspielend oder schatzgrabend! Die von wildem Wein und Efeu überfluteten Ecktürme, die alten, tief ins Tal abfallenden Mauern, sie wurden zum fortwährenden Schauplatz erlebter Poesie. Hier wurden Bücher gedichtet, aufgeführt und illustriert, unendliche Pläne geschmiedet und manche ausgeführt.

Bernus hat Neuburg geliebt und sich sicherlich schweren Herzens von dem schönen Besitztum getrennt, das er liebevoll beschreibt:

Wenn man vorüber an einer barocken Steinmadonna und durch das hohe Tor im Vorhof einfuhr, war es so, als sei die Zeit an dieser baumbestandenen, verwunschenen Einsamkeit spurlos vorbeigegangen. Es war gerade Mittag als man einfuhr, und von dem Kirchturm der dem Landsitz zugehörigen Kapelle läutete die Glocke übers Tal wie zum Empfang: Ave Maria! ... Der alte, von fast meterstarker, moosbewachsener Mauer rund umzogene Park, der südlich an die überm Neckar hingelagerte, den offenen Hang beherrschenden Terrasse angrenzt, hatte mehr als vierzig Jahre teil an der Geschichte meines Lebens. Dem Kinde damals war er wie ein Märchenwald von grenzenloser Weite und voll unergründlicher Geheimnisse. Je tiefer man eindrang in ihn auf Abenteuer, desto verwirrender verlockte er den Eindringling in seine Abgründe und unwegsames Dickicht. Die großen Schattenflächen zwischen den uralten Stämmen überzog ein Efeuteppich, worin gewaltige moosbedeckte Steine regellos zerstreut umherlagen.

Auch das Haus läßt Bernus vor uns erstehen. Da gab es den Gastflügel mit dem Willemer-Zimmer, dem Bischofszimmer, dem Gotischen Saal und dem Romantiker-Zimmer, da gab es die verschiedenen Gerüche, die zu einem alten Haus gehören:

Und überall das hin der stereotype, etwas ranzige Geruch der vielen, an den langen Wänden hängenden Petroleumlampen. Wenn sie des Abends allenthalben in dem Stiegenhause, in den Korridoren und in dem winkligen hinteren Wohntrakt brannten, hatte das ganze weitläufige alte Haus etwas unsagbar Anheimelndes, und doch ging immer irgend etwas um drin, etwas unheimlich Gespenstiges, das man mit seinen Kindersinnen spürte, doch ohne sich darüber Rechenschaft geben zu können. Allabendlich zog durch den Wirtschaftsgang der Duft von Kräutertees. Kamillentee wurde gekocht für meine Großmutter. Die alte Haushälterin huschte damit wie ein Schatten leise an den Ahnenbildern hin durch den endlosen Korridor zu ihr ins Schlafzimmer.

Das Geisterhafte machte sich beim Tode der Großmutter besonders bemerkbar. Der junge Bernus lag nachts wach und lauschte auf die Geräusche.

Etwas lag in der Luft, fast bis zum Greifen ... ein Unbekanntes, ein Geschehn, das sich ansagte ... Ich lag im Bett und atmete Beklemmung. Da – plötzlich unvermittelt: Stille, absolute Stille. Das dauerte vielleicht Sekunden, vielleicht auch länger. Doch dann – kam es: von draußen, von der Straße her: Musik, Choräle, ein Gesang wie Engelchöre; erst langsam näherkommend und dann wieder sich entfernend: Töne, wie ich sie niemals wieder hörte, so überirdisch und aus andern Sphären. Unmöglich, sie mir später zurückzurufen.

Später sagte ihm der Vater, daß nicht er alleine die Musik gehört habe.

Wir alle hörten den Choral, nicht nur du. Der Augenblick, den du als plötzlich eingetretene Stille wahrnahmst, war der, in welchem deine Großmutter die Augen schloß für immer. Da war das Ab- und Zugehen nicht mehr nötig. Auf einmal hörten wir Musik und Chorgesang von drunten auf der Straße, genau wie du ihn mir geschildert ... Wir traten lautlos an das Fenster. Ich schob den Vorhang weg und öffnete. Es war ganz finster. Die Straßen waren damals kaum beleuchtet; doch so viel sah man über den Vorgarten weg, daß auf der Straße etwas wie ein schemenhafter Zug vorbeizog. Und vom Zug her wehten die Musik und der Choral zu uns herüber. Wir alle standen wie im Bann, bis er vorbei war. Das allerunbegreiflichste dabei war aber, daß man nichts von Schritten hörte, denn nach den Stimmen zu urteilen, waren es zum mindesten fünfzig bis hundert Menschen – wenn *es Menschen waren ... Menschen, die lebten, setzte er hinzu nach einer Pause.*

Man erkundigte sich bei der Polizei, bei der Nachbarschaft, niemand wußte etwas von einem Zug oder hatte Musik gehört, sondern nur die Bewohner des Gutes. Auf die Frage, was es gewesen sein könne, sagte der Vater:

Es war die Einholung beim Tode durch die Ahnen. Sie war die Letzte eines uralten Geschlechtes, das zurückreicht bis ins dreizehnte Jahrhundert. Da waren sie gekommen, alle, um den Ring zu schließen – Ja, wiederholte er betont noch einmal: ›Es war die Einholung durch die langtoten Ahnen ...‹

Nun hat das alte Stift den Weg zurückgefunden zum geistlichen Leben der Männer vom Orden des heiligen Benedikt. Der erste Abt des neugegründeten Stifts, Graf Adalbert von Neipperg, ist zu Ende des letzten Krieges in Jugoslawien ermordet worden.

Bernus hat in Erinnerung an Neuburg das schöne Gedicht geschrieben:

Das ist so lange, lange her:
Die Sterne scheinen längst nicht mehr,
Die damals uns geschienen;
Und auch die wilden Bienen,
An der Kapellenwand zu Haus,
Verflogen sich ins Land hinaus.

Kein Moos wächst mehr auf Stein und Weg,
Um alles zieht sich ein Geheg.
Nicht knarrt mehr, liegst du nächtlich wach,
Die Wetterfahne auf dem Dach.
Gepflegt wird alles und betreut
Von schwarzen Mönchen bei Geläut.
Nur der Akazienbaum noch neigt
Sich mauerwärts, noch mehr verzweigt,
Noch mehr verknorrt als dazumal,
Als wir noch überm Neckartal
Die Stimmen nach dem Fluß gesandt,
Der unser erstes Lied gekannt,
Der unser letztes Lied verlor –
Heut geht ein Fremder durch das Tor...

Neckarfahrt

Um drei Uhr morgens über Ziegelhausen und Schönau durch ein überirdisch schönes Tal nach Neckarsteinach, wo in einem Halbkreis vier wunderschöne alte Ruinen lauren ... Ich habe dort etwas erlebt, was am Rhein nicht zu finden ist, Gesang und Unschuld. Auf einem der Schlösser saßen sechs Mädchen auf einem flachen Turm, der weit über den Neckar und alle Berge hinsieht, und sangen in reinem gleichsam Orchesterton eine Reihe schöner Lieder in das sonnige Land hinaus. Ich setzte mich zu ihnen und bat sie, sich nicht stören zu lassen. Sie machten keine Miene und sangen herrlich weiter; die Lieder, die ich wollte, sagten sie mir ruhig her.

So schildert Clemens Brentano seinem späteren Schwager Achim von Arnim einen Spaziergang, den er im Juli 1806 mit seiner Frau unternommen hat. Das Neckartal war noch in den zwanziger Jahren unseres Jahrhunderts ein Tal von zarter und stiller Schönheit; es hatte nichts Heroisches mit seinen runden, dichtbewaldeten Bergen, zwischen denen der Fluß so ruhig dahinfloß, mit den grünen Uferstreifen und kleinen Ortschaften. Aber ach, muß man seufzen, wo ist es, das einst so stille, liebliche Neckartal? Wir sind auch über Ziegelhausen gekommen und fanden das Ufer des Flusses begleitet von einer breiten, wohlgebauten Autostraße, auf der ein unaufhörlicher Strom von Automobilen einherstob. Der Lärm dieser Fahrzeuge wurde vermehrt durch das Heulen zahlloser Schlepper, die flußauf, flußab fahren. Außerdem regnete es in Strömen, die Waldberge hingen voller Nebel, kurz, wir waren recht mißmutig gestimmt über diese so radikal veränderte Tallandschaft. Von Neckargemünd aber machten wir einen Abstecher nach Langenzell, eine Fahrt in die Erinnerung, und schon verflog der Mißmut, siegte der Zauber der stillen, unberührten Landschaft.

Ganz nahe von Langenzell wurde im Jahre 1907 in einer Sandgrube bei Mauer der Unterkiefer eines Menschen gefunden, der vor mehreren hunderttausend Jahren gelebt hatte. Man gab ihm den Namen ›homo Heidelbergensis‹.

Erinnerung an Langenzell

Für mich war Inbegriff des ›Badischen‹ Langenzell, das Schloß meiner Großeltern. Man kann ein Land nur verstehen und wirklich kennenlernen, wenn man in ihm zu Hause ist, und Langenzell, die Heimat meiner Mutter, ist auch für uns ein wenig Heimat gewesen, mitten in einer gar nicht großartigen, aber lieblichen Landschaft.

Sanfte, von Laubwäldern bedeckte Höhenlinien über Wiesentälern und Kornfeldern. Mitten darin, im »kleinen Odenwald«, Langenzell. Waren wir in Neckargemünd aus dem Zug gestiegen, fanden wir am Bahnhof den Landauer mit dem Kutscher auf dem Bock. Das Gepäck wurde verstaut, ein leichtes Schnalzen mit der Zunge, und fort ging es auf der von Apfelbäumen begleiteten Chaussee durch das grüne Land über Bammenthal und Wiesenbach, vorüber am ›Franzosenloch‹, einem Massengrab französischer Soldaten, ich weiß nicht mehr aus welchem Krieg. Der Wagen bog im rechten Winkel von der Chaussee ab und rollte an den Ökonomiegebäuden des einstigen Klosters vorüber durch den Park, um den Weiher herum, dann bergan, um bald darauf

auf dem Lindenplatz vor dem Schlosse zu halten. Vor dem Portal stand der Großvater mit dem Dackel Lustig, der die Lustigkeit längst eingebüßt hatte und mürrisch vor sich hinsah. Der Großvater war einer der vornehmsten alten Herren, die ich gekannt habe, von außerordentlicher, männlicher Schönheit. Neben ihm die kleine, dicke und doch zierliche Großmutter, dahinter der alte Haushofmeister Thomas und der Kammerdiener Mertz. Schon hat uns das düstere, kühle, in der Hauptsache mit den schweren Möbeln des ausgehenden neunzehnten Jahrhunderts gefüllte Haus verschlungen. Die Großeltern hatten das Schloß im Stil der deutschen Renaissance gebaut, weitläufig, verwinkelt, besetzt mit Türmen, Türmchen, Giebeln und Erkern – ein architektonischer Alptraum, wie eine befremdliche Konvulsion aristokratischen Lebensgefühls, welche die Kritik an der Baukunst jener Zeit herausforderte. Längst aber hatte es Patina angesetzt; an seinen Mauern kroch der Efeu empor, und es hatte begonnen, in die Natur zurückzutreten, die es in Gestalt des herrlichen, vom Großvater geplanten und geschaffenen Parks umgibt. Wir mochten das Haus eigentlich nicht; es war uns zu düster mit seinen Wandverkleidungen aus dunklem Holz, den teppichbelegten Sofas, großen Gemälden von Achenbach oder Wopfner in schweren Goldrahmen und dem häßlichen Rokokospeisesaal. Aber wir liebten den Park, den Weiher, in dem wir Karpfen fischten und schwammen, die weiten Buchenwälder ringsum, den wuchtigen Klotz des benachbarten Dilsbergs über dem Neckar und nicht zuletzt Heidelberg, wo vor allem die Schloßbeleuchtungen von uns sehr geschätzt wurden. Ist der Großvater ein respekteinflößender, sehr vornehmer, zu uns Kindern stets freundlicher alter Herr gewesen, dem wir die Hand küssen mußten, so war die Großmutter eine lustige Frau, originell und eigenwillig. Sie hatte die merkwürdigsten Einfälle, die uns oft sehr belustigten. So war ihr der alte Mertz unausstehlich, seitdem sie einmal eines Abends mit ihm im dunklen Flur zusammengestoßen war und sich die Milch, die er allabendlich seinem Herrn brachte, über sie ergossen hatte. Von nun an behauptete sie: »Der Mertz trachtet mir nach dem Leben!« – »Unsinn«, sagte der Großvater streng. »Was hätte der Mertz davon!« – »Ich sage dir, er will mich umbringen. Er hat mich attackiert!« Eines Abends ertönte lautes Tuten. »Was ist denn das für ein abscheulicher Lärm«, fragte der Großvater ungehalten. »Tututut.« Der Großvater stürmte hinaus und sah seine Frau den Gang herabwandeln, eine altmodische Autohupe in der Hand. »Was machst du denn da?« – »Du weißt ja«, antwortete sie kühl, »der Mertz! Ich warne ihn!«

Wenn wir mit der Großmutter nachmittags ausfuhren, wiederholte sich stets die gleiche Zeremonie. An einer bestimmten Stelle am Waldrand befahl sie zu halten. Der Kutscher kletterte vom Bock, half seiner Herrin aus dem Wagen und entfaltete eine große Decke, die er mit ausgestreckten Armen hochhielt. Dann fuhr man befriedigt weiter. – Eine unbezwingliche Abneigung hatte sie auch gegen den Totengräber; sie war unfreundlich mit ihm, sie beachtete seinen Gruß nicht, »denn«, so vertraute sie mir an, »er wird mein Grab zu kurz machen«. Keinen Einwand ließ sie gelten. »Ihr werdet sehen, mein Grab wird zu klein!« Jahre später starb die Großmutter und sollte nun auf dem schönen Begräbnisplatz im Park beigesetzt werden, wo der Großvater sie schon erwartete. Langsam wurde der Sarg in die Grube hinabgelassen – sie war zu klein.

Wie die Baronin Bernus auf Stift Neuburg ist die Großmutter ›abgeholt‹ worden. Ihre Kammerfrau erzählte, daß sie in der Frühe an ihren Toilettentisch gesessen sei. Plötzlich habe sie zur Tür geschaut und ausgerufen: »Resi! Was willst du!« Dann habe sie genickt und gesagt: »Anna, richten Sie mein schwarzes Kleid. Ich sterbe bald.« – »Aber Durchlaucht«, rief die Anna. »Wie kommen Sie denn darauf!« – »Reden Sie nicht, bereiten Sie das Kleid vor. Haben Sie nicht die Gräfin Oberndorff gesehen? Sie kommt, um mich abzuholen.« In ihrer bald darauf erfolgenden Todesstunde sah sie noch einmal zur Tür und rief: »Ja, ich komme.«

Langenzeller Namen, die in der Familie eine Rolle spielten, zum ›Familienläpp‹ gehörten und durchaus Begriffe für bestimmtes Verhalten geworden waren, sind z.B. ›Tante Sóphie‹. Deuteten wir beim Frühstück auf Butter, Marmelade oder Brot, ohne ›bitte‹ zu sagen, so hieß es ›Tante Sóphie‹! Wer diese Tante war, habe ich längst vergessen, aber sie hatte eben die Eigenschaft, wortlos auf das zu deuten, was sie haben wollte. Eine andere Figur hieß ›Onkel Blättle‹. Mit diesem Namen wurden die neugierigen, über alles wohlunterrichteten Familienmitglieder belegt.

Das Schönste an Langenzell aber war der Park, ein Bereich wohlgepflegter Natürlichkeit, durchzogen von saubergehaltenen Wegen, mit Wiesen, Hainen und Gruppen herrlicher Bäume, alles das unmerklich in das anmutige freie Land übergehend. Das Grün des Parks spielte in dunklen und hellen Farben, vom schwärzlichen Grün der Taxus, Thujas und Fichten bis zum hellen Grün der Linden und zum Rot der Blutbuchen. Davor, den Jahreszeiten entsprechend, das Rot und Lila der Rhododendren, das cremige Weiß der Magnolien und des Holunders, die blaßlila Trauben des Flieders und Rosen in allen Farben.

Ringsum die tiefen Laubwälder, Wiesen, Äcker und Gehölze, kleine Dörfer, darunter eines mit dem lustigen Namen Mückeloch. Wie schön war der Weg durch den Wald zum Dilsberg hoch über dem Neckar! Alles das abseits aller Sehenswürdigkeiten, ein verschwiegener Winkel des badischen Landes. Vorbei das Leben in diesem stillen, heiteren Land, vorbei der nachbarliche Verkehr mit den landgesessenen Familien. Es ist zu Ende, denn alles hat seine Zeit, alles steht aber, in der Erinnerung verdämmernd, vor dem inneren Auge als etwas Unverlierbares, von der Zeit Unberührtes.

Wieder am Neckar

Neckargemünd, von wo aus wir das von Clemens Brentano gepriesene Neckarsteinach erreichten, liegt dort, wo sich das

Flußtal zu einem großartigen Landschaftsbild weitet und den Blick freigibt auf den Dilsberg als Mittelpunkt der den Horizont abschließenden Höhen. Der eng vom Fluß umwundene Bergkegel trägt ein Genist von Häusern, deren äußere auf der Ringmauer aufsitzen, überragt von den wuchtigen Resten der Burg. Innerhalb der Mauern zeigt sich das übliche Bild eines Dorfes mit seinem Leben und Treiben um die bröckelnden Reste der Feste mit ihrem hohen schlanken Bergfried, mit dem tiefen Brunnen im Hof, zu dem in fünfunddreißig Meter Tiefe ein Gang vom Abhang des Höllenberges führt. Der Dilsberg ist oft und immer vergeblich belagert worden und vielleicht verdankt er seine Uneinnehmbarkeit eben diesem Gang, durch den sich Besatzung und Einwohner verproviantieren konnten, ohne daß die Belagerer es bemerkten.

Im gegenüberliegenden Neckarsteinach drängen sich innerhalb der Mauer die Häuser und über dem Städtchen auf dem Riegelberg stehen die Burgen der Herren von Landschad-Steinach: die Vorderburg, die im wesentlichen dem sechzehnten Jahrhundert angehört, die Mittelburg mit gotischem Bergfried und neugotischem Palas, jetzt Besitz der Freiherren von Warsberg-Dorth, und die Hinterburg, das älteste der drei festen Häuser. Weit vorgeschoben, höchst romantisch hoch über dem Fluß erheben sich die Trümmer des kleinen Schlosses Schadeck, das ›Schwalbennest‹. Dieser Name erklärt den Spitznamen ›Landschad‹, denn ›Schad‹ ist die mitteldeutsche Bezeichnung für Schwalbe. Die Landschad haben also nichts mit Raubrittertum zu tun, wie man leicht annehmen könnte, ganz im Gegenteil: Bligger II. Landschad war ein bekannter Minnesänger!

Was früher an den Ufern des Neckar geschah, verraten die zahlreichen festen Schlösser auf den Höhen. Es beginnt nun eine regelrechte Burgenfahrt, denn der Neckar ist ebenso reich an Schlössern wie Rhein oder Mosel. Aus ihren Ruinen oder in den noch erhaltenen Bauten klingt das Echo versunkener Zeit.

Wir erreichen Hirschhorn, das durchaus den Charakter eines Städtchens um 1500 bewahrt hat. Gegen Ende des vierzehnten Jahrhunderts entstand das reizvolle Stadtbild. Die südlich anschließende Vorstadt wurde um 1500 befestigt und ihre Mauern bilden mit den Burgmauern ein einziges Verteidigungssystem. Am Neckar entlang ist die Mauer noch erhalten, über welche die Häusergiebel schauen. Im ältesten Stadtteil, unter der Burg, steht das ehemalige Karmeliterkloster, das Hans von Hirschhorn und seine Frau Iland, Gräfin von Dhaun-Rheingrafenstein, 1406 gestiftet haben. Ihr Grabstein steht im Chor der schönen Kirche. Das ehemalige Refektorium des jetzt als Pfarrhaus dienenden Konventbaus wurde im sechzehnten Jahrhundert mit Fresken geschmückt, welche die Geschichte des Elias und Heilige zeigen. Sie werden dem Maler Jörg Ratgeb oder einem Schüler zugeschrieben.

Das Ende des zwölften Jahrhunderts gebaute Schloß, auf dem einst die Herren von Hirschhorn saßen, steht hoch über dem Talkessel auf einer Terrasse und hebt seinen schlanken Bergfried in den Himmel. Die Familie starb im siebzehnten Jahrhundert aus; das Schloß verfiel, wie es sich für verlassene Burgen gehört, und so liegen alle Vorwerke in Trümmern. Jetzt aber birgt der Palas, der 1583/86 umgebaut wurde, ein, wie es scheint, sehr gut gehendes Hotel. Herrlich ist der Blick von dort oben über die Waldberge, den Fluß und zur gotischen Kapelle des 773 zum ersten Mal genannten Dorfes Ersheim. Die Kirche mit einem prachtvollen Netzrippengewölbe enthält viele Hirschhornsche Grabsteine, und auf dem Gottesacker steht die schöne Totenleuchte, die der Wormser Domherr Eucharius von Hirschhorn 1412 stiftete.

Von den Hirschhorn berichtet uns der Roman Adolf Schmitthenners »Das deutsche Herz«, ein Buch, das ich als Bub verschlungen habe. Es ist die Geschichte des letzten Freiherrn von Hirschhorn, Friedrich, der im Jahre 1600 in einem Zweikampf seinen Vetter und Freund Johann von Handschuhsheim in Heidelberg verwundet hatte. Der junge

Mann starb vierzehn Tage später an der vernachlässigten Wunde durch Blutvergiftung. Seine Mutter, die ›Beusserin von Ingelheim‹, verfluchte daraufhin das Haus Hirschhorn. Die Burg aber soll ein schreckliches Geheimnis hüten: Adolf Schmitthenners Held Friedrich erzählt seiner Frau Ursula von Sternenfels vom Mord an ihrer Mutter. »Es war Anno 1589. Ich war gerade auf Schloß Zwingenberg. Da kam Nikolaus und beschied mich nach Hirschhorn zum Sippentag. Der Bau war gerade fertig geworden, und alle Hirschhorn waren zusammengekommen, die neue Wohnung einzuweihen ... Nur Männer waren da. Sie waren voll Unruhe und düsterer Hast ... Sie gaben mir viel Wein zu trinken und nötigten mich, als ich nimmer trinken wollte, so daß mir schließlich der Kopf rauchte.« Der junge Friedrich, vierzehn Jahre alt, wurde für volljährig erklärt. Alle Hirschhorn leisteten in der Kapelle einen Eid, über die folgende Begebenheit nie zu sprechen. »Hinter dem Altar stand eine gefesselte Frau. Ihr Gesicht war totenbleich und voller Angst ... Wir kehrten darauf wieder in den Saal zurück bis auf den tollen Hans und den Maurer. Diese beiden nahmen das Weib in ihre Mitte und gingen in das neue Haus. Wir anderen warteten. Keiner blieb auf seinem Sitz, keiner redete ein Wort. Sie liefen aneinander vorbei, ergriffen den Becher und tranken und schauten sich an mit hohlen, verstörten Augen. Nach einer geraumen Weile kam der tolle Hans. Er sah geisterbleich aus. Auf seinen Wink ging mein Oheim Ludwig ohne ein Wort zu sagen mit ihm aus dem Saal.« Ihm folgten die anderen, zuletzt der junge Friedrich. »Nikolaus führte mich in die Kemenate und öffnete hier diese Tür. Vor dieser Wand hier standen der tolle Hans und der Maurer. Die Wand war in Ellbogenweite frisch gemauert, ein Kübel voll Mörtel stand auf dem Boden. In der Mauer war noch eine Lücke für einen einzigen Stein. Oheim Hans gab mir diesen Stein in die Hand, wies mir das Loch und befahl mir, den Stein hineinzuschieben. Ich wollte es rasch tun, da hörte ich aus der Mauer heraus ein leises Wimmern. Entsetzt warf ich den Stein aus der Hand und wollte entrinnen. Der tolle Hans ergriff mich an der Schulter, kehrte mich der Wand zu und reichte mir einen Becher. ›Trink!‹ sagte er. Ich trank, und es flimmerten mir die Augen. ›Sprich nach, was ich dir vorsage!‹ raunte er mir zu. Es waren lateinische Worte. Trotz meines Rausches haben sie sich mir eingeprägt. Sie lauteten:

MORIBUNDA BENEDICAT,
MORTUA TENEAT,
PUTRIDA VINCIAT,
OSSA FRUGIFERANT,
CINERA MUNIANT!
IN SAECULA SAECULORUM
HIRSCHHORN!

Und dann fügte ich den Stein in die Lücke. Als ich den Stein einfügte, erscholl aus der Mauer ein dumpfer, gurgelnder Laut. Es wurde mir schwarz vor den Augen und übel im Herzen. Nikolaus führte mich weg ...«

Dieser unheimlichen Geschichte liegt eine wahre Begebenheit zugrunde. Im Jahre 1770 fand man im Schloß Handschuhsheim bei Heidelberg das Gerippe eines prächtig gerüsteten Ritters aufrecht in einer Mauernische, in die er im sechzehnten Jahrhundert eingemauert worden war. 1830 folgte der zweite Fund. In der nach dem Stöckberg führenden Mauer der Burg Hirschhorn stand aufrecht das Gerippe einer Frau. Warum die beiden lebendig eingemauert wurden, ist nicht bekanntgeworden.

Über Eberbach, mit einigen Türmen der gotischen Stadtbefestigung und den Trümmern seiner Burg, setzen wir unsere Fahrt fort, und bald taucht am jenseitigen Ufer über dem Ort Zwingenberg die Burg gleichen Namens auf, die 1403 an die Hirschhorn gefallen war und heute im Besitz des Markgrafen von Baden ist. Es ist wohl die besterhaltene, in der Romantik leicht restaurierte Anlage am Neckar, mit oberer und unterer Burg des frühen fünfzehnten Jahrhunderts. Nur Bergfried und Schildmauer entstammen wahrscheinlich gotischer Zeit. Die letzte Großherzogin von Baden hat sich hier gerne aufgehalten. Die Burg steht auf einem mächtigen roten Sandsteinfelsen, durch einen tiefen Graben vom Berg getrennt; hinter dem Schloß braust ein Waldbach durch die Schlucht zu Tal. Karl Maria von Weber soll hier die Anregung für die Wolfsschlucht seiner Oper »Freischütz« gefunden haben. Die Berge treten nun etwas zurück, das Flußtal weitet sich. Neckarelz erscheint, mit einer Kirche, die zugleich Festung ist. Es war das Haus der Tempelherren, dann eine Wasserburg der Johanniter im dreizehnten und vierzehnten Jahrhundert. Auf einer künstlich aufgeschütteten Insel steht die merkwürdige Kirchenburg, die man über eine Brücke erreicht. Von Neckarelz aus sollte man einen Abstecher in den Odenwald machen und Mosbach besuchen, ein sehr malerisches Städtchen, das schon im zehnten Jahrhundert genannt wird. Das Städtchen ist sehr hübsch; mit seinen hohen, giebligen Fachwerkhäusern, die sich um das Rathaus aus der Renaissance und die stattliche spätgotische Kirche St. Juliana scharen, wirkt es ganz fränkisch.

Doch wir folgen weiter dem Neckar. Rote Sandsteinbrüche leuchten im Laub der Wälder, Wiesen und Äcker liegen zu beiden Seiten des Flusses, die ersten Weinberge steigen an den Hängen empor. Das Land ist mild und heiter, belebt durch Dörfer, Städte und Burgen. Neckarzimmern wird erreicht, und hier biegen wir links ab nach Hornberg. Man sieht den hohe, schlanken Bergfried der Ruine schon von weitem auf der Höhe. Es war eine große Burg des zwölften Jahrhunderts; 1517 gelangte sie in den Besitz Götz von Berlichingens, der hier seine Memoiren geschrieben hat. Ob Götz wirklich ein so gütiger, herrlicher Held gewesen ist, als welcher er in Goethes Jugendwerk auftritt? Jedenfalls ist er kein Raubritter gewesen, sondern ein recht begüterter Herr, dem auch die Schlösser Jagstberg und Möckmühl im Jagsttal gehörten. Wie er selbst sagt, hatte er »nit viel Lust zur Schulen, sondern vielmehr zu Pferden und Reutterei«. Er ist einer der bekanntesten Ritter seiner Zeit gewesen und hat ein unruhiges Leben geführt. Fehden gegen die Bischöfe von Mainz und Bamberg wechselten ab mit solchen gegen Nürnberg. Wegen seines Streites mit der Reichsstadt wurde er in die Acht erklärt, kam aber bald wieder frei und setzte das ritterliche Leben munter fort:

Hab gleichwohl nit gern gebrent, aber es geschahe auf dies – darumb, daß ich gedacht, der mainzisch Amtmann solt über das Feuer rukhen und wie ich also herniederbrand, da schrie der Amtmann oben herauß, da schrie ich wieder zu ihm hinauff, er solt mich hinden leckhen.

Das berühmte Kraftwort ist also wirklich gefallen. Im bayerischen Erbfolgekrieg verlor er 1504 die rechte Hand, im Bauernkrieg zog er gezwungenermaßen einen Monat mit den Bauern, um seinen Besitz zu retten. Er kam deshalb in ritterliche Haft nach Heilbronn, man machte ihm den Prozeß und 1530 mußte er Urfehde schwören und sich zu seinem Mißbehagen auf Hornberg still verhalten. 1562 ist Götz zweiundachtzigjährig gestorben und wurde im Kloster Schöntal begraben, wo sein Grabmal zu sehen ist.

Auch mit der Legende der heiligen Notburga ist Hornberg verknüpft. Es gibt zwei Heilige dieses Namens, die eine ist die Tirolerin Norburga, die Heilige des Gesindes, unsere Heilige hingegen war die Tochter eines fränkischen Fürsten, der hier oben gelebt haben soll. Dieser Herr wollte seine Tochter mit einem Wendenfürsten vermählen. Das Mädchen, das Christin geworden war, widersetzte sich; sie floh und versteckte sich in einer Höhle. Dort wurde sie von einer Hirschkuh mit Nahrung versorgt. Als der Vater sie in ihrer Zuflucht fand und herausziehen wollte, blieb ihm der Arm Notburgas in der Hand; eine Schlange aber heilte die Wunde des Mädchens mit Kräutern. Notburga wurde von nun an als Heilige verehrt; ihr zu Ehren baute man die Kirche in Hochhausen auf dem gegenüberliegenden Neckarufer.

Seit 1612 ist Hornberg im Besitz der Freiherren von Gemmingen-Hornberg. Im Dreißigjährigen Krieg ist die Burg bis auf den Bergfried und die Vorburg zerstört worden. Heute haben die Gemmingen in der Vorburg ein hübsches

VI Die Stiftskirche zu Wimpfen im Tal

Gemälde von Michael Neher, 1846
Sammlung Georg Schäfer, Obbach

kleines Hotel eingerichtet. Man kann auch in einem modernen, mitten in der Stille des Waldes oberhalb der Burg gelegenen Haus wohnen. Sie lassen einen vortrefflichen Wein ausschenken, der an den Hängen des Burgberges gedeiht. Weit schaut man vom Turm und von der kleinen Terrasse ins Land hinaus. Unten auf dem Neckar gleiten die Frachtschiffe flußab oder werden von Schleppern flußauf gezogen. Drüben, am jenseitigen Hügelrand, steht die Burg Guttenberg, die 1449 auch an die Gemmingen kam und heute von ihnen ebenfalls als Hotel verwendet wird. Es ist eine Stauferburg, die im vierzehnten und fünfzehnten Jahrhundert ausgebaut wurde und wohlerhalten ist, ein interessantes Beispiel mittelalterlicher Wohnkultur und Befestigungskunst. Schön ist die alte Einrichtung, darunter eine vortreffliche Bibliothek. Hier findet sich auch ein Curiosum, nämlich die »Holzbibliothek«. Der Benediktinerabt Candid Huber aus Bayern war ein kundiger Forstmann; er hat diese seltsame Bücherei angelegt: siebenundneunzig buchähnliche Kästen, deren Rücken aus gehobelten Brettchen vom Holz des Baumes gefertigt sind, dessen Zweiglein, Samen, Früchte, Blätter, Schädlinge und was sonst zur jeweiligen Art gehört im Kasten liegen.

In einem Waldtal nahe der Burg steht eine Kapelle mit Schiff und Turmchor von etwa 1450. Sie ist gut erhalten und unberührt und enthält ein Wallfahrtsbild, eine Schutzmantelmadonna, die vormals gerne besucht wurde. Mit der Einführung der Reformation durch die Gemmingen erlosch die Wallfahrt, doch vergaß die katholische Bevölkerung das Bild nicht, man nannte es die »verlassene Madonna«. Sie soll sogar in unserer Zeit noch Wunder gewirkt haben. Es heißt, sie sei einer Frau, die Guttenberg und die Kapelle nicht kannte, 1945 im Traum erschienen. Die Frau wallfahrtete zu ihr, um vor ihr zu beten.

Unweit von Guttenberg sehen wir die Ruine der Ehrenburg; zu ihren Füßen die große Vorburg des sechzehnten und siebzehnten Jahrhunderts, wo der Freiherr von Racknitz ebenfalls ein Gästehaus eingerichtet hat. Man kann also auf vielen Burgen des Neckartals zu Gast sein.

In weitem Bogen sieht man den Fluß gegen Wimpfen ziehen, durch die ›deutschherrische‹ Ebene, wie sie jetzt in Erinnerung an die landesherrliche Zeit der Deutschordensherren noch heißt. Die Deutschherren residierten in Gundelsheim, diesem reizenden Städtchen mit prächtigen Bürgerhäusern, umgeben von Rebgärten, Feldern und Waldungen. Auch Gundelsheim ist ein sehr alter Ort, zuerst im achten Jahrhundert erwähnt; er gehörte damals dem Kloster Lorsch. 1378 gab Kaiser Karl IV. ihm das Stadtrecht und ließ die Befestigungen errichten, die zum Teil erhalten sind. Seit dem fünfzehnten Jahrhundert war Gundelsheim Eigentum des Deutschen Ordens, dessen großes Schloß Horneck oberhalb der Stadt steht, um zwei Binnenhöfe gruppiert, umzogen von einer mit zahlreichen Türmen besetzten Ringmauer. Das alte Schloß wurde im Bauernkrieg 1525 zerstört, aber bis 1533 wieder aufgebaut und im achtzehnten Jahrhundert durch den Ordensbaumeister Franz Keller umgebaut.

Wimpfen am Berg

Stolz und eindrucksvoll erhebt sich die vieltürmige Silhouette der Stadt über dem schroff abfallenden Höhenzug, unter dem der Neckar im großen Bogen dahinfließt. Durch das Stadttor betreten wir eine der schönsten deutschen Städte, Wimpfen am Berg. ›Regia Wimpina gerit haec victricia signa‹ – ›das königliche Wimpfen führt diese siegreichen Zeichen‹ – lautet die Inschrift auf dem Stadtsiegel von 1250. Und eine königliche Stadt ist es gewesen, ein Lieblingsort der staufischen Herrscher.

Seit der Jungsteinzeit war das Hochufer über dem Neckar besiedelt; die Kelten hatten hier eine Fluchtburg; die Römer bauten am Fuß des ›Alten Berges‹ ein Kastell und eine Stadt, die größer war als das alte Wimpfen, ›Wimpfen im Tal‹ und ›Cornelia‹ geheißen haben soll. Es folgten die Alemannen, die Franken. Wohl schon in karolingischer Zeit erhielt das Bistum Worms Wimpfen als Schenkung. Die um 1250 beginnende Entwicklung zur freien Reichsstadt war um 1350 abgeschlossen. 1803 fiel die Stadt an Hessen-Darmstadt, 1952 kam sie an Baden-Württemberg.

Wimpfen lag an der einst wichtigen Straße, die, von Frankreich kommend, hier den Neckar überquerte, sich gabelnd über den Höhenrücken zwischen Jagst und Kocher nach Nürnberg und über Öhringen zur Donau führte. In fränkischer Zeit war Wimpfen Königsgut, und die Merowinger hatten an diesem wichtigen Flußübergang eine Burg, vielleicht an Stelle der späteren Kaiserpfalz, wahrscheinlicher aber im Tal in der Nähe der Brücke. Dann wurde Wimpfen geistliches Lehen. Da die Kaiser sich der Bedeutung Wimpfens als Stützpunkt und Brückenkopf wohl bewußt waren, taten sie alles, um den Ort wieder selber in die Hand zu bekommen. Kaiser Friedrich I. ließ sich von Worms mit Wimpfen belehnen; 1220 wurde Kaiser Friedrich II. Herr der Stadt und förderte sie sehr.

Die staufische Zeit ist für Wimpfen eine Zeit der Blüte gewesen. Unter Kaiser Heinrich VI. entstand bald nach oder während des Baus der ›Pfalz‹, der kurz vor 1200 begonnen wurde, die Stadt mit Wormser Hof, Heiliggeistspital und Stadtpfarrkirche. Das Gemeinwesen wurde vom königlichen Schultheißen verwaltet, und ein Rat erscheint zum ersten Mal 1322, vor allem von den Zünften besetzt, die Adel und Patriziat verdrängten. Kaiser Karl V. machte 1552, wie in vielen anderen Reichsstädten, dem Zunftregiment ein Ende.

Größten Schaden tat der Dreißigjährige Krieg: Mißernten, Brände, Kontributionen, Seuchen, Drangsale aller Art entvölkerten die Stadt und ließen sie verarmen. Die ›Pfalz‹ verfiel und wurde als Steinbruch benutzt; die meisten Tore und Türme, große Teile der Stadtmauer wurden abgebrochen. Wirklich erholt hat sich Wimpfen erst im neunzehnten und zwanzigsten Jahrhundert, einmal durch den Eisenbahnbau, dann durch den einsetzenden Kurbetrieb.

Streifen wir durch die Straßen, durch die engen, gewundenen Gassen, steigen wir über die Treppen, schlendern wir über Plätze und Plätzchen, rings umgeben von schöngefügten, zum Teil großartigen Fachwerkhäusern, zumeist aus dem sechzehnten bis achtzehnten Jahrhundert, werden wir sofort von der ungemeinen Gemütlichkeit des Ortes eingefangen. Das geht vor und zurück, auf und ab, immer neue Ausblicke öffnend. Brunnen rauschen, darunter der schöne Adlerbrunnen von 1576.

Beginnen wir unseren Rundgang bei der evangelischen Pfarrkirche, die erhöht über dem Marktplatz steht. Die romanischen Geschosse der schlanken Osttürme weisen auf eine ältere Vorgängerin des Baus, der um 1300 mit Errichtung des Chors seinen Anfang nahm. 1468 begann der Ausbau, dem das Langhaus, eine elegante Halle mit reichem Netzgewölbe, angehört. Eine prächtige Fensterrose schmückt die Westfassade. Werner Bergengruen sagt, daß man die Rose »als Sinnbild der Verschwiegenheit zu deuten« pflegte und »die Redewendung ›sub rosa‹ hat hier ihren Zusammenhang. Nun gibt es aber noch eine andere Deutung, welcher ein Zug von religiöser Großartigkeit eignet, voll eines Hineinwirkens uralter Seelenvorstellungen. Solche Fenster nämlich werden auch als ›oculi mortuorum‹ bezeichnet, und es ist die Meinung gewesen, die hinter der Kirche Bestatteten vermöchten auf eine geheimnisvolle Weise durch diese Fenster des Anblicks der heiligen Messe teilhaftig werden.«

Die Kirche besitzt Reste schöner Glasfenster vom Ende des dreizehnten Jahrhunderts, Fresken des sechzehnten Jahrhunderts, stark restauriert um 1870, einen Hochaltar von 1519, ein großes Kruzifix, geschaffen von Oswald Bockstorffer aus Memmingen von 1481, mit natürlichem Haar und beweglichen Gliedern – von erschreckend realistischem Ausdruck. Unter den Grabsteinen fällt das reiche Denkmal für den Obersten Philipp Jakob Freiherrn von Fleckenstein, einen Elsässer, ins Auge, der im Heer des Markgrafen Georg Friedrich von Baden 1622 in der Schlacht bei Wimpfen gefallen ist.

Neben der Kirche, unter einem von Säulen getragenen Dach, steht die stark beschädigte, einst sicher eindrucksvolle Kreuzigungsgruppe, die der Bürgermeister Hans Koperer um 1515 von dem Mainzer Hans Backofen anfertigen ließ.

Auf der Nordseite der Kirche liegt der weitläufige ›Wormser Bischofshof‹ aus dem frühen dreizehnten Jahrhundert.

Vorüber an dem mächtigen ›Blauen Turm‹, einst der westliche, von der Stadt durch einen tiefen Graben getrennte Zugang zur Kaiserpfalz, gelangen wir mitten in die Zeit der Staufer. Blauer Turm, Pfalzkapelle, Steinhaus mit seinem Staffelgiebel, im sechzehnten Jahrhundert erhöht die Reste des Palas und der östliche dicke Rote Turm lassen die Großartigkeit dieser wahrhaft kaiserlichen Residenz ahnen. Der Rote Turm enthielt eine Wohnung für den Herrscher, in die er sich im Falle höchster Gefahr zurückziehen konnte.

Folgen wir dem schmalen Pfad außerhalb der Mauern über dem Steilhang, so zeigt sich die Monumentalität der Anlage, die wohl zu den ausgedehntesten mittelalterlichen Stadtburgen gehört hat. An die einstige Pracht erinnern die eleganten Fensterarkaden des Palas, die ins Tal hinausschauen. Die ganze Pfalz ist offenbar in einem Zug gebaut worden, nämlich zwischen dem späten zwölften und frühen dreizehnten Jahrhundert.

Aus den Fenstern des Steinhauses schaute ein alter Mann, der uns zuwinkte und rief, wir sollten heraufkommen, um das Heimatmuseum zu besichtigen. Da gibt es allerlei Erinnerungsstücke an die Geschichte Wimpfens. Auch steht dort ein großer runder Tisch mit halbkreisförmigen, durch Deckel verschlossenen Löchern. Der Museumswart wandte sich an eine der Besucherinnen: ›Was ist das?‹ – ›Eine Toilette?‹ antwortete sie fragend. Der Mann lachte und forderte sie auf, sich einmal in eines der Löcher zu setzen, aber die Frau genierte sich. Da deutete er auf meine Frau und rief: ›Die da steigt bestimmt hinein!‹ Sie tat es auch, und nun erfuhren wir, daß es sich um einen Schneidertisch handle, auf dem noch ein Anzug des Alten angefertigt worden war.

Zur Pfalz als Mittelpunkt der Verwaltung und des Rechtswesens im königlichen Gebiet gehörten Beamte, wie Vögte und Burgmannen, die aus dem Stand der Ministerialen und Reichsunmittelbaren bestellt wurden. In der Stellung von Vögten und Landvögten finden wir die Raven von der Ravensburg, die Zwingenberg, Hohenlohe, Stetten, Vaihingen und Württemberg. Die in der Stadt angesessenen Burgmannen, die selbst Burgen in der Umgebung besaßen, hatten für die Sicherheit der Stadt zu sorgen.

Die Pfalz hat auch dem unglücklichen Sohn Friedrichs II., König Heinrich, zur Hofhaltung gedient. Hier war es, wo er, jung, unerfahren und schlecht beraten, einen Aufstand gegen den Kaiser vorbereitete. Friedrich II. kam eilends von Italien nach Deutschland und Heinrich, von allen Anhängern verlassen, wollte sich in Wimpfen dem Vater zu Füßen werfen, um Verzeihung zu erflehen, wurde aber nicht vorgelassen. Erst in Worms ließ ihn der Kaiser vor sich, doch konnte er dem Sohn nicht verzeihen. Heinrich saß sechs Jahre als Gefangener in italienischen Burgen, bis er seinem Leben ein Ende machte.

Wir wandern weiter durch die prächtige Stadt, schön und malerisch bis in die letzten Winkel. Sei es durch die Schwibbogengasse, die steil bergab durch den dunklen Torbogen eines zur Pfalz gehörenden Turms auf die Hauptstraße führt, wo die breitbrüstige Fachwerkfassade des ehemaligen Spitals steht; sei es durch die Salzgasse, Klostergasse oder Kirchgasse, überall wird das Auge in hohem Maße erfreut.

Beschließen wir unseren Rundgang bei der Dominikanerkirche am Südrand der Stadt, deren Grundsteinlegung 1264 erfolgte. Aus dieser Zeit stammt der langgestreckte Chor, während das Schiff zwischen 1713 und 1715 umgebaut worden ist. Die Kirche steht inmitten hoher alter Bäume auf einem recht vernachlässigten Platz. Gehen wir aber um die Kirche herum, gelangen wir durch ein barockes Torhaus in den klargegliederten gotischen Kreuzgang. Die Sage erzählt, daß Tilly 1622 vor Beginn der Schlacht bei Wimpfen vor dem Muttergottesbild in der Kirche niederkniete und so tief ins Gebet versunken gewesen sei, daß er auf die Umwelt vergaß. Da trat ein Engel in der Gestalt des Generals an dessen Stelle und gewann für ihn den Sieg.

Wimpfen im Tal

An jenem Ort, wo einst das römische Kastell Cornelia lag, finden wir jetzt Wimpfen im Tal, im ebenmäßigen Rechteck von einer Mauer umschlossen, mit Oberem und Unterem Tor. An seiner Hauptstraße stehen charakteristische zweigeschossige Bauernhäuser mit breiten Hoftoren.

In diesem kleinen Ort steht herrlich und einsam die Kirche der adligen Stiftsherren, St. Peter und Paul, am Ende eines großen, von alten Kastanien bestandenen Platzes, der gesäumt wird von den schönen, barocken Häusern der Stiftsherren.

Die Stiftsherren hatten die Fischereigerechtigkeit im Nekkar, sie wurde ihnen 1281 vom König Rudolf von Habsburg bestätigt. Sie übergaben aber dieses Recht den »Apostelfischern« – es mußten immer zwölf sein – zu Lehen. In feierlicher Handlung erfolgte die Aufnahme, bei welcher der Treueid auf das Ritterstift abgelegt werden mußte, durch den Dekan. Dem neuen ›Apostelfischer‹ setzte dann der Dekan das Birett auf und verlieh ihm damit das ›St. Peter Wasser‹. 1803 ist zwar durch die Säkularisierung die enge Bindung der Fischer an das Stift gelöst worden, doch besteht die Zunft noch heute.

An Stelle des Römerkastells stand schon in karolingischer Zeit eine Kirche, der nach den Ungarneinfällen ein Neubau folgte, von dem 965 die Rede ist. Aus dieser Zeit stammt noch die strenge, schlichte Westfassade der heutigen Kirche mit einer hohen Bogennische, die das Portal enthält. Die Blendbogenfriese und Fenstersäulchen der achteckigen Aufbauten der Türme entstammen dem elften Jahrhundert; von der Vorhalle vor dem Westbau aus der gleichen Zeit sind noch die Fundamente vorhanden.

Die Kirche war, nach dem Vorbild Aachens, ein zwölfeckiger Rundbau mit drei Apsiden, an die 1269 der Chor angefügt worden ist. Das Langhaus folgte 1274. Man hatte eine neue Ostwestachse festgelegt, da aber der alte Westbau, vielleicht aus Sparsamkeitsgründen, beibehalten wurde, macht das Schiff einen Knick. Erst um 1450 sind die Gewölbe geschlossen worden.

Alle Benennungen der Teile einer Kirche beziehen sich auf mystisch-symbolische Deutung des Gotteshauses und des Gottesdienstes. Schon früh wurde die Ehrfurcht vor den Gebräuchen und Kultureinrichtungen des Christentums auf die Kirchenbauten übertragen, die als ›Häuser Gottes‹ aus den profanen Gebäuden hervortraten. So bezeichnet zum Beispiel ›Kirche‹ seit dem Ende des zweiten nachchristlichen Jahrhunderts nicht allein den Ort des Kultes, sondern auch die Gemeinde selbst. Die Bezeichnung ›Schiff‹ bezieht sich auf die Arche Noah und auf Petri Schifflein auf dem See Genezareth. Sodann ist die Kirche gleich dem Leib Christi, Schiff und Chor sind zugleich das Bild der mittelalterlichen Anschauung von den Begriffen der vita activa, vertreten durch die Gemeinde, und der vita contemplativa, dargestellt durch die Geistlichkeit. Mauern, Decke, Fenster, Säulen, Portal, Vorhalle und andere Details haben ebenfalls jedes für sich symbolische Bedeutung, auf die einzugehen hier zu weit führen würde. Der kreuzförmige Grundriß soll den Gekreuzigten symbolisieren, der Zentralbau die Verbreitung der Kirche auf dem Erdenrund. So wird auch die Verschiebung der Chorachse als Nachbildung des im Tode geneigten Hauptes Christi gedeutet, obgleich solche Knicke der Grundrisse in den meisten Fällen natürliche Gründe haben wie hier in Wimpfen. Das tut aber der Schönheit des Gedankens keinen Abbruch.

Die Stiftschronik verkündet stolz, daß der Baumeister aus Paris gekommen sei; er war jedoch sicherlich ein Deutscher, der seine Ausbildung im Elsaß erfahren hatte, denn die Querschiffsfassade erinnert hier an die von St. Martin in Colmar,

Einzelheiten weisen auf das Straßburger Langhaus hin. Aber mit welcher Freiheit, mit welchem Sinn für die Form hat der Baumeister das von ihm vollkommen beherrschte französische Bauschema ins Deutsche übertragen! Es ist die Zeit, als sich zwischen 1260 und 1300 neue Bauschulen in Schwaben bildeten, wo am Neckar Wimpfen und Eßlingen, Salem am Bodensee einflußreich wurden.

Vor allem fällt die heiter-ernste Pracht der Querschiffsfront auf, wo dem statuarischen Schmuck besonderes Gewicht gegeben ist, leider nicht von dem begabtesten Bildhauer, während an der Ornamentik die besten Kräfte tätig gewesen sind. Vor lauter Schmuckfreude hat der Meister den Zweck seines Werkes vergessen: Das Portal ist so eng geworden, daß es nicht benutzt werden kann. Der Figurenzyklus ist nach französischem Vorbild ausgeführt. Wir sehen am Portalmittelpfeiler die Muttergottes, im Gewände Heilige und die Kirchenpatrone, im Tympanon den Gekreuzigten zwischen Maria, Johannes, Ecclesia, Synagoge und Adoranten. Auf der Spitze des Wimpergs steht der Auferstandene und darüber liegt das große Maßwerkfenster, von Blendarkaden flankiert. Im neunzehnten Jahrhundert wurde die Dachbalustrade hinzugefügt.

Wir betreten das Mittelschiff und werden gefangengenommen von der Vornehmheit des hohen, dämmerigen Raumes, der feierlichen Herrlichkeit der Pfeilerbündel mit vorgestellten schlanken Diensten, dem reinen Spiel der Formen, dem Frieden, der diesen schönen Raum erfüllt. Vor den Wanddiensten des Chors stehen Steinfiguren, die für die Westfassade gedacht waren, Muttergottes, Heilige und Märtyrer, Meisterwerke der Wimpfener Bauhütte. »Wir möchten«, sagt Dehio, »die Gesamterscheinung des bewunderungswürdigen Baues klassisch im Sinn des Hochvortrefflichen nennen.«

Nach wenigen Schritten sind wir dann im Kreuzgang mit seinen schönen Maßwerkfenstern, deren Kapitelle phantastischen Schmuck tragen: Vogelnester, Tiere, Teufel und Drache, einen lächelnden Jünglings- und Mädchenkopf. Wir stehen im ältesten Teil, dem Ostflügel, der in die Zeit des Chorbaus gehört, während die übrigen Teile im dreizehnten und vierzehnten Jahrhundert gebaut wurden. Der gesamte Kreuzgang ist flach gedeckt, der Ostflügel von ungewöhnlicher Breite, da hier die Sepultur des Klosters lag. Für die Mönche muß der Kreuzgang ein Ort wahrer Erholung sein; er gibt mit seinem gepflegten, blumenreichen Garten einen Eindruck von Geborgenheit. 1947 sind die Benediktiner aus dem schlesischen Stift Grüssau in die Klostergebäude eingezogen und haben in die alte Stiftskirche wieder Leben gebracht.

An Jagst und Kocher

Es lohnt sich, einen Abstecher in die Täler von Jagst und Kocher zu machen, durch die sich die beiden Flüßchen in zahlreichen Windungen dahinschlängeln. Der Jagst folgend gelangen wir, vorüber an der alten Götzenburg Jagsthausen, die noch heute im Besitz der Freiherren von Berlichingen ist, nach Schöntal, einem sehr stattlichen, stimmungsvollen, unberührten Klosterort in schönster Lage. Es handelt sich um eine kleine geistliche Residenz, umschlossen von Mauern mit Ecktürmen, von Alleen und Wäldern. Als Filiale von Maulbronn ist Schöntal vor 1157 von Wolfram von Bebenburg gegründet worden. Heute befindet sich im Kloster ein evangelisches Seminar.

Durch den Torturm von 1621, vorüber an der kleinen frühgotischen Kilianskapelle, gelangen wir zum Kloster. Gegenüber steht die alte Abtei mit ihrer reizvollen Architektur, etwa um 1600 erbaut.

Abt Benedikt Knittel, ebenso baulustig wie seine Kollegen im ganzen Reich, ließ die dreischiffige romanische Basilika abbrechen und nach einem Entwurf von Johann Leonhard Dientzenhofer auf dem alten romanischen Grundriß die neue Kirche errichten (1708–36) mit stattlicher zweitürmiger Fassade, Dreiecksgiebel, Pilastergliederung und kräfti-

Burg Jagsthausen

Radierung von Carl Gr. Brühl, 1807

gen Horizontalgesimsen. Den Sukulpturenschmuck des Portals arbeiteten Johann Sommer aus Künzelsau und Balthasar Knittel aus Lauda. Die aus Flachkuppeln gebildete Decke des hohen, lichten Kirchenraums wird von Pfeilern getragen; die Stukkaturen schuf Johann Bauer, die Fresken malte der vorher im Dom zu Fulda tätige Luca Antonio Colomba. Der prachtvolle Hochaltar von 1773 stammt von dem ausgezeichneten Johann Michael Fischer aus Dillingen an der Donau und fünf Altäre mit Alabasterbildwerken schufen Michael und Leonhard Kern aus Forchtenberg zwischen 1628 und 1643. Zahlreiche Epitaphien schmükken die Kirche; von besonderer Qualität sind die Grabdenkmäler rechts und links vom Haupteingang. Sie zeigen die Standbilder des Grafen Konrad von Weinsberg († 1446) und seiner Frau Anna, Gräfin zu Hohenlohe († 1437).

Auf der Südseite der Kirche schließt die neue, außerordentlich üppige Abtei an, die 1701 von Abt Knittel nach Plänen von J.L. Dientzenhofer begonnen, aber erst 1750 unter seinen Nachfolgern fertiggestellt wurde. Im Kreuzgang sehen wir eine lange Reihe von Epitaphien der Familie Berlichingen aus dem vierzehnten bis siebzehnten Jahrhundert, darunter das Denkmal des Ritters Götz, der 1562 gestorben und in Schöntal begraben worden ist.

Durch ein elegantes Treppenhaus steigen wir hinauf zur ehemaligen Abstwohnung, und dort ist noch das originelle Vorzimmer erhalten, dessen Wände Knittel mit Darstellungen aller geistlichen Orden schmücken ließ. Besucher und Bittsteller, die hier warten mußten, konnten sich die Langeweile mit Betrachtung dieses bunten Bilderbuchs vertreiben, eines Vorläufers der Illustrierten.

Abt Knittel war nicht nur ein baulustiger, er muß auch sonst ein lebensfroher, lustiger Mann gewesen sein. Berühmt sind seine Verse, mit denen er die Türen des Konventbaus und die Fässer des Klosterkellers im »Offiziantenbau« vor dem Tor versehen ließ, aber der Erfinder des ›Knittel-Verses‹ ist er nicht gewesen, der ist bedeutend älterer Herkunft.

Von Schöntal fahren wir über Sindringen zum Kocher, folgen dem Fluß, um dann auf dem Weg nach Weinsberg in Cleversulzbach Station zu machen. Cleversulzbach ist ein noch heute abgelegenes Dörfchen inmitten von Obstbäumen, Weinbergen und Wäldern, ein ganz uninteressanter Ort mit einem schlichten, 1755 erbauten Pfarrhaus. Auch von dem Pfarrhaus würde wohl kein Mensch mehr sprechen, hätte hier nicht Eduard Mörike gelebt. Ihm verdankt das Dorf seinen literarischen Ruhm.

Laß, o Welt, o laß mich sein!

Am deutlichsten offenbart sich die Geltung eines Dichters durch die Macht, mit der er auf geheimnisvolle Weise Saiten unseres Gemütes zum Schwingen zu bringen vermag. So ist es mir mit Eduard Mörike ergangen, der nicht zu den ganz Großen gehörte, der aber einige Gedichte geschrieben hat, die zum Besten deutscher Poesie zählen.

O flaumenleichte Zeit der dunklen Frühe!
Welch neue Welt bewegest du in mir?
Was ist's, daß ich auf einmal nun in dir
Von sanfter Wollust meines Daseins glühe?

Ich las es und mußte sogleich einer an sich durchaus belanglosen Morgenstimmung aus der Kinderzeit gedenken. Es war im Winter, und wie allmorgendlich öffnete sich leise die Tür, das Stubenmädchen trat ein, kniete vor dem weißen Kachelofen nieder, um das Feuer anzulegen. Ein Zündholz wurde angestrichen, es begann zu knistern und zu knacken, bald züngelten rote Flämmchen durch das Ofentürchen, dann brannte das Feuer hell und warf unruhige Lichter in den Raum. O flaumenleichte Zeit der dunklen Frühe! Da war es wieder. Wie Kleinode schimmern unter den zahlreichen Gelegenheitsgedichten, Idyllen und mit feinem verhaltenem Spott erfüllten Scherzen solche großen Gedichte wie »Um Mitternacht«, »Im Frühling«, »Gesang Weylas«, »Verborgenheit« oder »Der Feuerreiter«. Daß ein Mann, der kein einheitliches, geschlossenes Werk zurückließ, der eine so ausgeprägt biedermeierliche Erscheinung gewesen ist, grüblerisch, inneren Kämpfen und Melancholien ausgesetzt, oft von Ängsten geplagt, unstet von Pfarrei zu Pfarrei wandernd, nicht gerade glücklich verheiratet und von ewigen Geldnöten verfolgt, daß ein solcher Mann aus geheiminisvoller Tiefe Verse von höchster Vollkommenheit und Schwerelosigkeit zu heben vermochte, gehört zu den unbegreiflichen Wundern der menschlichen Seele.

Im Nebel ruhet noch die Welt,
Noch träumen Wald und Wiesen:
Bald siehst du, wenn der Schleier fällt,
Den blauen Himmel unverstellt,
Herbstkräftig die gedämpfte Welt
In warmem Golde fließen.

Lesen wir diese Verse, so treten wir in den Zauberkreis der Natur selbst, die sich uns, ganz losgelöst von der Stimmung des Dichters, enthüllt. »Man sieht«, sagt Jacob Burckhardt, »wie eine für das Schöne geborene Natur auch in den mäßigsten Umgebungen und Umständen sich auf das schönste und glücklichste entfalten kann.«

1804 wurde Eduard als Sohn des Hofarztes Mörike in Ludwigsburg geboren. Es war eine große Familie, die in dem stattlichen Haus mit schönem Garten in der oberen Marktstraße lebte. Als Mörike dreizehn Jahre alt war, verlor er seinen Vater und kam nach Stuttgart zu seinem Onkel, dem Obertribunalpräsidenten Georgii. 1818 trat er in das theologische Seminar von Urach ein, studierte in Tübingen, war Pfarrer in verschiedenen Dörfern, bis er 1834 nach Cleversulzbach kam. Aber schon 1843 ließ er sich pensionieren, denn er kam weder mit seiner Pfarrei noch mit seinen Predigten zurecht.

Das Ludwigsburg aus Mörikes früher Jugend war eine vom Hof verlassene Stadt. Die riesige Bühne des Schlosses lag verödet, der Park verwilderte und das glänzende Wesen unter den Herzögen Eberhard Ludwig und Carl Eugen hatte wieder dem Leben einer Kleinstadt Platz gemacht. Damals mag dem sensiblen Buben das Unheimliche einer dem Verfall preisgegebenen Welt aufgegangen sein.

»Abseits von den Zeitstürmen«, schreibt Klabund in seiner Literaturgeschichte, »saß in Cleversulzbach unter der Pfarrhauslinde, behaglich seine Pfeife rauchend, im buntgeblümten Schlafrock mit den goldenen Quasten: Eduard Mörike. Wie Büchner von Körner, so ist sein helles Gestirn von der Wolke eines Geibel beschattet worden, und bis ans Ende des neunzehnten Jahrhunderts haben wenige gewußt, was hinter dem biederen Pfarrer von Cleversulzbach steckt.

Der Allerweltsepigone Geibel und die Geibelepigonen versüßlichten den Geschmack des deutschen Publikums vollends, so daß es an einem klaren Trunk, wie ihn Mörike kredenzte, keinen Geschmack mehr fand. Zu alledem schrien dem deutschen Volk die politischen Dichter noch die Ohren voll, bescheiden wie sie immer sind, traten sie trompetend vor ihre Jahrmarktsbude und schrien: ›Nur immer hereinspaziert, meine Herrschaften! Wir haben die einzig echte, die einzig wahre, die politische Kunst gepachtet‹ ...«

Die Jahre der stärksten Produktion im Leben des Dichters fallen mit dem Biedermeier zusammen. Trotz der Enge der Lebensumstände, der nie abreißenden Geldsorgen – welche Fülle, welche Weite des Geistes blitzt in seiner Lyrik immer wieder auf. »Extreme Gedanken hinterm Jalousieladen« notiert er 1836 in seinem Hauskalender. Wie paßt das für ein unruhiges, dichterisches und musikalisches Temperament im Biedermeier. Des Dichters Leben ist ein tiefgefährdetes, doch immer wieder bewahrtes, welches die Angst kennt, auch die Angst zu verspießern. Einmal schreibt Mörike es nieder:

... das Verbauern fürchte ich, das Verhocken, das Zusammenfaulen neben einem Weibe, Siebenschläfern, Vergauchen usw., wenn ich heute das Glück haben soll, württembergischer Pfarrer zu werden.

Nie hat er den Blick klarer Einsicht für die Tatsachen, für sich selbst und für andere verloren. Aber er war ein frommer Mensch, der alle Verdüsterungen überwand, und die Frömmigkeit ist der Untergrund der leuchtenden Heiterkeit, Reinheit und Klarheit seines Werkes:

Einem Kristalle gleicht meine Seele nun ...

Wie oft fühlte er die Schöpferkraft erlahmen, wurden die Spiegel blind:

Immerdar durch Tränen sehe
ich der Sonne liebes Licht

Aber stets begannen die Quellen wieder zu fließen, der weltscheue Pfarrherr verschwindet, und gewaltig klingt es:

Auf einmal blitzt das Aug', und wie ein Gott, der Tag
Beginnt im königlichen Sprung die Flüge!

In Cleversulzbach, östlich des Neckars zwischen Wimpfen und Weinsberg, hat Mörike von 1834 bis 1843 amtiert, bewohnte er das schlichte Pfarrhaus von 1755 neben der Kirche, deren Langhaus wegen Baufälligkeit durch einen Neubau ersetzt werden mußte. Mörike hat den stillen, vergessenen kleinen Ort geliebt; man findet Dorf und Landschaft allenthalben in seinen Dichtungen wieder. Hinter dem Pfarrhaus liegt der große Garten mit der Lieblingsbuche des Dichters; hier hat er viele Stunden schreibend und sinnend verbracht. Sein Freund Johannes Mährlen berichtet 1835 seiner Braut:

Ich sitze unter dem köstlichsten Laubdach, das sich über einem Sterblichen wölben kann, an einem alten steinernen Tische, der wohl schon manches glückliche Pfarrpaar an seinen Seiten sah. Ich erblicke mancherlei Buchstaben darauf eingegraben, wahrscheinlich zur Erinnerung an angenehm verlebte Stunden ..., und ich finde unter jenen Schriftzügen auch meinen Namen wieder: er ist vom 13. Oktober v. Js.! Damals stand noch die steinerne Bank da, sie ist jetzt mit einem hölzernen Sitze vertauscht und grüne Rasen von halber Höhe des Sitzes schließen den heimlichen Platz dammartig ein, so daß die äußersten Blätterspitzen des Laubgewölbes fast auf den Rasen herabreichen ...

Ich habe wohl tausendmal schon an Dich gedacht, namentlich in der zweiten Laube des Gartens, die ganz aus grünem Rasen aufgeführt, mit Jasmin eingefaßt und zum Ausruhen und träumenden Hindämmern recht bequem eingerichtet ist. Es ist ein niedriger Sitz, dabei tief, mit sanft sich zurückbeugender Rasenlehne, wie ein recht breiter Altvater-Sitz. Gestern nach einem Spaziergang in den Wald haben wir ein reichliches Abendbrot auf dieser Stelle eingenommen, und ich konnte nicht umhin, Mörike zu bemerken, daß dieses Plätzchen von seiner Invention alle jene Eigenschaften in sich schließt, welchen Deine müden Glieder so gewogen sind ... Gerade Wege führen durch den ganzen Garten, zu beiden Seiten breite Rabatten von unzähligen Nelken besetzt, die eben in üppigstem Flor stehen und wohl noch für mehrere Wochen in ihren Knospen künftigen Wohlgeruch bereiten. Dazwischen stehen auf schwanken Stielen jungfräuliche Mohnblumen in weißen, roten und bläulichen Atlaskleidern, Nachtviolen, die nur den Abendsternen ihren Weihrauch streuen, Lilien mit sanften aber entschiedenen Farben, und Blumen aller Art, welchen die Bewohner des Hauses ihre Sorgfalt und Liebe widmen.

Darunter ist aber auch an den Nutzen vielseitig gedacht: ein Feld mit Mohnpflanzen soll Öl, zahlreiche Stöcke von Hülsen- und Schotengewächsen Früchte für den Sommer und den Winter, Stachel- und Johannisbeerhecken kühlenden Saft für die nächsten Wochen liefern. Der Garten ist von Bauerngütern umgeben. Teils Pflugland, teils Wiesen mit Obstbäumen besetzt; an einer Seite stehen durch Gemüsegärten getrennt bescheidene Hecken, über deren Gipfel ein ebenso bescheidener schieferbedeckter Kirchturm sich erhebt ...

Mörike liebte seinen Garten; er liebte die Tiere, die dort lebten oder die er hielt, er hatte unter anderem einen Igel, einen Star, Distelfink, eine Katze und den Hund Scholli:

Gestern habe ich meine Menagerie in folgende Tierklassen eingeteilt: 1. Stinkende und zugleich singende, 2. rein singende, 3. rein stinkende, 4. solche, die weder stinken noch singen, unter welche letzere der Scholli und die Katze, sich kommen zu schmeicheln.

Eines Tages entdeckte er ein Nest mit ›Pfannenstielen‹, einer Meisenart mit langem Schwanz. Mörike hätte gern die Jungen in Sicherheit vor Katzen oder Menschen gebracht, doch untersagte ein tierfreundlicher Konstistorialerlaß, Vögel im Brutgeschäft zu stören.

Die Familie Pfannenstiel
hat nunmehr gewonnen Spiel,
Weil im selbigen Dekret,
viel zu ihren Gunsten steht.

Wer beschreibt seinen Zorn, als er anderntags das Nest ausgeraubt fand! Ein Bauer, ein »vierzigjähriger Flegel«, wie er sagt, hatte die kleinen Vögel seinen Kindern zum Spielen gegeben. Mörike nahm ihnen die Vögel sogleich weg, er machte ihnen ein Nest in einem kleinen Käfig, den er an einem Baum im Garten aufhängte. Mit Vergnügen konnte er nun beobachten, wie die Eltern emsig ihre Jungen versorgten, und stellt befriedigt fest:

Die Familie Pfannenstiel
schwelgt in lauter Lustgefühl.

Mit Behagen schildert Mörikes Gedicht »Der alte Turmhahn« das Leben im Dorf. Damals schon wurde die alte Turmzier abgenommen und durch eine neue ersetzt. Mörike nahm den ausgedienten Hahn auf, der sich heute im Schillermuseum zu Marbach befindet. Wehmütig spricht der Turmhahn:

Ade, o Tal, du Berg und Tal!
Rebhügel, Wälder alzumahl!
Herzlieber Turm und Kirchendach,
Kirchhof und Steglein überm Bach!
Du Brunnen, dahin spat und früh
Öchslein springen, Schaf und Küh,
Hans hinterdrein kommt mit dem Stecken,
Und Bastles Evlein auf dem Schecken ...

Der alte Hahn, der beim Schmied gelandet war, fand Zuflucht auf dem Kachelofen der Studierstube des Pfarrhauses und war darüber sehr vergnügt:

Hier wohnt der Frieden auf der Schwell'.
In den geweißten Wänden hell
Sogleich empfing mich sondre Luft,
Bücher- und Gelahrtenduft,
Gerani- und Resedaschmack
Auch ein Rüchlein Rauchtabak ...

Genau verfolgt er das Tun seines Pfarrherrn und berichtet:

Am Samstag muß ein Pfarrer fein
Daheim in seiner Klause sein,
Nicht visiteln, herumkutschieren
Sein Faß einbrennen, sonst hantieren.
Meiner hat selten solch Gelust
Einmal – ihr sagt es nicht weiter just –
Zimmert er den ganzen Nachmittag
Dem Fritz an einem Meisenschlag,
Dort an dem Tisch, und schwatzt und schmaucht,
Mich alten Tropf kurzweilt es auch ...

Trotz mancher Sorgen und Verdüsterungen müssen es glückliche Jahre für Mörike gewesen sein. Alles das ist längst vergangen und sein Garten liegt ungepflegt und verwildert.

1875 ist Mörike gestorben, von seiner Zeit und lange nachher kaum beachtet. Sein musikalisches Temperament zeigte ihm durch einen geisterhaften Harfenton das Ende an. »Wo ist die Musik«, fragte er. Niemand aber hatte sie vernommen. Nie vergessen worden sind die Verse, welche seine Mozart-Novelle beschließen: »Denk es, o Seele.« Sie lassen einen Schauer über das Herz laufen, denn sie tun das Tor auf in die letzte Dunkelheit:

Ein Tännlein grünet wo,
Wer weiß, im Walde,
Ein Rosenstrauch, wer sagt,
In welchem Garten?
Sie sind erlesen schon,
Denk es, o Seele!
Auf deinem Grab zu wurzeln
Und zu wachsen.

Zwei schwarze Rößlein weiden
Auf der Wiese,
Sie kehren heim zur Stadt
In muntern Sprüngen.
Sie werden schrittweis gehn
Mit deiner Leiche;
Vielleicht, vielleicht noch eh'
Das Eisen los wird,
Das ich blitzen sehe!

Unter der Weibertreu

Für unsere Fahrt nach Weinsberg wählen wir den Weg, den Mörike nahm, wenn er seinen Freund Justinus Kerner besuchte. Wie oft mag er ihn gegangen sein. Die Straße führt durch Wald und offenes Land. Bald sehen wir auf der Kuppe eines einzeln stehenden Weinbergs die Ruine der Burg Weibertreu.

Es heißt, die Burg, damals noch Weinsberg geheißen, sei der Alterssitz Kaiserin Adelheids, der Mutter Kaisers Konrad II., gewesen. Man nimmt an, daß Weinsberg im zehnten Jahrhundert Amtslehen der Grafen des Neckargaues war; jedenfalls befand sich die Burg im zwölften Jahrhundert in Calw-Welfischem Besitz. Um 1140, als sich der Streit zwischen Welfen und Staufen im Reich schon zugespitzt hatte, belagerte König Konrad III. die welfisch gesinnte Burg. Die Staufer hatte um diese Zeit bereits den Beinamen »Waiblinger« nach ihrer Pfalz in Waiblingen bei Stuttgart angenommen, daraus entstand dann während der Kämpfe der berühmte Schlachtruf: »Hie Waiblingen – hie Welf«; in Italien wurden aus Waiblingern und Welfen dann Ghibellinen und Guelfen. – Bei der Belagerung der Weinsberger Burg kam es zu jener kaum glaubhaften, aber verbürgten Geschichte, der die Feste ihren neuen Namen »Weibertreu« verdankt. Als der König die Burg gestürmt hatte, verurteilte er die Verteidiger zum Tod, erlaubte aber den Frauen nicht nur freien Abzug, sondern gab ihnen auch die Erlaubnis, mitzunehmen, was sie von ihrer Habe tragen könnten. Die braven Frauen überlegten nicht lange, heißt es in der Chronik St. Pantaleon zu Köln, wo die Geschichte verzeichnet ist, sie ließen alles liegen und stehen, luden sich ihre Männer auf und zogen mit ihnen zum Tor hinaus. Der König lächelte und ließ sie gnädig ziehen.

1140 staufisch geworden, wurde der Ort von Kaiser Friedrich II. im Jahre 1250 zur Stadt erhoben; bis 1440 blieb er freie Reichsstadt. Burg und Herrschaft hingegen verlieh Konrad III. nach der Eroberung dem kaiserlichen Kämmerer Dietport als Grafen von Weinsberg. Graf Konrad IX. brachte sein Haus zu großem Ansehen, ihm wurde 1411 die Würde eines Reichserbkämmerers verliehen, und etwas später vertraute ihm Kaiser Sigismund die Schirmvogtei des Basler Konzils an. Nach seinem Tode kam die Herrschaft, die zeitweilig vierzig Burgen, dreißig Städte und viele Dörfer umfaßte, an Kurpfalz, dann an Württemberg.

Als der Bauernkrieg im Reich tobte, saß als württembergischer Obervogt Graf Ludwig von Helfenstein auf der Weibertreu. Am Osterfest 1525 geschah hier die ›Weinsberger Bluttat‹. Graf Helfenstein hatte vergeblich aus Stuttgart, wo damals nach Vertreibung Herzog Ulrichs von Württemberg eine österreichische Regierung amtierte, Verstärkung gegen die Bauern verlangt. Schon seit Tagen lag die »Schwarze Schar« des Ritters Florian Geyer, der sich den Bauern angeschlossen hatte, vor der Burg. Man kann sich vorstellen, wie Helfenstein voller Sorge den Heerhaufen des Jäcklein Rohrbach, Wirt in Böckingen, durch die Weinberge heranziehen sah. Dieser hatte mit seinem Haufen am Neckar übel gehaust mit Brand und Plünderung. Nun sollte die Burg Weinsberg fallen. Als Helfenstein törichterweise auf die Unterhändler der Bauern schießen ließ, kannte ihre Wut keine Grenzen mehr. Sie stürmten Burg und Stadt. Helfenstein und seine Ritter versteckten sich im Turm der Johanniskirche, wurden aber entdeckt und gefangengenommen. Jäcklein lehnte

Das Justinus Kerner-Haus in Weinsberg

Lithographie von C. Doerr, 1828

Verhandlungen ab und befahl, gegen den Willen Geyers, die Edelleute durch die Spieße zu jagen. Die Gräfin hatte ihn kniefällig um das Leben ihres Mannes und der Ritter gebeten, war jedoch hohnlachend abgewiesen worden. Ein Bauer zog das damastene Wams des Toten an und sagte voller Spott zur Gräfin: ›Frau, wie gefalle ich dir in dieser Schaupen?‹ Man zwang sie, die betrunkenen Sieger im Saal der Burg zu bedienen, setzte sie dann mit ihrem kleinen Sohn auf einen mit Mist beladenen Karren und brachte sie nach Heilbronn.

Luther, der sein Werk durch die Ausschreitungen des Bauernkrieges beschmutzt und gefährdet sah, schrieb seine Streitschrift wider die mörderischen Bauern:

Man soll sie zerschmeißen, würgen und strecken, heimlich und öffentlich, wer da kann, wie man einen tollen Hund totschlagen muß.

Aber er klagt auch die barbarische Justiz der Fürsten an:

Ich habe beides gewußt, würden die Bauern Herren, so würde der Teufel Abt werden. Würden aber solche Tyrannen Herren, so würde seine Mutter Äbtissin werden.

Auf Veranlassung Justinus Kerners wurden unter Leitung des Stuttgarter Hofbaumeisters Nicolas Thouret die alten, verfallenden Burgmauern ausgebessert, die Türme wieder zugänglich gemacht, und Kerner ließ in einem Turm Aeolsharfen anbringen, deren melancholische Harfentöne noch heute erklingen. Mörike hat ihnen eines seiner schönsten Gedichte gewidmet:

Angelehnt an die Efeuwand
Dieser alten Terrasse,
Du, einer luftgebornen Muse
Geheimnisvolles Saitenspiel,
Fang an,
Fange wieder an
Deine melodische Klage!

Wundervoll ist der Ausblick von dort oben auf die Rebgärten und waldbedeckten Höhenzüge, den Mainhardter Wald und die Löwensteiner Berge.

Anno Christi

nodien in seiner Gewalt hatte/ es köndte oder solte kein anderer Keyser werden / als er. Da er aber sahe / daß es jhm gefehlet / vnterstund er sich/ das gantze Reich vnruhig zumachen/ wolte auch die Keyserliche Regalia, als sie von jhm

1138. erfordert wurden/ nicht hergeben. Also wurde ein Reichstag zu Regenspurg gehalten/ da Henricus zwar erschien/ vnnd die Regalia hergab/ aber von den Stätten vnnd Landschafften / die er in Italien vnnd Teutschland noch inhatte/ vnd zum Reich gehörten / keines wegs wolt abtretten. Da wurde er vom Keyser vnd den Fürsten in die Acht erkläret/ vnnd aller seiner Länder beraubet / dann der Keyser gab das Hertzogthumb Sachsen Fürst Albrechten dem Bähren/ Ottonis Sohn / Marggraffen zu Soltwedel/ Graffen zu Ascanitz vnnd Ballenstede/ Herrn zu Bernburg : Bäyern aber jenseit der Donaw Hertzog Leopolden von Oesterreich/ vnd belehnet sie beyde damit.

Hertzog Albrecht der Bähr/ nam hierauff die Stätt in Nieder-Sachsen ein / nemblich/ Bardewick/ Bremen/ Lüneburg / vnd andere. Indessen kam Hertzog Heinrich / der auß Bäyern vertrieben war / in Ober-Sachsen / ward allda von seinen alten Vnterthanen mit gutem Willen auffgenommen / vertrieb Alberti Diener vnnd Guarnisonen allenthalben / starb aber vor Leyd vnnd Bekümmernuß im Jahr 1139. vnnd blieb Sachsenland Alberto dem Bähren. Es hatte Keyser Conrad / deß Henrici Vorhaben zu wehren / mit Hülff deß Pfaltzgraffen bey Rhein vnnd der Fürsten in Oesterreich / ein Kriegsheer zusammen gebracht / damit er auff Henricum darzog biß in Thüringen. Aber durch seinen (Henrici) Tod/ ward Blutvergiessen vermitten.

Anno Christi
Ex Tritbem.

Hertzog Heinrich der Hoffärtige/ hatte einen Bruder verlassen/ der Welff oder Wolff hieß/ dieser/ als sich Hertzog Leopold von Oesterreich deß Bäyerlands annahme / widersetzt sich Leopoldo / vnnd kam zu einer Schlacht / darinnen der Oesterreichischer geschlagen ward. Aber Hertzog Friderich von Hohenstauffen kam Leopoldo zu Hülff/ vnnd wurde der Welff in die Flucht geschlagen / der begab sich mit vielen vom Adel/ in das Stättlein Weinsberg im Franckenland. Keyser Conrad hatte schon ein Kriegsvolck auff den Beinen / damit zog er auff den Welffen dar / vnd belägert jhn in Weinsberg / vnnd weil sich dieser Welff gröblich wider den Keyser vergriffen hatte / ward Conradus dermassen erzürnet / daß er allen Männern darinnen den Todt trowete. Nun waren die in der Statt dermassen betranget / daß sie Gewalts vnnd Hungers halben sich ergeben musten. In dessen kamen die Edlen Weiber zum Keyser in das Läger/ vnd bathen in jhrem vnnd der andern Nahmen/ daß er jhnen bey dem Abzug erlauben wolte / daß jede so viel mit jhr nehmen möchte / als sie tragen köndte. Der Keyser verwilliget jhnen solches. Da liessen die Weiber jhre Kleider / Kleinodien vnnd andere Gepäck dahinden / vnnd nam ein jede jhren Mann auff den Rücken/ vnd trug jhn zur Statt hinauß. Hertzog Friderich/ deß Keysers Bruder / wolte das nicht gut seyn lassen/ sagte : Es wäre wider den Accord / dann jhnen nicht erlaubet wäre die Männer hinauß zu tragen. Conradus aber / als ein gütiger Herr/ muste deß Possen selber lachen / daß er also von

Exempel Ehelicher Lieb vnd Trew der Teutschen Weiber gegen jhre Männer.

›Exempel Ehelicher Lieb und Trew der Teutschen Weiber gegen ihre Männer‹

Im Mai 1525 wurde die Stadt Weinsberg, weil sie mit den Bauern sympathisiert hatte, in Brand gesteckt, selbst an die Johanniskirche legte man Feuer. 1534 begann der Wiederaufbau. 1805 wurden große Teile der Befestigungen der Stadt niedergelegt. 1945 fielen drei Viertel der Stadt Artilleriefeuer und Fliegerangriffen zum Opfer. Inzwischen sind die Schäden behoben worden; Teile der Stadtmauer stehen noch, vor allem aber die Pfarrkirche St. Johannes der Täufer, eine basilikale Anlage innerhalb der Mauer zwischen Burg und Stadt auf dem Hügelrücken, im dreizehnten Jahrhundert an Stelle einer älteren Taufkirche gebaut. Sie leuchtet in schönem, wohlgefügtem, goldfarbenen Sandstein, mit stattlichem Westportal, dessen Bogenfeld die Inschrift trägt: O QUI TERRENIS INHIAS HOMO DEPUISTIS HIS QUID IN OBSCENIS GAUDET? TOTA NUMINA CHRISTI CONANDA. (Wenn du o Mensch am Irdischen hängst, bist du von Sinnen. Warum erfreust du dich am Schmutz? Christus möge dein Herz ganz erfüllen.) Blendbogenfriese und grotesker Figurenschmuck beleben das Äußere. Die flachgedeckten Schiffe werden im Wechsel von Säulen und Pfeilern getragen, deren Kapitelle romanischer Stuckzierat schmückt. Turmchor und Nebenchöre sind von kräftigen Kreuzrippen überwölbt; der Turmchor ist im fünfzehnten Jahrhundert verlängert worden.

Weinsberg ist nicht allein durch die Weibertreu und die Ermordung Helfensteins bekannt geworden, sondern auch durch Justinus Kerner, diesen seltsamen Mann, der 1819 als Oberamtsarzt hier nahe der Kirche Wohnung nahm. Eine Zeitlang ist das Kernerhaus sicher eines der bekanntesten Häuser in Deutschland gewesen. Wie sein Freund Mörike gehörte Kerner dem Biedermeier an, wie dieser stammte er aus Ludwigsburg, wie dieser verlor er mit dreizehn Jahren den Vater. Er sollte Kaufmann werden, zog es aber vor, die Lehre zu verlassen und Medizin zu studieren. Im »Bilderbuch aus meiner Knabenzeit« berichtet Kerner, wie er nach Tübingen wanderte und vor der Stadt todmüde auf einer Bank des Armenspitals einschlief.

Als ich aus meinem Traum erwachte, wogten die Pappeln am Wege im heftigen Sturm hin und her und die Wolken flogen am Monde vorüber. Als ich mich erhob, wehte der Luftzug mir ein beschriebenes Papier entgegen; ich haschte es mit der Hand, es war ein ärztliches Rezept, das der Wind aus einem offenstehenden Fenster des Armenspitals getrieben hatte ... ›Nun ja‹, sagte ich vor mich hin, ›dieses Blatt ist dir zum Zeichen deines zukünftigen Berufes gesandt; du sollst Arzt werden!‹

In Weinsberg hat er das gastfreieste Haus gehalten, hier wirkte er als beliebter Arzt. Sein Haus liegt an der Stadtmauer; es enthält noch die alte Einrichtung, und im Garten steht noch der ehemalige Gefängnisturm mit einem von Kerner eingerichteten neugotischen Zimmer. Von diesem Zimmer sagte Ludwig Uhland, es sei ein Gelaß für Teufel und für Gespenster. Kerners Tochter Maria erzählt vom Garten:

Der Garten hatte eine Terrasse und wurde eingeteilt in den oberen und in den unteren Garten. Im oberen Garten wurde ein Laubgang angelegt, zuerst mit schnell wachsendem und bald Schatten gebendem Gesträuch bepflanzt; daneben wurden aber Reben gesetzt, die uns später noch besseren Schatten und köstliche Trauben brachten. Dort wurde sommers meistens zu Mittag gespeist. Auch am Haus hinauf wurden Reben gezogen, von welchen es bald ganz umwachsen war. Für jede Tageszeit war wieder ein besonders angenehmer Platz vorhanden. Wir waren mehr im Garten als im Haus und führten ein wunderschönes Leben. Ich sehe den Garten noch vor mir, wie er damals war, mit seinen vielen Blumen, Rittersporn, Schneeballen, Balsaminen, Levkojen und Postknechten ... In der Mitte des unteren Gartens stand eine Kugelakazie, damals war die Form derselben, wenigstens in Weinsberg, etwas ganz Neues, und als der Baum an einem Sonntag morgens vollends in der schönsten Blüte prangte, blieb alles stehen, um ihn zu bewundern. Der Vater hatte ihn noch spät abends mit Feuerlilien besteckt, eine Verschönerung, an der er selbst die größte Freude hatte und die er in der Folge noch öfter wiederholte, selbst als der Betrug längst entdeckt war.

Stets war Kerners Haus erfüllt von Freunden und Gästen aller Art, darunter vor allem Uhland, Mörike, Tieck, Schelling, Strauß, Vischer, Schwab, Lenau, Graf Alexander von Württemberg, der im sogenannten Alexanderhäuschen im Garten wohnte, Freiligrath, Geibel. Es kamen Joseph Görres, Schleiermacher, Herzog Max in Bayern und viele andere. Das Haus spiegelt den Geist seines Erbauers, des Dichters und Arztes, des Geisterbeschwörers, des liebenswürdigen, hilfsbereiten, humorvollen Mannes. Wir sehen Erinnerungen an seine Freunde, Gerätschaften, die geliebten ›Maultrommeln‹, Bilder, Kuriositäten und Erinnerungen an Friederike Hauffe, die Seherin von Prevorst. Kerner sagte von sich selbst:

Flüchtig leb' ich durch's Gedicht,
Durch des Arztes Kunst nur flüchtig;
Nur wenn man von Geistern spricht,
Denkt man mein noch und schimpft tüchtig.

Kerner sammelte Märchen, Sagen und Spukgeschichten, und gerade mit dem ›Zwischenreich‹ hat er sich eingehend beschäftigt. »Die Seherin von Prevorst« gehörte zu den meistgelesenen Büchern jener Zeit. In diesem Buch hat er seine Erkenntnisse auf dem Gebiet der Parapsychologie niedergelegt. Behilflich dabei war ihm Friederike Hauffe, Tochter des Revierförsters Wanner aus Prevorst aus den Wäldern der Löwensteiner Berge; eine fromme Frau, die besondere Kräfte besaß, Träume und Gesichte hatte und mit den Geistern Verstorbener Umgang pflegte. Bald nach ihrer Heirat verschlimmerte sich ihr Zustand, von dem sie keine Heilung finden konnte. Kerner griff ein, holte sie nach Weinsberg, um sie – vergeblich – zu behandeln, und nahm sie schließlich in sein Haus auf. Nun begann der Geisterzug, kamen Kranke, um die Hilfe der Seherin zu erbitten, Neugierige und Gelehrte. Nach den in Trance empfangenen Angaben der Seherin konstruierte Kerner den noch vorhandenen Apparat, den ›Nervenstimmer‹, mit dem sie sich behandeln ließ. Ihre Unterhaltungen mit den Geistern teilte sie Kerner mit, der sie aufzeichnete und untersuchte. Die Anwesenheit der Hauffe machte das Kernerhaus zu einem wahren Spukhaus, erfüllt von Geräuschen unheimlichster Art, wie Klopfzeichen, schmetternden Schlägen, Stöhnen, leisen Tritten, die man im ganzen Haus vernahm. Die Geister baten stets um fürsprechendes Gebet für ihre Erlösung aus dem Zwischenreich. Wie turbulent es dabei oft zuging, hören wir von Kerner selbst. In einer Mainacht schrie die Schwester der Seherin

aus dem Fenster des unteren Stocks zu uns herauf: ich solle doch nachsehen, es sey Jemand an der zum Hof führenden Hausthüre. Ich erwachte, sprang auf und sah sogleich zum Fenster, das über dieser Thüre ist, in den Hof, und hörte eine Bewegung an derselben, als drehe man einen Schlüßel herum und probirte die Klinke, um sie zu eröffnen, aber ich konnte keinen Menschen erblicken, obschon es mondhell war. Ich rief nun derbe Drohungen hinab, und in diesem Augenblick rasselte es über mir auf dem Dache des Hauses, als würde auf demselben Sand oder Kies umhergeworfen. Nun schoß ich geradenwegs zum Fenster hinaus. Der Schuß verhallte, aber rings war es nun todesstill und bewegte sich nichts.

Weinsberg scheint überhaupt von Geistern heimgesucht gewesen zu sein, denn unter anderem erzählt Kerner auch von dem Haus des Weingärtners Bayer:

In diesem hörte man schon länger als 40 bis 50 Jahre, besonders vom December bis Februar, nächtlich Töne, als schlüge ein Küfer aus vollen Kräften auf ein leeres Faß, als würde Kübelgeschirr gebunden, als machte man Zurüstungen an einer Presse (die gar nicht im Hause ist), wie man vor dem Traubenaufschütten und Pressen zu thun pflegt. Aber diese Schläge und Töne sind oft so gewaltig, daß sie bei stiller Mitternacht in der ganzen Nachbarschaft umher gehört werden. Dabei ist merkwürdig, daß, je heftiger und öfter diese Töne geschehen, desto reicher auch die Weinlese desselben Jahres ausfällt. Auf diese Erfahrung gründete ein Nachbar dieses Weingärtners, der verstorbene Stadtrath Muff, seine Weinspekulation und wurde dadurch ein reicher Mann.

Die letzten Jahre seines Lebens war Kerner kränklich und fast blind. In einem Brief an seinen Sohn schreibt er verzagt:

Vom Turme aus sah ich sonst die Weibertreu, jetzt liegt nur noch eine schwarze Masse vor mir! Und wie traurig stimmt diese ewige Nacht die Seele!

1862 ist er gestorben. Seine letzten Worte lauteten: »Herr, Dein Werk ist vollbracht. Gute Nacht, gute Nacht! Schlaft alle wohl.«

Heilbronn

Bei Heilbronn fließt der Neckar durch eine weite Ebene. Um 750 war hier eine karolingische Pfalz »Helisbrunne«, Heiligenbrunnen. Die bei St. Kilian sprudelnde Quelle ist wohl schon in heidnischer Zeit verehrt worden. Kaiser Friedrich II. gab dem Ort 1220 das Stadtrecht; Heilbronn war freie Reichsstadt geworden und begann kurz darauf mit dem Bau der Stadtbefestigungen, von denen an der Neckarfront der Götzenturm, das angebliche Gefängnis Götz von Berlichingens, und der Bollwerksturm erhalten sind. Am Schnittpunkt zweier wichtiger Straßen gelegen, kam Heilbronn zu beachtlichem Wohlstand. 1802 fiel es an Württemberg.

Vom alten Heilbronn ist lange nichts zu sehen; es versteckt sich inmitten charakterloser moderner Vorstädte und zahlreicher Industrieanlagen. Wie die Stadt einst wirkte, schildert uns Goethe in einem Brief vom 28. August 1797:

Wenn man sich einen günstigen Begriff von Heilbronn machen will, so muß man um die Stadt gehen. Die Mauern und Gräben sind ein wichtiges Denkmal der vorigen Zeit. Die Gräben sind sehr tief und fast bis herauf gemauert, die Mauern hoch und aus Quaderstücken gut gefügt und in den neueren Zeiten genau verstrichen. Die Steine waren als Rustika gehauen, doch jetzt sind die Vorsprünge meistens verwittert. Das geringe Bedürfnis der alten Defension kann man hier recht sehen. Hier ist bloß auf Tiefe und Höhe gerechnet, die freilich kein Mensch leicht übersteigen wird; aber die Mauer geht in geraden Linien, und die Türme springen nicht einmal vor, so daß kein Teil der Mauer von der Seite verteidigt ist ... Die Türme sind viereckt und hoch, unten an der Mauer her geht ein gleichfalls gemauerter bedeckter Weg. Die Türme an den Toren springen vor, und es sind daselbst die nötigen Außen-

werke angebracht; nirgends ist ein Versuch einer Befestigung nach neuer Art sichtbar ... Eine schöne Allee führt um den größten Teil des Grabens. Sie besteht aus Linden und Kastanien, die als Gewölbe gehauen und gezogen sind; die Gärten stoßen gleich daran in größeren und kleineren Besitzungen.

Die Stadt ist in ihrer glücklichen Lage, ihrer schönen und fruchtbaren Gegend nach auf Garten-, Frucht- und Weinbau gegründet, und man sieht, wie sie zu einer gewissen Zeit der Unruhe sich entschließen mußte, sämtliche Bewohner, sowohl die gewerbetreibenden als ackerbauenden in ihre Mauern einzuschließen. Da sie ziemlich auf der Plaine liegt, sind ihre Straßen nicht ängstlich, aber meist alt mit Überhängen, Giebeln auf die Straße, großen hölzernen Rinnen, die das Wasser über die Seitenwege, welche an den Häusern her meist erhöht gepflastert sind, hinwegführen. Die Hauptstraßen sind meist rein, aber die kleinen, besonders nach den Mauern zu, scheinen hauptsächlich von Gärtnern und Ackerleuten bewohnt zu sein. Die Straße dient jedem kleinen Hausbesitzer zum Misthof; Ställe und Scheunen, alles ist dort, jedoch nur klein und von jedem einzelnen Besitzer zusammengedrungen ... Man bemerkt nicht wie an anderen Orten verschiedene Epochen der Bauart, besonders keine Ämulation, die solche Epochen mit sich führen. Ein einziges Gebäude zeichnet sich aus, das durch die Bildsäule des Äskulaps und durch die Basreliefs von zwei Einhörnern sich als Apotheke ankündigt. Noch einige neue steinerne, aber ganz schlichte Häuser finden sich auch; das übrige ist alles auf alten Schlag, nur wird sich das Gasthaus zur Sonne durch einen Sprung, wenn es fertig ist, auszeichnen ... Die alten Kirchen sind nicht groß, von außen einfach und ohne Zierat ... Die Fleischbänke, ein uraltes, ringsum frei auf Säulen stehendes, mit einer hölzernen Decke bedecktes Gebäude. Sie sind wenigstens viel löblicher als die Frankfurter, scheinen aber für die gegenwärtige Zeit zu klein, oder sonst einer Ursache verlassen ... Keine Beschreibung noch Plan von Heilbronn konnte ich erhalten ... Die Menschen sind durchaus höflich und zeigen in ihrem Betragen eine gute, natürliche, stille, bürgerliche Denkart.

Diese alte von Goethe geschilderte Stadt ist 1944 fast ganz in Schutt und Asche gesunken. An der Kaiserstraße stehen noch einige alte Häuser wie das Fleischhaus von 1598, welches das Historische Museum und das Stadtarchiv birgt. Schräg gegenüber steht der ehemalige Sitz der Landkomturei des Deutschen Ordens, den der Ordensbaumeister Beringer 1726 baute. Am Marktplatz sehen wir noch das um 1580 veränderte Rathaus von 1417, unten in Arkaden geöffnet, mit hübschem Renaissancegiebel und der Kunstuhr des Straßburgers Isaak Habrecht. Vor allem aber ist die Stadtpfarrkirche St. Kilian das geistliche und geistige Zentrum der Stadt, welche von diesem mächtigen Bau beherrscht wird. Die Innenausstattung St. Kilians ist 1944 fast ganz vernichtet worden. Goethe hatte anscheinend keinen nachhaltigen Eindruck von St. Kilian empfangen, wenn er von den Kirchen Heilbronns sagt: »... von außen einfach und ohne Zierat.« Den Ruhm St. Kilians nämlich bildet der originelle Westturm, ein Gebilde von märchenhafter Wirkung. Hans Schweiner aus Weinsberg hat ihn zwischen 1513 und 1529 gebaut. Bis zur Höhe des Mittelschiffdaches erhebt er sich in den Formen der Spätgotik, doch dann setzt er sich in einem achteckigen Oberbau, dem Werk Schweiners, fort, gipfelnd in der Figur des wappenhaltenden Landsknechts, des ›Mänle‹. Dieser Oberbau ist von phantastischem Reiz. Zwar führen Fialen an den Strebepfeilern das spätgotische Element weiter, doch auf den Mauerflächen kommt die Phantasie des Baumeisters zum Zuge. Antikische Profile wechseln mit gotischem Schmuckwerk, Balustraden umkränzen die Geschosse, Wasserspeier schauen herab, zahllose Fabelwesen, Dämonen, Tiere, Pflanzen, Fratzen, Türken und Landsknechte, Medaillons und Masken schmükken den Turm, aber keine einzige Heiligenfigur ist zu sehen. Auch der junge Kerner, der als Schüler von Maulbronn zu Besuch nach Heilbronn gekommen war, erlag dem phantastischen Reiz dieses Bauwerks. Vom Bett aus konnte er es durch das Fenster sehen. Er erinnert sich einer ganz klaren Mondnacht:

... und Kirche und Turm standen in einer Schönheit vor mir, wie ich Gebäude der Art noch nie sah. Lange verweilte mein Blick auf ihr

und spielte meine Phantasie mit den schönen Umrissen des Turmes mit seinen Steingebilden, grotesken Köpfen von Tieren und Menschenfratzen, die als Köpfe von Rinnen aus ihm ragten, und mit seiner künstlich durchbrochenen Wendeltreppe, die sich um ihn fast bis zu seiner Spitze mit dem auf ihm stehenden Ritterbilde schlang. Die vom Monde erhellten Kirchenfenster malte ich mir in Gedanken selbst mit den buntesten Bildern aus. Nach und nach gingen aber alle diese Bilder mit mir in Schlummer und Traum über ... Mir träumte: ich stand an der vor mir liegenden Kirche. Es war Mondschein, alles stumm und tot. Ich sah an dem Turm empor; da sah ich, wie das Steinbild, das auf seiner Spitze steht, sich bewegte, ja wie es endlich einen Fuß über den Turm hinausstreckte, wie einst Kaiser Maximilian auf dem Kranze des Ulmer Münsters. Aber noch mehr erstaunte ich, als das Steinbild die durchbrochen daliegende Wendeltreppe des Turmes sichtbar und hörbar hinabstieg, immer näher nach unten kam, bis ich endlich seinen Gang durch die Kirche hörte. Die Türe der Kirche öffnete sich, und da stand das Bild vor mir, war aber kein Steinbild mehr, nicht mehr der Ritter, diesen sah ich wieder oben stehen, sondern es stand mein Bruder Georg vor mir, der noch lebte und sagte: Siehe da auf die Uhr, die Böcke stoßen sich

Heilbronn

zwölfmal, der Hahn kräht, und der Engel posaunet, da war meine Zeit um. Mein Bruder Georg starb im Jahre 1812. Der Traum, der mir ihn auf der Spitze des Turmes in der Gestalt jenes Steinbildes, das den Fuß noch über den Turm hinausstreckte, figurierte, wollte wohl mit sein Leben andeuten, in dem er so oft Wagnisse begann und auf schwindelnder Höhe über Abgründen stand.

Ein zeitgenössischer Chronist bezeichnete den Turm als einen »Bösewicht bis an den Himmel«, und Theodor Heuss nannte ihn treffend einen »Novellenkranz aus Stein, kühn, stolz und lustig«. Er schreibt:

Dieser Hans Schweiner aus Weinsberg besaß die selbstsichere Naivität des genialen Menschen, der die Luft seiner Zeit in sich einsog. Das Wort ›modern‹ gab es damals noch nicht, aber revolutionäre Spannung der Gemüter um so mehr. Dies hier ist ein Dokument, wie die Spannung sich löst zu kraftvoller und heiterer Selbstentfaltung.

So verbindet der Kiliansturm auf die schönste Weise das alte Heilbronn mit dem neuen.

Nach Schwaigern

Wir wollen nun den Weg nach Schwaigern einschlagen und über Brackenheim zunächst nach Neipperg fahren. Brackenheim ist die Heimatstadt Theordor Heuss' gewesen. Er schreibt in seinen Erinnerungen:

Das Haus in Brackenheim, in dem wir wohnten, lag in einem Garten unmittelbar vor dem altwürttembergischen Schloß. Dies ist ein etwas klobiger Renaissancebau, der Innenhof durch einen schön geschwungenen Bogen geschieden – immerhin eine wunderbare Nachbarschaft mit dem ständig rauschenden Brunnen, dem hallenden dunklen Torgang, den offenen Holzarkaden, tiefen Kellern und unermeßlichen Dachräumen. Im übrigen hatten wir stattliche Gärten zur Verfügung, durch einen floß die Zaber, dort gab es auch einen spärlichen Badeplatz.

Neipperg liegt in einem Seitental des Neckars, dem Elsenztal, abgetrennt durch den Heuchelberg. Besonders schön ist dieses stille, verschwiegene Land im Frühling, wenn das erste helle Grün wie Schleier in den Buchenwäldern weht, Obstbäume weiß und rosa blühen und der Duft des Faulbaums in der Luft hängt.

Hoch über dem Dorf Neipperg liegt die Burg. Schon von weitem sehen wir zwei mächtige Bergfriede, einst Wohntürme einer Doppelburg. Sicherlich rührt die Bezeichnung »Chef des Hohen Hauses X«, mit dem die ehemals landesherrlichen, dann standesherrlichen Familien benannt wurden, von solchen Wohntürmen und hochgelegenen Burgen her. Wuchtig steht die Ruine über dem Tal; Gräben und Mauern sind zum Teil erhalten, und zu ihren Füßen wächst der gute rote Neipperger. Graf Alfred Neipperg ließ hier um 1860 einen neuromanischen Palas bauen. Auf der Plattform des Turmes der Hauptburg ließ er Löcher sprengen, in die man Reben pflanzte, damit sich Wanderer beim Besuch des Schlosses an frischen Trauben erquicken könnten. Dieser Turm ist ein bedeutendes Bauwerk mit riesigem Kamin im zweiten Obergeschoß und schönen Säulenfenstern, deren Formen nach Maulbronn weisen. Eine Verbindung dorthin bestand durch den Abt Johannes von Neipperg.

Vom Turm aus muß man bei klarer Sicht den herrlichsten Ausblick über das Land haben, weithin über Dörfer und Städte, zum Michelsberg, auf Schloß Stocksberg und bis zum Odenwald. Als wir dort oben standen, fiel dichter Regen und Nebel verhüllte uns selbst die nächste Umgebung.

Von Neipperg gelangen wir ins Lein- oder Gartachtal. Die Lein entspringt im Heuchelberg und mündet in den Neckar. Das Leintal ist, wie die Gegend von Neipperg, ein angenehmes, welliges, fruchtbares Land; es geht im Norden in den Kraichgau über. Im frühen Mittelalter waren die Grafen von Lauffen und Calw Herren des Landes, das nach dem Untergang der Staufer in zahlreiche reichsritterschaftliche und klösterliche Herrschaften zerfiel. In der Reichsritterschaft errang das Haus Neipperg reichsunmittelbare Stellung. Es hat seine Residenz in Schwaigern.

Schwaigern

Schwaigern ist ein behagliches, einst festbewehrtes Städtchen mit Schloß, Kirche und reizendem Marktplatz, wo man im ›Alten Rentamt‹ sehr hübsch wohnen und sehr teuer essen kann.

Da im Bauernkrieg das neippergsche Gebiet dank der klugen Verhandlungen der Frau Anna von Neipperg mit Jäcklein Rohrbach von Plünderungen und Zerstörung verschont geblieben ist, finden wir hier alles wohlerhalten. Schloß und Kirche, hinter denen sich der schöne Park erstreckt, bilden die beherrschende Baugruppe des Marktplatzes. Die weiträumige, prächtige Johanniskirche blieb vom Bildersturm der Reformation unberührt. Sie ist eine der bedeutendsten Kirchen des Unterlandes, Grablege der Herren und Grafen von Neipperg.

Von der romanischen Kirche Johannes der Täufer sind der hohe massige Turm und Teile des einstigen Langhauses, heute nördliches Seitenschiff, erhalten. 1514 begann Bernhard Sporer, der auch den eindrucksvollen Ecce Homo an der äußeren südöstlichen Kirchenecke geschaffen hat, unter Mithilfe des Hans von Aurach die Erweiterung der Kirche, die fast einem Neubau gleichkam. Sporers Bau, mit breitem Schiff und langgestrecktem Chor, ist von großartiger räumlicher Weite, überspannt von einem feinmaschigen, eleganten Netzrippengewölbe, geschmückt mit farbig gefaßten Schlußsteinen, welche Heilige mit ihren Attributen und die Wappen der Neipperg sowie der mit ihnen verwandten Familien zeigen. Viele neippergsche Grabsteine stehen an den Wänden, darunter das schöne Epitaph Georg Wilhelms († 1527) und seiner Frau Anna, geborene von Schwarzenberg. Sie ist es gewesen, die so geschickt mit den Bauern verhandelt hat. Zur Ausstattung der Kirche gehören drei Sakramentshäuschen. Das älteste, im alten Turmchor, stammt wohl aus dem dreizehnten Jahrhundert, ein zweites ist von Sporer gearbeitet und das dritte entstand in der Spätgotik.

Die schönen Schnitzaltäre wurden von einheimischen, unbekannten Meistern, Zeitgenossen des Tilman Riemenschneider, geschaffen; gestiftet wurden sie von Schwaigerner Bürgern und dem Grundherrn.

Das berühmteste Kunstwerk in der Kirche aber ist der von Jörg Ratgeb 1510 gemalte ›Barbara-Altar‹. Es lohnt sich, vor ihm zu verweilen, um das bald anziehende, bald abstoßende Bild zu studieren. Was sich da auf der Haupttafel begibt, ist von äußerster Phantastik und Lebendigkeit des Ausdrucks. Ratgeb kam aus der Schule des Hausbuchmeisters, er besuchte 1500 Italien und wurde dort von Bellini und Carpaccio beeinflußt, und ganz sicher hat er Grünewalds Werk gekannt, »war aber zu schwach, um den Einfluß dieses gewaltigen Geistes ertragen zu können« (Marie Schuette). Ratgebs künstlerisches Interesse galt weniger der Verarbeitung italienischer Kompositionstechnik, der Klarheit und Strenge des Bildaufbaus, als vielmehr der Bewegung im Raum und der Kraft des Ausdrucks. In seiner Kunst verbinden sich Gotik und Renaissance zu einer eigenwilligen Einheit. Das Thema des Altars, die Barbara-Legende, ist höchst realistisch behandelt, fast brutal in der Darstellung abscheulicher Martern, denen die Heilige unterworfen wird. Der Meister arbeitete mit starken Gegensätzen, manches wirkt wie eine Vorwegnahme des Barock. Alle Szenen, alle Figuren sind von intensivem Leben erfüllt, doch bar jeder Harmonie und Ruhe. Auch das Leben des Künstlers ist sehr unruhig gewesen und endete auf schreckliche Weise. Ratgeb wurde vor 1480 geboren, wahrscheinlich in Herrenberg, wo es auch einen Altar von seiner Hand gibt. Er arbeitete 1508 in Stuttgart im Dienst Herzog Ulrichs, 1509/10 in Schwaigern, zwischen 1514 und 1517 im Dominikanerkloster zu Frankfurt, von wo aus er nach Aschaffenburg gekommen sein mag, um Grünewald zu sehen. Zwischen 1520 und 1526 war er wieder in Stuttgart, wo er Mitglied des revolutionären Rats wurde, der ihn als Kriegsrat zum Bauernheer schickte. 1526 ist er als Aufrührer in Pforzheim gevierteilt worden.

Das alles paßt zu seinen seltsamen, aufgeregten und aufregenden, von wilder Spannung erfüllten Bildern.

Die Neipperg

Das zu Beginn des achtzehnten Jahrhunderts in Schwaigern von den Grafen von Neipperg erbaute Schloß ist eine Dreiflügelanlage. Ihm entspricht ein gleichfalls dreiflügeliger Wirtschaftshof gegenüber. Diese ganze Anlage ist leider um 1860 von Graf Alfred in ziemlich langweiliger neoklassizistischer Form um- und ausgebaut worden. Das Innere aber ist wohlgepflegt und enthält eine kostbare Bibliothek, ausgezeichnete Familienbilder, gute Möbel und Porzellane.

Von jeher hat sich die Phantasie gern mit Schlössern beschäftigt, als mit Bereichen eines merkwürdigen, märchenhaften Lebens, als mit Orten nie versiegenden Reichtums und Glanzes. Die Wirklichkeit jedoch war nüchterner und ist es heute mehr denn je, da die Erhaltung der Schlösser eine große Last geworden ist. Bedeutungsvoll aber bleiben sie als Zeugen sichtbar gewordener Geschichte, die vom Leben und Wirken vergangener Generationen zu erzählen vermögen. Ohne soziale Ordnung, ohne kulturtragende Minderheiten ist Kultur nicht denkbar.

Zur Geschichte des Landes oder für Teilgebiete des Landes tritt die Geschichte einzelner Familien, die es vermochten, eine besondere Stellung zu erringen, sich aus dem Dunkel der Anonymität lösten und durch die Akteure, die aus ihren Reihen die Bühne Europas betraten, an Einfluß und Ansehen gewannen.

So sind auch ihre Schlösser Individualitäten, die den Charakter ihrer Herren tragen und mit Sammlungen, Bibliotheken und Archiven oft heute noch Mittelpunkt der lebenden Gesamtfamilie sind.

Das Haus Neipperg hat den Aufstieg vom Reichsritter zum reichsunmittelbaren Herrn vollzogen. Es ist eine sehr alte Familie, die im siebzehnten Jahrhundert plötzlich aus der Anonymität der Reichsritterschaft mit dem 1655 geborenen ersten Freiherrn Eberhard Friedrich an die Öffentlichkeit trat. Er nahm habsburgische Dienste, wurde kaiserlicher Generalfeldmarschall und Kommandant der Reichsfestung Philippsburg am Rhein und amtierte dann als Direktor des reichsritterschaftlichen Kantons Kraichgau. Sein Sohn Wilhelm Reinhard war Generalmajor und Gouverneur des späteren Kaisers Franz I.; er wurde 1726 Reichsgraf und 1766 Mitglied des reichsunmittelbaren schwäbischen Grafenkollegiums, dem Familien wie Öttingen, Fugger, Waldburg und Stadion angehörten. Im Türkenkrieg spielte er eine Rolle, als er auf Grund geheimer Instruktionen der künftigen Kaiserin Maria Theresia den Frieden von Belgrad 1739 um jeden Preis schließen mußte. Da er keine Vollmacht vorweisen konnte, kam er auf die Festung Grätz, und erst, als Maria Theresia die Regierung angetreten hatte, wurde er befreit. Die Kaiserin übertrug ihm den Oberbefehl in Schlesien. Dort hatte der Graf das Unglück, gegen König Friedrich II. von Preußen 1741 die Schlacht bei Mollwitz zu verlieren. Er amtierte späterhin als Präsident des kaiserlichen Hofkriegsrats und als Kommandant Wiens.

Graf Leopold von Neipperg wirkte als Reichshofrat, als Gesandter in Neapel, Kopenhagen und Dresden; er war der erste Ausgräber in Pompeij und ein großer Sammler wie Graf Franz Erbach im Odenwald, außerdem der Erfinder der Kopiermaschine.

Graf Adam Albert (1775–1828), der Enkel des ersten Grafen, kaiserlicher Feldmarschalleutnant, ein schöner und, wie es heißt, geistvoller Mann, ist durch seine zweite Ehe mit Erzherzogin Marie Louise von Österreich, der Gemahlin Napoleons, bekannt geworden. Der als Frauenliebling bekannte Graf hatte im Krieg ein Auge verloren und hieß deshalb der ›blinde Amor‹. 1815 kam er als Ehrenkavalier zu Marie Louise, die gerade Herzogin von Parma geworden war. Sie behandelte ihn zunächst recht schlecht, wie wir in

Vehses »Geschichte der kleinen Höfe« lesen. »Nach und nach besserte sich das Verhältnis und endlich war es so intim, daß sie, nachdem er sie angeblich durch sein vortreffliches Pianofortespiel gezähmt und mit ihr eine angenehme Schweizerreise gemacht hatte, sich mit ihm vermählte. Graf Neipperg ließ sich wirklich herbei, sich mit dieser Österreicherin zu verbinden, einer trotz der hohen Abkunft niedrigst Denkenden ihres Geschlechts, die nicht daran gedacht hat, dem Helden des Jahrhunderts in sein Unglück zu folgen, also das zu tun, was Tausende von kleinen Bürgersfrauen an ihren kleinen Männern getan haben würden.«

Die Rechtsverhältnisse der Ehe zwischen Neipperg und Marie Louise waren schwierig. Napoleon hatte, um die Erzherzogin heiraten zu können und seine Dynastie an die der alten Mächte zu binden, seine Ehe mit Josephine Beauharnais trennen lassen müssen, eine, wie der Nuntius während der Heiratsverhandlungen in Wien sagte, »ungültige Ehe auf Widerruf«. Doch hatte Napoleons Onkel, Kardinal Fesch, die Trauung mit Josephine vollzogen. Vor der Krönung Napoleons und Josephines hatte sich Papst Pius VII. noch einmal erkundigt, ob deren Ehe auch kirchlich geschlossen worden sei, was Napoleon feierlich bestätigt hatte. Die Scheidung eines gekrönten Hauptes jedoch hätte nur der Papst aussprechen können und der weigerte sich. Napoleon ließ seine erste Ehe daraufhin kurzerhand von Kardinal Fesch trennen, eine nach kirchlichem Recht also ungültige Annullierung. Daher scheinen in Wien gewisse Bedenken gegen eine Heirat Marie Louises bestanden zu haben, so daß Metternich, dem eine engere Allianz Frankreich-Österreich damals wünschenswert erschien, oder aus dem Grunde, daß man einfach nicht nein sagen konnte, seinen Gesandten in Rom anwies, einen Bericht nach Wien zu senden, der diese Bedenken zu zerstreuen habe. Der unwahre Bericht des Gesandten Lebzelters bewirkte dann auch die Zustimmung Kaiser Franz' I. Von den zur Ziviltrauung in Paris geladenen Kirchenfürsten sind vierzehn aus Protest nicht erschienen, wofür sie von Napoleon ihrer Ämter enthoben wurden. Marie Louise hat also nach dem Kirchenrecht mit Napoleon im Konkubinat gelebt. Ihrer Ehe mit dem Grafen Neipperg hätte deshalb nichts entgegengestanden. Doch forderte die Legitimität ihres Sohnes, des Herzogs von Reichstadt, die aufrechterhalten werden mußte, da Kaiser Franz seinen Enkel gerne anstelle der von ihm wenig geschätzten Bourbonen auf dem Thron Frankreichs zu sehen wünschte, daß ihre erste Ehe weiter als gültig betrachtet wurde. Die Kinder aus der Verbindung mit Neipperg erhielten den Titel Fürsten von Montenuovo.

Die heutigen Neipperg stammen aus der ersten Ehe des ›blinden Amors‹. Sein ältester Sohn Alfred, vermählt mit Marie, Tochter König Wilhelms I. von Württemberg, war ein vielseitig interessierter, gebildeter Mann, befreundet unter anderen mit dem Novellisten und Reiseschriftsteller Hackländer und mit Justinus Kerner, von dem viele Briefe im Archiv zu Schwaigern verwahrt werden.

In Bildern, Hausrat, Bibliothek und Archiv des Schwaigernschen Schlosses manifestiert sich die versunkene Zeit und verbindet sich mit dem heutigen Leben in wirkungsvoller Weise. Aus der Sturmflut der letzten Jahrzehnte ist zwar vieles herübergerettet worden, doch wird es immer schwieriger, die Tradition adligen Lebens aufrechtzuerhalten, da der Zeitgeist widerstrebt. Manchem der Schloßbesitzer wäre ein moderner Bungalow lieber als das große alte Haus, das zu erhalten er sich verpflichtet fühlt. Sie müssen sich den Gegebenheiten der Zeit anpassen und tun das auch vielfach mit bestem Erfolg. Modernes Leben pulsiert im alten Haus, das Leben einer tätigen, lebendigen Familie. Das Bild des zu Pferd über seine Äcker sprengenden oder immerzu jagenden Schloßherrn, der diese Tätigkeit nur unterbricht, um im »strahlend erleuchteten Schloß seiner Väter« Feste zu feiern, spukt noch in manchen Köpfen und ist Inhalt vieler Illustriertenberichte. Es wird kaum einen Berufszweig der Privatwirtschaft geben, der eine derartige Fülle der Themenstellung aufweist, wie sie in der Verwaltung eines großen Grundbesitzes auftritt. Schnelle Entschlußkraft, ausreichendes Wissen um die Belange moderner Wirtschaft, soziales Verantwortungsbewußtsein sind vonnöten. Alle Vorrechte sind genommen, geblieben sind die Pflichten; wo diese klug genutzt werden, haben sie das Recht gebracht, Ratgeber sein zu dürfen. Geschieht dies in Verbindung mit dem Sinn für das Erbe, das es zu verwalten gilt, so wird der Schloßherr auch die Achtung aller genießen, unter denen er lebt, und das Schloß darf ruhig hie und da »strahlend erleuchtet« sein. Daß Graf Neipperg nach diesen kurz skizzierten Lebensregeln handelt, ist allenthalben spürbar, und so bilden er und seine Familie noch immer den Mittelpunkt des Ortes, von dem es so hübsch heißt:

Über die Brücke von Schwaigern geht alles,
Über Schwaigern geht nichts!

Im Zabergäu

Schön ist es in diesem Land; weit und sanft geschwungene Höhen, Wälder darauf, dazwischen Täler und Senken. Weinberge klettern an den Hängen empor, die in feuchten Gründen mit Wiesen, Erlen und Pappeln verlaufen, und überall behäbige Dörfer mit Fachwerkgiebeln und spitzen Kirchtürmen.

Es ist ein in sich abgeschlossenes Gebiet, durchflossen von der Zaber, die in den Neckar mündet. Stromberg und Heuchelberg bilden Rahmen und Hintergrund des weiten Tales, das in Partien wie ein großer Park wirkt. Ein Netz römischer Straßen überzog einst das Land, einige haben sich erhalten, so die Hohe Straße über den Heuchelberg oder der Rennweg von Sternenfels über den Stromberg zum Michelsberg nach Bietigheim. Von Schwaigern über Neipperg erreichen wir Pfaffenhofen, von dem Rudolf Schlauch anschaulich berichtet. »Am Südfuß des Heuchelberg, an den Hängen der

Weinberge liegt das Dorf, das seinem Namen nach auf eine alte geistliche Ansiedlung zurückweist und früher eine Mönchskappe im Wappen hatte. Stattliche Holz- und Fachwerkhäuser mit vorgekragten Stockwerken, sehr malerisch in den Straßen angeordnet, Straßenbilder, die noch ins fünfzehnte Jahrhundert zurückreichen, zeichnen das alte Weingärtnersdorf aus ... Kostbarkeiten für den Besucher des Dorfes sind die altertümlichen Fachwerkhäuser mit steinernen Unterstöcken. Inschriften mit Jahreszahlen aus der Zeit um 1480 sind nicht selten. Zwischen den Häusern gibt es malerische Ecken und Winkel genug, wie überhaupt das ganze Dorf mit dem mächtigen Dach seiner Kelter und dem uhrturmbesetzten Giebeldach des Rathauses, von einem Hangweg des Heuchelbergs gesehen, ein freundliches Bild bietet. ... Als Pennäler und Student weilte man oft in kurzen Ferientagen in diesem liebenswerten Dorf. Das stattliche Haus des Schultheißen, der damals, lebenslänglich gewählt, sein Amt mit Autorität und Güte führte, der aber auch mit seinen Kindern und einigem Gesinde noch Weinberge und Äcker bewirtschaftete, war das gern aufgesuchte Quartier.

Man hatte sein Zimmer im Dachstock, weit schweifte der Blick ins Zabertal hinunter bis zum Michaelsberg und hinauf zum Stromberg, wo damals die Ruine Blankenhorn noch als weißer Fleck sichtbar war, man hatte sie noch nicht zuwachsen lassen. Zum anderen Fenster sah man übers Dorf weg, zum charakteristischen Unterländer Pyramidenturm der Kirche. Und in weitem Kranz auf die Weinberge, von wo im Herbst der ›Wengertschütz‹ schoß und ›rätschte‹, daß es eine Freude war. Kam man einmal im Spätherbst zu Besuch, konnte man erleben, daß in der Scheuer in aller Frühe die Drescher gekommen waren und nach dem Takt der Flegel und nach alten Dreschersprüchen den Dinkel droschen, eine Getreidesorte, die man damals noch allgemein anbaute ... Wenn man abends nach der Feld- oder Weinbergsarbeit in der großen Stube des Hauses saß, zum Abendbrot, alles an einem langen Tisch, der alte Schultheiß und seine Frau, die verheirateten Kinder, die oft aus der Stadt zu Besuch kamen, die noch ledigen Kinder, ein paar Helfer oder Knechte mit am Tisch, war es das alte Bild einer großen Familie, wie sie nur noch in Ludwig Richters Stichen konterfeit ist. Der alte Schultheiß nahm vor dem Essen vom Regal das dicke Andachtsbuch herunter, und mochte auch mancher der Schwiegersöhne aus der Stadt leise für sich über das ›alte Zeugs‹ lächeln, unentwegt las der Hausherr mit kräftiger Stimme den Abendsegen. Ebenso unentwegt ging er sonntags in seine Kirche. Oben auf der Empore saß man als Besuch neben ihm, sein Stuhl war nie leer, und er horchte auf die Predigt mit steter und wacher Aufmerksamkeit.« Unweit von Pfaffenhofen liegt das Städtchen Bönnigheim, das gegen 1300 vom Kloster Bebenhausen angelegt und mit wehrhaftem, teilweise erhaltenem Bering versehen wurde, darunter ein hoher Torturm aus Buckelquadermauerwerk. Die Stadt bildet ein beinahe regelmäßiges Viereck, das von zwei Hauptstraßen in vier Quartiere geteilt wird. Jedes Viertel gehörte einem anderen Grundherrn, zuerst Mainz, Bebenhausen und Hirsau, dann Neipperg, Sachsenheim, Gemmingen und Mainz. Es gibt die vielfach veränderte Pfarrkirche St. Cyriakus mit prächtigem Lettner aus der ersten Hälfte des fünfzehnten Jahrhunderts und großem, figurenreichem Schnitzaltar um 1500, wahrscheinlich von Christoph von Urach. Es gibt gute Bürgerhäuser, ein stattliches, 1765 bis 1767 von Anton Haaf aus Warthausen gebautes Rathaus, einen schönen Brunnen mit der Reiterstatue des heiligen Georg aus der zweiten Hälfte des sechzehnten Jahrhunderts, von dem Heilbronner Jakob Müller gearbeitet, und das Neue Schloß, das einst den Grafen von Stadion gehört hat. Graf Stadion ließ es von Anton Haaf 1756 bauen.

Die Familie Stadion war Graubündner Herkunft, seit dem vierzehnten Jahrhundert im oberschwäbischen Ober- und Unterstadion und in Warthausen bei Ulm angesessen, auch im Elsaß begütert und in hohen geistlichen und weltlichen Stellungen tätig, wie Christoph von Stadion, Fürstbischof von Augsburg, ein Vertrauter des Erasmus von Rotterdam, oder Johann Caspar, Präsident des Hofkriegsrats in Wien und scharfer Gegner Wallensteins. Die Familie wurde 1705 in den Reichsgrafenstand erhoben und erhielt durch die reichsunmittelbare Herrschaft Thannhausen Sitz und Stimme im schwäbischen Grafenkollegium.

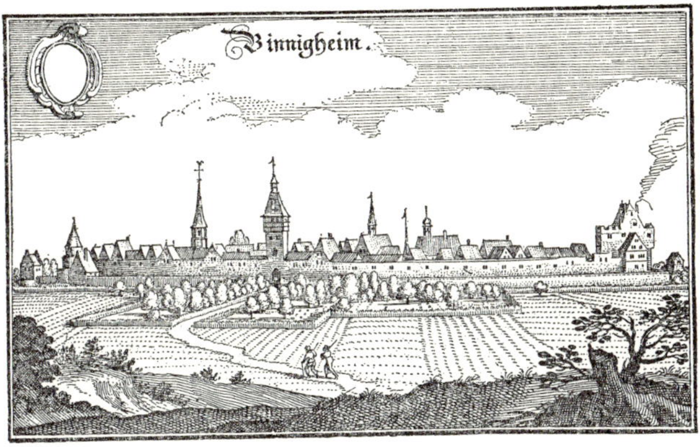

Graf Friedrich, kurmainzischer Großhofmeister, ein äußerst kluger, gebildeter und freisinniger Mann, hatte ein Verhältnis mit Anna Katharina La Roche, mit der er einen Sohn hatte. Für den Dichter Wieland war die Begegnung mit Stadion ausschlaggebend für seine künstlerische Entwicklung. In seiner »ihn bedrückenden Situation fühlte er sich wie in eine Zauberwelt versetzt, wenn er als Gast des Grafen Stadion das nur eine knappe Wegstunde entfernte Schloß Warthausen besuchte und hier mit der Hofgesellschaft und mit seiner ehemaligen Verlobten Sophie eine geistreiche Geselligkeit pflegen konnte. Sophie war mit dem höfisch erzogenen Georg Michael La Roche vermählt, dem illegitimen Sohn und Sekretär des Grafen Stadion, der als Großhofmeister des Kurfürsten von Mainz aus politischen Gründen zurückgetreten war; er hielt jedoch Verbindungen zum Hofe aufrecht... Ein letzter Glanz höfischer Rokokokultur lag über dem Alterssitz des Grafen, der, in Kunst und Literatur gebildet, auch persönliche Beziehungen zu bedeutenden Intellektuellen der Zeit, beispielsweise zu Voltaire, unterhielt. Stadions umfangreiche Bibliothek, die zum Teil noch erhalten ist, umfaßt in wunderbaren Ausgaben die Werke der romanischen, englischen und deutschen sowie der antiken Literatur, außerdem zahlreiche Veröffentlichungen aus allen Wissensgebieten, vornehmlich der Geschichte und Memoirenliteratur der Zeit; ferner eine umfangreiche Atlantensammlung und mehrere Bildersammlungen aus dem Bereich der bildenden Kunst. Wielands große Werke aus der Biberacher Zeit wären ohne den Zutritt zu dieser Bibliothek gar nicht denkbar...

Der weltmännische Graf Stadion, erfahren in Politik, Wissenschaften, Künsten und in der verfeinerten Kultur des Lebensgenusses, erprobt in galanten Abenteuern, dieser Mann, dem die Kultur des Rokoko Lebenselement war, wurde für Wieland ›Mittelpunkt der Welt, die er kennt‹. Sein Schloß zieht Wieland dem Aufenthalt aller verzauberten Schlösser Ariostos und Tassos vor, und in des Grafen wie seines Sekretärs La Roche Bildung und Lebensart sieht er den Virtuoso, den Shaftesbury als den idealen Vertreter des philosophischen Weltmannes auffaßt, in dem sich das Gute und Schöne verkörpern ... Die Wielandforschung hat lange nach den Stadion gewidmeten Rokokogedichten Wielands gesucht; keine der ›poésies fugitives‹ hat sich finden lassen. Erhalten hat sich aus jener Zeit nur eine Nacherzählung nach Prior (›in Priors Manier‹) ›Nadine‹, die etwas von der Stimmung bewahrt, die in Gegenwart des Grafen in heiterer Stunde aufkam. Zweifellos haben auch die Skepsis des Grafen, überlegener, stark erotischer Humor, Wielands vielumstrittene ›Comische Erzählungen‹ hervorgerufen« (Hans Werner Seiffert).

Maximiliane La Roche, Enkelin Stadions und Freundin Goethes, heiratete einen italienischen Handelsherrn. Sie

30 Das Pfarrhaus von Cleversulzbach (Huldigung an Mörike)
Lavierte Zeichnung von Moritz von Schwind, 1866

31 Stift Neuburg bei Heidelberg
Lithographie von Ernst Fries, 1822

32 Die Ehrsheimer Kapelle mit Burg Hirschhorn
Aquarell von Carl Philipp Fohr, 1812

33 Besigheim
Lithographie von J. Woelffle

34 Hölderlins Geburtshaus in Lauffen am Neckar
Bleistiftzeichnung von Julius Nebel, um 1840

Burg Weinsberg 35
Aus dem Karlsruher Skizzenbuch von Hans Baldung Grien, 1514/15

Schillers Geburtshaus zu Marbach 36
Lithographie eines unbekannten Künstlers

35

36

starb jung, hinterließ aber zwei Kinder, die in die Annalen der deutschen Literatur eingegangen sind: Clemens und Bettina Brentano. Die Erziehung der begabten Bettina wurde weitgehend von Sophie La Roche geleitet, die sich der früh verwaisten Kinder ihrer Tochter liebevoll annahm. – Die Stellung Georg Michael La Roches als Sekretär seines Vaters brachte es mit sich, daß er und Sophie viel mit den Stadions zusammenlebten, auf Warthausen ebenso wie in Bönnigheim, welches damals ein Zentrum der Kultur und Geselligkeit des Landes gewesen sein muß.

Das Haus Stadion, eng verwandt mit den Schönborn, nahm dann im achtzehnten Jahrhundert weiterhin einen glänzenden Aufstieg, dank einiger kluger, ausgezeichneter und tätiger Männer. Wir wenden uns jetzt dem wohl bedeutendsten Herrn aus dem Hause Stadion zu, dem ›Minister‹.

Der Minister

Graf Friedrichs Enkel Johann Philipp ist der Bedeutendste aus der Familie Stadion, die im siebzehnten und achtzehnten Jahrhundert großen politischen Einfluß am kurmainzischen Hof gehabt hatte. In »Dichtung und Wahrheit« schreibt Goethe von jenem aristokratischen Kreis, in dem Johann Philipp herangewachsen ist:

Gedenke man nur der außerordentlichen Vorteile, welche diese altgegründeten Familien zugleich und außerdem in Stiften, Ritterorden, Ministerien, Vereinigungen und Verbrüderungen genossen haben, so wird man leicht denken können, daß diese große Masse von bedeutenden Menschen ... in höchster Zufriedenheit und geregelter Welttätigkeit ihre Tage zubrachten ... Auch fehlte es dieser Klasse nicht an geistiger Kultur ...

Daß dieser Satz auf Stadion zutraf, wissen wir aus den Nachrichten über das Leben in Warthausen und Bönnigheim und aus den Schriften der Sophie La Roche. Aber während Graf Friedrich zu den durchaus modern denkenden, der Aufklärung zuneigenden Menschen seiner Zeit gehörte, ist sein

Enkel Johann Philipp eine durch und durch konservative Natur gewesen, der Neues nur langsam verarbeitete und Theorien und Modeideen skeptisch gegenüberstand.

In Göttingen hat Johann Philipp, ebenso wie sein Bruder Friedrich Lothar, der Geistlicher und Diplomat wurde, studiert; dann praktizierte er, wie es damals üblich war, am Reichskammergericht zu Wetzlar. Nach Beendigung dieser Ausbildung ging er nach Wien, wo er das Angebot des Staatskanzlers Fürst Kaunitz, in österreichischen Dienst zu treten, zunächst ausschlug, da er die Welt kennenlernen wollte. 1787 aber ging der junge Mann als kaiserlicher Gesandter nach Stockholm; seine Laufbahn als Diplomat und Staatsmann hatte begonnen. Zwei Jahre später erhielt er den Botschafterposten in London und seit 1796 lebte er mit seiner Familie in Wien, wo er sich mit Franz Grillparzer befreundete, dessen Werk er förderte und der sein Sekretär wurde. Stadion gehörte zu den Familien, die im Reich und in Österreich durch familiäre Verbindungen und durch ihr Ansehen den Staat mitbestimmten. Ihr Reichtum machte sie unabhängig und innerlich frei. Zwei weitere Botschafterposten folgten: Berlin und Petersburg. Als Napoleon 1805 siegreich in Wien eingezogen war, beauftragte Kaiser Franz Stadion als Kenner preußischer und russischer Politik mit den Friedensverhandlungen; Ende des Jahres wurde Johann Philipp Außenminister. Er machte es sich zur Pflicht, wie er mitteilt, alle seine Willenskraft und allen Eifer, deren er sich fähig glaubte, für den Staat einzusetzen, ja er ist, neben seinem Freund und Nachfolger Clemens Lothar Metternich, einer der großen Gegner Napoleons gewesen.

1806 zog Graf Stadion in die Wiener Staatskanzlei ein und begann sogleich mit einer Politik der Reformen im Innern, um Österreich in die Lage zu versetzen, einst gegen Napoleon erfolgreich auftreten zu können. An Metternich, den er als Botschafter nach Paris geschickt hatte, schrieb er:

Wir spielen mit Frankreich ein Spiel, in dem es schwer sein wird, sich zu verständigen. Es will Werkzeuge, die sich opfern und die sich vorschieben lassen für Interessen, die nicht die ihrigen sind. Nachdem es alles umgestürzt hat, will es von neuem umstürzen, und wir dagegen sind so rührende Leute, die den Gang nicht verstehen und nur von Ordnung, Ruhe, Sicherheit sprechen.

Auf Metternich, dessen meisterhafte Berichte ihn so wohl unterrichteten und der in jener Zeit vollkommen mit den Auffassungen des Außenministers harmonierte, konnte Stadion sich verlassen. Er schrieb ihm 1807:

Wie auch die Berichte sein werden, lieber Graf, die Sie uns übersenden werden, wir werden nicht im Vertrauen auf schöne Worte (Napoleons) einschlafen; und ich wünsche, daß ihre Berichte uns auf dem Sprung halten.

Stadions Werk war es – und Metternich hat es vollendet –, daß Österreich den Verlust seiner einstigen großen Stellung in Deutschland, die es allein dem Hause Habsburg verdankt hatte, wieder befestigen konnte.

Doch nach dem unglücklichen Feldzug von 1809 gegen Napoleon mußte Stadion gehen. Er zog sich auf sein böhmisches Gut Chodenschloß zurück, das recht verfallen, feucht und unwirtlich gewesen sein muß, da die Stadions nie dort gelebt hatten. Aber er mußte dorthin gehen, weil der König von Württemberg die schwäbischen Güter eingezogen hatte und sie erst Jahre später wieder herausgab. Etwas traurig berichtet er von dort:

Wenn nicht meine Kinder wären, die der Mist meines Wirtschaftshofes allein nicht im Leben vorwärtsbringen kann, so könnte ich mir vorstellen, mein Leben in diesem elenden Winkel zu verbringen, denn ich beginne ein wirkliches Vergnügen daran zu empfinden, zu vegetieren und nur zu vegetieren ... Wir bemühen uns, dieses Biwak angenehm zu finden. Ist das nicht das Bild Europas?

Aber in Prag hatte er viele Freunde und Gesinnungsgenossen, mit denen er sich häufig traf: die Lanckoronskis, Lichnowskys, Waldsteins, Thuns, Sternbergs und den preußischen Minister Freiherrn vom Stein, der dort im Exil lebte.

In Wien war ihm Metternich als Außenminister gefolgt, für den später der Titel Staatskanzler wieder eingeführt wurde. Stadion billigte die Politik seines Nachfolgers durchaus. Nach dem Zusammenbruch von Napoleons Rußlandfeldzug 1812/13 sagte Stadion dem Kaiser in einem Vortrag:

Das Interesse Österreichs in diesem neuen Kampf kann nicht zweifelhaft sein. Es kann seine alte Ausdehnung nur in den Besitzungen Napoleons, es kann die Sicherheit seiner Grenzen und die Aufrechterhaltung seiner Unabhängigkeit nur in dem Maße erhalten, als Napoleon in die alten Grenzen Frankreichs zurückgekehrt ist.

Stadion nahm sehr aktiven Anteil am wechselvollen diplomatischen Spiel des Jahres 1813, das dem Eintritt Österreichs in die große Allianz gegen Frankreich voranging. Auf Wunsch Metternichs hielt er sich damals im großen Hauptquartier der Allierten in Prag auf, wo er dank seiner ausgezeichneten Beziehungen zu Zar Alexander I. und den preußischen Ministern viel tun konnte. Damals schrieb er an Metternich:

Der Gedanke, der Wiederhersteller Europas zu werden, muß Ihnen im übrigen genügen, um Ihr Leben zu verschönern. Der Anteil, den mir das Schicksal an diesen großen Ereignissen gegeben hat, macht mich wenigstens für meine Person glücklich. Während der vier Monate, die ich im Hauptquartier verbracht habe, habe ich mir nie verbergen können oder wollen, daß ich beim Fehlschlagen meines Auftrages mit Europa untergehen würde, und zwar in einem entsetzlichen Sturz; mit ihm, scheint es mir, muß ich mich wieder erheben.

Ende Dezember 1813 legte Stadion seine Gedanken über eine deutsche Verfassung in einer Denkschrift nieder, als eine Auseinandersetzung mit Steins und Metternichs Plänen. Wie diese beiden Männer befürwortete er, daß die deutschen Mittelmächte den beiden Großmächten Preußen und Österreich als Schutzwehr gegen Frankreich zur Seite stehen müßten. Sein innigster Wunsch war es, das deutsche Kaiserreich unter Habsburgs Führung wiederhergestellt zu sehen; da dies jedoch nach bereits erfolgten Entschließungen nicht mehr möglich war, so regte er an, Deutschland in sieben, acht oder neun größere Staaten aufzugliedern, denen die zu mediatisierenden Kleinstaaten zu unterstellen wären. Bei der Unmöglichkeit, das Kaiserreich wiederaufzurichten, müßten an seine Stelle jedenfalls Preußen und Österreich treten. Aus diesem Grund verlangte er auch die Rückgabe der einstigen vorderösterreichischen Gebiete im Südwesten Deutschlands, um Österreich stark genug zu machen, die Hegemonie mit Preußen teilen zu können. Man bedauerte es in diplomatischen Kreisen sehr, daß Stadion den politischen Verhandlungen des Wiener Kongresses im Jahr 1814 fernblieb. Wilhelm von Humboldt sagte:

Ich kann nicht meine Ansicht verläugnen, daß die Geschäfte viel verlieren werden, wenn Stadion, wie man fast vermuten muß, ihnen fernbleibt. Seine bekannten Gefühle, seine Offenheit, seine Wahrheitsliebe, sein makelloses Benehmen und der Ernst, mit dem er alle Geschäfte angeht, mit denen er sich beschäftigt, sind Eigenschaften, die ihn immer bedauern lassen werden.

Wie dem Fürsten Metternich, so schwebte auch Stadion ein wohlausgewogenes Kräftespiel Europas vor. Deshalb hatte er dem Kaiser schon 1808 gesagt, Österreich müsse die Völker Europas als Bundesgenossen gewinnen, denn nur in enger Zusammenarbeit aller sehe er Erneuerung und Fortbildung historischer Werte und Tatsachen. Deshalb ist er auch ein so entschiedener Gegner Napoleons gewesen, deshalb warnte er vor der antikontinentalen Haltung Englands. So schrieb er 1813 dem darüber entsetzten Metternich:

Jeder Minister, der mit dem britischen Kabinett zu verhandeln hat, muß durch die Erfahrung gemerkt haben, daß so, wie Großbritannien durch das Meer vom Rest Europas getrennt ist, die englische Politik gleichermaßen isoliert ist gegenüber der allgemeinen Politik; daß es Punkte der Nichtübereinstimmung gibt, die keine Verbindung, keine Freundschaft, kein Bündnis beseitigen kann …

Wie richtig Stadion das erkannte, hat die englische Politik bis zum heutigen Tag bewiesen.

1816 ist Stadion im Kabinett Metternich Finanzminister geworden. Er führte dieses Amt mit der gleichen Energie und Klugheit wie das Außenamt, führte eine vielbewunderte Währungsreform durch, gründete die Nationalbank und sanierte allmählich die ganz und gar zerrütteten Finanzen des Staates. Auch hat er eng mit den Großbanken Parish und Rothschild zusammengearbeitet, die Österreich Anleihen bewilligten.

1824 ist Graf Stadion gestorben. Die Eintragung im Ministerialregister zu seinem Todestag – von der Hand Grillparzers? – bemerkt kurz und treffend: »Todestag des Finanzministers Grafen Stadion, ein Mann, ein Staatsmann, ein Ehrenmann.« Wie Metternich hat er die Entwicklung Europas vorausgeahnt und gut passen dazu Grillparzers Verse aus »Ein Bruderzwist im Hause Habsburg«:

Das Edle schwindet von der weiten Erde.
Das Hohe sieht vom Niedern sich verdrängt.
Und Freiheit wird sich nennen die Gemeinheit.

Freudental

Nahe von Bönnigheim, im Steinbachtal, liegt das Dorf Freudental, wo die berüchtigte Geliebte Herzog Eberhard Ludwigs von Württemberg, die Grävenitz, dann Gräfin Würben, kurz die ›Landverderberin‹ genannt, eine Zeitlang lebte. Die verschwenderische, intrigante Frau konnte sich ihres Besitzes nicht lange erfreuen, denn sie wurde 1731 des Landes verwiesen. Sie hatte sich einen prächtigen Titel zugelegt: »Christina Wilhelmina, verwittibte Reichsgräfin von Würben und Freudental, regierende Gräfin zu Welzheim und Gochsheim, Frau zu Freudental und Neckar-Boyhingen, geborene Gräfin von Grävenitz.« Da sie sehr viel Geld brauchte, andererseits merkte, daß der Haß der Bevölkerung bei noch drückenderer Besteuerung ihrem Aufenthalt ein Ende bereiten könnte, gründete sie in Freudental eine Judenkolonie, deren Bewohner als Einstand je tausend Gulden zahlen mußten, um ihre Finanzen aufzufrischen. 1731 ist sie verhaftet und über die Grenze abgeschoben worden.

Über die Gefangennahme der Gräfin von Würben in Freudental erzählt der hiesige Stiftungspfleger 1851 folgendes: Die Schwester seines Großvaters habe von ihrem Vater, der damals, 1731, Nachtwächter gewesen sei, gehört, daß, als er eben nachts zwölf Uhr gerufen, Reiter in das Dorf herein gesprengt seien. Sie haben ihn gefragt, ob die Frau Gräfin zu Hause sei. Er habe geantwortet, ja, sie sei heute auf dem Lerchenfang gewesen. Darauf habe der kommandierende Offizier dem Nachtwächter befohlen, in aller Stille nach Hause zu gehen, die Lerche samt dem Neste werde jetzt ausgehoben …

Das 1728 von Leopold Retti gebaute Schlößchen in seinem verwilderten Park umgibt noch ein Abglanz höfischer Atmosphäre. In einem verlandeten Weiher des Kirbachtals, das zum Besitz gehörte, steht das ›Kibannele‹, ein Steinbild der Diana, verlassen und einsam auf hoher Steinsäule.

Auf dem Michaelsberg

Über Cleebronn mit Schloß Magenheim fahren wir dem Wahrzeichen des Zabergäus zu, dem Michaelsberg, der etwas abgesetzt vom Stromberg aufragt. Zu Cleebronn gehört ein stattlicher Hof, den der stadionsche Amtmann Grimm 1733 gebaut hat; er nannte ihn ›Katharinenplaisir‹, weil er seiner Frau Katharina Grimm so gut gefiel. »Das Katharinenplaisir«, berichtet Rudolf Schlauch, »hatte eine bunte Geschichte. 1809 bezog die bekannte Frau von Krüdener den Hof, um hier mit der Kummerin« – wir werden noch von ihr hören – »zusammen eine sektiererische Residenz zu errichten. Der König bekam Wind davon, ließ den Hof von Gendarmerie umstellen, die Kummerin verhaften und die Krüdener binnen vierundzwanzig Stunden des Landes verweisen.« Das Gut kam in andere Hände. Unter den Besitzern war Philipp Gaum, der lange in Surinam gelebt hatte und auch etwas anrüchig war, weil er

eine ungleubige Schwarze sich als Beyschläferin zugelegt, mit dieser seiner angeblichen Sklavin einen sechsjährigen Knaben habe.

Einer der Besitzer war der Oberbürgermeister von Leipzig, Dr. Goerdeler, der 1945 als einer der Männer des 20. Juli hingerichtet wurde.

Aber zurück zur Kummerin: »In Cleebronn lebte ein Weingärtner und Sektenhäuptling namens Kummer«, erzählt Schlauch weiter, »der eine Tochter Maria Gottliebin hatte, sie war zunächst Nätherin, dann aber die verzückte Anführerin einer schwärmerisch-pietistischen Gemeinschaft. Sie und ihre Anhänger erlebten Entzückungen, die sich teilweise auch auf das höchst irdische Gebiet menschlicher Verirrungen erstreckten, sie propagierten die Auswanderung aus dem alten Babel Württemberg, um in fernen Landen eine heilige Gemeinschaft zu gründen.« 1801 zog der Haufe unter Führung der Kummerin ab, kam aber nur bis Wien, wo sie keine Pässe erhielten und umkehren mußten. Die Kummerin endete im Zuchthaus.

Auf der Südseite des rebenbestandenen Michaelsberges liegt das Dorf Treffentrill, im Volksmund Trippstrill genannt, der märchenhafte Ort der Altweibermühle, wo sich die alten Weiber wieder in hübsche junge Frauen verwandeln ließen. Die Herkunft des Namens Treffentrill ist unbekannt und umstritten. Man hat behauptet, hier habe einst die Villa des römischen Hauptmanns Triphon gelegen, der auch zu Ehren der Göttin Luna einen Tempel auf dem Berge gebaut habe.

Aber nun stehen wir auf dem Gipfel des Berges, einem von Geschichte und Sage umwitterten Ort, einst Heiligtum und Fliehburg der Kelten, dann eine gallo-römische Kultstätte, welche die Germanen übernahmen. Eine Michaelskapelle wird 793 erstmalig erwähnt, als die Nonne Hildburg, vermutlich aus dem Haus der Kochergaugrafen, dem Kloster Lorsch die Kirche und Weinberge schenkte.

Aber schon in vorfränkischer Zeit ist der Michaelsberg genannt worden. Die Alemannen nannten ihn Runingenberg, wohl nach einem Stammesführer Runo. In frühchristlicher Zeit, weiß die Legende, erschienen die Erzengel Michael und Raphael auf der Höhe und verlangten den Bau einer Kirche. Die Überlieferung der Heiligen Schrift und des Talmud wissen von Engelscharen, unter denen die vier Erzengel

Michael, Raphael, Gabriel und Uriel den höchsten Rang einnehmen. Die vier Erzengel sind von höherer Bedeutung als die Engel im allgemeinen, und Michael steht an ihrer Spitze. Ihren besonderen Rang verraten schon die Namen: Michael = wer ist wie Gott?, Gabriel = die Stärke oder Zeugungskraft Gottes, Raphael = Gott heilt und Uriel = Licht Gottes. Michael ist der himmlische Schutzherr des Gottesvolkes Israel, er ist der Engel der Gerechtigkeit und Barmherzigkeit, der Gesandte und Repräsentant Christi, der Kämpfer gegen das Böse, gegen Satan, der Patron der christlichen Krieger. Er erscheint als Wäger der Seelen beim Jüngsten Gericht, als ihr Verteidiger nach dem Tode. Michael hat eine besondere Beziehung zum Wasser, vor allem zur See, das als Sinnbild des Dämonischen empfunden wurde. Daher stehen so viele Michaelsheiligtümer am Meer: Monte Gargano in Apulien an der Adria, der Mont St-Michel auf einer Insel vor der normannischen Küste und der Mount St. Michael auf einer Cornwall vorgelagerten Insel, etwa gegenüber dem französischen Kloster. Auf dem Monte Gargano soll der Erzengel dreimal erschienen sein, am 8. Mai 490 dem Bischof von Siponto, dann Hirten und 493 nahm er die Höhle des Berges als sein Heiligtum in Besitz. Etwa zur gleichen Zeit erschien er Fischern an der Küste von Cornwall und 703 dem Bischof von Avranches und verlangte die Gründung des Klosters St. Michel. Karl der Große erreichte vom Papst, daß Michael zum Patron seines Reichs erhoben wurde.

Hier im pfälzischen Unterland aber hatte der Teufel beschlossen, auf keinen Fall den Bau einer Kirche zuzulassen, da er den schönen Ort für sich selber haben wollte. Darauf sandte Gottvater den heiligen Bonifazius, der sehr unfreundlich von Satan empfangen wurde und um Hilfe rief. Sogleich erschien Michael und stürzte den Bösen in die Hölle zurück. Mörike hat die Legende in heitere Reime gefaßt:

Solch Frevelmut des Satans hört
Der Herr im Himmel ungestört,
War aber gar nicht sehr ergötzt,
Daß sich der Bock zum Gärtner setzt.
Er sandte Bonifazium
Damals im deutschen Reich herum,
Daß er, des Heiligen Geistes voll,
Den himmlischen Weinstock pflanzen soll.
So rückt er nun auch zum Michelsberg.
Das kam dem Satan überzwerch,
Tät ihm sogleich den Weg verrennen,
Ließ den Boden wie Schwefel brennen,
Hüllet mit Dampf und Wetterschein
Das ganze Revier höchst grausam ein,
Ging selber auf den Heiligen los,
Der, aller irdischen Waffen bloß,
Die Hände sein zum Himmel kehrt',
Rief: Starker Gott, leih mir ein Schwert!
Da zückt herab wie ein Donnerstreich
Erzengel Michael sogleich.
Sein Flügel und sein Fußtritt dämpft
Das Feuer schnell, er ficht und kämpft,
Und würgt den Schwarzen blau und grün,
Der hätte schier nach Gott geschrien;
Schmeißt ihn der Engel auch alsbald
Kopfunter in den Höllenspalt;
Schließt sich der Boden eilig zu,
Da war's auf Erden wieder Ruh,
Die Lüfte flossen leicht und rein,
Der Engel sah wie Sonnenschein …

Bonifazius bedankte sich, wollte aber noch mehreres mit dem Engel besprechen, doch Michael hatte keine Zeit. Da packte ihn Bonifaz an einer Schwinge, um ihn festzuhalten, aber:

Der Engel ließ sich doch nicht zwingen,
War wie ein Morgenhauch entschlüpft.
Der Mann Gottes stand sehr verblüfft.

Ihm war, wie er mit dem Engel rang,
Eine Feder, gülden, schön und lang,
Aus dem Fittich in der Hand geblieben,
Flugs tät er sie in' Mantel schieben ...

Der Heilige stiftete sie der Kirche, die er zu Ehren Michaels weihte. Die Feder, die lange Zeit im Gotteshaus bewahrt wurde, soll zur Zeit der Reformation verschwunden sein.

Justinus Kerner erzählt:

Man sagt, es habe sie ein alter Stadtschreiber aus Stuttgart, der von der katholischen zur lutherischen Kirche übergegangen, heimlich an sich gezogen. Vergebens baten die Mönche des Berges bei Herzog Ulrich um die Bestrafung des Stadtschreibers und Zurückgabe der heiligen Feder; sie erhielten keine Genugtuung. Darob in Zorn entbrannt habe der Erzengel Michael die Strafe der Vielschreiberei über Württemberg ausgeschüttet.

Lange Zeit war der Michaelsberg und sein Benediktinerklösterchen ein beliebter Wallfahrtsort. Die Mönche erhielten auch von den evangelischen Dörfern Belohnung, wenn sie bei drohendem Gewitter die Glocken läuteten, denn

Caterina und Susein
treiben's Wetter übern Rhein.

Die kleine Kirche mit ihrem gedrungenen Turm stammt aus dem dreizehnten Jahrhundert, ein einschiffiger Raum in schweren romanischen Formen. Die Säulenkapitelle des Chors tragen als Schmuck Adler, menschliche Köpfe und Drachen. Das Hospiz der Kapuziner, die den Benediktinern gefolgt waren, wurde 1739 gegründet; es wurde 1959 zum Jugendheim umgebaut. Die Herren von Magenheim in Cleebronn erhielten den Berg von Lorsch zu Lehen, ihnen folgten die von Mainz belehnten Wöllwarth 1494, welche die Reformation einführten. 1572 kam der Michaelsberg wieder an Mainz und schließlich war 1727 Graf Stadion Eigentümer des Berges, der dort zwei Kapuziner ansiedelte. Heute ist das Klösterchen geistlicher Traditionsmittelpunkt der Heimatvertriebenen aus dem Osten.

Weit schaut man von dort oben über das Unterland, auf die Schwäbische Alb vom Hohenneuffen bis zum Hohenstaufen, auf den Schurwald, das Keuperbergland von Backnang bis Heilbronn, und bei klarem Wetter werden Odenwald und Pfälzerwald am Horizont sichtbar.

Drei Neckarstädtchen

Wir wollen uns wieder dem Neckar zuwenden, wo wir jetzt, seinem Lauf aufwärts folgend, Lauffen finden, mit der Ruine einer Burg und der Grabkirche der Regiswind, die hier ertrank und nun als Sinnbild schuldlos Leidender verehrt wird. Hier kam Friedrich Hölderlin zur Welt.

Sein Elternhaus im Klosterhof wird man vergeblich suchen; es ist abgerissen worden, nur in seinen Versen lebt es fort:

> Heilig ist mir der Ort, an beiden Ufern der Fels auch,
> Der mit Garten und Haus grün aus den Wellen sich hebt.

Lauffen ist eine der zahlreichen befestigten Städte, die eines Besuches wert sind. Zudem gibt es hier die berühmten Lauffener Frühkartoffeln, die in der milden, schönen Gegend prächtig gedeihen, wie Wein und Obst.

Im elften Jahrhundert gehörte der Ort den Grafen von Lauffen, die aber schon ein Jahrhundert später ausstarben. Es folgten die Grafen von Calw, dann Baden. 1234 kam es zur Stadterhebung und im fünfzehnten, sechzehnten Jahrhundert wurden die Befestigungen angelegt. Auch die Regiswindkirche ist von einer hohen Mauer umzogen. In den Gassen drängen sich eng die spitzgiebligen Häuser, ganz oben steht das Obertor, auf der Stadtmauer sitzt der ›Neue Bau‹ der Renaissance, er diente als Zeughaus, Speicher und Kelter.

Regiswinde, die Tochter des Gaugrafen Ernst, ist die erste Heilige Württembergs; von ihr berichtet die Regiswindischronik ums Jahr 1000:

Es war ein Markgraf, der hieß Ernst, dem gab der Kaiser Ludwig der Fromme, Kaiser Karl des Großen Sohn, viel Güter des Reichs, der nahm seinen Sitz zu Lauffen zunächst der Kirchen. Der hett eine liebe Tochter Regiswindis, die vertraut er ainer Magd. Da er nun ainsmals einen Diener strafte, der dieser Magd Bruder was, do faßt dieselbig einen so heidnischen Haß, daß sie des Markgrafen Töchterlein vom Turm hinab stieß in das Wasser, also daß das Kind in dem großen Lauffen (Wasserfall) ertrank. Nach dreien Tagen fund man es nahebai Haßmershem, und war lieblich anzuschauen, lächlet und hett Rosen um sich und war kein Spur des Todes noch der Felsen zu spüren. Und war ein Mägdlein von sieben Jahren. Und Bischof Humprecht zu Würzburg erbauet eine Kapell ob ihrem Grab und geschahen dort viel Zeichen, also daß sich später ein Kloster erhob zu Ehren Sankt Regiswinden.

Von der alten Kirche des dreizehnten Jahrhunderts ist nichts erhalten. Chor und Sakristei, deren strenge Formen an die Wimpfener Talkirche erinnern, sind um 1300 gebaut worden, während das Langhaus nach 1564 zur stattlichen Hallenkirche umgebaut worden ist. Ein gotischer Steinschrank bewahrte einst den Silbersarg der kleinen Heiligen. Dicht bei der Kirche steht die frühgotische Regiswindiskapelle, ein Bau aus der Mitte des dreizehnten Jahrhunderts mit Chor des vierzehnten Jahrhunderts. Sie birgt den Steinsarkophag der Heiligen von 1227.

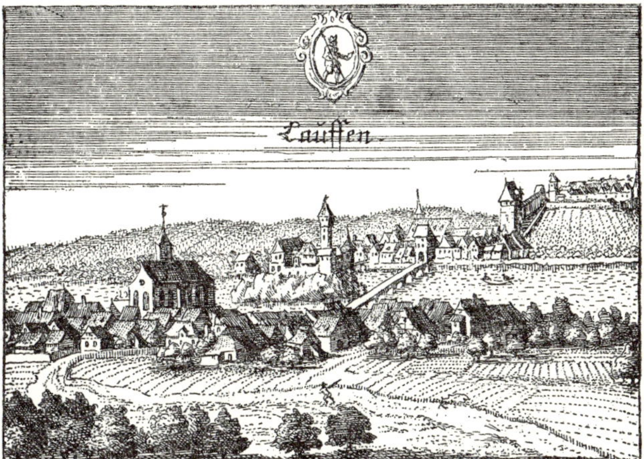

Es gäbe noch viele Orte am Neckar aufwärts, die man sehen sollte. Wir wollen noch deren zwei besuchen und kommen zunächst nach Besigheim, das auf einem Felsrücken am Zusammenfluß von Neckar und Enz liegt, mit Mauern und Türmen bewehrt, mit hochgelegener Pfarrkirche aus dem vierzehnten und fünfzehnten Jahrhundert, später verändert, mit prächtigem Rathaus von 1459 und schönen alten Häusern. Kostbarster Schatz der Pfarrkirche ist der große, 1520 von Christoph von Urach geschnitzte Altar, dessen Mittelschrein die Geschichte der Artemisia und des hl. Cyriakus erzählt, flankiert von den beiden Johannes, darüber die Halbfiguren der Heiligen Antonius und Margaretha, Georg und Dorothea. Die Altarflügel zeigen Szenen aus der Jugendgeschichte Christi. Cyriakus wirkte als Diakon zur Zeit der Christenverfolgungen unter Kaiser Diokletian, dessen Tochter Artemisia vom Teufel besessen war. Der böse Geist schrie aus ihr, daß Cyriakus sie heilen könne. So geschah es. Cyriakus taufte die Prinzessin und wurde vom Kaiser belohnt. Als aber der Sohn des Diokletian, Maximin, diesem auf dem Thron folgte, ließ er Cyriakus foltern und enthaupten, weil ihm seine christliche Schwester ein Ärgernis war.

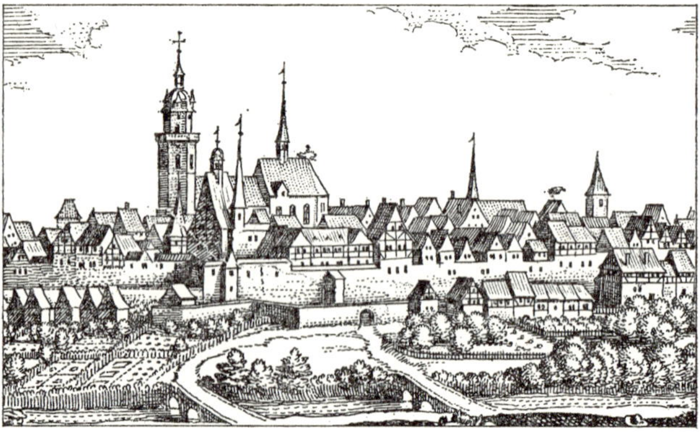

Bietigheim

Ein drittes angenehmes Städtchen ist Bietigheim, zwar ein durchaus industrialisierter Ort, dessen Stadtkern mit winkligen Gassen, alten Bürgerhäusern, Brunnen, Mauern und Türmen aber erhalten ist. Vor dem stattlichen Rathaus steht auf dem Marktbrunnen von 1549 als Wächter Herzog Ulrich von Württemberg und oben auf der Höhe ragt der mächtige Westturm der Pfarrkirche empor. »Was aber dem Gast stets Freude macht, sind die Fachwerkhäuser in der Schieringstraße etwa oder der Pulverturm, der neben einem alten Backhaus aufragt. Diese Backhäuser, die früher Mittelpunkte der kleinen Unterländer Städtchen und Dörfer waren – ihr großer Ofen wurde mit Reisig und Buchenscheiten geheizt und dann wurde gebacken –, gehören zum Land, es ist ein Glück, daß sie noch hie und da, so wie in Bietigheim, erhalten geblieben sind, wenn sie auch kaum jemand mehr benutzt. Die Stadtpartie der Metter entlang mit den kleinen Häusern und den bunten Gärten, die alten Winkel mit Küferwerkstätten und ›Wengerter‹ (Weingärtner-)Utensilien, der Wochenmarkt mit den bunten Bildern seines Treibens – das gehört unverfälscht zu Bietigheim« (R. Schlauch).

Noch ein kurzes Stück flußauf und wir haben Schillers Geburtsort Marbach erreicht.

Marbach

Mit reizvollen Fachwerkhäusern, mit Torturm, Mauerresten und seinem breiten Marktplatz zieht es sich die Uferhänge des Neckars hinauf: Marbach, Schillers Geburtsort.

Marbachs Geschichte ist die einer württembergischen Kleinstadt, wie wir sie nun schon so oft gehört haben. 972 als Fronhof erstmals erwähnt, war es nacheinander Reichsgut, Eigentum Speyers, der Grafen von Calw und seit 1250 Württembergs. Das Marktrecht erhielt es bereits Anfang des elften Jahrhunderts, 1282 wurde es Stadt. Die Zerstörungen durch Bauernkriege und pfälzischen Erbfolgekrieg glichen denen der anderen Städte des Landes.

Von der spätgotischen Pfarrkirche ist bei ihrer Zerstörung durch die Franzosen 1693 nur der feine Chor mit guten Figuren an den Strebepfeilern erhalten geblieben. Außerhalb der Stadt, im befestigten Friedhof, steht die Alexanderkirche, ein Frühwerk des herzoglich württembergischen Baumeisters Alberlin Jörg, wie die Baudaten melden: »Anfang des kors 1450. Anfang der kirchen 1463. Anfang des turns 1481.« Ein hohes Giebeldach wurde über dem Schiff, einer breiten Halle mit schlanken Stützen und Seitenkapellen, errichtet.

Schillers Elternhaus, ein bescheidenes Gebäude, liegt am Ende der steil abfallenden Nikolaustorstraße, gegenüber dem ›Wilden-Mann-Brunnen‹. Das Haus, welches Wirtshaus geworden war, wurde vom 1835 gegründeten Schillerverein, dem unter anderen der Verleger Cotta, die Dichter Uhland, Kerner und Mörike angehörten, angekauft und 1859 zur Feier des hundertsten Geburtstages des Dichters eröffnet.

Hier befand sich die erste Sammelstätte von Erinnerungsstücken und Manuskripten Schillers. 1890 schlug Professor Otto Güntter für die in Stuttgart stattfindende Tagung der deutschen Neuphilologen vor, eine Ausstellung von Bildnissen, Handschriften und seltenen Drucken schwäbischer Dichter zu veranstalten. Während eines Studienaufenthaltes in London hatte sich Güntter von der großartigen Handschriftensammlung des Britischen Museums entzücken lassen. »So etwas sollten wir Deutsche auch haben«, schrieb er, und machte sich sogleich selbst ans Werk. Unter den Besuchern seiner Stuttgarter Ausstellung befand sich der Marbacher Bürgermeister Traugott Haffner, in dessen Obhut Schillers Geburtshaus stand. Haffner war von der Idee begeistert, und er und Güntter arbeiteten nun zusammen. 1895 erklärte auch König Wilhelm II. von Württemberg seine Sympathie mit dem Gedanken, in Marbach ein Schiller-Museum und Archiv anzulegen, und regte an, den Schillerverein zu einem »Schwäbischen Schillerverein« auszuweiten, was auch geschah.

Güntter trat 1899 dem Ausschuß bei; seiner und Haffners

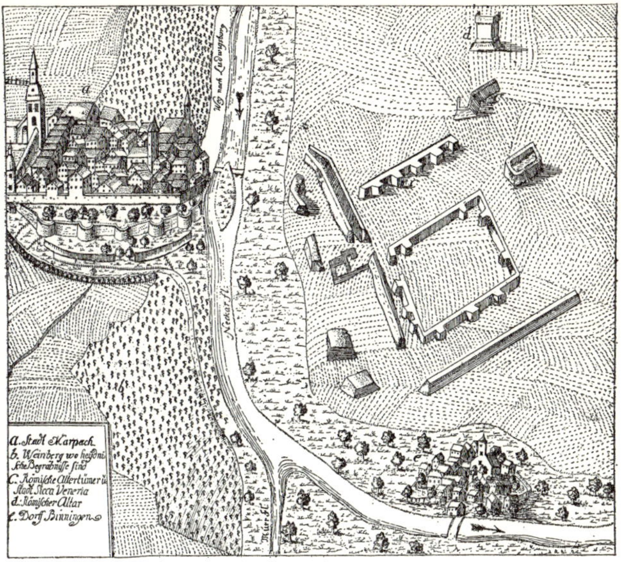

Marbach

Initiative vor allem ist die Entstehung des Schiller-Nationalmuseums zu verdanken, das 1903 eröffnet worden ist. Hoch über dem Fluß steht der von der Solitüde bei Stuttgart beeinflußte Bau, der nicht nur dem Werk Schillers, sondern dem Schaffen schwäbischer Dichter überhaupt gewidmet ist.

Die geschlossene Reihe der hier vereinigten Dichter beginnt um die Mitte des achtzehnten Jahrhunderts, ihr gehen Manuskripte des Humanisten Frischlin und einiger geistlicher Liederdichter voraus. Eine Bibliothek von etwa fünfundzwanzigtausend Bänden schwäbischer Literatur, das Cotta'sche Verlagsarchiv, Schausammlungen von Handschriften, Gemälde und Sklulpturen füllen die angenehmen Räume. Marbach ist also nicht allein ein *Berg aus Rahm und Schmalz*, wie der Zwiefaltener Mönch Ortlieb 1135 von der reichen, fruchtbaren Gegend sagte, sondern auch ein Berg der Dichter.

Im Schiller-Nationalmuseum erfahren wir, wie sich die Tradition schwäbischer Geistesgeschichte auf die deutsche Klassik und ihre Nachfahren ausgewirkt hat. Wir sehen Porträts und Manuskripte von Christoph Martin Wieland, Christian Friedrich Daniel Schubart, Friedrich Hölderlin, Georg Wilhelm Friedrich Hegel, Friedrich Wilhelm Joseph von Schelling, Wilhelm Waiblinger, von dem Goethe sagte: *Er wußte sich nicht zu zähmen, und so zerrann ihm sein Leben wie sein Dichten.*

Wir sehen das Werk Ludwig Uhlands, Eduard Mörikes, Gustav Schwabs, Nikolaus Lenaus, der längere Zeit in Württembergs Dichterhäusern zu Gast gewesen ist, vor allem in Weinsberg bei Kerner, Schriften Wilhelm Hauffs, Karl Geroks, Isolde Kurz', Cäsar Flaischlens und vieler anderer. Sie alle sind wie eine große Familie um den Mittelpunkt, um Schiller versammelt.

Wollen wir uns doch eines der Manuskripte betrachten, ein Blatt von Justinus Kerner. Es zeigt einen aus einem Tintenklecks geformten Schmetterling mit dem Vers:

Aus Dintenflecken ganz gering
Entstand der schöne Schmetterling.
Zu solcher Wandlung ich empfehle
Gott meine fleckenvolle Seele.

Im Schwäbischen lag der Ursprung des Schillermuseums, doch im Lauf der Zeit ist es weit darüber hinausgewachsen. Die Heidelberger Romantiker sind vertreten, die Weimarer Klassik hat ihren Anteil, und durch die Übernahme des Cottaschen Archivs 1952 (leihweise) fanden Zeugnisse des literarischen Lebens im achtzehnten Jahrhundert aus ganz Deutschland Einlaß. Endgültig gesprengt aber wurde der alte Rahmen durch die Gründung des ›Deutschen Literaturarchivs‹ 1955.

Die Sammlungen wachsen ständig; es werden Ausstellungen veranstaltet, wie 1968 eine über das Werk Stefan Georges. Heute enthält eine besondere Abteilung des Museums

Manuskripte, Briefe und Nachlässe fast aller bedeutenden Dichter aus ganz Deutschland bis in unsere Zeit. So ist Marbach wirklich eine Schatzkammer nicht nur schwäbischen, sondern deutschen Geistes geworden. Ihrer Wirkung konnte sich auch Königin Elisabeth II. von England nicht entziehen, als sie auf Staatsbesuch durch die Bundesrepublik reiste. Allerdings hätte die große Pferdeliebhaberin lieber das berühmte Marbacher Gestüt gesehen; dieses aber wurde ihr vorenthalten.

Zwischen Versailles und Wien

Ist es in Schwetzingen der Park, vor dessen Großartigkeit das Schloß verblaßt, so ist es in Ludwigsburg das Schloß, welches inmitten großzügiger Gartenanlagen dominiert. Man nennt es das ›württembergische Versailles‹, doch warum immer wieder solche Anlagen mit französischen vergleichen? Sind sie nicht schön und bedeutungsvoll aus sich selbst? Der Pfälzische und der Österreichische Erbfolgekrieg, Markgraf Ludwig Wilhelm von Baden, der ›Türkenlouis‹, und Prinz Eugen von Savoyen, der ›edle Ritter‹, bestimmten die Jugendzeit des Ludwigsburger Bauherrn, Herzog Eberhard Ludwig von Württemberg. Kaum sechzehn Jahre alt war der junge Fürst, als er 1693 vom Kaiser für volljährig erklärt wurde, weil er die Regierung seines Landes antreten sollte, eines durch Kriege verwüsteten, verelendeten Landes. Als kaiserlicher Feldmarschalleutnant hatte Eberhard Ludwig bereits an den Feldzügen des beginnenden achtzehnten Jahrhunderts teilgenommen; seine Tapferkeit hatte ihm kaiserliches Lob eingetragen. Als der junge Herr nun die Regierung übernahm, zeigte sich alsbald seine komplexe Natur, die ihn, wie seinen Nachfolger Carl Eugen, von den Fürsten des württembergischen Hauses unterschied. Unter ihm wurde der württembergische Hof einer der glänzendsten im Reich. Das hatte auch seine Schattenseiten. Zwar hätte das Volk die Prunkliebe und Verschwendungssucht des jungen Fürsten ertragen, aber sein langes Verhältnis zu der Mecklenburgerin Christiane Wilhelmine von Grävenitz verzieh es ihm nie.

»Ich bin Papst in meinem Lande und niemand anders als mir selbst Rechenschaft schuldig!« erklärte der Herzog, als ihm die Stände Vorhaltungen wegen der Favoritin machten.

Alle Regierungs-Angelegenheiten giengen durch ihre Hände, der geheime Rath wurde durch das geheime Kabinet, das sie aus ihren Kreaturen bildete, worin sie den Vorsitz führte, außer Tätigkeit gebracht, die wichtigsten Stellen mit Ausländern besetzt, und in alle Zweige der Staats-Verwaltung griff ihre Willkür verderblich ein. Ihren unersättlichen Geld-Geiz vermochte der Herzog durch keine Geschenke zu befriedigen, er verschlang auch noch fast Alles, was durch mannigfache Finanz-Künste und Gewaltthätigkeiten dem ganzen Lande wie den Einzelnen abgenommen ward. Ihre Eitelkeit war ebenso gränzenlos und eben so schwer zu befriedigen, der Titel und Rang einer Herzogin waren der beständige Ziel-Punkt ihres Strebens, sie umgab sich mit einem eigenen Hofstaat, stiftete einen Orden, und häufte Feste auf Feste (Pfaff).

Die Empörung war so groß, die Herzogin, Verwandte und Stände setzten dem Landesherrn so zu, daß er sich von den Grävenitz trennen mußte. Die habgierige und skrupellose Frau wurde zur Gräfin erhoben und mit dem Grafen Wrbna vermählt, den der Herzog alsbald zum Landhofmeister ernannte, worauf das Paar nach Stuttgart zurückkehren konnte. Hier schwang die Landhofmeisterin bald aufs neue als allmächtige Favoritin das Zepter. Sie spielte in Ludwigsburg durchaus die Rolle der Herzogin. Als sie verlangte, ins Kirchengebet eingeschlossen zu werden, soll ihr Prälat Osiander geantwortet haben, das sei nicht nötig, da bereits ganz Württemberg bete: ›Herr, erlöse uns von dem Übel.‹

Die glanzvolle Hofhaltung von Versailles war das vielbewunderte Vorbild für die meisten deutschen Fürsten dieser Epoche. Man erzählte, daß der junge Herzog Ludwigsburg auf Wunsch seiner Geliebten gebaut habe, weil sie neben der Residenz Stuttgart ihre eigene Hofhaltung zu haben wünschte. Aber das stimmt nicht, denn sie kam erst 1706 ins

Land, also zu einer Zeit, als mit dem Bau schon begonnen worden war. Der Herzog hatte selbständig den Entschluß gefaßt, an Stelle des alten Landsitzes Erlachhof ein Schloß zu bauen, und er führte diesen Plan mit schwäbischer Gründlichkeit durch. So entstand außerhalb Stuttgarts seit 1704 nicht nur ein veritables Residenzschloß von gewaltigen Ausmaßen, sondern zugleich eine ganze Stadt im Regelmaß des achtzehnten Jahrhunderts.

Justinus Kerner berichtet vom damaligen Leben in seinen Erinnerungen:

Während meiner ersten Kindheit regierte noch der Herzog Karl Eugen. Er hatte in Ludwigsburg seine Sommerresidenz, und in dieser Zeit füllten sich die weiten menschenleeren Gassen, Linden- und Kastanienalleen Ludwigsburgs mit Hofleuten in seidenen Fräcken, Haarbeuteln und Degen, und mit den herzoglichen Militärs in glänzenden Uniformen und Grenadierkappen, gegen welche die anderen wenigen Bewohner in bescheidenen Zivilröcken verschwanden. Das prachtvolle Schloß mit seinen weiten Plätzen und Gärten, der nahe Park mit dem sogenannten Favoritschlößchen, die schattenreichen Alleen von Linden- und Kastanienbäumen, die in weiten Reihen auf die Stadt zuliefen und selbst in der Stadt die schönsten Schattengänge voll Blüten und Duft bildeten, der große, weite Marktplatz der Stadt selbst, mit seinen Arkaden, waren oft der Schauplatz der Vergnügungen dieses weltlustigen Fürsten, Schauplätze von Festen, die, gedenkt man ihrer in jetziger Zeit, einem nur wie bunte Träume erscheinen. So fanden in der dem Schlosse gegenüberliegenden Favorite die ungeheuersten Feuerwerke statt, mit einem Aufwande, der dem am Hofe von Versailles gleichkam. Auf dem bei der Stadt gelegenen See wurden Feste gegeben, bei denen schöne Mädchen der Stadt als Seeköniginnen figurieren mußten. In seinen früheren Zeiten schuf der Herzog oft im Winter, in den sein Geburtstag fiel, Zaubergärten, ähnlich denen, die in den Erzählungen von ›Tausend und eine Nacht‹ vorkommen. Er ließ in der Mitte des Herbstes über die wirklich bestehenden schönsten Orangengärten von tausend Fuß in der Länge und hundert in der Breite ein ungeheures Gebäude von Glas errichten, das sie vor der Einwirkung des Winters schützte. In dessen Wänden verbreiteten zahllose Öfen Wärme. Das ganze Gewölbe des großen Gebäudes trug das schönste Grün, und es hing so in der Luft, daß man keinen einzigen Pfosten bemerkte. Da ging man durch Weingärten voll Trauben wie im Herbste, und Obstbäume boten ihre reichen Früchte dar. Andere Orangenbäume wölbten sich zu Lauben. Der ganze Garten bildete ein frisches Blätterwerk. Mehr als dreißig Bassins spritzten ihre kühlen Wasser, und hundert Glaslampen, die nach oben einen prachtvollen Sternenhimmel bildeten, beleuchteten nach unten die schönsten Blumenbeete.

Wie sind der riesige Schloßbau, der glänzende Hof finanziert worden? Der Herzog bezog seine Einkünfte aus Kammergütern, Landschafts- und Kirchenkassen, nur wenig eingeschränkt durch die Stände, die er immer wieder zu überlisten oder durch flagrante Rechtsbrüche gefügig zu machen wußte. Auch der Ämterhandel erwies sich als einträgliches Geschäft.

Zum Schloß Ludwigsburg gehört die Stadt, als typische Barockanlage von Donato Giuseppe Frisoni auf dem Reißbrett entworfen und auf planiertem Gelände um den geräumigen Marktplatz mit dem Denkmalsbrunnen Eberhard Ludwigs und der prächtigen doppeltürmigen Stadtpfarrkiche, ein Werk des gleichen Architekten, gruppiert. Der südliche Stadtteil ist unter Leitung von Carl Eugen angelegt worden. Insgesamt ist es eine lebendige, schöne Stadt von guten Proportionen, großartiges Denkmal absolutistischer Baulust.

Den Schloßbau hat der Hofarchitekt und Mathematikprofessor Philipp Joseph Jenisch entworfen. Nach seinen Plänen entstanden der nördliche Querbau, der Fürstentrakt. Jenisch wurde 1707 durch Johann Friedrich Nette ersetzt, der stark von Wien und Prag beeinflußt war, den Fürstenbau vollendete und durch »Ordensbau« und »Riesenbau« zur Dreiflügelanlage erweiterte. 1714 bis 1715 fügte er an die Flucht des Fürstenbaus zwei Galerien mit Eckpavillons. Er zog aus Böhmen zahlreiche Bau- und Kunsthandwerker, zum großen Teil Norditaliener, heran. So unter anderen auch seinen späteren Nachfolger Hofbaumeister Donato G. Frisoni aus Prag. Unter Frisoni wurden nach Nettes Tod

1714 zunächst Hofkirche und Ordenskapelle und die beiden anschließenden Kavaliersbauten, welche den Ehrenhof rahmen, gebaut; schließlich errichtete er im Süden der Anlage den zweiten Fürstenbau, durch den der vorher offene Hof geschlossen wurde. Zugleich entstanden zwei weitere Anbauten, das Festinhaus im Norden und das Theater im Süden. Erst unter Carl Eugen wurden die Innenarbeiten vollendet. Später ließ Herzog Friedrich, der erste König von Württemberg, durch Nicolas Thouret vieles im Innern im Stil des Klassizismus ändern, so die östliche Bildergalerie mit dem Deckenfresko der Künste und Wissenschaften von C. Carlone und die Schloßkirche.

1737 trat Carl Eugen die Regierung an. »Nahezu ein halbes Jahrhundert hat Carl Eugen das Land Württemberg regiert; viel geliebt und viel gehaßt; wer sein Bild malen will, darf das helle Gold für die Glanzlichter so wenig schonen, wie die dicksten Tinten für die Schattenpartien; und das Erstaunen über das Außerordentliche, das Bewundernswerte und das Empörende, darf den Blick nicht trüben für das Mittelmäßige, das in diesem eigenartigen Charakter auch nicht fehlt. An seinen Portraits erscheinen die gerade, gespannte Haltung, der witternd, spähend aufgeworfene Kopf, die neugierigen, forschenden Augen, die in die Welt ragende Nase charakteristisch. Ein ganz ungewöhnlicher Motor, stark und unermüdlich, läßt diesen Mann vibrieren; rastloser Tatendrang, unbezähmbare Neugierde, eine starke Sinnlichkeit, die sich in vielhundertfachen, oft flüchtig abgetanen Weiberbegegnungen auslebt, aber auch in einem unstillbaren Bedürfnis, die Welt zu sehen, zu erfahren, zu beschnuppern, zu betrachten, überall dabei zu sein« (P. Lahnstein).

Carl Eugen war ein reiselustiger und schreibfreudiger Herr. Er besuchte die Schweiz, Holland, Belgien, England, Frankreich, Venedig, besichtigte Schulen, Akademien, Waisenhäuser und Universitäten, Schlösser, Kirchen und Fabriken, genoß Opern, Konzerte und Schauspiel. 1791 schreibt er aus Paris über einen Besuch in der Nationalversammlung am 15. März des Jahres:

Es ist fast unglaublich, in welcher Unordnung die Sitzungen gehalten werden, der Lärm, der immer herrscht, verhindert einen jeden, in Ordnung zu reden, und die Kabalen, die vor den Sessionen herrschen, machen gemeiniglich der gerechten Sache schon solche Hindernisse, daß sie selten durchzudringen fähig ist, mit einem Wort, es ist auffallend, eine Nation auf diese Art repräsentiert zu sehen. Die Zeiten Ludwigs XIV. und die jetzige, welcher Kontrast!

Wie Herzog Eberhard Ludwig ist auch Carl Eugen zu Beginn seiner Regierung ein äußerst üppiger, verschwenderischer Herr gewesen, eitel, prachtliebend, aber dennoch arbeitsam und von kühlem Verstand. Besonders üppig pflegte er seine Geburtstage zu feiern, so etwa 1763 in Ludwigsburg. Als die Gäste sich dem Schlosse näherten, befanden sie sich plötzlich in Wolken, die sich auf einen Wink des Herzogs teilten und den Olymp mit allen Göttern sehen ließen. Während der Tafel stieg aus deren Mitte Venus auf, begleitet von sechzehn Amoretten, die den Damen köstliche Sträuße Ludwigsburger Porzellanblumen überreichten. Es gab ein Ballett, ein Riesenfeuerwerk und ein Großes Karussell, ein damals beliebtes Reiter-Ballett, bei dem die Grafen Hohenlohe, Wimpfen, Wittgenstein, die Freiherren von Pölnitz, Brandenstein, Uexküll, Reitzenstein und andere eine Quadrille der vier Weltteile ritten. Der Berichterstatter verrät uns nicht, wie die Wolken erzeugt worden sind, aber das achtzehnte Jahrhundert war ja sehr erfinderisch in solchen Spielereien.

»Man fand am Hofe die erste Oper von ganz Europa, das erste Orchester, die schönsten Ballette, die beste französische Komödie nach der zu Paris«, berichtete Graf Wimpfen. Lassen wir noch einmal Justinus Kerner erzählen:

Auf dem großen Marktplatz, auf dem die Oberamtei, das Haus meiner Geburt stand, wurden venezianische Messen gehalten. Der Platz war zeltartig mit Tüchern bedeckt, Verkäufer und Käufer war maskiert. Es war ein buntes Getümmel von Masken, welche die tollsten

Aufzüge und Spiele aufführten, worunter nicht das stärkste ein riesenhafter Heiducke des Herzogs war, in der Maske eines Wickelkindes gekleidet, in einer Wiege herumgeführt und mit Brei von einer Amme, die ein Zwerg war, gespeist wurde. Von den Fenstern des Oberamteigebäudes konnte man den Marktplatz am besten überschauen; daher nahm in solcher Zeit der Herzog mit seiner Gemahlin Franziska Aufenthalt daselbst. Meine Eltern mußten da jedesmal Raum schaffen, ja auch die unteren Gelasse des Hauses, wo die Schreibstuben waren, mußten geleert werden. Der Herzog mit seinem goldbordierten Hütchen, seiner mit Buckeln versehenen, gepuderten Frisur mit einem Zöpfchen, seinem kirschroten Rocke, seiner gelben Plattenweste, seinen gelben Hosen, hohen Stiefeln und Stiefelstrümpfen, und die Herzogin mit weitem Reifrock mit schlanker Taille, hoher, gepuderter Frisur, auf der hoch oben eine gelbe Bandschleife wie ein Kanarienvogel saß, sind meine ganz im Nebel schwimmenden, traumhaften Erinnerungen.

1767 kam der Umschwung im Wesen und Wandel des Herzogs, wahrscheinlich hervorgerufen durch die langjährige Geliebte und spätere Gemahlin, die Gräfin von Hohenheim, die im Gegensatz zur Grävenitz einen sehr wohltätigen Einfluß auf den Landesherrn ausübte. Carl Eugen wurde unter ihrem sanften Regiment ein auf das Wohl seiner Untertanen bedachter, sparsamer Fürst und ein ausgezeichneter Regent.

Justinus Kerner erinnert sich des Leichenzuges Carl Eugens zur Gruft im Schloß.

Wachskerzen und brennende Pechkränze waren von dem Tore an, durch das man von Stuttgart kommt, bis zur Schloßkirche aufgestellt. Durch diese ging der Zug mit der Leiche des Herzogs, von acht schwarzbehängten Schimmeln gezogen, gefolgt von Wagen, Trabanten und Reitern, aber nicht langsam und feierlich, sondern unbegreiflicherweise rasch, dem Dunkel zu, in dem aller Erdenglanz auf immer erlischt. Der zum Himmel aufwirbelnde Rauch der Wachsfackeln und Pechkränze bildete, wie mir noch wohl im Gedächtnis steht, hoch über den Alleen, dem Schlosse und den Häusern der Stadt in dem erhellten Nachthimmel die sonderbarsten Gestalten, gleichsam einen gespenstigen Zug, mit dem mir der Geist des Herzogs über seiner Leiche zu schweben schien.

Doch zurück zum Schloß, das sich zwischen dem weiten französischen Parterre mit Hecken und Bassins, auf denen sich Enten, Wasserhühner und Schwäne tummeln, und dem englischen Park mit der romantischen Emichsburg von 1798 erhebt.

Als Johann Friedrich Nette im Frühjahr 1707 den Hofarchitekten Jenisch ablöste, war das Schloß bereits im Bau. Aber wohl erst seit 1705 scheinen die Arbeiten wirklich in Fluß gekommen zu sein, da Württemberg im Jahre zuvor Kriegsschauplatz gewesen war. Johann Friedrich Nette stand in enger Beziehung zu Künstlern in Prag und Wien, auch seinen engsten Mitarbeiter, Frisoni, hatte er sich von dort geholt. Donato Giuseppe Frisoni wurde nach dem Tod Nettes 1714 dessen Nachfolger als Bauleiter. Zu dem gleichen Kreis gehörte auch Frisonis Schwiegersohn Paolo Retti; Retti sind viele architektonische Details des Entwurfs zu verdanken.

1719 wurde dem Fürstenbau ein kleines Obergeschoß aufgesetzt und 1725 genehmigte der Herzog den Bau des zweiten Fürstentraktes, des neuen Corps de Logis, im Süden der Anlage. Langgestreckte Galerien verbinden den südlichen Trakt mit den Kavaliershäusern. Der neue Schloßhof war nach Beendigung der Anlage nicht wie heute eine leere, nur von Thourets Brunnen belebte Fläche, sondern wurde von zwei mit Figuren besetzten Balustraden geteilt, was in dem riesigen Hof ein gewisses Ritardando schuf. Als alles fertig war, ließ Eberhard Ludwig voller Stolz von Frisoni und dessen Zeichner die gesamte Schloßanlage neu aufnehmen, um die Pläne dem König von Preußen zu schenken.

So stand das Schloß schließlich da, ein Komplex in edlen Verhältnissen, von heiterem Umriß und außerordentlich festlichem Gesamteindruck.

Der Pracht des Äußeren entspricht die Ausstattung des Schlosses. Es sei einiges aus der Fülle herausgegriffen. Da ist der Fürstenbau, aus dessen Vestibül, das Frisoni und Thomas de Soldati mit stark plastischem, schwerem Stuck schmückten, man in die seitlichen Raumfluchten gelangt. Im ersten

Stock lag die herzogliche Wohnung, die der Prager Johann Jakob Stevens von Steinfels 1779 ausmalte. Einer der schönsten Räume ist das Spiegelkabinett neben dem Schlafzimmer, ein für Deutschland frühes Beispiel dieser Art, ein typisches ›cabinet d'amour‹, geteilt durch einen flachen Bogen, in dessen hinterem, als Alkoven ausgebildeten Teil das fürstliche Bett stand. Wände und Decke sind mit verschiedenartig geformten Spiegeln belegt; die Wandflächen tragen zudem zierlichen, vergoldeten Stuck aus Band- und Rankenwerk, in welches die Reliefs nackter Frauengestalten eingelassen sind.

Wohl der schönste Teil der Schloßanlage sind die Eckpavillons, vor allem der Jagdpavillon an der Westseite des Fürstenbaus, mit diesem und dem Ordensbau durch die überreich dekorierte Spiegelgalerie verbunden. Seine Inneneinrichtung gehört zum Besten, was in jener Zeit in Württemberg geschaffen worden ist. Der kleine Marmorsaal »vereinigt in sich alle Dekorationstechniken seiner Zeit: eine üppige, farbig behandelte, aus Bandwerk, Blumen und Tuchdraperien zusammengesetzte Struktur an Wänden und Decken, glänzende, mit Ornamenten und den Insiginien des Hubertusordens verschiedenartig eingelegte Wandmarmorierung, prunkvolle Marmorarbeit an Kaminen und Türen, starkfarbige Malereien an Decke und Hohlkehlen und reichlicher Verwendung von Spiegeln, die mit den bis zum Boden reichenden Fenstern und dem gemalten Himmel des Deckenbildes die Raumbegrenzung aufzulösen scheinen. Der ganze Raum ist belebt mit polierten Putten, die auf Tür- und Kaminsimsen und der Hohlkehle der Decke verteilt sind, mit Reliefs von Frauengestalten, den Symbolen der freien Künste und Gruppen von mathematischen, astrologischen und Musikinstrumenten...«

Zwischen 1714 und 1720 schuf Diego Carlone diese Stukkaturen, Luca Aurelio Colomba die Deckengemälde. Es gibt ein reizendes Lackkabinett, das Johann Jakob Saenger gearbeitet hat; Sebastian Zimmermann führte die Schnitzereien aus. Ebenso schön ist das Schreinerkabinett mit den höchst eleganten Wandintarsien des Schreiners Mayer.

Man muß durch die Schloßräume gehen, um den ganzen künstlerischen Reichtum jener Epoche zu erfassen. Sei es der nordöstliche Flügel oder Ordensbau mit dem schönen Stiegenhaus, dessen Wandfresko eine Säulenarchitektur zeigt und einen Stukkateur, der, sein Handwerkszeugt ragend, über die Brüstung in den Raum schaut; sei es der nach 1800 leicht umgestaltete große Saal, dessen Decke eine großartige Scheinarchitektur mit umlaufenden Balkonen, Säulenstellungen und weiten Durchblicken trägt, von Pietro Scotti 1730 geschaffen. Am Himmelsgewölbe der Decke erscheint Athene als Beschützerin der Künste. Weiter finden wir die großen Galerien, 1730 bis 1733 ausgemalt von Carlo Carlone und Pietro Scotti. Die östliche oder ›Familiengalerie‹ birgt Bildnisse des Hauses Württemberg. Endlich das neue Corps de Logis, dessen Ausbau 1797 bis 1804 erfolgte, mit einem eleganten Vestibül, schönen Stiegenhäusern, mit prächtigen Räumen, die zum Teil im Empire umgestaltet worden sind. Man muß es selbst sehen und sich den wechselnden Stimmungen der Räume überlassen, um das Lebensgefühl jener Zeit verstehen zu können.

Vom Süden her führt eine Allee auf die Mittelachse der Residenz zu, die wir jenseits des sanft abfallenden Parterres erblicken. In der Mitte der langgestreckten Front wölbt sich ein von Pilastern gegliederter Mittelrisalit vor. Durch diesen Trakt erreicht man den Ehrenhof, dessen Wirkung durch die kulissenartige Staffelung der Flügelbauten betont wird. Am Ende des Hofes liegt der alte Fürstenbau, dessen italienischer Palazzocharakter ohne den Aufsatz Frisonis noch unverkennbarer wäre.

Im Norden des Schlosses liegt der englische, sanft gehügelte Park, in ihm versteckt das Schlößchen Favorite, ein zierliches Gebäude nach Plänen von Nette und Frisoni, zwischen 1718 und 1723 unter Leitung von Retti vollendet. Es ist ein reizender, zweitürmiger Bau mit niedrigeren seitlichen

Anbauten und doppelläufiger Freitreppe. Auch hier hat Thouret das Innere im frühen neunzehnten Jahrhundert verändern müssen. In Ludwigsburg war es schon nach dem Tode der Herzöge Carl Eugen und Ludwig still geworden, wie wir von Justinus Kerner hören.

... Bevölkerung und Gewerbe waren ohnedies klein, und desto auffallender die Menschenleere in den langen, weitgebauten Straßen. Ich erinnere mich noch mancher Sonntage, wo nachmittags der große Marktplatz vor unserm Hause so still war, daß man auf demselben fast die Perpendikel der benachbarten Turmuhr gehen hörte. In den Arkaden waren oft die einzige Bevölkerung die Hühner des Italieners Menoni, und nur das Krähen derselben unterbrach die Stille, die oft ringsumher herrschte. Eine auf die Hauptwache ziehende Schildwache, ein in der Ferne durch die Straßen eilender Perückenmacher waren oft stundenlang die einzigen Figuren, die man von den Fenstern der Oberamtei in dem großen Raume erblickte, außer der stehenden steinernen Figur des Herzogs Eberhard Ludwig, des Erbauers dieser Stadt, die mitten auf dem Markte auf dem Brunnenstand.

Besondere Gefühle von Verlassenheit und Trauer wandelten einen in den vielen langen und menschenleeren Alleen der Stadt an. So hatten auch die großen verlassenen Räume des Schlosses und namentlich die Gegend des Corps de Logis etwas Unheimliches, Gespensterhaftes. Im Corps de Logis war das Gemach, in welchem Herzog Carl Alexander starb, von dessen Tode allerlei unheimliche Sagen gingen. Hier war es auch, wo in späteren Jahren die Schildwachen in der Nachtzeit mehrmals wie von einer unsichtbaren gewaltigen Hand gepackt und über die Balustrade am Schlosse geworfen wurden. Auch waren mehrmals diese Wachen genötigt, die Posten zu verlassen, um auf der Schloßwache Anzeige zu machen von Lärmen und Tönen, als gingen Menschen die Treppen und Gänge auf und ab, wobei sie Schlüsseln rasseln und Türen auf und zu gehen hörten. Es wurden mir diese Vorfälle von einem damals wachthabenden Offiziere, der im Augenblick in Begleitung seiner ganzen Mannschaft Untersuchung darüber anstellte, selbst erzählt und versichert, daß er weder Betrug gefunden, noch eine natürliche Ursache erforscht habe, woher das von ihm gehörte nächtliche Unwesen hatte kommen können. Einen Soldaten, der auf seinem Posten dort einmal nächtlich gepackt und über die Balustrade gegen die Gruft hinabgeworfen wurde, sprach ich selbst einmal über diesen Vorfall. In diesem gespenstisch gewordenen Teil des Schlosses wurden in späterer Zeit die Geschäftszimmer aufgeklärter Regierungsherren verlegt, wo wohl bald sieghaft deren Geist diesen abergläubischen Spuk zum Wohle der Aufklärung vertrieb.

Auch heute liegen das gewaltige Schloß Ludwigsburg und die kleinen Nebenschlösser, welche das bunte lebensfrohe Treiben des achtzehnten Jahrhunderts mit seinen unaufhörlichen Festen gesehen haben, still und verlassen. Nur die heitere Götterwelt, die sich auf Balustraden, Deckenbildern und in den Gärten tummelt und denen sich die Hofgesellschaft verwandt gefühlt hat, zeugt noch von verrauschter Festesfreude. Über Schloß und Stadt liegt noch ein leiser Glanz jener Zeit, jenes Hofes, dessen Kultur sich genau zwischen Wien und Versailles zur Blüte entfaltete.

Monrepos

Vom Ludwigsburger Park führte in jener Zeit eine Pappelallee nach Monrepos. Am Ufer eines kleinen Sees, zwischen alten Bäumen, steht dieses Schlößchen, ein Bauwerk von vollendeter Anmut. Sein Grundriß verrät die Meisterschaft des französischen Baumeisters Pierre Louis Philippe de la Guépière. Der überkuppelte Mittelbau springt zum See hin halbkreisförmig vor, über einer von Arkaden unterbrochenen Rampe; gegen den Hof sind die Seitenflügel elegant nach innen ausgerundet. 1801 beauftragte Friedrich, der erste König von Württemberg, Nicolas Thouret mit der Fertigstellung des Schlößchens; leider ist von der Einrichtung nur wenig erhalten. Unter König Friedrich wurde auch der Garten in einen englischen Park umgewandelt.

Doch die Anlage selbst ist eine Planung Herzog Carl Eugens. »Nichts ist unmöglich«, soll er ausgerufen haben, wenn die Architekten seinen sich überstürzenden Ideen nicht mehr zu folgen vermochten oder Bedenken äußerten. Ludwigsburg war kaum vollendet, das neue Schloß in Stuttgart noch im Bau, da hatte der Herzog sich bereits Monrepos in den Kopf gesetzt. Das Schlößchen, das anfänglich Seehaus hieß, entstand zwischen 1760 und 1764. Aber nicht genug damit! Kurz nach Baubeginn von Monrepos ließ Carl Eugen die Solitude folgen, und fast gleichzeitig das – wieder verschwundene – Ludwigsburger Opernhaus aufführen. 1805 rückte Napoleon von Straßburg aus über den Rhein, und gerade als die Hochzeit von König Friedrichs zweitem Sohn Paul mit einer sächsischen Prinzessin in Monrepos gefeiert wurde, befand sich eine französische Abteilung im Anmarsch nach Ludwigsburg. Der in russischen Diensten stehende Neffe des Landesherrn, Herzog Eugen, berichtet darüber:

Monrepos ist ein Lustschloß unweit Ludwigsburg, das meinem Oheim besonders gefiel und oft Zeuge ländlicher Feste war. Es liegt unweit der Straße nach Heilbronn, an welche sich Wege aus dem Badischen anschließen. Hier fand nun am 3. Tage nach der Vermählung ein großer Ball statt, der schon zu Anfang durch Nachrichten unterbrochen ward, welche man uns, als aus dem österreichischen Hauptquartier eingelaufen, sehr beunruhigend schilderte. Gewiß ist es, daß der Churfürst sich nicht erst die Zeit nahm, in ein Nebenzimmer einzutreten, sondern im Saale selbst lebhaft mit seinen Vertrauten sprach. Meine Cousine Catharina (später als Frau Jéromes Bonapartes Königin von Westphalen), welche eben mit mir walzte, zog mich an der Hand in die Nähe des Kreises, der sich um ihren Vater gebildet hatte, und lieh – etwas unbescheiden – der Verhandlung ihr Ohr, worauf der Churfürst, obzwar mehr lächelnd als verdrießlich, seine Verbeugung machte und sie mit der Bemerkung fortwies: ›On est appelé pour la danse et pas à mon conseil.‹ Wir tanzten dann weiter, aber nicht lange; denn plötzlich stürzte der Chevaux-legers-Lieutenant von Landsberg fast athemlos herein und rief dem Churfürsten zu: ›Um Gottes Willen, gnädigster Herr, hören Sie mich an! Die Franzosen sind keine Viertelstunde mehr von hier entfernt!‹ Man dachte an den eiligsten Aufbruch; ehe aber noch der lange Zug von Equipagen zur Aufnahme aller Anwesenden bereit sein konnte, hieß es schon, daß französische Vorläufer zu den Fenstern hereinsähen. Die Eile, mit der Alles den Wagen zu-

lief, war grenzenlos; wir kamen Alle wohlerhalten und unbelästigt in Ludwigsburg an.

Dort empfing Kurfürst Friedrich – König wurde er erst durch Napoleons Gnade – den bald darauf eintreffenden Bonaparte und erklärte sich bereit, dem Rheinbund beizutreten.

Wir wollen jetzt noch das dritte der Schlösser Carl Eugens, die Solitüde, besuchen.

Solitude

In einer Oktobernacht des Jahres 1793 kam von der Solitüde herab, von Fackeln begleitet, ein lautloser, geisterhafter Zug, den viele Stuttgarter und Ludwigsburger gesehen haben wollen. Es war die Nacht, da der auf Schloß Hohenheim am 24. Oktober verstorbene Herzog Carl Eugen von Württemberg beigesetzt wurde.

Nur für eine kurze, aber glanzvolle Zeit stand die Solitude im Mittelpunkt des höfischen Lebens. Ihr Erbauer, Herzog Carl Eugen, von dem König Friedrich II. von Preußen gesagt hat, er sei groß im Kleinen und klein im Großen, hat mit diesem Sommerschloß seinem Land eines der schönsten Bauwerke des Rokoko geschenkt.

Die Erinnerung an die gewaltige Verschwendungssucht des Herzogs hat die Sage entstehen lassen, er habe einmal im Sommer die schnurgerade Allee nach Ludwigsburg mit Salz bestreuen lassen, um auf ihr in einem von weißen Hirschen gezogenen Schlitten spazierenfahren zu können. Dieser vielseitig begabte, autokratische, vitale Mann, diese ›Allerhöchste Durchlaucht, Regent auf Erden, das Bild des Allerhöchsten an sich‹ war äußerst verschuldet, als er an den Bau der Solitüde ging.

Der ›Hofstaatsprediger‹ auf der Solitüde, Pfarrer Christian Ludwig Pfeilsticker, schreibt:

Es hat Seiner herzogl. Durchlaucht, dem regierenden Herzog Carl im Spätjahr 1763 gnädigst gefallen, bei einer Jagd den Entschluß zur

37 Carl Eugen, Herzog von Württemberg
Pastell eines unbekannten Künstlers

38 Schloß Ludwigsburg
Federzeichnung von Leopold Retti, 1726

39 Schloß Solitude bei Stuttgart
Kupferstich nach einer Zeichnung von F. Keller

40 Das Schlößchen Monrepos in Ludwigsburg
Gouache eines unbekannten Künstlers

41 Vorhalle des Klosters Maulbronn
Lavierte Bleistiftzeichnung eines unbekannten Künstlers

Erbauung eines Jagdhauses auf dieser angenehmen und den schönsten Prospekt in das Unterland darbietenden Gegend zu fassen. Bald darauf aber geruhten Höchstdieselbige diesen ihren Vorsatz zu ändern und ließen das angefangne Hauptgebäude zu einer ordentlichen Sommerlustwohnung einrichten und zu solcher zween große Flügelbauten beifügen.

Auf der Rückseite des Schlosses ließ der Herzog die Worte anbringen: MODERATORE CAROLO DESERTAM SOLITUDINEM LABOR IMPROBUS QUADRIENNIO VICIT 1763–1767. Der Name ›Solitüde‹ hat also einen Doppelsinn, einmal als Ruheplatz weitab der Hauptstadt, zum andern zur Erinnerung an die einsame Waldwildnis, die dem Bau weichen mußte. Wie die Eremitage bei Bayreuth, die Favorite bei Rastatt, Nymphenburg bei München oder Sanssouci bei Potsdam ist die Solitüde eine Außenstation fürstlichen Lebens gewesen. Ihrer Pracht und ihrer herrlichen Gartenanlagen wegen gehörte sie einst zu den europäischen Sehenswürdigkeiten.

Hier an diesem abgelegenen Ort glaubte Carl Eugen, der Kritik des Volkes an seinem üppigen Lebensstil und den Vorwürfen der immer wieder scharf angreifenden Landstände entgehen zu können.

Da der Herzog es mit dem Bau sehr eilig hatte, blieb keine Zeit für durchdachte Planung. Er ließ nach schnell hingeworfenen Entwürfen bauen und griff immer wieder sachkundig in die Gestaltung ein. Jakob von Scheler, Mitglied der von Carl Eugen gegründeten Akademie der Künste, leitete anfangs die Bauarbeiten, der Hofmaler Nicolas Guibal war verantwortlich für die Ausstattung des Schlosses. Der erst fünfunddreißigjährige Herzog hatte aber viel weitgehendere Pläne; das Schloß selbst sollte nur ein Anfang sein. Da waren die prachtvollen Gärten, die fast gleichzeitig angelegt werden mußten, mit ihren Treibhäusern, Orangerien und Gartenpavillons; da entstand das Theater; ein Reithaus, großer Marstall, Kasernen und die Kirche folgten. Während des Baus erscheint Philippe de la Guépière als Bauleiter, 1767 änderte er die Fassade des Schlosses. Er hat die

Arbeiten zum Abschluß gebracht. Aber der Herzog selbst ist der eigentliche Erfinder der Anlage gewesen.

Es ist erstaunlich, was sich in der Person des herzoglichen Bauherrn alles vereinigte. Er erteilte nicht nur die Direktiven für Gesamt- und Einzelplanung, er betätigte sich nicht nur als Innenarchitekt, er war nicht nur die sofort genehmigende Baubehörde in persona und nicht nur der Vermittler der Arbeitskräfte. Er müßte gleichzeitig auch als Generalinspekteur des gewaltigen Unternehmens bezeichnet werden ... Der Herzog ritten nach dero Gewohnheit von morgens bis nachts herum und sahen, wie gearbeitet wird (G. Kleemann).

Wichtig für die Regierungsgeschäfte des Herzogs war die Verbindung der Solitüde mit den Residenzen Stuttgart und Ludwigsburg und mit der Amtsstadt Leonberg. Daher wurde auch 1764/65 als erste Straße die Verbindung zwischen dem Schloß und der Straße nach Stuttgart-Leonberg gebaut, bis 1768 folgten die Alleen nach Ludwigsburg und Stuttgart.

Nur kurz, bis Ende 1775, dauerte der Glanz der Solitüde. Während dieser Jahre liebte es der Fürst, sich hier mit kurzen Unterbrechungen vom Frühjahr bis in den Herbst aufzuhalten. Die offizielle Residenz blieb immer Ludwigsburg. Auf der Solitüde hat Carl Eugen meist mit kleiner Suite gelebt, doch wenn er dort große Feste gab, geschah dies mit der damals üblichen Prachtentfaltung. Zum letzten Mal sah das Schloß 1782 festliche Tage, als der mit Carl Eugens Nichte Sophie Dorothea von Württemberg verheiratete russische Thronfolger Paul zu Besuch nach Stuttgart kam. Die damals bereits vernachlässigten Gebäude und Gärten mußten schleunigst instand gesetzt werden. Als Schiller zu dieser Zeit aus der Stuttgarter Hohen-Carls-Schule floh und weit drunten im Tal die Allee nach Ludwigsburg kreuzte, sah er den Schein von neunzigtausend Lampen, die zu Ehren des russischen Gastes Schloß und Gärten erhellten.

Aber damit erlosch der Glanz für immer; es wurde still um diese reizende Schöpfung des Rokoko, die langsam verfiel. Carl Eugens Bruder und Nachfolger, Herzog Ludwig Eugen, der seinen Bruder nicht geliebt hatte, liebte auch die

Solitüde nicht und beschloß, sie abbrechen zu lassen. Schillers Vater, zu dieser Zeit Garteninspektor der Solitude, schreibt 1794 seinem berühmten Sohn nach Jena:

Jetzt hat sichs aufgeklärt, warum der Herzog nie hierher kommt ... Die Solitude und Akademie, als causa dissidorium inter fratres haben nun ihr Teil bekommen ... Der liebe Fritz wird ersehen, was der Solitude bevorsteht. Außer dem Schloßgebäude, Lorbeersaal und chinesischen Haus, sollen alle Häuser auf den Abbruch verkauft, in den Gärten die Bogengänge, Gitterwerke etc abgebrochen werden, die Anlagen ohne weitere Cultur der Natur überlassen, die Orangerie nach Ludwigsburg versetzt und vielleicht auch die Baumschule anderswohin verlegt werden.

Die meisten Möbel und Gemälde aus dem Hauptbau, Gartenfiguren und Vasen wurden in andere Schlösser gebracht. 1806 wurden die Statuen auf der Balustrade unter Zuziehung einiger Tagelöhner zusammengeschlagen. Bis 1820 wurde der Abbruch der Gebäude fortgesetzt, nur das Haupthaus blieb verschont; die Solitude war eine halbe Ruinenstätte geworden. Man hat sie inzwischen ausgezeichnet restauriert und die Räume neu ausgestattet, größtenteils mit Möbeln aus alten Beständen.

Eine lange Allee alter Kastanien führt zum Schloß, vorüber an einigen im Halbkreis angeordneten Kavaliershäusern auf den Schloßplatz. Auf weithin sichtbarer Höhe, zentral in einem Achsensystem, dessen Mittelachse bis Ludwigsburg führt, steht das Schloß, Kern der einst weitgespannten Anlage. Der zum Wohnen bestimmte eingeschossige Trakt erhebt sich auf dem hohen Sockel des breit ausladenden Arkadenunterbaus, von dessen Mitte auf beiden Fronten elegante doppelläufige Freitreppen herabschwingen. Das kuppelbekrönte Mitteloval überragt die niedrigen Seitenteile. Das Ganze ist von nobelster Erscheinung, klar geordnet, gegliedert durch Pilaster und Fensterbekrönungen.

Schlendern wir über die Terrasse, schauen wir weit ins Land auf Ludwigsburg zu, das die schnurgerade, teilweise verfallene Allee mit der Solitude verbindet.

Wo einst das Treiben eines überaus prunkvollen, eleganten

Hofs herrschte, finden wir heute ländlichet Sille und Einsamkeit – Solitude. Wo sich die Gartenanlagen erstreckten, liegen Gemüsebeete, wachsen Küchenkräuter und Blumen, hat der Wald zurückgenommen, was man ihm entrissen hatte.

Wie schön ist es hier oben an einem klaren Herbsttag, im grün-rot-gelben Leuchten der Laubmassen. Wenn sie in der anbrechenden Dämmerung verblassen, versinkt allmählich das Land an Neckar und Rhein im Dunkel der Nacht, in den ungeheueren Schatten der Zeit.

Bauen«, schrieb Hugo Damian in diesem Jahr und 1738 berichtete er seinem Bruder, Kurfürst Franz Georg von Trier:

Ich bin seit Dienstag abends hier und profitiere der guten Zeith, wohe es dann sehr angenehm ist, wann nur die stechende Musikanten von der Schnocken- und Mücken-Zunft nicht so gar sehr musicierten und zugleich Baader sein wollten.

Der Kern der Eremitage wird von einem Sechzehneck gebildet, dem als Kreuzarme Vestibül, Besuchszimmer, Logis der Markgräfin Augusta Sibylle von Baden und herrschaftliches Zimmer angefügt sind. Der zweigeschossige Bau wird von einem einst dreigeschossigen Kuppelsaal überragt, dessen Freskierung Giovanni Francesco Marchini 1732 bis 1736 ausführte. Sie täuschte eine Eremitage vor. Da sahen wir ein Strohdach und eine teilweise verfallene Säulenarchitektur. Rund um den Saal liegen die Wohnzimmer. Als Bureauhaus einer Zuckerfabrik ist die Eremitage heute stark verändert.

Wir sind wieder am Rhein angekommen und sehen jenseits der Wasserfläche im Dunst verschwimmend die sanften Linien der Pfälzer Berge, davor die mächtige Turmkrone des Doms zu Speyer, unter der so viele Bischöfe schritten und die großen Kaiser des salischen Hauses.

Die Wasser fluten mit mächtig ziehender Kraft Worms zu, wo unsere Reise begann. Im strömenden Wasser fließen alle Bilder zusammen zu einem Bild des alten Kaiserlandes, der Kurpfalz, wie sie einst gewesen ist am Neckar und am Rhein.

Clemens Brentanos Verse sollen diese Reise beschließen:

Ström' und Flüß' hab ich gesehen
Reißend, schleichend durch das Land,
Aber keiner weiß zu gehen
Herrlich so durchs Vaterland.
O Willkomm! Willkomm! Willkommen!
Schild der Starken, Trost der Frommen,
Gastherr aller Lebensgeister,
Erzmundschenk und Küchenmeister.

LITERATUR

BASF schreibt Geschichte. Ludwigshaften 1966

BASSERMANN-JORDAN, Friedrich von: Geschichte des Weinbaus. Frankfurt 1923

BASSLER, Hans Georg: Schoppeglas un Schwartemage. Kaiserslautern 1966

BAYERN, Adalbert Prinz v.: Der Herzog und die Tänzerin. Neustadt 1966

BELSCHNER, C.: Ludwigsburg im Wechsel der Zeiten. 1936

BENZ, Richard: Heidelberg, Schicksal und Geist. Konstanz 1961

BERGENGRUEN, Werner: Das Buch Rodenstein. Zürich o.J.

BRAUNFELS, Wolfgang: Die Welt der Karolinger und ihre Kunst. München 1968

CHRISTOFFEL, Karl: Wein-Lese-Buch. München 1964

DECKER-HAUFF, Hansmartin: Die ›Reichskrone‹: Herrschaftszeichen und Staatssymbolik: Schriften der Monumenta Germaniae Historica, 13/II. Stuttgart 1955

Deutsches Land und Volk, Unser. Band 3. Leipzig 1880

Die Kunstdenkmäler von Bayern, Pfalz, III, Stadt und Bezirk Speyer. München 1934

EDER, Karl: Deutsche Geisteswende zwischen Mittelalter und Neuzeit: Bücherei der Salzburger Hochschulwochen Bd. 8, 1937

FEUERBACH, Anselm von: Merkwürdige Verbrechen in aktenmäßiger Darstellung. In Auswahl hrsg. von R.A. Stemmle, Bruckmann Querschnitte. München 1963

FRIEDENTHAL, Richard: Martin Luther. München 1967

GEISSEL, Johann: Der Kaiserdom zu Speyer. Speyer 1930

GERKE, Friedrich: Die Königshalle in Lorsch und der frühkarolingische Monumentalstil: Kultur und Wirtschaft im rheinischen Raum. 1949

HAAS, Rudolf: Die Pfalz am Rhein. Mannheim 1967

HALLER, Johannes: Das altdeutsche Kaisertum. 1926

HÄUSSER, Ludwig: Geschichte der rheinischen Pfalz. Heidelberg 1856

Handbuch der historischen Stätten Deutschlands. Fünfter Band: Rheinland-Pfalz – Saarland Hrsg. von Ludwig Petry Stuttgart 1965

HARTLAUB, G.F.: Die Kunst und das magische Bild: Ottheinrich, Gedenkschrift zu 400jährigen Wiederkehr seiner Kurfürstenzeit in de Pfalz. Heidelberg 1956

HENNEBO, Dietrich und Alfred HOFFMANN: Der Architekto

nische Garten: Geschichte der deutschen Gartenkunst. Hamburg 1965
HEUSS, Theodor: Erinnerungen 1905–33. Tübingen 1964
HOF, Franz Xaver: Die Kaisergräber von Speyer. Limburg a. d. Lahn 1937
HUCH, Ricarda: Gesammelte Werke, 8. Band. Hrsg. von W. Emrich. Berlin 1967
KERNER, Justinus: Bilderbuch aus meiner Knabenzeit. Stuttgart 1886
– Die Seherin von Prevorst. Stuttgart 1846
KERNER, Marie: Das Leben des Justinus Kerner. Erzählt von seiner Tochter Marie. München 1967
KERNER, Theobald: Das Kernerhaus und seine Gäste. Stuttgart 1894
KLEEMANN, Gotthilf: Schloß Solitude bei Stuttgart. Stuttgart 1966
KOTTMANN, Albrecht: Langobardische Baumeister in Lorsch und Hirsau. München 1965
NIESTER: Kunstwanderungen in Baden. Stuttgart 1959
LAHNSTEIN, Peter: Ludwigsburg, Aus der Geschichte einer europäischen Residenz. Stuttgart 1968
Laurina Jubilars, Festschrift zur 1200-Jahrfeier von Lorsch. Mainz 1964
LOHMEYER, Karl: Südwestdeutsche Gärten des Barock und der Romantik. Saarbrücken 1937
MARQUARDT, Ernst: Geschichte Württembergs. Stuttgart 1962
MARTIN, Kurt: Schloß und Garten Schwetzingen. Karlsruhe 1965
MINST, Karl J., Hans HUTH und Heinz BIEHN: Lorsch. Amtl. Führer 1962
MOERS-MESSMER, Wolfgang von: Der Heiligenberg bei Heidelberg. Heidelberg 1964
Monumenta Judaica, Handbuch: 2000 Jahre Geschichte und Kultur der Juden am Rhein. Hrsg. von K. Schilling. Köln 1963
PEVSNER, Nikolaus: Europäische Architektur. München 1957
PFAFF, K.: Geschichte Wirtembergs. Reutlingen 1820
POENSGEN, Georg: Kunstschätze in Heidelberg aus dem Schloß, den Kirchen etc. Heidelberg 1967
Reclams Kunstführer Südwest. Stuttgart 1957
RÖSSLER, Hellmuth: Graf Johann Philipp Stadion. Wien–München 1966
ROSENBERG, Alfons: Engel und Dämonen. München 1967
ROTT, Hans: Bruchsal. Quellen zur Kunstgeschichte des Schlosses und der bischöflichen Residenzstadt: Zeitschrift für Geschichte der Architektur. Heidelberg 1914
Ruperto Carola. Sonderband Ottheinrich Gedenkschrift zur 400jährigen Wiederkehr seiner Kurfürstenzeit in der

Pfalz (1556–1559). Heidelberg 1956
SAUER, Joseph: Symbolik des Kirchengebäudes... Freiburg 1902
SCHEFFOLD, Max: Der Schwarzwald. Konstanz 1965
SCHLAUCH, Rudolf: Württembergisches Unterland. Nürnberg 1966
SCHMIDT DI SIMONI, Ewald: Die edlen Weine in der Pfalz. Stuttgart 1969
SCHMIEDER, Ludwig: Kurpfälzisches Skizzenbuch. Heidelberg 1926
SCHMITTHENNER, Adolf: Das deutsche Herz. Heidelberg 1908
SCHNABEL, Franz: Die Stellung der rheinischen Pfalz in der deutschen Geschichte: Mannheimer Geschichtsblätter, Jg. 1934, Heft 4/6
SCHOLZ, Hans: Prinz Kaspar Hauser. Hamburg 1964
SCHUETTE, Marie: Der schwäbische Schnitzaltar. Straßburg 1907
SEIFFERT, Hans Werner *in* Chr. M. WIELAND: Werke, Band 4. München 1965
SETZER, Wolfgang: Des karolingischen Reiches Kloster Lorsch. Kassel 1965
SÜTTERLIN, Berthold: Geschichte Badens, Bd. I, Karlsruhe 1965
THEES, Karl: Doktor Joh. Faust Meisenheim a. Glan 1948
WALBE, Heinrich: Das Kloster Lorsch. Heppenheim 1950
WATTENBACH, Wilh.: Deutschlands Geschichtsquellen im Mittelalter. Berlin 1938
WEIGEL, Christoph: Die Winzer, Weinhäcker oder Wein-Gärtner. 18.Jh.
WEIGERT, Hans: Die Kaiserdome am Mittelrhein, Speyer, Mainz und Worms. Berlin 1933
WILLE, J.: Bruchsal. Bilder aus einem geistlichen Staat im 18.Jh.: Bad. Neujahrsblätter, 7. Blatt 1897
WINKLER, Konrad: Und alles ist ein Blühen dort. Aus der Geschichte des Stiftes Neuburg. Heidelberg. Fremdenblatt, 1. Aprilheft 1964
ZAHN, Eberhard: Die Heiliggeistkirche zu Heidelberg: Veröffentlichungen des Vereins für Kirchengeschichte in der evangelischen Landeskirche Badens. Karlsruhe 1960
ZENKER, Oswald: Schwetzingen, Barockes Kleinod der Kurpfalz. o.J.

REGISTER

Autor und Verlag danken für die vielseitige Hilfe und Unterstützung, die sie von zahlreichen Museen, deren Leitern und Mitarbeitern bei der Bebilderung dieses Buches erfahren haben, so von der Staatsbibliothek Preußischer Kulturbesitz, Berlin, vom Hessischen Landesmuseum in Darmstadt, dem Städelschen Kunstinstitut in Frankfurt am Main, dem Kurpfälzischen Museum der Stadt Heidelberg, von der Staatlichen Kunsthalle Karlsruhe, dem Kölnischen Stadtmuseum, dem Heimatmuseum der Stadt Ludwigsburg, dem Stadtmuseum Ludwigshafen, vom Reiss-Museum und der Städtischen Kunsthalle Mannheim, dem Schiller-Nationalmuseum in Marbach, der Staatlichen Graphischen Sammlung München, dem Germanischen Nationalmuseum in Nürnberg, der Sammlung Georg Schäfer in Obbach, dem Historischen Museum der Pfalz in Speyer am Rhein und von der Staatsgalerie Stuttgart.
Die Farbaufnahme für Tafel VI fertigte Joachim Blauel, München, die für Tafel V und den Schutzumschlag Lossen-Foto, Heidelberg. Der Verlag G. Braun, Karlsruhe, lieferte freundlicherweise den Druckstock für Tafel II.

ÜBER MAULBRONN ZURÜCK
NACH SPEYER

Ein Dorf

Von Ludwigsburg wollen wir nun in Richtung Maulbronn fahren, am besten zuerst zurück nach Bietigheim, wo wir dann abbiegen, um dem gewundenen Lauf der Enz zu folgen, die aus dem Schwarzwald kommt und durch Hügelland mit Weinbergen und Wald fließt. Wir fahren an Vaihingen vorüber, dem Hauptort des unteren Enztales, über dem auf einem Berg mächtig das Schloß der ausgestorbenen Grafen von Vaihingen steht.

Nördlich vom Enztal, auf dem Weg nach Maulbronn, liegt eines der hübschesten Dörfer dieses Landstrichs. Schöne Dörfer gibt es in Württemberg sehr viele; Lienzingen ist eine Perle unter ihnen. In anmutiger Landschaft schart es sich um die gotische Wehrkirche St. Petrus auf dem von einem tiefen Graben umzogenen Hügel, umgeben von einer starken Mauer. Auf der Innenseite der Mauer sind wohlerhaltene Gaden angebaut, wo die Dörfler in Zeiten der Gefahr Unterschlupf fanden. »Ab 1600«, sagt Schlauch, »hat sich das Bild der Dörfer großenteils so entwickelt und erhalten, wie wir sie heute noch finden.« Gerade hier sehen wir die Ausbildung der Fachwerktechnik in ausgezeichnet erhaltener Fülle. Die Häuser stehen auf gemauerten Sockeln; sie kehren ihre Giebel, teilweise mit vorkragenden Geschossen, der Straße zu. Auf der Rückseite liegen die Höfe mit Ställen und Scheuern. Wie schön gegliedert steht das mit Ochsenblut gestrichene Fachwerk im hellgetünchten Füllwerk, versehen mit allerlei geschnitztem Zierat. Vor den Fenstern leuchten Geranien und Petunien. Wenn man häufig Dörfer sieht, deren Ortsränder durch häßliche, charakterlose neue Siedlungen verdorben sind, möchte man hier einen Freudenschrei tun: Das Verhältnis zwischen dörflicher Niederlassung und Landschaft ist noch ganz ungestört, in vollkommener Ordnung und im schönsten Wechselspiel zwischen Natur und menschlichem Werk. Das, was Lienzingen zu einem so schönen und angenehmen Ort macht, ist nicht auf dem Reißbrett des Architekten entstanden, sondern aus einem heute fast verschwundenen, unbewußten Gefühl für das Maß, für das ›Richtige‹. So liegt das Dorf seit langer Zeit da, eins mit der Landschaft, und Tag für Tag im Wechsel der Jahreszeiten taucht es aus der Nacht auf, wenn die Hähne im Morgengrauen in den Ställen sich plustern, mit den Flügeln schlagen und dann anheben zu Ruf und Gegenruf.

Außerhalb steht zwischen alten Linden die Liebfrauenkirche, ein wohlproportionierter Bau aus der Zeit zwischen 1476 und 1482. Ihr Chorgewölbe zeigt alte Bemalung, die hölzerne Tonnendecke im Schiff wird von bemalten Schnitzereien geziert. Es ist eine Landkirche, aber sie ist weiträumig und fest in den Friedhof gestellt und trägt den Schmuck des fünfzehnten Jahrhunderts mit ländlicher Ruhe und Sicherheit.

Maulbronn

Hier also ist es, das hochberühmte Kloster, mitten im Bauernland, in einer angenehmen hügeligen Landschaft am Fuße des Strombergs. Der Torturm empfängt uns, ein schwerer romanischer Bau unter barockem Mansarddächlein, und entläßt uns in den Klosterbezirk, um dessen weiten Hof stattliche, behäbige Fachwerkbauten und der riesige Getreidekasten, ein mächtiger gotischer Steinbau, stehen. Wir befinden uns hier in einer wahren Klosterstadt, ganz von Mauern und Türmen umgeben, der man ihre ehemalige Bedeutung wohl ansieht. Im Hintergrund des großen Wirtschaftshofes, wo die Handwerker hausten und arbeiteten, liegen nebeneinander Kirche und Kloster, von den profanen Gebäuden durch einen von Linden umgebenen Brunnen getrennt.

Mancherlei Entwicklungen sind dem Mönchtum beschieden gewesen; wie alle menschlichen Einrichtungen ist es zeitweise der Dekadenz verfallen, aber immer wieder gab es Bestrebungen, das Klosterleben Reformen zu unterwerfen, um ihm seinen eigentlichen Sinn zurückzugeben. Eine der wichtigsten Reformbewegungen war die cluniazensische. Wir werden beim Besuch des Klosters Hirsau noch näher darauf eingehen. Von dieser neuen geistlichen Bewegung wurde auch der Ritter Walter von Lomersheim ergriffen, der sein Gut Eckenweiher bei Lienzingen für eine Klostergründung stiftete, um dann selbst dort einzutreten. Er erbat sich vom elsässischen Kloster Neuburg für seine Stiftung einen Abt und Mönche. Da aber Eckenweiher sich als ungünstiger Platz erwies – es lag zu offen im Land, Wasser und Bausteine fehlten –, berichtete der neue Abt 1147 Bernhard von Clairvaux, als dieser in Speyer König Konrad zur Teilnahme am Kreuzzug überredete, seine Sorgen, worauf Bernhard den Bischof Günter von Speyer, einen Grafen von Henneberg, bat, sich um die Angelegenheit zu kümmern. Bischof Günter reiste also nach Eckenweiher, wo er bestimmte, das Kloster müsse in dem nahe gelegenen bischöflichen Maulbronn gebaut werden, einer einsamen, von dichten Wäldern umgebenen Gegend. So wurde im Jahre 1147 das Kloster dort errichtet. Wie viele Klöster hat auch Maulbronn seine Gründungssagen. Auf der Suche nach einem geeigneten Ort ließen die Mönche ein Maultier vorangehen. Als dieses stehenblieb und aus einer kräftig sprudelnden Quelle trank, waren Ort und Name des Klosters gefunden: Maulbronn. Eine andere Sage erzählt, daß die Räuber, die in den Wäldern hausten und keinen Gefallen an dem entstehenden Kloster fanden, die Mönche schwören ließen, den Bau nicht zu vollenden. Die Mönche schworen nicht nur, sie hielten sich auch an ihren Eid: sie bauten das Kloster zwar fertig, ließen jedoch in der Nordmauer listig einen Stein aus.

Maulbronn hatte so großen Zulauf, daß bald darauf die Zweigklöster Bronnbach an der Tauber und Schöntal an der Jagst gebaut werden konnten. Die Abtei stand in Gunst bei Kaisern und Fürsten, wurde reich und angesehen. Die Mönche rodeten, trieben Ackerbau und legten am Elfinger Berg Weingärten an. Einer der besten Weine Württembergs, ein Traminer, gedeiht hier. 1557 hat Herzog Christoph von Württemberg das Kloster aufgehoben und eine evangelische Klosterschule darin eingerichtet, die als evangelisch-theologisches Seminar heute noch besteht. Viele bedeutende Männer sind aus dieser Schule hervorgegangen: der Astronom Johannes Kepler, die Dichter Justinus Kerner und Friedrich Hölderlin, Theodor Vischer und Hermann Hesse, um nur einige zu nennen.

Da liegen Kirche und Kloster, sorgfältig aus rotem und gelbem Sandstein gefügt, von durchaus romanischem Charakter, dem die Zutaten der Gotik nichts zu nehmen vermögen. Die Vorhalle, zwischen 1210 und 1215 gebaut, Paradies genannt, weil man in diesen Vorhallen die Geschichte des Sündenfalls darzustellen liebte, ist ein eindrucksvoller Raum mit hohen, maßwerkgefüllten Fenstern.

Justinus Kerner schildert das ›Paradies‹ in seinem »Bilderbuch aus der Knabenzeit« sehr einprägsam:

Der Vorhof der Kirche bestand in einer schönen hohen Säulenhalle mit hochgesprengten gotischen Fenstern. Oben am Gewölbe erblickte man Kunstgebilde in Stein und in Farben, unter anderem ein Gemälde, in dem die Mönche sich naiverweise selbst persifliert zu haben scheinen. Es war auf das Gewölbe das Bild einer Gans gemalt, an welcher eine Flasche, eine Bratwurst, ein Bratspieß usw. hingen, neben einer Fuge mit unterlegtem Texte, gleichwohl nur mit den Anfangsbuchstaben: AVKLWH: *All Voll-Kanne Leer-Wein Her.*

Aus der Vorhalle führen drei Portale in die lange dreischiffige Basilika, deren Mönchschor mit dem schweren Gewölbe von 1178 durch die im dreizehnten Jahrhundert eingebauten Chorschranken vom Schiff getrennt ist. Das Langhaus ist erst 1424 eingewölbt worden. Wir stehen in einem strengen, schmucklosen Raum von tiefem Ernst und rein zisterziensischer Stimmung, die auch das große spitzbogige Chorfenster nicht aufzulösen vermag. Vor der Chorschranke steht über dem Laienaltar das große Kruzifix des Conrad Syfer von 1473; Syfer ist künstlerisch vom Werk des Nikolaus Gerhaert beeinflußt gewesen. An der nördlichen Chorwand thront inmitten des Freskos eines Engelkonzertes eine frühgotische Muttergottes aus »französischem Einflußbereich«, und in den südlichen Kapellen gibt es Holzreliefs von einem Passionsaltar, die ebenso wie die sitzende Madonna in einer Altarnische des Mittelschiffs zur Parlerschule gehören. Vor allem aber ist da das prachtvolle geschnitzte Chorgestühl von 1470:

Die Künstler haben bei der Herstellung der Chorstühle, wo die kirchliche Heiligkeit nicht in aller Strenge zum Ausdruck zu kommen brauchte, gewöhnlich in besonders glücklicher Laune gearbeitet; in Maulbronn lebt und blüht das umfangreiche Holzwerk in allen seinen Gliedern von drolligen, kecken und poetischen Einfällen. Mönche, Tiere, Pflanzen, Szenen aus der biblischen Geschichte, symbolische Vorgänge sind dargestellt: Simsons Kampf mit dem Löwen, Isaaks Opferung, die Jungfrau mit dem Einhorn. In der hellen, kühlen Kirche steht das Gestühl wie ein sommerlich blühender Baum, von dem Wärme ausströmt (Ricarda Huch).

Lassen wir Kerner in seiner Schilderung fortfahren:

In der großen gotischen Kirche wurde nur zur Sommerszeit Gottesdienst gehalten. Der Gottesdienst begann meistens mit der Zeremonie, daß der Primus der Promotion sich erhob, nach dem Stuhle, in dem die Frau Prälatin saß, schritt, und ihr mit einem tiefen Bückling das Gesangbuch mit dem Gesange, der vorgeschrieben war, darreichte, wobei der gegenüberstehende Herr Prälat seine Schritte wohlgefällig verfolgte.

Die Frau Prälatin hatte ganz den Kopf und die Augen einer Eule, war gegen uns aber ziemlich bescheiden; denn wir kannten sie schon von Ludwigsburg her, wo sie eine andere Rolle als Haushälterin im Forsthaus des Osterholz gespielt hatte.

Als die französischen Chasseurs zu Pferde das Kloster besetzten, verursachten sie in der Prälatenwohnung kaum Störung. Es stiegen 24 Chasseurs davor ab, sprangen die Treppen hinauf, kamen aber ebenso bald wieder, wie von einem Schreckbild verscheucht, zurück. Die Frau Prälatin mit dem Eulenkopf hatte sie auf der Treppe empfangen, da suchten sie schnell wieder das Freie ...

Am schönsten aber ist der stille Bezirk des Kreuzgangs, eigentliche Mitte des Klosters. Er empfängt uns mit seiner herrlich gegliederten Geräumigkeit. Von der Großartigkeit räumlicher Einheit ergriffen gelangt man erst allmählich zur Wahrnehmung tausendfältiger schmückender Einzelheiten. Auf der Nordseite steht die Brunnenkapelle des vierzehnten Jahrhunderts, deren Fachwerkaufbau der Renaissance entstammt. Dieser wundervolle, durch hohe Maßwerkfenster aufgelöste Raum birgt den dreischaligen Brunnen, wo die Mönche die vorgeschriebenen Waschungen vollzogen. Der Kreuzgang ist zwischen dem frühen dreizehnten und der ersten Hälfte des vierzehnten Jahrhunderts gebaut worden. Seine verschiedenartig ausgebildeten Gewölbe, der reiche architektonische Schmuck lassen für uns beim Umschreiten des Gevierts immer neue Bilder entstehen. Da ist der schöne Kapitelsaal, dessen Westwand sich mit anmutigsten Fenstern zum Kreuzgang öffnet, dessen Kreuzgewölbe von kräftigen Rundstützen getragen wird. Da ist das nach Osten führende Parlatorium von 1493 mit besonders reicher Gewölbefiguration, Stätte verklungener Gespräche, die im »stillen Bezirk« des Kreuzgangs nicht geführt werden durften. Vom Kapitelsaal weitergehend, vorüber an Bruderhalle, Pilgerherberge und Höllentreppe, kommen wir zur Brunnenhalle und treten in das ihr gegenüberliegende Herrenrefektorium ein, einem weiten, wirklich fürstlichen Raum des frühen dreizehnten Jahrhunderts mit schwerem Kreuzrippengewölbe auf einer langen Reihe schlanker Mittelsäulen mit streng stilisierten Blattkapitellen. Das Refektorium trägt den hübschen Namen ›Rebental‹, den ihm sicherlich der gute Klosterwein, der ›Elfinger‹, eingetragen hat, als die Frugalität der klösterlichen Lebensweise sich etwas gelockert hatte.

Dem Herrenrefektorium entspricht in der Südwestecke das Laienrefektorium, ein riesiger Raum, dessen Kreuzgratgewölbe von Doppelsäulen getragen werden. Sie sind nach den alten Vorbildern ergänzt worden. Im Osten der Kirche liegen das Herrenhaus, das alte Gästehaus, das im sechzehnten Jahrhundert umgebaut wurde, Reste der Abtswohnung und das 1538 gebaute herzogliche Jagdschloß. Auch der Klostergarten liegt hier, im Schatten des Faustturmes, eines der Befestigungstürme. Dort soll Faust gewohnt haben, als Abt Johann Entenfuß sich ihm verschrieb, damit er die leere Klosterkasse durch seine Goldmacherkunst wieder auffülle. Wo Faust in Wirklichkeit gewohnt hat, weiß man nicht, aber hier kann es nicht gewesen sein: der hübsche Fachwerkaufbau des baumumrankten Turms ist erst 1604 errichtet worden.

Im Garten, an der Kirchenmauer, liegt das Grab der ›Madame Luzifer‹, Caroline Dorothea Schelling. Sie ist während einer Reise zu ihren Eltern am 7. September 1809 in Maulbronn gestorben. Ihr Mann, der Philosoph Friedrich Wilhelm Schelling, mit dem sie in dritter Ehe verheiratet war, ließ über ihrem Grab die Pyramide errichten. Caroline war der Mittelpunkt des Kreises der Jenaer Romantiker, einige der Shakespeareübertragungen ihres zweiten Gatten, August Wilhelm Schlegel, stammen nachweislich aus ihrer Feder.

Als wir in der Kirche weilten, probte der Organist für eine Hochzeit.

Und nun spielt der Organist ... es lauschen
im Gewölb die Seelen hingegangener
frommer Meister, mit vom Raum umfangener,
den sie gründen halfen und errichten,
denn derselbe Geist, der in den Fugen
und Toccaten atmet, hat einst die besessen,
die des Münsters Maße neu gemessen,
Heiligenfiguren aus den Steinen schlugen.

(Hermann Hesse)

Dr. Johannes Faust

Schlagen wir das Konversationslexikon auf, so finden wir unter Faust: »Faust, der Schwarzkünstler, in der Sage Dr. Johann F., in Wirklichkeit wahrscheinlich Georg F., geb.

Knittlingen (Württemberg) um 1480, † Staufen im Breisgau 1539 oder 1540 ...«

Er war also eine historische Persönlichkeit, nicht nur eine Gestalt der Sage und Literatur, Zauberer und Schwarzkünstler, »dem Teufel auff eine benandte Zeit verschrieben«.

Keiner der großen Abenteurer Europas hat eine solch tiefe Wirkung auf das literarische Schaffen gehabt. Er wurde zur Personifizierung des um Erkenntnis ringenden Menschen. Das ›Faustische‹ im Menschen ist ein Begriff geworden, und schon vor Goethes großer Dichtung war Faust eine bedeutsame Figur in den Volksbüchern, im Drama, im Puppenspiel. Eine frühe dramatische Behandlung des Faustthemas stammt von Shakespeares Vorläufer, dem englischen Dichter Christopher Marlowe. Faust ist eine echte Renaissancegestalt, Verkörperung einer Epoche des geistigen Umbruchs, des Suchens, der Unruhe, der Irrungen und Wirrungen, eine Gestalt im Kranze geheimnisvoller Geschichten. Neue Erkenntnisse in den Naturwissenschaften riefen auch Magier und Alchemisten auf den Plan, welche die Phantasie des abergläubischen Volkes erregen. Die Suche nach dem ›Stein der Weisen‹, die Schaffung des ›Homunculus‹ gehören in ihren Bereich, und alle diejenigen, die sich mit diesen Geheimwissenschaften abgaben, der Alchemie, dem Forschen nach der Entstehung des Lebens, der Überwindung des Todes, kamen bald in den Ruf, mit dem Teufel im Bund zu stehen. So erging es auch Faust, der seinen Ruf als Hexenmeister noch kräftig durch seine überlieferte Ruhmredigkeit und seine Prahlereien förderte, so daß ihm schließlich jeder Teufelsspuk zugeschrieben worden ist. In heftiger Kontroverse haben bereits die Zeitgenossen um Faust gestritten: Luther, Melanchthon, Abt Trithemius von Sponheim und viele andere. Bereits zu Fausts Lebzeiten gab es um 1530 in Metz ein Manuskript »de Maistre Foust«, um 1540 entstand eine lateinische, 1575 ins Deutsche übertragene Lebensbeschreibung in Nürnberg und 1587 erschien in Frankfurt das erste Volksbuch vom

Faust. Diesem von Geheimnissen umwitterten Mann schrieb man die Zauberbücher, die sogenannten »Höllenzwänge«, zu, die jedoch aller Wahrscheinlichkeit nach nur zu einem kleinen Teil von ihm selbst stammen. Auf jeden Fall muß er auf seine Zeit einen nachhaltigen Eindruck gemacht haben.

Die Angaben über seinen Lebenslauf sind zahlreich und widersprechen einander vielfach. Theens hat sich der Aufgabe unterzogen, die Angaben des ersten Volksbuches, Berichte glaubwürdiger Zeitgenossen und amtliche Akten kritisch zu sichten, um ein möglichst objektives Bild Fausts zu gewinnen.

Abt Trithemius von Sponheim, ein Adept der ›Weißen Magie‹, sandte 1507 einen aufschlußreichen Brief an den kurpfälzischen Mathematiker und Hofastrologen Johannes Wirdung, in dem es heißt:

Jener Mensch, über welchen Du mir schreibst, Georg Sabellicus, welcher sich den Fürsten der Nekromanten zu nennen wagte, ist ein Landstreicher, leerer Schwätzer und betrügerischer Strolch, würdig ausgepeitscht zu werden, damit er nicht ferner mehr öffentlich verabscheuungswürdige und der heiligen Kirche feindliche Dinge zu lehren wage. Denn was sind die Titel, welche er sich anmaßt, anderes als Zeichen des dümmsten und unsinnigsten Geistes, welche zeigen, daß er ein Narr und kein Philosoph ist? So machte er sich folgenden ihm konvenierenden Titel zurecht: Magister Georg Sabellicus, Faust der Jüngere, Quellbrunn der Nekromanten, Astrolog, Zweiter der Magier, Chiromant, Aeromant, Pyromant, Zweiter der Hydromantie. Siehe, die törichte Verwegenheit des Menschen; welcher Wahnsinn gehört dazu, sich die Quelle der Nekromantie zu nennen! Wer in Wahrheit in allen guten Wissenschaften unwissend ist, hätte sich lieber einen Narren, denn einen Magister nennen sollen. Aber mir ist seine Nichtswürdigkeit nicht unbekannt. Als ich vor ein paar Jahren aus der Mark Brandenburg zurückkehrte, traf ich diesen Menschen in der Nähe der Stadt Gelnhausen an, woselbst man mir in der Herberge viele von ihm mit größter Frechheit ausgeführte Nichtsnutzigkeiten erzählte. Als er von meiner Anwesenheit hörte, floh er alsbald aus der Herberge und konnte von niemand überredet werden, sich mir vorzustellen … Als ich mich später in Speyer befand, kam er nach Würzburg und soll sich in Gegenwart vieler Leute mit gleicher Eitelkeit gerühmt haben, daß die Wunder unseres Erlösers Christi nicht anstaunenswert seien; er könne alles tun, was Christus getan habe, so oft und wann er wolle. In den Fasten dieses Jahres kam er nach Kreuznach, wo er sich in gleicher großsprecherischer Weise ganz gewaltiger Dinge rühmte und sagte, daß er in der Alchemie von Allen, die je gewesen, der Vollkommenste sei und wisse und könne, was nur die Leute wünschten. Während dieser Zeit war die Schulmeisterstelle in genannter Stadt unbesetzt, welche ihm auf Verwendung von Franz von Sickingen, dem Amtmann Deines Fürsten, einem nach mystischen Dingen überaus verlangenden Manne, übertragen wurde. Aber bald darauf begann er mit Knaben die schändlichste Unzucht zu treiben und entfloh, als die Sache ans Licht kam, der ihm drohenden Strafe. Das ist es, was mir nach dem sichersten Zeugnis von jenem Menschen feststeht, dessen Ankunft Du mit so großem Verlangen erwartest.

Faust führt also noch den anderen Namen Sabellicus. In Mainz gab es einen Mitarbeiter und Nachfolger Gutenbergs, den Buchdrucker Johann Fust, der in den Sagen um Faust mit jenem zusammengebracht worden ist. In Knittlingen bei Bretten ist Faust wahrscheinlich geboren worden, man spricht aber auch von Helmstadt bei Heidelberg und von Sondwedel in Anhalt. Anscheinend ist er als fahrender Schüler durchs Land gezogen. Er muß ein Mann von vielen Kenntnissen gewesen sein, der keinen festen Wirkungskreis finden konnte, wohl auch zu unstät war, um sich zu binden. Die Gelehrten jener Zeit waren vielfach magischen Experimenten nicht abgeneigt, Faust aber ist überall so anspruchsvoll aufgetreten, daß er sich unbeliebt machte. 1507 war er, wie Trithemius bezeugt, in Kreuznach, 1509 immatrikulierte er sich an der philosophischen Fakultät zu Heidelberg als Johann Faust aus Simmern (Knittlingen gehörte zu Pfalz-Simmern), und hier promovierte er auch. Dann war er einige Zeit in Krakau, 1513 erschien er in Erfurt. In der Beschreibung des Oberamts Maulbronn von Schott heißt es: »Im Jahre 1516 hatte Maulbronn einen Mann beherbergt, den zuerst die Volkssage und hernach eine lange Reihe deutscher Dichter dem Reiche der Wirklichkeit entrückt hat, der aber doch so gut wie Jeder von uns Anspruch machen kann, gelebt zu haben: D. Johannes Faust aus Knittlingen. Nach der Erzählung, die in Maulbronn noch geht, hat Faust hier, eine Stunde von seiner Heimat, zuletzt eine Freistätte gefunden, und wirklich bemerkt ein altes Verzeichnis der Äbte von Maulbronn zu dem Namen des Abtes Johannes Entenfuß (1512–1525), daß dieser seinem Landsmann Faust Unterschlupf gegeben habe.«

1520 wurde Faust aus Erfurt ausgewiesen und tauchte in Bamberg auf, dort als Astrologe sehr geschätzt von Fürstbischof Schenk von Limpurg. 1527 war er in Wittenberg, wurde aber wegen schlechten Rufes aus der Stadt gejagt. Graf Hermann von Wied, der ehemalige Erzbischof von Köln, der resignieren mußte, als er protestantisch wurde, soll ein Schüler Fausts gewesen sein, wie der päpstliche Legat Minucci dem Herzog Wilhelm von Bayern 1583 schrieb. Auf dem Weg von Wittenberg nach Ingolstadt kann Faust in Leipzig gewesen sein, die Fausttradition dieser Stadt spricht dafür. In den Annalen Leipzigs für 1525 heißt es, daß Faust *vermittelst seiner Kunst ein mit Wein gefülltes Faß, welches die Weißkittel herausziehen sollen, aus Auerbachs Keller auf die Gosse geritten* hat.

Durch Hypnose und Suggestion ließ er die Zechkumpane an seinen angeblichen Reisen teilnehmen, darunter auch an Fahrten in Luftschiffen. 1532 wurde Faust, ›dem großen Sodomiten und Negromantico‹, die Zuzugsgenehmigung nach Nürnberg verweigert. Unstet zog er umher, er war in Köln und Bonn, ja er soll als Astrologe König Franz' I. von Frankreich in Paris gewesen sein. Der Arzt und Philosoph Heinrich Cornelius Agrippa von Nettesheim schrieb in einem Brief, der auf Faust gedeutet wurde:

Man hat neulich mit großen Kosten einen Zauberer aus Deutschland kommen lassen, welchem die Geister gehorchen sollen, und von dem man hofft, daß er dem Kaiser ebenso Widerstand leisten werde, wie vormals Jamnes und Jambres dem Moses leisteten. Der Vater der Lüge hat die Leute überredet, daß Jener die ganze Zukunft überschaue, daß er Gewalt genug besitzt, um die königlichen Prinzen durch die Luft zurückzubringen, – daß er Berge von Heeren, Wagen und Pferden erscheinen lassen, Schätze hervorziehen und versetzen, Ehen und Liebesbündnisse knüpfen und trennen und alle unheilbaren Krankheiten, wie eingewurzelte Schwindsucht, ausgebildete Wassersucht und veraltete Syphilis durch sein stygisches Heilmittel kurieren kann …

Der alt gewordene Faust hat sich anscheinend nochmals auf die Wanderschaft gemacht, um für seine letzten Jahre einen sicheren Zufluchtsort ausfindig zu machen. Melanchthon gibt den letzten Bericht über Faust, dem er in Heidelberg öfters begegnet sein muß:

Ich habe einen Namens Faustus gekannt aus Kundling nahe bei meiner Heimat. Als er zu Krakau studierte, hatte er die Magie erlernt, wie sie dort früher stark getrieben wurde, wo man öffentliche Vorlesungen über diese Kunst hielt. Er schweifte weit und breit umher und sprach von vielen geheimen Dingen. Als er zu Venedig Aufsehen erregen wollte, kündigte er an, er werde in den Himmel fliegen. Der Teufel hob ihn also in die Höhe, ließ ihn aber auf die Erde fallen, so daß er von diesem Fall fast den Geist aufgegeben hätte; aber er starb dennoch nicht. Vor wenig Jahren saß dieser Johannes Faustus an seinem letzten Tage sehr betrübt in einem Dorfe des Herzogtums Württemberg. Der Wirt frug ihn, warum er so betrübt sei wider seine Sitte und Gewohnheit, denn er war sonst ein schändlicher Schelm, der ein liederliches Leben führte, so daß er ein und das andere Mal fast wegen Ausschweifungen umgekommen wäre. Darauf erwiderte er dem Wirt in jenem Dorfe: Erschrick diese Nacht nicht! In der Mitternacht ward das Haus erschüttert. Da Faustus am Morgen nicht aufgestanden, und fast der Mittag gekommen war, ging der Wirt mit anderen Hinzugerufenen in sein Zimmer und fand ihn neben dem Bette liegen mit umgedrehten Gesichte, so hatte ihn der Teufel getötet. Als er noch lebte, hatte er einen Hund bei sich, welcher der Teufel war.

Um das Jahr 1540 ist Faust gestorben, angeblich in Staufen im Breisgau, wo ihn der Teufel geholt haben soll. Theens nimmt sicher zu Recht an, daß er keines friedlichen Todes starb, sondern auf Grund der unablässigen Beschäftigung mit den Geheimwissenschaften, die zu quälenden Visionen, schrecklichen Krämpfen und körperlicher und geistiger Zerrüttung und zum Tode des Adepten führen konnte. Die Autoren der Volksbücher über Faust sind sich darüber einig, daß er ein kluger, gelehrter Mann gewesen sei, der Theologie und Medizin studiert habe. Sein unruhiger Geist strebte nach immer neuen Erkenntnissen, sein Geltungstrieb aber brachte ihn in die mißlichsten Lagen. Daß er über Kräfte überwirklicher Herkunft verfügte, nimmt auch Theens an, der sagt: »Es müssen, wenn nicht nur Selbsttäuschung vorliegt – dieses dürfte bei der Fülle der Zeugnisse nicht anzunehmen sein –, Kräfte mobilisiert worden sein, zu denen die heutige Wissenschaft jede Verbindung verloren hat.« Das Wort aus Goethes »Faust« trifft sicherlich auch die Wesensart des geschichtlichen Faust: »Zwei Seelen leben, ach, in meiner Brust.«

Bretten

Durch Bretten, das aus dem Besitz der Grafen von Lauff und Eberstein 1339 an Kurpfalz kam, zog die wichtige Verbindungsstraße von Schwaben an den Rhein. 1689 brannten die Franzosen das Städtchen nieder, dessen zum größten Teil dem achtzehnten Jahrhundert angehörender Häuserbestand noch einige hübsche Fachwerkbauten zeigt. Die Befestigungen sind in spärlichen Resten erhalten, auch stehen noch der stark restaurierte spätgotische Pfeiferturm und der runde Simmelsturm aus dem vierzehnten Jahrhundert.

Die Pfarrkirche St. Lorenz entstammt verschiedenen Bauperioden. Der Turm, im Unterteil romanisch, ist Rest eines Burgsitzes; das Schiff wurde im vierzehnten Jahrhundert gebaut und 1750 fügte man auf der Südseite die Bachkapelle an, welche gute Grabsteine der Familie von Bach enthält. Der Chor, heute Gemeindesaal, wurde 1777 nach Plänen von Franz Wilhelm Rabaliatti neu errichtet. Die Kreuzkirche wurde 1687 gebaut, sie erhielt 1753 die Westfassade und ist im Innern mit Fresken von Bartholomäus Brandmeyer (1741) geschmückt, »wohlerhaltenes Beispiel für eine volkstümlich-barocke Ausstattung unter protestantischem Vorzeichen«.

In Bretten ist 1497 Philipp Melanchthon geboren worden, der Freund und Mitarbeiter Luthers, dessen Gedanken er den theologischen Unterbau und die lehrmäßige Formulierung gab. 1560 ist Melanchthon in Wittenberg gestorben, tief verstimmt über die »rabies theologorum«, die ihm seine letzten Jahre verbitterten.

Bruchsal

Es war sehr heiß, als ich Bruchsal das erste Mal sah. Die Hitze brütete auf der Rheinebene und unter den Bäumen des Schloßgartens sangen angriffslustig die Schnaken. Doch gehören Sonne und hochsommerliche Wärme recht eigentlich zu einem barocken Schloß. Nur dann vermag es in ganzer Natürlichkeit, Schönheit und Leichtigkeit zu leuchten, wie hier in Bruchsal im angenehmen Wechselspiel von Rot, Weiß und Grün des frühen Rokoko.

Es goß in Strömen, als ich nach dem Krieg Bruchsal wiedersah, und das Wetter paßte gut zu der traurigen, ausgebrannten Ruine, dem abgeblätterten Verputz der Fassaden. Ein Fliegerangriff hatte 1945 Stadt und Schloß auf das schwerste getroffen. Inzwischen sind aber die Seitenbauten schon wieder instand gesetzt und im Hauptbau wird fleißig gearbeitet, so daß wir wohl in Kürze eines der schönsten Schlösser Deutschlands im alten Glanz vor uns sehen werden.

1717 trat Kardinal Graf Hugo Damian von Schönborn als Fürstbischof von Speyer die Regierung des Bistums an, ein Neffe des großen Bauherrn Lothar Franz von Schönborn, Kurfürst-Erzbischof von Mainz.

Mit den geistlichen Fürstentümern in Deutschland hat es eine eigene Bewandtnis. Die Kirche konnte der weltlichen Macht nicht entraten, als sie mit der Missionierung der heidnischen Stämme begann; sie mußte als einer der Träger des kulturellen und wirtschaftlichen Lebens auch staatliche Aufgaben übernehmen, und so gingen im fränkischen Reich Missions- und politische Arbeit der Kirche ineinander über. Die kirchlichen Würdenträger sind zuerst im wahrsten Sinn des Wortes mit Grundbesitz ausgestattete Reichsbischöfe und Reichsäbte gewesen. Sie waren oft die Stützen der Kaiser in deren Kämpfen gegen die weltlichen Fürsten, ja selbst gegen den Papst, und so entwickelten sich ihre Herrschaftsbereiche allmählich zu selbständigen Territorien, in denen sie dann leider nur zu oft ihren eigenen Interessen den Vorrang vor denen des Reiches einräumten. Natürlich gab es rühmliche Ausnahmen; dazu gehörten im siebzehnten und achtzehnten Jahrhundert die Söhne des Hauses Schönborn, unter ihnen auch Hugo Damian, der sein völlig ruiniertes Land in kurzer Zeit mit Sachkenntnis und Fleiß zu neuer Blüte gebracht hat. Es gab keinen Zweig des wirtschaftlichen Lebens im Hochstift, mit dem der Fürst sich nicht beschäftigt hätte. Er schuf eine straffe Verwaltungsorganisation, er besserte und reformierte, reorganisierte Justiz und kirchliches Leben. Er schreibt:

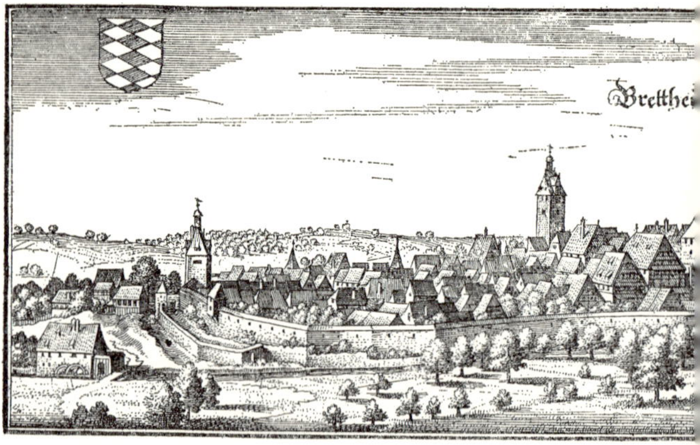

Bretten

Es war kein Schatten mehr von der disciplina ecclesiastica gewesen, kein Laster so groß, so man unter der Geistlichkeit selbsten nicht ergeben. Die Lehre Christi ist erweislich an vielen Orten ein ohnbekanntes Wesen.

Er griff also scharf durch und betrachtete sich als unbeschränkten Herrn, wie es damals üblich war:

Ich will der Herr bleiben oder ein kalter Cadaver sein, ehenter ich der Herr zu sein aufhöre.

Alles das verdroß die vornehmen Domherren in Speyer, doch nutzte es ihnen nichts, sie mußten sich beugen. Der Fürstbischof war ein sparsamer Herr, obgleich er wie seine Brüder vom ›Bauwurm‹ besessen war; vieles bestritt er aus eigener Tasche. Ein gewisser Prunk im täglichen Leben, bei kirchlichen Feiern oder Familienfesten und auf Reisen durfte nicht fehlen, wie es dem Lebensstil jener Zeit entsprach. Ein fürstlicher Reisezug muß sich damals in der Landschaft sehr malerisch ausgenommen haben mit seinen Kutschen, Vorreitern, Grenadieren, Kavalieren, Dienerschaft, Paukenschlägern und Trompetern. Das Reisen selbst auf den meist entsetzlich schlechten Straßen dürfte weniger angenehm gewesen sein.

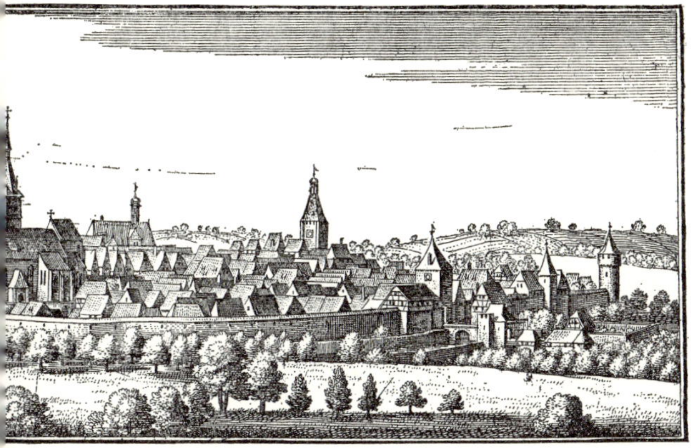

Kupferstich des 17. Jahrhunderts

Zwar beabsichtigte der Fürstbischof, seine neue Residenz an Stelle des alten, von den Franzosen 1689 zerstörten Bischofshofs in Speyer zu bauen, da es aber immer wieder zu Streitigkeiten mit dem Magistrat der Reichsstadt kam, die ihn mit *tausend Chicanen quälte*, gab er nach und suchte sich einen anderen Platz. Bei Bruchsal hat er ihn gefunden. Den Bau hat er aus *eigenem Kameralbeutel* bezahlt,

ohne daß wir deßhalben dem Land einen Kreutzer Kösten aufgelegt oder die gewöhnliche Frohnden darzu bis auf diese stund gebraucht haben.

Ich habe nun den Ort ausgelesen, wo meine Residenz hinkommen soll,

schreibt er 1720 seinem Bruder Franz Erwein nach Wiesentheid.

Ich habe mein Lebtag keine schönere Situation gesehen. Er ist zu Bruchsal, einer Stadt viel größer als Aschaffenburg, recht schön wieder aufgebaut.

Uns erscheint die Lage Bruchsals nicht so schön wie dem Bauherrn, aber für eine Barockplanung eignete sich das flache Land ausgezeichnet. Onkel Lothar Franz von Mainz versprach Unterstützung, denn wo gebaut wurde, mußte er dabei sein. Er schrieb, daß »Unser rotes Käppel« (so nannte die Familie den Kardinal) auch eine Residenz in Bruchsal bauen wolle, und schickte seinen Baumeister Maximilian von Welsch, der den Grundplan festlegen sollte. Das geschah auch, und man wählte ein Gelände außerhalb der Stadt mit Blick über die weite, eintönige Rheinebene zu den Bergen der Pfälzer Haardt. Welsch hat die Gesamtanlage entworfen, und 1722 wurden die Fundamente gelegt. Das Schloß besteht aus drei nicht miteinander verbundenen Flügeln um einen geräumigen Hof, den an der Straße ein Torbau und zwei Pavillons flankieren. Weitere Baulichkeiten erstrecken sich zu beiden Seiten der eigentlichen Schloßanlage. Die Bauleitung übte zunächst Georg Seitz aus, ein Schüler Balthasar Neumanns, dem 1725 Johann Michael Rohrer aus Rastatt folgte. Mit Rohrer hatte der Kardinal

Ärger. Rohrer schmiere die Risse hin, schreibt er der Markgräfin Sibylla Augusta von Baden nach Rastatt.

... ob aber judicium oder Überlegung dabei, ist sein geringster Kummer.

1727 warf er ihn hinaus und bestellte den Freiherrn Christian von Vogelsang zu seinem Nachfolger, da dieser in den Bausachen ziemlich wohl erfahren sei.

Die Deckengemälde der Schloßkirche malte Cosmas Damian Asam, der so rasch arbeitete, daß des Kardinals Glauben an die Güte der Leistung erschüttert wurde, zumal, wie er sagt, »wir ja selbst gesehen, daß er von unseren Lehrjungen daran hat malen lassen«.

Der Mittelbau des Schlosses entstand zwischen 1725 und 1732 unter Mitwirkung von Welschs Nachfolger in Mainz, Freiherrn Anselm Franz Ritter von Groenesteyn, der auch das Corps de Logis entworfen hat. Ritter war höchst überrascht, daß der Bauherr ohne sein Wissen eine Änderung vorgenommen hatte, indem er den Einbau eines Mezzanins über dem ersten Stock befohlen hatte. Ritter war so beleidigt, daß er mit Bruchsal nichts mehr zu tun haben wollte. Schönborn rechtfertigte sich vor seinem Onkel in Mainz wegen seines Eingriffs, indem er klarmachte, Ritter sei von den in Mainz herrschenden Verhältnissen ausgegangen, daß nämlich die Dienerschaft ihre Wohnung nicht im Schlosse habe. Hier in Bruchsal aber müsse sie im Haus untergebracht werden, denn die Residenz sei von der Stadt ziemlich entlegen.

Er habe in Ritters Plan nur ein Kammerdienerzimmer gefunden, und er benötige wenigstens drei bis vier solcher Räume. Der Architekt habe durch Verschläge in den Räumen abhelfen wollen, das aber habe er nicht zugelassen:

... denn alle meine Zimmer hätten ihre Höhe verloren, und es wäre ein seltsam Werk gewesen, wo die Leute einander auf dem Kopf tanzten und keiner einen Schritt tun kann, daß der andere es nicht hört.

Daher müsse der Mezzanin bleiben. Hugo Damian konnte genauso eigensinnig sein, wie der Onkel Lothar Franz es bei der Anlage des Stiegenhauses in Pommersfelden gewesen war, welches er gegen alle Gegenvorschläge aus Wien als seine eigene Erfindung verteidigte und durchsetzte.

Die Fassadenmalereien in Bruchsal schuf Giovanne Francesco Marchini, der auch in Pommersfelden gearbeitet hat und der ebenfalls die beiden kleinen Häuser hinter dem Schloß mit Allegorien schmückte.

1730 meldet der Kardinal:

der andere Teil meines Corps de Logis ist bereits in der Höhe und nur allein ein Loch in der Mitte noch offen, wo die Stiege hineinkommen soll.

Jetzt kam Balthasar Neumann nach Bruchsal und legte Pläne für die Gestaltung des Treppenhauses vor, die auch ausgeführt wurden. 1732 kann Hugo Damian schreiben:

Meine Stiege ist unter Dach.

Wer einst vom Vestibül aus das im breiten Rund gebaute Treppenhaus betrat, dem bot sich eines der schönsten Raumerlebnisse barocker Baukunst – man wird es bald wieder genießen können. Fast wie eine selbständige Architektur hat Neumann diese großartige, elegante Treppe in den Mittelbau des Schlosses gestellt und sie doch sinnvoll und überzeugend mit ihm verbunden.

»Die Treppe in Würzburg ist das schönste Beispiel eines oftmals verwandten Schemas«, schreibt Nikolaus Pevsner. »Die Treppe in Bruchsal aber ist eine einmalige und gänzlich neuartige Schöpfung. Worte allein können schwerlich die zauberhafte Empfindung wiedergeben, die jeden überkam, der noch das Glück hatte, sie hinaufzusteigen. Die Treppe hat zwei Läufe, die ihren Anfang in einem rechteckigen Vestibül nahmen. Nach ungefähr zehn Stufen betrat man das Oval des eigentlichen Treppenhauses. In seiner Mitte befand sich ein ebenfalls ovaler, dem Treppenhaus konzentrischer Raum, welcher nach Art italienischer Grottenimitationen mit Felswerk ausgemalt war. Zwischen den gekrümmten Außenwänden des Treppenhauses und denen des Grottenraumes wanden sich die beiden Stiegen in zwei

Halbkreisen nach oben, wobei die Außenwand zunächst geschlossen blieb, während sie sich auf der Innenseite in Arkaden öffnete, welche den Blick in das Halbdunkel der Grotte freigaben. Die Höhe der Arkadenöffnungen innen verminderte sich, während man treppauf stieg, zugleich aber erlebte man eine von außen zunehmende Helligkeit, bis man eine über der Grotte gelegene ovale Plattform und damit die Höhe des Hauptgeschosses erreicht hatte. Die Decke aber wölbte sich über der ganzen Weite des äußeren Ovals, d.h. sie überspannte – als eine einzige gewaltige Flachkuppel – die Plattform mitsamt den Treppenläufen. Auf diese Weise wurde auch hier der Eindruck erweckt, als schwebe die Plattform – welche durch Balustraden gegen die beiden sie umschließenden Treppenschächte abgegrenzt und mit den übrigen Räumen des Hauptgeschosses nur durch zwei Brücken verbunden war – frei in der Weite des Raumes. Wenn es bis dahin vor allem die Genialität der Raumbildung gewesen war, die den Betrachter des Treppenhauses entzückte, so wurde solche Bezauberung nun im Obergeschoß durch die erst hier voll erblühende Dekoration mit heiteren Fresken und glänzenden Stukkaturen aufs höchste gesteigert.«

Der Freskant war Johannes Zick, der Stukkateur Johann Michael Feichtmayr. Der Krieg, in dem das Deckenbild und der größte Teil des Stuckdekors vernichtet wurden, hat ein Gutes gezeitigt, nämlich die Wiederbelebung handwerklicher Fertigkeiten, die allmählich abzusterben drohten, wie etwa die Kunst des freien Auftrags von Stukkaturen oder das Nachschnitzen barocker Ornamentik. Die gleichen Aufgaben stellt auch die Wiederherstellung der Innenräume der Bruchsaler Residenz, vor allem der Säle mit ihrem reichen Zierat. Zu einer kritischen Phase während der Restaurierung des Kuppelsaales über dem Stiegenhaus kam es durch die Überlegung: soll das Deckenbild rekonstruiert werden oder nicht? Man entschloß sich zur Rekonstruktion, denn die Wirkung des Stiegenhauses steht und fällt mit der Malerei, die mit Architektur und Stuck eine untrennbare Einheit bildet. Es lag sehr gutes Material an farbigen Aufnahmen der Fresken vor, das dem Münchner Maler Karl Manninger eine bis ins kleinste Detail getreue Kopie ermöglichte. Sie ist natürlich kein ›Johann Zick‹, soll es auch nicht sein, doch ist es dem fähigen, sich bescheiden dem Original unterordnenden Künstler gelungen, durch seine Arbeit Malerei und Architektur des herrlichen Raumes wieder zusammenzuschließen, so daß den Betrachter das Treppenhaus wie vor der Zerstörung zu entzücken vermag.

Von Bruchsal nach Speyer

Von Bruchsal läuft die Straße durch in die Ebene geduckte Dörfer dem Rhein zu. Es liegen hier zwei Orte von geschichtlicher und kunstgeschichtlicher Bedeutung: Philippsburg und Waghäusel. Philipp von Sötern, Fürstbischof von Speyer, ließ 1623 Udenheim, so hieß Philippsburg damals, als Festung ganz neu bauen, und um sie ist viel gekämpft worden. Hier diente zu Beginn des spanischen Erbfolgekriegs Hugo Damian von Schönborn, der spätere Kardinal und Fürstbischof von Speyer, als Offizier. Von der Festung ist nichts mehr zu sehen, da die Franzosen sie 1800 gesprengt und eingeebnet haben.

Waghäusel dagegen ist Ort einer Wallfahrt, denn hier, so erzählt die Überlieferung, fand 1435 ein Schäfer in einer hohlen Eiche ein steinernes Marienbild. Ihm zu Ehren wurde 1472 die Wallfahrtskirche gebaut, die im siebzehnten und achtzehnten Jahrhundert erweitert und nach dem Brand von 1922 erneuert worden ist. 1638 haben die Kapuziner ein Kloster hinzugebaut. Das Gnadenbild aus französischem Kalkstein entstammt der Mitte des fünfzehnten Jahrhunderts und kommt aus dem Elsaß oder aus Lothringen.

Ein reizvoller Bau ist die Eremitage, welche sich Kardinal Schönborn nahe der Gnadenstätte ab 1723 von Johann Michael Ludwig Rohrer bauen ließ, und zwar in Form eines Kreuzes. »Die Jagd ist noch meine einzige Freude und das

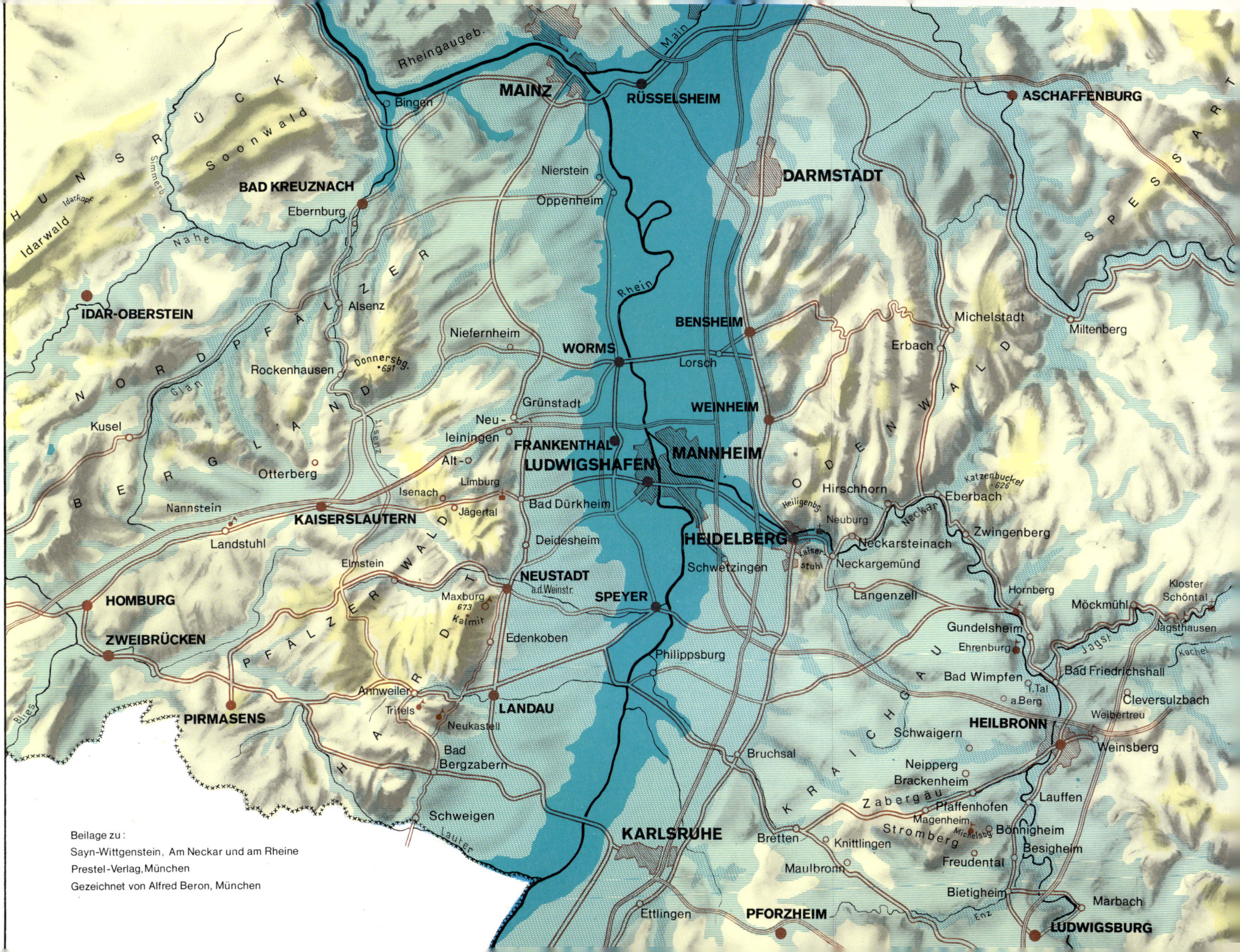

Beilage zu:
Sayn-Wittgenstein, Am Neckar und am Rheine
Prestel-Verlag, München
Gezeichnet von Alfred Beron, München